Le constitutionnalisme en Europe de l'Est et dans le monde arabe

Droit comparé

Collection dirigée par Arnaud Martin

Parce que le droit ne peut plus être considéré dans sa seule dimension nationale et que son étude doit s'ouvrir aux droits étrangers, que l'analyse comparative permet de s'échapper des déterminismes qui faussent l'étude des systèmes juridiques et que l'étude des systèmes normatifs étrangers peut faciliter la recherche de réponses aux questions juridiques, la collection Droit comparé met à la disposition des chercheurs et des praticiens du droit un ensemble de travaux destinés à alimenter leur réflexion tout en donnant aux objectifs, aux méthodes et à l'utilité de l'analyse comparative une plus grande visibilité.

Elle publie des recherches en droit comparé ou accordant une place importante au comparatisme juridique, que ce soit en droit public ou en droit privé, en droit français ou en droit étranger, que celles-ci prennent la forme d'essais, d'actes de colloques ou de séminaires ou de thèses.

Elle est naturellement ouverte à toutes les écoles de pensée juridique, ainsi qu'aux recherches pluridisciplinaires dès lors qu'elles présentent une dominante juridique.

Mohamed Ibrahim Hassan

Le constitutionnalisme en Europe de l'Est et dans le monde arabe

Préface du Pr Lauréline Fontaine

L'Harmattan

5-7, rue de l'École-Polytechnique ; 75005 Paris

http://www.librairieharmattan.com

ISBN: 978-2-343-17996-4
EAN: 9782343179964

ABRÉVIATIONS

AIJC	*Annuaire international de justice constitutionnelle*
Al.	Alinéa
Art.	Article
Cass.	Cour de cassation
CC	Conseil constitutionnel
CE	Conseil d'État
CEDH	Convention européenne des droits de l'homme ou Cour européenne des droits de l'homme
CJCE	Cour de justice des communautés européennes
CJUE	Cour de justice de l'Union européenne
Coll.	Collection
DDHC	Déclaration des droits de l'homme et du citoyen de 1789
JO	*Journal officiel*
LGDJ	Librairie générale de droit et de jurisprudence
PUAM	Presses universitaires d'Aix-Marseille
PUF	Presses universitaires de France
QPC	Question prioritaire de constitutionnalité
RDP	*Revue du droit public*
RFDC	*Revue française de droit constitutionnel*
RFSP	*Revue française de science politique*
RGDIP	*Revue générale de droit international public*
RIDC	*Revue international de droit comparé*
RTDH	*Revue trimestrielle des droits de l'homme*

PREFACE

Cela semblait une gageure que de réunir dans un même travail des réflexions à propos des mouvements constitutionnels s'étant produit dans deux régions du monde apparemment aussi différentes, qui plus est à deux moments distincts de l'histoire. Mais beaucoup de choses justifiaient une telle étude, et en premier lieu une même bannière symbolique brandie par la plupart des acteurs, la constitution. Si l'on songe que le monde a abordé le XVIIIè siècle sans qu'aucune constitution n'existe nulle part, c'est-à-dire sans charte politique et juridique écrite qui organise concrètement l'exercice du pouvoir politique sur l'ensemble du corps social, ce n'est pas rien de constater que, à l'exact tournant des XXè et XIXè siècles, deux régions du monde, pas si éloignée en fait, l'Europe de l'Est et le monde arabe, ont toutes deux revendiqué d'écrire des constitutions pour réaliser un idéal d'avenir politique. Dans l'idée, le constitutionnalisme, en tant qu'il s'agit de penser un pouvoir légitime à partir d'un document élaboré pour cela et avec l'assentiment de la population, a donc parfaitement réussi et semble un facteur d'unité idéologique dans différentes régions du monde contemporain. C'est l'une des conclusions présentées par Mohamed Ibrahim Hassan dans cet ouvrage. Et il est vrai qu'on ne trouve aujourd'hui presque plus dans le monde de pays qui ne se sont pas doté d'une constitution politique écrite. Et lorsqu'il s'agit de faire basculer un régime, l'instrument constitutionnel est aussitôt présenté comme celui qui aura pour fonction de légitimer le nouveau. Les mouvements constitutionnels décrits ici par Mohamed Ibrahim Hassan dans les pays qu'il a choisis pour son étude – la Pologne, Roumanie, Tunisie et Egypte - s'inscrivent donc dans ce même mouvement politique et idéologique qui pose la constitution comme condition première – et en partie suffisante – de l'exercice du pouvoir politique sur une population et un territoire donnés. Puisque le mouvement prend place en Europe de l'Est à la toute fin du XXè siècle, et dans le monde arabe au début du XXIè siècle, il y avait tout intérêt à examiner si ses termes étaient peu ou prou les mêmes ou complètement différents. Et de fait beaucoup de similarités se dégagent de l'analyse.

De ce point de vue, le travail effectué par Mohamed Ibrahim Hassan est très clair puisqu'il compare effectivement les termes de ces deux mouvements constitutionnels se produisant à une période très proche. D'abord il met en valeur l'aspect « révolution » qui les caractérise : la comparaison ne se trouve pas dans le fait de se doter d'une nouvelle constitution mais dans celui de poser une sorte de droit à élaborer une constitution ou une nouvelle constitution pour passer d'une ère d'illégitimité politique à celle de la légitimité : il s'agit bien par la constitution de disqualifier un pouvoir précédent qui n'en relevait pas et de légitimer celui qui en relèvera désormais. Avec leurs particularismes, les 4 pays étudiés posent néanmoins cette même et unique thèse, implicitement ou explicitement selon les acteurs en cause.

Mais afficher un même principe, en Europe de l'Est, dans le monde arabe ou ailleurs, ne signifie pas nécessairement qu'on lui accorde la même valeur, ni même qu'on y croit vraiment d'ailleurs. Par exemple, Slobodan Milacic a montré que les constitutions adoptées dans la Russie soviétique avaient surtout pour fonction d'adresser un message au monde occidental, celui selon lequel le régime était formellement irréprochable puisqu'appuyé sur une constitution, mettant ainsi l'idéologie occidentale du constitutionnalisme devant sa plus grande limite. C'est bien un travers de la pensée constitutionnaliste que de prétendre souvent, explicitement ou implicitement, que, en soi, la constitution est non seulement un facteur de légitimité politique mais qu'elle produit une légitimité moralement acceptable. Or nous savons depuis longtemps que l'existence d'une constitution écrite, valide et en vigueur ne renseigne pas sur le régime politique et sur la manière dont le pouvoir s'exerce. L'idée de constitution, si elle était nécessaire, n'est en tous les cas pas du tout suffisante pour se donner une virginité politique. S'il n'est pas un auteur aujourd'hui pour le nier, la réalité demeure très largement à la satisfaction par la seule existence d'une constitution, que l'on discutera tout de même mais pas au même niveau de passion. Le sachant, Mohamed Ibrahim Hassan a donc logiquement été examiné quels types de régimes se mettaient en place en même temps que s'élaboraient les constitutions, en observant le mouvement à partir des deux notions de démocratie et d'Etat de droit. D'ailleurs, c'est bien la préoccupation de Mohamed Ibrahim Hassan dont l'ambition réelle dans cet ouvrage est de déterminer le rôle du droit, et en particulier du droit constitutionnel, dans l'établissement et le fonctionnement d'un régime démocratique. Citant fort justement Boris Mirkine Guetzévitch à la fin de son introduction, il indique ainsi que « les textes ne créent pas les démocraties ; les hommes et les idées, les partis et les principes, les mystiques et les affirmations, les mœurs et les traditions sont les facteurs déterminants d'un régime. Les textes créent certaines conditions d'évolution, de transformations, de réalisations politiques ». Ce sont donc ces réalisations, ou au moins leurs prémisses puisque le recul historique n'est peut-être pas encore tout à fait probant, que l'auteur de cette thèse a étudié pour ainsi démêler, au-delà de l'idéologie constitutionnaliste, ce qui se passe lorsque le mouvement du changement politique entraîne une substitution de légitimité à une autre. Pas sûr que l'usage du recours à une nouvelle constitution dans ces conditions ne soit pas une facilité pour penser le nouveau pouvoir : elle pense sans aucun doute l'ancien comme illégitime, mais elle pose le nouveau comme légitime par son existence même. On comprend les discussions, conflits, affrontements qui peuvent avoir lieu lors de l'écriture de la constitution car le « label » que donnera la constitution aura aussi fonction de disqualification de ce qu'elle n'aura pas explicitement ou implicitement validé. Les discussions autour des modalités du nouveau régime et des garanties qui y sont liés sont donc les plus importantes.

Mohamed Ibrahim Hassan semble avoir ainsi choisi « son camp » en privilégiant les idées de démocratie et d'Etat de droit sur celle de constitutionnalisme, des idées et principes qui ne fonctionnent donc pas comme un simple calque : c'est visiblement et notamment de leur savante superposition, qui ne peut être que propre à chaque territoire et population donnés, que se réalise un « bon » régime.

Lauréline Fontaine

INTRODUCTION

En 1989, en Europe de l'Est, après la chute de l'URSS et les partis communistes, l'Europe de l'Est a connu un profond bouleversement. Les anciens dirigeants communistes ont été renversés par des soulèvements populaires. Comme le rappelle Janos Kornai,

> Après 1990, la dictature du Parti communiste a pris fin dans dix pays, à savoir l'Union soviétique et les pays qui étaient ses proches alliés dans les domaines économiques et militaires tels que la Bulgarie, la Hongrie, la Mongolie, la Pologne, la République démocratique allemande, la Roumanie et la Tchécoslovaquie ; sans oublier l'ex-Yougoslavie et l'Albanie dont les liens avec l'URSS étaient déjà lâches à cette époque[1].

Dans les années quatre-vingt-dix, pour tenter de sortir de la crise et de mettre en place de nouveaux régimes politiques démocratiques, les pays de l'ex-URSS ont adopté de nouvelles Constitutions postcommunistes. De même, en 2011, le monde arabe a connu le même bouleversement des régimes politiques par la rue[2] et, en 2014, certains pays[3] ont adopté la même démarche que ceux de l'Europe de l'Est en élaborant de nouvelles Constitutions.

Malgré les singularités, dans ces deux régions, le choix du constitutionnalisme a été ainsi clairement revendiqué. Les peuples révolutionnaires ont choisi de se doter de nouvelles Constitutions pour instaurer des institutions démocratiques. Dans le monde arabe et en Europe de l'Est, on observe ainsi une appartenance commune au constitutionnalisme. Dans le cadre de ce travail, il s'agira de comparer la réalité du constitutionnalisme, c'est-à-dire les conditions de sa naissance et de son application, dans ces pays après les révolutions.

Par monde arabe, nous entendons les vingt-deux États de la Ligue arabe[4]. Cette organisation internationale a été créée le 22 mars 1945 au Caire. Ces États, qui se trouvent sur deux continents, asiatique et africain, ont en commun une culture, la langue arabe (au moins comme langue officielle) et

---

[1] Janos Kornai, « La grande transformation de l'Europe centrale et orientale : succès et désillusions », *in Institution et démocratie : les leçons de quinze années d'économie de la transition, Revue d'études comparatives Est-Ouest*, vol. 37, n° 1, mars 2006, p. 14.

[2] Il s'agit en fait de la Tunisie, de l'Egypte, de la Libye, du Bahrein et du Yemen.

[3] Il s'agit de la Tunisie et l'Egypte.

[4] Algérie, Arabie Saoudite, Autorité palestinienne, Bahreïn, Comores, Djibouti, Égypte, Émirats arabes unis, Irak, Jordanie, Koweït, Liban, Libye, Maroc, Mauritanie, Oman, Qatar, Somalie, Soudan, Syrie, Tunisie, Yémen.

une religion. Les révolutions arabes de 2011 sont « les événements du versant méridional de la Méditerranée[1] » qui ont secoué quelques États du monde arabe, dont la Tunisie, l'Égypte, la Tunisie, le Bahreïn et la Libye. Le critère distinctif du monde arabe est l'usage de la langue arabe. Selon l'*Encyclopaedia Universalis*, « les Arabes ne forment pas une race, c'est-à-dire une unité anthropologique stable définie par des caractères physiques relativement constants qui leur appartiendraient en propre. En réalité, la plupart des membres de l'ethnie arabe sont des arabisés[2] ». Ces États sont aujourd'hui principalement réunis au sein de la Ligue des États arabes[3]. C'est dans les Constitutions que l'on constate la volonté de ces États d'affirmer l'adhésion, formelle, à une valeur arabo-islamique avant la valeur occidentale.

L'Europe de l'Est désigne pour nous l'ensemble des pays qui sont nés à la suite de la chute de l'Union des républiques socialistes soviétiques (URSS). Il comprend les pays de l'Europe centrale et orientale (PECO). Parmi ces pays, nous excluons les États issus plus tard d'éclatements, comme c'est le cas des États de l'ex-Yougoslavie et de la Tchécoslovaquie. Nous nous intéresserons uniquement aux États qui sont nés à la suite d'une révolution.

Nous allons tenter de définir certaines notions clés telles que révolution, constitution, constitutionnalisme et démocratie, ce qui nous permettra de tracer plus facilement les limites de notre sujet et de comprendre comment les peuples révolutionnaires se dotent d'institutions constitutionnelles démocratiques. Pour cela, nous allons analyser le contexte, c'est-à-dire les périodes révolutionnaires et transitoires, et le texte juridique, la constitution, qui en a découlé. L'analyse simultanée de ces deux mouvements nous a permis d'observer qu'ils ont eu lieu dans des contextes différents. De ce fait, ils disposent de leurs propres singularités. Néanmoins, le moyen utilisé, c'est-à-dire la constitution, pour résoudre les crises, a été identique. Cela démontre que le constitutionnalisme dépasse le cadre national. Son internationalisation n'est pas incompatible avec la singularité de chaque pays.

La définition des différentes notions importantes du sujet : révolution, constitution, constitutionnalisme et démocratie

La définition de ces termes est indispensable pour la clarté de notre développement et du débat.

---

[1] Mathieu Touzeil-Divina, « Printemps et Révolutions arabes : un renouveau pour la séparation des pouvoirs ? », *Pouvoirs*, n° 143, 2012, p. 32.

[2] *Encyclopaedia Universalis*, éditions 2004, article « Arabe ».

[3] C'est une organisation créée le 22 mars 1945 par sept États (Yémen, Irak, Égypte, Arabie saoudite, Liban, Syrie et Jordanie) et compte aujourd'hui vingt-deux États.

La révolution

Le terme « révolution » peut revêtir plusieurs définitions. Il n'existe pas une définition du mot « révolution » commune à toutes les sciences humaines. Selon le dictionnaire *Le Grand Robert*, « la révolution désigne tout changement politique brutal[1] ». Selon Florence Poirat, « pour les sciences humaines, de manière générale et indéterminée, constitue une révolution toute mutation radicale d'un ordre établi[2] ». Pour la science juridique plus particulièrement, « quels que soient les critères particuliers adoptés, la définition générique retient communément l'irrégularité du processus révolutionnaire, soit l'irrégularité de la mutation des organes et des autorités politiques[3] ». De même, en droit, la révolution est définie comme un « brusque changement de l'ordre constitutionnel opéré par rupture avec l'ordonnancement juridique antérieur[4] ». En effet, transposée au système étatique, la révolution correspond « à un changement complet de l'ordre constitutionnel, opéré en général de façon brusque et violente, mais toujours par rupture avec l'ordonnancement juridique antérieur[5] ». Selon Jean-Philippe Bras, « une révolution est par définition un processus politique radical de rupture avec le passé. Il vise simultanément les dirigeants politiques en place et les institutions[6] ». Néanmoins, l'ensemble des définitions du mot « révolution » ont trois points communs : « le caractère irrégulier de la mutation des autorités politiques, conduisant à l'avènement du nouvel ordre, et la permanence de l'État en dépit du bouleversement de l'ordre juridique comme régime politique[7] ».

La révolution correspond d'abord à un changement qui serait brusque et brutal. La révolution serait alors caractérisée par sa brutalité, c'est-à-dire sa violence. La révolution serait une rupture brutale et donc irrégulière par rapport à l'ordre juridique existant, deux choses qui distinguent la révolution d'un coup d'État qui est, lui aussi, un changement violent et irrégulier. La révolution est le fait d'un peuple, c'est-à-dire un soulèvement populaire, alors qu'un coup d'État est l'acte d'un groupe de militaires. Ensuite, les révolutionnaires souhaitent un changement radical du système politique,

---

[1] « Révolution », *in* A. Rey (dir.), *Le Grand Robert de la langue française*, Paris, Dictionnaire Le Robert, 2e éd., 2001, vol. V.

[2] Florence Poirat, « Révolution », *in* Denis Alland et Stéphane Rials (dir.), *Dictionnaire de la culture juridique*, Paris, PUF, coll. « Quadrige-Lamy », 2010, p. 1362.

[3] *Ibid.*, p. 1363.

[4] Rémy Cabrillac (dir.), *Dictionnaire du vocabulaire juridique 2017*, Paris, Lexis Nexis, 8e éd., 2016, p. 493.

[5] « Révolution », *in* Gérard Cornu (dir.), *Vocabulaire juridique*, Paris, PUF, coll. « Quadrige », 11e éd., 2016, p. 932.

[6] Jean-Philippe Bras, « Tunisie-Chronologie constitutionnelle d'une révolution », *Revue juridique et politique des Etats francophones*, « Spécial printemps arabe », n° 3-4, 2011, p. 301.

[7] Florence Poirat, *op. cit.*, p. 1362.

alors que les instigateurs du coup d'État souhaitent confisquer le pouvoir. L'objectif de la révolution est donc un changement radical. Le changement dont il est question lors d'une révolution est un bouleversement en profondeur d'une société et de son organisation politique qui est l'État. En ce sens, la révolution est une rupture décisive avec l'ancien ordre politique et constitutionnel.

Dans le cadre de ce travail, la révolution sera entendue comme un processus qui conduit à une rupture totale avec l'ancien ordre constitutionnel et qui aboutit à l'adoption d'un nouvel ordre constitutionnel. Il s'agira donc d'un événement qui conduit à un renversement d'un système politique et de son fondement pour installer un nouveau système politique sur la base d'un nouveau fondement.

La constitution

La révolution est un changement qui a une fin, c'est-à-dire qu'elle s'arrête dès lors qu'un nouvel ordre est instauré. Comme l'expliquait Albert Bourgi, dans la période transitoire, c'est à l'aide du droit que l'on tente « de trouver les voies et les moyens d'introduire de véritables changements[1] ». L'adoption de la nouvelle Constitution, son entrée en vigueur plus précisément, met fin à la période révolutionnaire, car « le changement de la Constitution est l'accomplissement de la révolution[2] ».

Il convient ici de définir ce qu'on entend par « constitution ». La constitution, qui est aussi appelée « loi fondamentale » dans certains pays, est le fondement du système juridique d'un État. Selon Georges Burdeau, elle est « tout à la fois le centre et le point d'attache de l'univers juridique qui, sans elle, se dissoudrait en une infinité de recommandations sans cohérence et sans valeur obligatoire[3] ». Elle est « juridiquement et politiquement créatrice d'ordre et d'unité[4] ». Politiquement, elle sert à légitimer le pouvoir ; juridiquement, elle est la source des règles du droit interne. Elle peut servir ainsi de butoir opposable à l'arbitraire et à la dictature des hommes. Une autre définition est donnée par l'article 16 de la Déclaration des droits de l'homme et du citoyen de 1789 qui déclare que « toute société dans laquelle la garantie des droits n'est pas assurée ni la séparation des pouvoirs déterminée n'a point de constitution ». On retrouve cette définition chez certains juristes qui soutiennent que la constitution est « une loi fondamentale d'un État, adoptée et modifiée dans des conditions spéciales, qui organise le pouvoir en vue de le limiter[5] ». Jean-Philippe

[1] Albert Bourgi, « L'évolution du constitutionnalisme en Afrique : du formalisme à l'effectivité », *RFDC*, n° 52, 2002, p. 724.
[2] Jean-Philippe Bras, *op. cit.*, p. 307.
[3] Georges Burdeau, *Une survivance : la notion de Constitution*, Paris, Sirey, 1956, p. 54.
[4] *Ibid.*, p. 57.
[5] Rémy Cabrillac (dir.), *op. cit.*, p. 143.

Feldman pense qu'« une constitution doit être comprise avant tout comme une garantie contre l'arbitraire, autrement dit qu'elle doit être conçue comme un instrument de limitation du pouvoir et non pas seulement d'aménagement des "pouvoirs"[1] ». Dans le *Vocabulaire juridique*, elle est définie comme « un ensemble des règles suprêmes fondant l'autorité étatique, organisant ses institutions, lui donnant ses pouvoirs, et souvent aussi lui imposant des limitations, en particulier en garantissant des libertés aux sujets ou citoyens[2] ». Ainsi définie, elle devient un appareil de protection des droits et des libertés des individus. Selon le professeur Dominique Rousseau, elle est désormais « la définition des rapports entre les citoyens et l'État, la charte des droits et des libertés dont la garantie est assurée par la mise en place d'un mécanisme de sanction des organes de l'État[3] ».

Pour d'autres auteurs, comme Marie-Claire Ponthoreau, elle est « la garantie du consensus fondamental nécessaire à la cohésion sociale[4] ». Elle serait donc un contrat social ou un pacte social entre les membres d'une même société. La constitution serait alors un ciment de « la cohésion sociale ». Pour Olivier Beaud, elle présente « deux définitions antagoniques, l'une normative, l'autre institutionnelle[5] ». Au sens normatif, la constitution est une norme qui est supérieure aux autres règles juridiques. Par conséquent, toutes les règles juridiques nationales doivent être conformes à la constitution. Dans son sens institutionnel, la constitution est le statut de l'État, c'est-à-dire qu'elle organise le fonctionnement et l'organisation de l'État.

Dans le cadre de ce travail, la constitution sera entendue au sens de l'article 16 de la DDHC de 1789, c'est-à-dire comme le statut juridique qui organise les pouvoirs étatiques afin de protéger l'individu contre l'arbitraire des pouvoirs publics. Cela n'est possible que si le respect de la constitution est garanti. Pour cela, un juge est chargé de contrôler et de sanctionner la violation de la constitution. Cette tâche est soit confiée à une cour constitutionnelle créée spécialement à cet effet, soit à une cour suprême qui coiffe l'ensemble des juridictions du pays. Le juge assure alors le respect de la constitution, donc sa supériorité par rapport aux autres règles juridiques.

Par conséquent, l'adoption de la nouvelle constitution, garante de la protection de l'individu, met fin au processus révolutionnaire en instaurant

---

[1] Jean-Philippe Feldman, « La séparation des pouvoirs et le constitutionnalisme. Mythes et réalités d'une doctrine et de ses critiques », *RFDC*, n° 83, 2010, p. 496.
[2] « Constitution », *in* Gérard Cornu (dir.), *op. cit.*, p. 251.
[3] Dominique Rousseau, « Une résurrection : la notion de Constitution », *RDP*, 1990, p. 8.
[4] Marie-Claire Ponthoreau, « La Constitution comme structure identitaire », *in* Dominique Chagnollaud (dir.), *Les 50 ans de la Constitution. 1959-2008*, Paris, LexisNexis, 2008, p. 32.
[5] Olivier Beaud, « La Constitution et droit constitutionnel », *in* Denis Alland et Stéphane Rials (dir.), *Dictionnaire de la culture juridique*, Paris, PUF, coll. « Quadrige-Lamy », 2010, p. 257.

un nouvel ordre étatique. La doctrine juridique qui définit ainsi la constitution est nommée le « constitutionnalisme ».

Le constitutionnalisme

Le constitutionnalisme est « une doctrine fondée sur la défense de la supériorité de la constitution à l'égard des autres règles de droit en vue d'assurer la limitation du pouvoir politique[1] ». Pour Michel de Villiers et Armel Le Divellec, « le constitutionnalisme définit la signification d'une constitution comme technique de limitation du pouvoir[2] ». Il désigne un courant politique né de la Révolution française dont le but principal était la limitation du pouvoir par la constitution. Toute la littérature de cette époque mettait l'accent, pour définir cette notion, sur la limitation du pouvoir des monarques absolus[3]. Selon Éric Oliva, « le constitutionnalisme signifiait auparavant sous la Révolution française qu'une constitution écrite et rigide devait être adoptée afin de limiter l'absolutisme monarchique[4] ». Le constitutionnalisme désigne le mouvement historique d'apparition des constitutions et définit la constitution comme technique de limitation du pouvoir[5]. Selon Olivier Beaud, « par constitutionnalisme, il faut comprendre ce mouvement tendant à concevoir la Constitution comme instrument de limitation de l'arbitraire étatique[6] ». Le constitutionnalisme fait référence aux

> régimes politiques qui, grâce à l'établissement d'un contrôle de constitutionnalité exercé par une instance politico-judiciaire « indépendante », rendent possible la limitation du pouvoir législatif lui-même en veillant à la conformité des lois à la constitution et à ses principes généraux, et non pas simplement à la légalité des actions du pouvoir exécutif et de l'administration[7].

En général, le constitutionnalisme a pour objectif de limiter les « nuisances » du pouvoir politique au moyen de la constitution. Le constitutionnalisme implique ainsi la défense de la supériorité normative de la constitution au moyen de la justice constitutionnelle. Comme le souligne le professeur Lauréline Fontaine,

---

[1] Rémy Cabrillac (dir.), *op. cit.*, p. 144.

[2] Michel de Villiers et Armel Le Divellec, *Dictionnaire du droit constitutionnel*, Paris, Sirey, 6e éd., p. 70.

[3] Philippe Raynaud et Stephane Rials, (dir.), *Dictionnaire de philosophie politique*, Paris, PUF, 1996, p. 118.

[4] Éric Oliva, *Droit constitutionnel*, Paris, Dalloz, 4e éd., 2004, p. 16.

[5] Michel de Villiers, *Dictionnaire du droit constitutionnel*, Paris, Armand Colin-Dalloz, 5e éd., 2005, p. 59.

[6] Olivier Beaud, *op. cit.*, p. 261.

[7] Philippe Raynaud, « Constitutionnalisme », *in* Denis Alland et Stéphane Rials (dir.), *Dictionnaire de la culture juridique*, Paris, PUF, coll. « Quadrige-Lamy », 2010, p. 266.

> dans le cadre du mouvement constitutionnaliste hérité des Lumières, l'écriture d'une constitution a toujours supposé à la fois la nécessité d'encadrer l'exercice du pouvoir et la nécessité subséquente, de sa part, d'en respecter les limites. La fonction politique de la constitution n'aurait ainsi pas de sens sans le respect juridique de celle-ci[1].

Sans la garantie de sa supériorité, la constitution ne pourrait pas limiter les pouvoirs. Le constitutionnalisme implique une hiérarchisation des normes dans laquelle la constitution occupe une place suprême. Cette norme suprême encadre les pouvoirs des gouvernants et protège les droits et libertés des gouvernés. L'organe juridictionnel chargé de veiller au respect de la constitution doit être indépendant vis-à-vis des pouvoirs qu'il contrôle. L'indépendance de cet organe doit être organique, fonctionnelle et financière.

Sans trop nous attarder sur cette question, nous allons expliquer en quelques lignes comment nous entendons cette indépendance. Nous pensons qu'il faut que les membres de cette institution puissent être proposés par le pouvoir exécutif, mais qu'ils doivent être confirmés par le Parlement. Ils doivent être élus pour un mandat non renouvelable à la majorité absolue, et ils doivent remplir certains critères parmi lesquels l'expérience et la compétence sont essentielles. La confirmation par les parlementaires permet d'éviter que la composition soit diversifiée. Cette idée dépend en partie du scrutin électoral. Le scrutin majoritaire accorde la majorité absolue à un parti, et il ne permet pas la diversité parlementaire. Par conséquent, le pouvoir exécutif et le pouvoir législatif peuvent être du même bord politique et, dans ce cas, la confirmation des juges constitutionnels serait une formalité. Nous admettons que cette idée n'est effective que dans le cas où l'on instaure un mode de scrutin avec une dose de représentation proportionnelle pour avoir un parlement diversifié.

Dans tous les cas, le juge constitutionnel chargé du contrôle de constitutionnalité est un outil indispensable du constitutionnalisme. Selon Charles Eisenmann,

> La constitution n'est qu'un programme politique, à la rigueur obligatoire moralement, un recueil de bons conseils à l'usage du législateur, mais dont il est juridiquement libre de tenir ou de ne pas tenir compte, puisque ses actes, même faits en violation de ces principes, seront en tout état de cause valables. La justice constitutionnelle transforme donc en normes véritablement juridiques ce qui seulement se voulait tel. La constitution devient ainsi et

[1] Lauréline Fontaine, « La violation de la Constitution : autopsie d'un crime qui n'a jamais été commis », *RDP*, n° 6, 2014, p. 1619.

ainsi seulement la règle de droit suprême, principe de toute validité juridique[1].

Le constitutionnalisme moderne est caractérisé par l'existence d'un État stable et structuré par la constitution. La caractéristique majeure du constitutionnalisme moderne, pour encadrer les gouvernants, est d'établir un ensemble des règles précises qui définissent l'exercice du pouvoir public. Elles ont pour objet, non seulement la stabilité de l'État, mais aussi et surtout la sûreté des citoyens. La modernité constitutionnelle correspond à la prise de conscience de la nécessité de garantir le respect et l'application de cette règle fondamentale et vitale pour la réussite de la démocratisation.

Dans le cadre de ce travail, le constitutionnalisme sera entendu comme une doctrine qui entend limiter les pouvoirs étatiques et en faisant garantir le respect des droits et libertés des individus. Pour cela, cette doctrine envisage de mettre en place un certain nombre de mécanismes qui garantissent la supériorité des droits constitutionnels, c'est-à-dire des droits énoncés par la constitution. Parmi ces mécanismes, il y a le mécanisme juridique incarné par le contrôle de constitutionnalité, exercé par une juridiction spéciale ou non. Selon le constitutionnalisme ainsi défini, la constitution est un instrument qui organise les différents pouvoirs de l'État, énonce les droits et libertés des individus et prévoit, par ailleurs, un organe chargé de sa propre protection.

L'objectif ultime du constitutionnalisme est de garantir la démocratie. Le constitutionnalisme n'envisage la démocratie que dans le cadre de la constitution, car « les notions de constitution et de démocratie ne sont mises en relation que dans le cadre épistémologique d'une doctrine, le constitutionnalisme, qui pense la constitution comme moyen de la démocratie[2] ».

La démocratie

La démocratie est un « régime politique où le peuple est à la fois la source et la finalité du pouvoir. Dans sa signification contemporaine, la démocratie renvoie à un régime constitutionnel où les citoyens délèguent à des représentants élus au cours d'une compétition électorale pluraliste le soin de gouverner à leur place[3] ». La démocratie est « un régime politique dans lequel le pouvoir suprême est attribué au peuple qui l'exerce lui-même, ou par l'intermédiaire des représentants qu'il élit[4] ». Définir la démocratie n'est

---

[1] Charles Eisenmann, *La justice constitutionnelle et la Haute cour constitutionnelle d'Autriche*, Paris/Aix-en-Provence, Economica/PUAM, p. 22.
[2] Dominique Rousseau, « Constitutionnalisme et démocratie », *La Vie des idées*, 19 septembre 2008, http://www.laviedesidees.fr/Constitutionnalisme-et-democratie.html.
[3] Rémy Cabrillac (dir.), *op. cit.*, p. 191.
[4] Gérard Cornu (dir.), *op. cit.*, p. 326.

pas une chose aisée parce qu'il existe plusieurs variantes[1] de cette expression. Si on passe outre cette divergence due aux confrontations doctrinales et idéologiques, la démocratie possède deux faces. Selon le professeur Jean-Marie Denquin, « il faut distinguer deux types de démocratie, soit en tant que concept, soit en tant qu'individu[2] ». Selon l'auteur, la démocratie en tant qu'individu peut être facilement localisable dans le temps et dans l'espace, alors que la démocratie en tant que concept s'exprime par des généralités. « Comme tout système politique, la démocratie existe pour ainsi dire deux fois. Elle peut être considérée comme projet, but à atteindre, idéal à réaliser, et comme régime, réalité immanente, présente objectivement, et susceptible d'être considérée de l'extérieur comme un objet du monde physique[3] ». La démocratie considérée comme un projet n'est pas un produit naturel parce que les sociétés humaines ne s'organisent pas spontanément sous forme démocratique. Les deux conceptions de la démocratie sont par conséquent complémentaires et solidaires. La démocratie en tant qu'individu, donc régime en tant que donnée immanente, doit son existence à la démocratie en tant que concept, donc projet. Cette dernière a, à son tour, besoin de la démocratie-régime pour devenir une réalité. La démocratie en tant que concept et projet fait naître des espoirs qu'elle n'honore pas toujours. Elle est un édifice conceptuel toujours inachevé.

Dans le cadre de cette étude, on retiendra la définition de la démocratie, que l'on attribue à Abraham Lincoln : « le gouvernement du peuple, par le peuple, pour le peuple ». Cette dernière résume parfaitement l'idée de ce que sous-entend la démocratie. Elle démontre clairement par les termes « du », « par » et « pour », la relation entre le peuple et le pouvoir. Elle confirme la définition minimale de la démocratie en affirmant qu'en démocratie le pouvoir est au service du peuple. La démocratie postule que le peuple est impliqué dans les affaires publiques et qu'il doit être protégé.

L'ambition du constitutionnalisme est d'instaurer la démocratie à l'aide d'une constitution. En effet, pour rendre la démocratie possible, le constitutionnalisme soumet les pouvoirs de l'État au droit et, en premier lieu, à la norme suprême qui est la constitution. En définitive, pour instaurer un régime démocratique, il faut que le texte constitutionnel soit « démocratique », c'est-à-dire adopté dans des conditions démocratiques.

---

[1] On parle tantôt de la démocratie directe, tantôt de la démocratie indirecte, pour exprimer son mode d'exercice ; on évoque également la démocratie libérale, la démocratie socialiste ou encore la démocratie chrétienne ou islamique (on trouve par exemple ce genre de parti politique en Allemagne et dans le monde arabe) pour essayer de la définir en fonction de la doctrine politique qui la revendique.

[2] Jean-Marie Denquin, « Que veut-on dire par "démocratie" ? L'essence, la démocratie et la justice constitutionnelle », *Jus Politicum*, n° 2, 2009, p. 8, http://www.juspoliticum.com.

[3] Jean-Marie Denquin, *ibid.*, p. 9.

Nous pensons, avec le professeur Slim Laghmani, qu'« un régime n'est pas démocratique parce que sa constitution l'est, mais, en retour, un régime ne peut être démocratique si sa constitution ne l'est pas[1] ».

Comment et pourquoi, en Europe de l'Est et dans le monde arabe, les peuples révolutionnaires se sont dotés d'institutions constitutionnelles démocratiques ?

Les soulèvements en Europe de l'Est en 1989 et ceux de 2011 dans le monde arabe sont-ils révolutionnaires ? Rappelons que, par révolution, nous entendons un processus qui conduit à une rupture totale avec l'ancien ordre constitutionnel et qui vise à aboutir à l'adoption d'un nouvel ordre constitutionnel. Dans le monde arabe, les soulèvements populaires ont affiché très clairement leur souhait d'en finir avec le régime politique en place. En effet, en Tunisie, les mouvements révolutionnaires souhaitaient rompre avec le passé. Les professeurs Sana Ben Achour et Rafaâ Ben Achour pensent que « la Tunisie a connu une vraie révolution dont les effets se poursuivront dans le temps. Cette révolution a débouché sur l'effondrement d'un régime dans sa totalité[2] ». Le mouvement tunisien a conduit à un renversement de l'ancien ordre constitutionnel. Ce changement brusque et brutal a conduit à la fuite du dictateur Ben Ali. De même, le professeur Xavier Philippe explique :

> Après avoir chassé l'ancien président Ben Ali du pouvoir le 14 janvier 2011, le nouveau régime tunisien voulait tourner radicalement le dos au passé et se reconstruire sur de nouvelles bases. Le gouvernement et les autorités de transition décidèrent d'une rupture avec le passé et de suspendre la Constitution de 1959. Le symbole était fort et se justifiait par une volonté de reconstruction de la Tunisie sur de nouveaux fondements délaissant l'héritage colonial et l'autoritarisme du précédent régime[3].

La Tunisie a alors décidé de rompre l'ancien ordre et d'instaurer un nouvel ordre. Selon Rafâa Ben Achour, la Constitution tunisienne de 2014 « marque une nouvelle ère d'une société ayant rompu définitivement avec un pouvoir autoritaire et s'inscrivant résolument dans un processus démocratique[4] ». L'instauration d'un nouvel ordre se caractérise par

---

[1] Slim Laghmani, « Constitution et Démocratie », *L'Architecture du Droit, mélanges en l'honneur de Michel Troper*, Paris, Economica, p. 597.

[2] Rafaâ Ben Achour et Sana Ben Achour, « La transition démocratique en Tunisie : entre légalité constitutionnelle et légitimité révolutionnaire », *RFDC*, n° 92, 2012, p. 716.

[3] Xavier Philippe, « Les processus constituants après les révolutions du printemps arabe. L'exemple de la Tunisie : rupture ou continuité ? », *Espaces du service public, Mélanges en l'honneur de Jean du Bois de Gaudusson, Tome I, contributions réunies par Ferdinand Mélin-Soucramanien*, Presses universitaires de Bordeaux, 2013, p. 532.

[4] Rafâa Ben Achour, « La Constitution tunisienne du 27 janvier 2014 », *RFDC*, n° 100, 2014, p. 784.

l'adoption d'une nouvelle constitution. le professeur Xavier Philippe souligne :

> La reconstruction d'un État constitue une opération multidimensionnelle et s'opère souvent en faisant face à plusieurs défis simultanés, mais l'adoption d'une nouvelle constitution apparaît souvent comme le point refondateur de l'État, celui qui lui redonne une nouvelle légitimité. La Tunisie n'a pas échappé à cette logique du symbolisme constitutionnel et s'est donc assez naturellement dirigée vers l'adoption d'une nouvelle constitution[1].

En Égypte, le schéma est identique à celle de la Tunisie. Les Égyptiens sont descendus massivement dans la rue pour réclamer le départ de Hosni Moubarak et la fin de son régime. Le Président Moubarak a quitté le pouvoir et des élections ont été organisées pour choisir de nouveaux dirigeants. Pour instaurer un nouveau régime politique, d'abord en 2012, puis en 2014, deux nouvelles Constitutions ont été adoptées. Le cas de l'Égypte est particulier aujourd'hui parce que l'armée est de retour au pouvoir. L'Égypte a connu une révolution au sens où l'on a assisté à un renversement par la rue d'un régime en place et la clôture de ce processus par l'adoption d'une nouvelle constitution en 2012. Mais, la suspension de la Constitution de 2012 et le renversement du Président Morsi par l'armée ont remis en cause le bon déroulement du processus révolutionnaire égyptien. En définitive, une nouvelle constitution a été adoptée en 2014 et de nouvelles élections ont été organisées pour instaurer un nouveau régime. Ce dernier est dirigé par un militaire, comme le régime politique de Hosni Moubarak. L'Égypte a connu un changement brutal et elle a instauré un nouvel ordre constitutionnel, mais pour autant elle n'a pas définitivement rompu avec son passé qui est l'armée. Il faut dire aussi que la place de l'armée dans la société égyptienne est très importante et l'on peut espérer que l'actuel régime politique saura respecter la volonté du peuple en quittant le pouvoir s'il l'exprime par les urnes.

Le monde arabe a connu de véritables révolutions, c'est-à-dire un changement brutal et brusque des régimes politiques et l'instauration des nouveaux régimes politiques grâce à de nouvelles constitutions. Néanmoins, nous avons également observé que toutes les révolutions n'aboutissent pas à l'adoption d'une nouvelle constitution. Dans le monde arabe, les situations de la Libye et du Yémen illustrent parfaitement cet échec. Ces deux pays ont sombré dans des guerres qui parfois les dépassent. Au Yémen, la coalition menée par l'Arabie Saoudite combat les rebelles Houti[2] soutenus par l'Iran. La Libye est plongée dans une guerre civile et le pays peine à sécuriser son territoire national.

En Europe de l'Est, la chute du mur de Berlin et de l'URSS a fait naître des frondes et de véritables révolutions dans les pays satellites de l'URSS.

---

[1] Xavier Philippe, *op. cit.*, p. 532.

[2] Ce sont les rebelles chiites qui ont renversé le Président yéménite Ali Abdallah Saleh.

Les révolutions ont débuté de façon simultanée avec la chute de mur de Berlin, en Pologne, en Hongrie et en Tchécoslovaquie. Les autres pays ont ensuite emboîté le pas. Le démantèlement du rideau de fer a en effet commencé en Hongrie. La Hongrie commence à démanteler les barbelés le long de la frontière austro-hongroise. Le 15 mars 1989, les manifestants ont investi la rue de Budapest pour réclamer le départ du régime politique en place. La Révolution de Velours s'est déroulée en Tchécoslovaquie du 16 novembre au 29 décembre 1989. Le 9 novembre 1989, la Roumanie et la Bulgarie commencent leurs révolutions. En effet, selon Nicolae Popa[1], « la révolution roumaine, comme celles des autres pays communistes, a été une révolution constitutionnelle, une révolte contre la société enfermée, totalitaire[2] ».

En 1989, c'est toute l'Europe de l'Est qui commence à se libérer. Comme le rappellent Jean Gicquel et Jean-Éric Gicquel,

> l'ensemble des États membres du pacte de Varsovie et du Conseil d'aide économique mutuel (Comecon) va, à partir de 1989, changer de régime, soit à la suite de la décomposition progressive du Parti et de l'État (Pologne, Hongrie et Albanie), soit par effondrement immédiat (Bulgarie, RDA, Tchécoslovaquie), soit implosion (Roumanie)[3].

En Europe de l'Est, les populations ont renversé les régimes politiques en place pour instaurer de nouveaux régimes grâce aux nouvelles constitutions. En 1989, les soulèvements qui se sont produits en Europe de l'Est ont été brusques, brutaux et avaient pour objectif de changer l'ordre constitutionnel existant par un nouvel ordre constitutionnel. L'issue d'une révolution est souvent déterminée par les vertus civiques et le degré de culture politique de la société civile et de l'autorité politique. Les autorités politiques communistes ont tout fait pour que la transition réussisse malgré les difficultés. Ils se sont en tout cas engagés très vite sur le chemin du combat de la démocratie en adoptant de nouvelles constitutions. La Hongrie constitue une exception, car elle s'était contentée de modifier en 1989 la Constitution communiste de 1946. La nouvelle Constitution hongroise postcommuniste a été adoptée le 18 avril 2011. Elle a été promulguée le 25 avril 2011, et son entrée en vigueur a été remise au 1er janvier 2012.

Les révolutions, dans ces deux régions, ont bouleversé avec brusquerie et brutalité les anciens systèmes politiques. Elles ont conduit à l'instauration de nouveaux ordres constitutionnels. En Europe de l'Est et dans le monde

---

[1] Président de la Cour constitutionnelle roumaine.

[2] Nicolae Popa, « La révision de la Constitution roumaine », *Revue de justice constitutionnelle est-européenne*, n° 2, 2004, p. 131.

[3] Jean Gicquel et Jean-Éric Gicquel, *Droit constitutionnel et institutions politiques*, Paris, LGDJ, 30e éd., 2016, p. 434.

arabe, les révolutions ont débouché sur l'adoption de constitutions, à l'exception des cas libyen, yéménite et hongrois que l'on a évoqués.

Quel est le rapport entre ces différentes révolutions avec les notions de constitutionnalisme et de démocratie ?

Il faut rappeler que le constitutionnalisme doit être compris comme une doctrine qui entend limiter les pouvoirs étatiques et garantir le respect des droits et libertés des individus. Les États du monde arabe, plus précisément la Tunisie et l'Égypte, ont cherché à adopter très vite les constitutions afin de mettre en place de nouveaux régimes politiques. Les Constitutions tunisienne et égyptienne ont été adoptées en 2014. Selon le constituant tunisien, la Constitution de 2014 est rédigée

> en vue d'édifier un régime républicain démocratique et participatif, dans le cadre d'un état civil dans lequel la souveraineté appartient au peuple, par l'alternance pacifique au pouvoir à travers des élections libres et sur le fondement du principe de la séparation des pouvoirs et de leur équilibre, un régime dans lequel le droit de s'organiser sur le fondement du pluralisme, de la neutralité de l'administration et de la bonne gouvernance, constitue le fondement de la compétition politique, un régime dans lequel l'État garantit la primauté de la loi, le respect des libertés et des droits de l'homme, l'indépendance de la justice, l'égalité de tous les citoyens et citoyennes en droits et en devoirs et l'équité entre les régions[1].

Le constituant égyptien de 2014 affirme rédiger « une constitution qui parachève la construction d'un État moderne et démocratique, un gouvernement civil » et « qui ferme la porte devant toute corruption et toute tyrannie[2] ». En Tunisie comme en Égypte, le constitutionnalisme s'avère être « le produit d'une longue histoire spécifique, d'une histoire irréductible à celle de l'occident, qui a engendré un mode et une idéologie de gouvernement propres[3] ». Non seulement ces deux États adhèrent, par leurs Constitutions de 2014, à l'idée du constitutionnalisme, mais ils affichent également clairement leurs objectifs d'instaurer des régimes démocratiques. Les deux Constitutions arabes de 2014 déclarent lutter contre la tyrannie en séparant les différents pouvoirs étatiques. Elles entendent garantir les droits et les libertés des individus. Les constituants arabes de 2014 l'affirment dans les préambules, mais ces ambitions sont transcrites dans le corps du texte constitutionnel. La Constitution égyptienne de 2014 déclare que le système

---

[1] Préambule de la Constitution tunisienne de 2014.

[2] Préambule de la Constitution égyptienne de 2014.

[3] Michel Camau, « Articulation d'une culture constitutionnelle nationale et d'un héritage bureaucratique : la désarticulation du constitutionnalisme au Maghreb aujourd'hui », *in* Jean-louis Seurin (dir.), *Le constitutionnalisme aujourd'hui,* Paris, Economica, coll. « Politique comparée », 1984, p. 139.

politique égyptien est « républicain, démocratique, fondé sur la citoyenneté et la primauté de la loi[1] ». Elle précise :

> Le système politique est fondé sur le pluralisme politique et le multipartisme, l'alternance pacifique du pouvoir, la séparation et l'équilibre entre les pouvoirs, la corrélation entre responsabilité et autorité et le respect des droits de l'homme et de ses libertés, dans les conditions prévues par la Constitution[2].

En Tunisie, la Constitution de 2014 indique que l'État tunisien est fondé sur « la primauté du droit[3] ». L'État tunisien est le garant « des libertés et des droits individuels et collectifs[4] ».

En Europe de l'Est, plusieurs États, à l'exception de la Hongrie, ont adopté des constitutions après la chute des régimes communistes. En effet, la Roumanie et la Bulgarie ont adopté leurs Constitutions postcommunistes en 1991, la Tchécoslovaquie en 1992, la Pologne en 1997, etc.. La Constitution de la Bulgarie du 13 juillet 1991 affirme que « la République de Bulgarie est un État de droit. Elle est gouvernée conformément à la Constitution et aux lois du pays. La République de Bulgarie garantit la vie, la dignité et les droits de l'individu[5] ». Elle énonce également que « le pouvoir est divisé en pouvoir législatif, pouvoir exécutif et pouvoir judiciaire[6] ». En Roumanie, la Constitution de 1991 énonce :

> La Roumanie est un État de droit, démocratique et social, dans lequel la dignité de l'être humain, les droits et les libertés des citoyens, le libre développement de la personnalité humaine, la justice et le pluralisme politique représentent les valeurs suprêmes, dans l'esprit des traditions démocratiques du peuple roumain et des idéaux de la révolution de décembre 1989, et sont garantis. L'État est organisé conformément au principe de la séparation et de l'équilibre des pouvoirs – législatif, exécutif et judiciaire – dans le cadre de la démocratie constitutionnelle. En Roumanie, le respect de la Constitution, de sa suprématie et des lois est obligatoire[7].

La Constitution polonaise du 2 avril de 1997 énonce que « le régime politique de la République de Pologne a pour fondement la séparation et l'équilibre entre les pouvoirs législatif, exécutif et judiciaire[8] ». Elle assure également que la Pologne est un État démocratique[9] qui garantit les droits et

---

[1] Article 1er de la Constitution égyptienne de 2014.
[2] Article 5 de la Constitution égyptienne de 2014.
[3] Article 2 de la Constitution tunisienne de 2014.
[4] Article 21 de la Constitution tunisienne de 2014.
[5] Article 4 de la Constitution bulgare du 13 juillet 1991.
[6] Article 8 de la Constitution bulgare du 13 juillet 1991.
[7] Article 1er de la Constitution roumaine de 1991 révisée en 2003.
[8] Article 10 de la Constitution polonaise de 1997.
[9] Article 2 de la Constitution polonaise de 1997.

libertés des individus[1]. En Tchécoslovaquie, la Constitution du 16 décembre 1992 affirme que « la République tchèque est un État de droit souverain, unitaire et démocratique fondé sur le respect des droits et libertés de l'homme et du citoyen[2] ». Toutes ces Constitutions est-européennes assurent une séparation des pouvoirs et garantissent des droits et libertés des individus. Les pouvoirs politiques sont limités par les droits constitutionnels qui protègent les individus. Pour atteindre cet objectif, ces pays ont mis en place de nouveaux régimes politiques qui rompent avec le passé communiste. Jean-Pierre Massias écrit, qu'après les révolutions est-européennes de 1989, dans ces pays, « au droit constitutionnel "du nouveau régime" vient donc se mêler un droit constitutionnel du "changement de régime", le second conditionnant dans une large mesure le premier[3] ». En Europe de l'Est, après 1989, l'objectif des nouvelles Constitutions était de mettre en place de nouveaux régimes politiques qui rompent avec les anciens régimes. Il ne s'agissait pas d'adopter un nouveau régime politique, mais d'opter pour un nouveau régime qui est différent du régime communiste. Notamment, concernant la Pologne, le constitutionnalisme polonais s'est largement inspiré de la doctrine et de la pratique des autres États démocratiques, notamment de l'idée allemande de *Rechtstaat* (en effet, c'est de l'Allemagne bismarckienne que vient la notion de *Rechtstaat* – reprise en français sous le nom d'État de droit, ainsi qu'en anglais, *Rule of Law*)[4] ». De manière générale, Slobodan Milacic affirmait, s'agissant des pays d'Europe de l'Est, que « le constitutionnalisme qui les concerne a cherché à "revoir et corriger" les modèles référentiels européens, au motif de les adapter[5] ».

Dans ces deux régions, les acteurs de la transition politique ont conféré une dimension constitutionnelle au changement politique, marquant ainsi les progrès du constitutionnalisme dans la construction des légitimités politiques. Dans le monde arabe et en Europe de l'Est, les constitutions postrévolutionnaires ont adhéré à l'idée du constitutionnalisme au sens où on l'entend c'est-à-dire la doctrine de la constitution qui limite les pouvoirs de l'État pour protéger l'individu. En assurant mettre en place des régimes politiques soumis au droit et en affirmant garantir les droits et libertés des individus, ces différentes Constitutions postrévolutionnaires intègrent le constitutionnalisme et la démocratie.

---

[1] Article 5 de la Constitution polonaise de 1997.
[2] Article 1er de la Constitution tchèque du 16 décembre 1992.
[3] Jean-Pierre Massias, *Droit constitutionnel des États d'Europe de l'Est*, Paris, PUF, 2e éd., 2008, p. 7.
[4] Maria Kruk, « Progrès et limites de l'état de droit », *Pouvoirs*, 2006, n° 118, p. 73-88.
[5] Slobodan Milacic, *De l'âge idéologique à l'âge politique : l'Europe post-communiste vers la démocratie pluraliste*, Bruxelles, Bruylant, 2010, p. 254.

Les révolutions arabes et est-européennes et l'idée d'internationalisation et de singularisme du droit constitutionnel

En fin de compte, l'idée de constitutionnalisme est reprise en Europe de l'Est et dans le monde arabe. D'abord, l'adoption de constitutions écrites à la suite des révolutions a été commune à ces États. Dans ces pays, l'objectif de ces constitutions est à peu près identique dans la mesure où l'idée générale est d'adopter des règles constitutionnelles qui limitent les pouvoirs afin de garantir les droits et libertés des individus. Concernant ces points, on peut estimer que l'adhésion à l'idée du constitutionnalisme, tantôt en Europe de l'Est, tantôt dans le monde arabe, plaide en faveur de l'internationalisation du droit constitutionnel comme vecteur de limitation des pouvoirs et de protection des droits et libertés individuels. Cette idée d'internationalisation du droit constitutionnel est caractérisée par le choix, d'abord d'adopter une constitution écrite, ensuite d'intégrer dans cette constitution des règles pour limiter les pouvoirs de l'État afin de préserver l'individu, et enfin de mettre en place une institution juridique pour garantir le respect de cette Constitution.

Toutefois, dans le monde arabe, l'adhésion au constitutionnalisme s'est faite dans le respect de la singularité de la société arabe. D'abord, dans le monde arabe, dont la population est majoritairement musulmane, l'individu ne compte pas dans la communauté. La religion musulmane parle à l'Oumma et l'individu n'a d'intérêt que s'il est au service de la communauté. Les nouvelles Constitutions arabes de 2014 qui reconnaissent les droits et libertés aux individus devraient prendre en compte les confessions de la société qu'elles entendent régir. Plus qu'en Tunisie, c'est en Égypte que le constituant a intégré cette particularité en reconnaissant à chaque communauté religieuse de recourir aux principes de leurs religions pour gérer notamment les affaires de statut personnel. En effet, elle reconnaît que « les principes de la Charia islamique sont la source principale de la législation[1] » et assure également que « les principes des lois religieuses des Égyptiens chrétiens et juifs sont la principale source des législations qui régissent leur statut personnel, leurs affaires religieuses et le choix de leurs dirigeants spirituels[2] ».

Par-delà la singularité de la transition constitutionnelle de chaque pays, la particularité des États de l'Europe de l'Est réside dans le souhait de se tourner vers l'Europe occidentale pour rompre avec le communisme. Selon Slobodan Milacic, les pays de l'Europe de l'Est ont trouvé « leurs sources d'inspiration, référents de "standardisation" et logistiques d'"aide et soutien", dans les systèmes démocratiques occidentaux, notamment

---

[1] Article 2 de la Constitution égyptienne de 2014.
[2] Article 3 de la Constitution égyptienne de 2014.

européens[1] ». En premier lieu, il s'agissait d'instaurer le multipartisme et d'abroger le monopole du parti communiste. En second lieu, il s'agissait notamment d'intégrer l'Union européenne, le Conseil de l'Europe et l'OTAN. Le rattachement à l'Europe occidentale impliquait l'adhésion à certaines idées dont celle qui entend faire de la constitution un instrument de limitation des pouvoirs et de protection des droits et libertés des individus. Comme le soulignent Jean Gicquel et Jean-Éric Gicquel, en Europe de l'Est,

> les nouvelles constitutions s'inspirent du modèle parlementaire ouest-européen : une ou deux chambres (Pologne, Tchéquie et Roumanie) avec un gouvernement responsable et un président de la République élu par le Parlement ou au suffrage universel direct. Partout, une cour constitutionnelle a été mise en place et l'autonomie locale a été instituée. Ces États ont rejoint ultérieurement l'Union européenne[2].

L'analyse de ces différentes constitutions arabes et est-européennes démontre que le droit constitutionnel postrévolutionnaire est fortement influencé par le rapport des forces de la période transitoire. Selon Jean-Pierre Massias,

> si le droit constitutionnel apparaît comme un instrument privilégié de la transition, il est, lui aussi, fortement influencé par cette notion, et son contenu s'imprègne d'éléments propres à cette dynamique sociale. La transition va générer un droit constitutionnel nouveau, spécifique qui ne peut s'analyser qu'au travers de sa réalité sociopolitique[3].

Nous avons constaté cela dans le monde arabe, avec la question de la place de l'Islam, et en Europe de l'Est, avec le souhait de l'adhésion à l'Europe communautaire afin de rompre définitivement avec le passé communiste. Selon Didier Maus, « certes, chacun des pays a évolué selon son propre contexte, mais la vision d'ensemble demeure simple. Les pays considérés, presque tous candidats à l'adhésion à l'Union européenne, ont en définitive choisi un système constitutionnel très largement inspiré du système parlementaire des pays de l'Union européenne…[4] »

Comment les populations d'Europe de l'Est et du monde arabe se sont dotées des institutions constitutionnelles démocratiques ?

L'intérêt majeur de ce travail est qu'il prolonge une tradition commencée aux XVIIe et XVIIIe siècles qui correspond aux Révolutions française et

---

[1] Slobodan Milacic, *op. cit.*, p. 423.
[2] Jean Gicquel et Jean-Éric Gicquel, *Droit constitutionnel et institutions politiques*, Paris, LGDJ, 30e éd., 2016, p. 434.
[3] Jean-Pierre Massias, *op. cit.*, p. 11.
[4] Didier Maus, « L'évolution démocratique dans les pays d'Europe centrale orientale et balte et dans l'espace francophone (à l'exception de l'Afrique subsaharienne) », *in Actes de la deuxième réunion préparatoire au symposium international de Bamako : Les institutions de la démocratie et de l'Etat de droit*, mars 2000, p. 94, disponible sur le site de l'OIF.

américaine et à la philosophie des Lumières. Notre étude se concentre sur la manière dont les peuples révolutionnaires choisissent de se doter d'institutions constitutionnelles démocratiques. Contrairement aux travaux comparatistes précédents qui « se faisaient par rapport aux modèles – référentiels matrice : celui de l'URSS ou celui de l'Occident[1] », notre travail compare les mouvements est-européens avec ceux récents du monde arabe. Au lieu de reprendre les révolutions françaises et américaines sur lesquelles les études sont abondantes, nous avons décidé de nous intéresser à l'actualité récente du monde arabe et celle, plus proche de notre époque, de l'Europe de l'Est. Il s'agit en fait de comparer les révolutions arabes de 2011 et celles est-européennes de 1989.

Des travaux de thèse ont été réalisés ou sont en cours de réalisations dans différentes universités françaises[2], soit sur les révolutions arabes, soit sur celles de l'Europe de l'Est, abordées séparément. Plusieurs colloques ont été organisés sur les révolutions arabes de 2011[3] et sur celles de l'Europe de l'Est de 1989[4]. En revanche, les deux ensembles de révolutions n'ont jamais été comparés, en particulier dans le cadre d'une thèse. Cela s'explique évidemment par le fait que les révolutions arabes sont récentes, mais mis à part quelques colloques[5], aucune étude comparative n'a été réalisée. Nous allons donc, dans une recherche transversale, croiser les mouvements d'Europe centrale et orientale de 1989 et ceux du monde arabe de 2011.

Dans notre analyse comparative des droits constitutionnels du monde arabe et de l'Europe de l'Est, nous allons procéder à une confrontation. La confrontation est inhérente à la comparaison mais, parfois, la singularité du système constitutionnel d'un État ou d'une région impose qu'on analyse cette situation, inexistante ailleurs, de façon isolée. Nous souhaitons donc aller au-delà du droit positif en nous interrogeant sur la légitimité des textes constitutionnels et les débats qui les ont précédés car, « quel que soit le

---

[1] Slobodan Milacic, préface de l'ouvrage de Vladan Kutlesic, *Les constitutions postcommunistes européennes : étude de droit comparé de neuf États*, trad. Pascal Donjon, Bruxelles, Bruylant, 2009, p. VIII.

[2] À l'Université Aix-Marseille et à celle de Bordeaux IV par exemple sur le monde arabe ou sur l'Europe de l'Est.

[3] Colloque international « Penser les révolutions arabes », 13, 14 et 15 décembre 2012 à l'ENS de Lyon, ou encore table ronde le 10 octobre 2013 sur « Les révolutions arabes et les droits de l'homme », CREDOF, Université Paris Nanterre La défense.

[4] Colloque de l'Association française de droit constitutionnel, Bordeaux, 13-15 juin 1993, « La démocratie constitutionnelle en Europe centrale et orientale. Bilan et perspectives », sous la direction de Slobodan Milacic, 1997.

[5] http://calenda.org/321723, et « Peut-on comparer les “révolutions de couleur” et les “printemps arabes” ? Dynamiques démocratiques, changements institutionnels, circulations transnationales et relations internationales », Colloque international Université Sorbonne Paris Cité (USPC), Programme interdisciplinaire « Sociétés plurielles », coresponsables : Jean-Yves Moisseron (CESSMA Paris 7 et IRD) et Anne de Tinguy (INALCO et CERI-Sciences po).

contexte qui préside à son élaboration, une constitution est, par la force des choses, le produit d'un certain nombre de données, c'est-à-dire d'éléments fondamentaux sur lesquels le constituant construit son ouvrage[1] ». Selon l'auteur, ces données sont juridiques, mais aussi extrajuridiques. Les données extrajuridiques sont « historiques, culturelles, politiques ou économiques. Elles sont liées à l'évolution des paradigmes et des valeurs qui, inéluctablement, s'imposent aux sociétés étatiques[2] ». L'analyse de tous ces éléments permet de mieux comprendre les droits constitutionnels adoptés à la suite de ces différentes révolutions, car, en définitive,

> la rédaction et l'application de la nouvelle constitution révèlent tout à la fois la véritable nature de la pensée des acteurs de la transition, de la société qu'ils veulent construire, des moyens utilisés... et le degré de réception de cette pensée dans l'État et la société. Les grands débats de la société et de l'État post-totalitaire ont tous trouvé une concrétisation constitutionnelle[3].

En outre, cela nous permettra de nous interroger sur la fiabilité et la légitimité des institutions étatiques mises en place dans ces différentes sociétés après les révolutions.

Analyser le texte juridique et le contexte dont il est issu en Europe de l'Est et dans le monde arabe après les révolutions

À ce stade, une question simple se pose : quelle est la réalité du constitutionnalisme dans ces pays à la suite des révolutions ? Nous allons y répondre nécessairement au gré des développements à venir. Toutefois, nous souhaitons expliquer la démarche qui sera suivie en déterminant une méthodologie et en délimitant l'objet de notre travail.

D'abord, nous allons analyser les règles constitutionnelles du point de vue de leurs effets sociaux, les événements politiques et sociologiques. L'analyse sociologique est importante parce que « le droit n'existant que par la société, on peut admettre que tous les phénomènes juridiques sont des phénomènes sociaux[4] ». L'analyse politique est tout aussi importante parce que « les normes constitutionnelles ne sont "une donnée" ni de la divine providence ni de la raison. Dans un pays donné, l'adoption ou le changement de la constitution est toujours le produit d'un rapport de force politique à un moment donné de l'histoire[5] ». Bien évidemment, notre principal outil

---

[1] Marc Verdussen, « préface », *in* Xavier Philippe et Natasa Danelciuc-Colodrovschi (dir.), *Transitions constitutionnelles et Constitutions transitionnelles : quelles solutions pour une meilleure gestion des fins de conflit ?*, Paris, Institut Universitaire Varenne, coll. « Transition et Justice », 2014, p. 11.

[2] *Idem.*

[3] Jean-Pierre Massias, *op. cit.*, p. 10.

[4] Jean Carbonnier, *Sociologie juridique*, Paris, PUF, 1978, p. 15.

[5] Jean-Claude Cabanne, *Écrit politique et constitutionnel*, Toulouse, Presses Universitaires de Toulouse, 2002, p. 151.

d'analyse reste les actes juridiques de la période transitoire et le nouveau texte de la Constitution, mais nous admettons que « le droit n'est pas un ensemble de rapports contingents abandonné au hasard ; il dépend des conditions objectives qui lui donnent naissance[1] ».

La justification du choix des certains pays

Pour mener une analyse concrète, nous avons décidé de choisir un certain nombre des États qui présentent une certaine particularité dans le processus révolutionnaire de ces deux régions.

Dans le monde arabe, le choix de la Tunisie et de l'Égypte s'est imposé, car ce sont les deux seuls pays à avoir adopté des constitutions postrévolutionnaires. La Libye et le Yémen sont encore aujourd'hui empêtrés dans des guerres civiles et régionales. Ainsi, notre étude, du côté du monde arabe, concernera uniquement la Tunisie et l'Égypte « qui ont connu une rupture totale de la constitutionnalité jusque-là en vigueur et se sont attelées à mettre en place une nouvelle constitutionnalité[2] ».

En Europe de l'Est, le choix était plus complexe et il requiert une explication plus approfondie. Nous avons choisi ici la Pologne et la Roumanie. À nos yeux, au moins, trois raisons expliquent ce choix.

Tout d'abord, sur le plan pratique, il était impossible, dans le cadre d'une thèse, d'étudier tous les pays de l'Europe de l'Est. Nous avons souhaité choisir deux États qui incarnaient la réalité complexe et diverse de la transition en Europe de l'Est parce qu'« il va de soi que la référence très globalisante de l'"Est" rend de moins en moins bien compte de la réalité très différenciée des ex-États communistes, considérés généralement – tous – comme en "transition démocratique". Plusieurs sous-ensembles se profilent nettement d'ores et déjà[3] ». Donc, pour mieux rendre compte de ces différentes réalités, nous avons choisi deux pays qui l'incarnaient. Il fallait donc choisir quelques pays et, pour correspondre au même nombre que les États du monde arabe, nous avons choisi deux États.

Ensuite, le choix de la Pologne et de la Roumanie s'explique par leurs particularités parmi les révolutions est-européennes. La Pologne et la Roumanie, dans l'histoire de la transition constitutionnelle, voire dans l'histoire de la révolution est-européenne, présentent quelques singularités importantes. La Pologne, avec la Hongrie et la Tchécoslovaquie, fait partie des premiers pays qui ont fait une révolution contre le communiste. Elle fut, avec les mêmes États, l'un des premiers pays à s'engager dans la transition

---

[1] Georges Vedel, *Manuel élémentaires de droit constitutionnel*, 1e éd. 1949, reéd. par Guy Carcassonne et Olivier Duhamel, Paris, Dalloz, 2002, p. 16.

[2] Rafaâ Ben Achour et Sana Ben Achour, « La transition démocratique en Tunisie : entre légalité constitutionnelle et légitimité révolutionnaire », *RFDC*, n° 92, 2012, p. 716.

[3] Slobodan Milacic, *De l'âge idéologique à l'âge politique : l'Europe post-communiste vers la démocratie pluraliste*, Bruxelles, Bruylant, 2010, p. 125.

constitutionnelle. La Hongrie a gardé, jusqu'en 2011, la Constitution communiste de 1949. Nous avons donc écarté la Hongrie qui n'a pas adopté une nouvelle constitution mais a souhaité réformer la Constitution communiste, parce que cela suppose qu'elle ne se soit pas engagée dans la voie de la rupture constitutionnelle. En Tchécoslovaquie, la loi constitutionnelle du 25 novembre 1992 a dissous la République de la Tchécoslovaquie. Comme la Yougoslavie, la Tchécoslovaquie a été divisée en deux États indépendants, et nous avons pensé que cela fausse le processus révolutionnaire qui nous intéresse ; l'intégration de ce pays dans le cadre de cette étude aurait pu nous conduire à nous intéresser à des questions que nous n'avons pas envisagées, comme les raisons de l'éclatement des États. Parmi les pays précurseurs des révolutions est-européennes, nous avons donc choisi la Pologne. Elle a été le premier pays[1] qui a connu un divorce entre le peuple et le communisme de l'URSS, car « la Pologne s'est forgée à travers une histoire très conflictuelle qui l'a souvent opposée à la Russie "orientale"[2] ».

S'il existe un pays singulier parmi tous les États de l'Europe lors de la chute de l'URSS, c'est bien la Roumanie. Catherine Durandin considère le communisme roumain comme « l'un des plus rigides des systèmes européens[3] ». La Roumanie a longtemps résisté, sous la dictature de Ceausescu, aux mouvements de révolte qui ont secoué ses voisins. Comme le rappelle Pierre Bouillon, « dès la fin de cette année 1989, la Roumanie semble se distinguer de l'ensemble du bloc de l'Est. Jusqu'en décembre, elle reste figée dans son totalitarisme communiste, sous la férule de son omnipotent Ceausescu ; puis, au moment des fêtes de Noël, elle bascule[4] ». De même, durant la période transitoire, contrairement à la Pologne, la Roumanie faisait partie « des pays où la transition démocratique est perçue comme plus douteuse, voire carrément compromise par la guerre civile ou le "néocommunisme", version "*soft*" de l'ancien régime[5] ». La Roumanie a la particularité d'être le seul pays d'Europe centrale et orientale à avoir connu un changement de régime d'une rare violence, d'autant plus qu'elle est aussi

---

[1] Voir Jean-Baptiste Duroselle et André Kaspi, *Histoire des relations internationales de 1945 à nos jours*, t. 2, Paris, Armand Colin, 15e éd., 2009, p. 415.
[2] Slobodan Milacic, *op. cit.*, p. 127.
[3] Catherine Durandin, « À la poursuite de l'histoire en Roumanie depuis 1989 », *Vingtième Siècle, revue d'histoire*, n° 36, octobre/décembre 1992, dossier « Identités d'Europe Centrale après le communisme », p. 61 ; http://www.persee.fr/doc/xxs_0294-1759_1992_num_36_1_2605.
[4] Pierre Bouillon, « Roumanie, décembre 1989 : Révolution démocratique ou coup d'État communiste ? », *Bulletin de l'Institut Pierre Renouvin*, n° 33, 2011, p. 66.
[5] Slobodan Milacic, *De l'âge idéologique à l'âge politique : l'Europe post-communiste vers la démocratie pluraliste*, Bruxelles, Bruylant, 2010, p. 126.

la seule à avoir exécuté son président de la République[1]. La révolution roumaine a été sanglante, avec près de 1 500 morts et l'assassinat du dictateur Ceausescu.

L'un hésitant, l'autre déterminé, ces deux pays correspondent, à notre avis, à la fois à l'idée de la transition, qui est une phase incertaine, et à sa réalité en Europe de l'Est à la suite de l'effondrement de l'URSS.

La méthode et les objets de notre étude

L'analyse d'un droit qui est en train de se faire, s'agissant des deux États arabes, dans un univers mouvant et changeant postrévolutionnaire n'est pas facile. Néanmoins, vingt-huit ans après la chute du mur de Berlin, la situation des pays de l'Europe de l'Est est beaucoup plus stable.

Dans le cadre de cette étude, nous allons analyser et comparer le constitutionnalisme en Europe de l'Est et dans le monde dans la limite géographique que nous avons définie. Notre objectif principal est d'étudier le constitutionnalisme dans les deux révolutions dans une démarche comparatiste. Nous allons essentiellement nous interroger, dans une approche comparative, sur les points communs et les singularités du constitutionnalisme dans ces deux régions. En étant conscients que la transition constitutionnelle n'est jamais linéaire, nous allons essayer de comprendre les transformations dans le monde arabe et en Europe de l'Est. Pour cela, nous allons utiliser, non seulement les textes constitutionnels, mais aussi les contextes qui ont conduit à leurs adoptions car, comme le constate Marie-Claire Ponthoreau, « maintes études comparatives sont concentrées sur les règles, mais les règles ne peuvent pas être totalement comprises si elles sont isolées de leur contexte[2] ». Un comparatiste doit nécessairement tenir compte des contextes et de l'histoire des pays. Il s'agira par exemple, pour l'Europe de l'Est, du contexte de la guerre froide. La confrontation entre l'Est et l'Ouest a déterminé le choix de nombreux de ces États. Ils fuyaient l'un pour aller vers l'autre avec plus ou moins de réussite. Cette situation géopolitique et de confrontation internationale était absente des révolutions arabes. Lors de ces révolutions, le peuple dénonçait « la misère et les conditions sociales désastreuses adossées à un climat généralisé de corruption ainsi qu'un désir ardent de changement politique incarné sur les calicots par l'impératif "dégage" adressé aux dirigeants en place au nom de liberté par trop niées[3] ». Il n'existait pas un monde bipolaire qui a précédé les révolutions arabes. En revanche, les révolutions arabes étaient

---

[1] Voir Catherine Durandin, *La mort des Ceausescu : la vérité sur un coup d'État communiste*, Paris, Bourin, 2009, 213 p.

[2] Marie-Claire Ponthoreau, « Le droit comparé en question(s). Entre pragmatisme et outil épistémologique », *Revue internationale de droit comparé*, n° 1, 2005, p. 14.

[3] Mathieu Touzeil-Divina, « Printemps et Révolutions arabes : un renouveau pour la séparation des pouvoirs ? », *in La séparation des pouvoirs, Pouvoirs*, n° 143, 2012, p. 33.

confrontées à des contextes internes tels que la confrontation entre les partis à référents islamiques et ceux dits laïques.

Selon Marie-Claire Ponthoreau,

> le comparatiste vise à proposer un autre regard sur son propre droit à la différence du spécialiste d'un droit étranger. Il peut aussi faire d'autres choix ; privilégier soit une comparaison intégrative qui accentue les similarités soit, au contraire, une comparaison différentielle qui insiste sur les différences ou encore essayer d'identifier des principes communs aux systèmes juridiques comparés[1].

Notre point de départ n'est pas la recherche de la différence ou la similitude, mais la contestation, à la suite de l'analyse, de la situation du constitutionnalisme dans ces pays. Par conséquent, il ne sera posé aucun postulat de départ. On étudie deux événements et on aboutira à leurs différences ou leurs points communs.

Concrètement, nous analyserons en premier lieu le processus révolutionnaire, c'est-à-dire les mouvements révolutions en Europe de l'Est et dans le monde arabe et la période transitoire. Il s'agira, entre autres, d'observer les acteurs de ces deux périodes. En effet, l'analyse portera sur le moyen utilisé pour gérer les mouvements révolutionnaires. On étudiera également les actes juridiques qui régissent la période transitoire et qui sont mis en œuvre pour aboutir à une constitution. Comme le souligne le professeur Jean-Pierre Massias, les transitions sont

> des révolutions axiologiques, politiques et sociales dans lesquelles le droit remplit une fonction spécifique : celle d'exprimer, de structurer et de rationaliser le discours et le comportement des acteurs dominants. La constitution participe à la formalisation du discours transitionnel, elle devient un instrument de sa réalisation et fournit à ses analystes un certain nombre de paramètres permettant la vérification des affirmations démocratiques[2].

En somme, notre étude portera principalement sur le moyen juridique mobilisé pour canaliser les mouvements révolutionnaires en Europe de l'Est et dans le monde arabe. Pour comprendre les rapports de force qui ont abouti à ces textes, nous allons étudier les acteurs du processus révolutionnaire et la préparation des textes constitutionnels.

En second lieu, nous allons examiner l'identité du régime mis en place par les constitutions postrévolutionnaires dans ces États, car « le droit consigne les compromis (consensuels ou majoritaires) sur les valeurs et

---

[1] Marie-Claire Ponthoreau, *op. cit.*, p. 10. Pour plus de détails, voir Marie-Claire Ponthoreau, *Droits(s) constitutionnel(s) comparé(s)*, Paris, Economica, 2010, 389 p.

[2] Jean-Pierre Massias, « Pacification sociale et transition constitutionnelle : Réflexion sur les limites de l'autosatisfaction positiviste », *in* Jean du Bois de Gaudusson, Philippe Claret, Pierre Sadran, Brigitte Vincent (dir.), *Mélanges en l'honneur de Slobodan Milacic. Démocratie et liberté : tension, dialogue, confrontation*, Bruxelles, Bruylant, 2008, p. 166.

organise les procédures stables et formelles de leur mise en œuvre[1] ». Nous allons également observer la conséquence de l'identité de l'État sur son organisation et sur son droit. Par la même occasion, nous allons étudier l'organisation et le fonctionnement des différents pouvoirs étatiques.

En troisième lieu, nous allons étudier le texte constitutionnel lui-même en observant la garantie que les constitutions postrévolutionnaires offrent dans le cadre de la limitation des pouvoirs étatiques et de la protection des droits fondamentaux des individus. Nous allons ici analyser la réalité du constitutionnalisme dans les Constitutions de ces pays. Ainsi, ces deux mouvements nous permettront d'analyser l'encadrement de l'exercice du pouvoir politique dans ces États.

En outre, nous pensons qu'il faudra associer tous les citoyens, y compris les acteurs politiques de l'ancien régime, pour une réussite durable et démocratique des nouvelles institutions. Dans le monde arabe et en Europe de l'Est, les acteurs politiques de l'ancien régime ont été impliqués dans les travaux de la transition politique. En Égypte, l'armée est un acteur incontournable depuis son retour au pouvoir avec le maréchal Al Sissi, et la réussite des nouvelles institutions dépendra d'elle. En Tunisie, le Président Beji Caid Essebsi n'est pas un novice en politique. Il a été, sous Habib Bourguiba, député, ministre et ambassadeur. De même, en Pologne, la « table ronde » organisée entre les révolutionnaires et les dirigeants communistes, et l'admission des ministres de l'ancien régime dans le gouvernement postrévolutionnaire illustrent bien la volonté et la nécessité de rassembler pour réussir la transition politique.

La compatibilité de l'idée de l'internationalisation du constitutionnalisme avec les singularismes des pays du monde arabe et de l'Europe de l'Est

En Europe de l'Est après 1989 et dans le monde arabe après 2011, l'adhésion à l'idée du constitutionnalisme s'est faite dans le respect de la singularité de chaque peuple. Concernant le singularisme, les contextes révolutionnaires et postrévolutionnaires étaient différents dans le monde arabe et en Europe de l'Est. Lors de l'analyse du processus révolutionnaire en Europe de l'Est et dans le monde arabe, nous avons observé que les révolutionnaires luttaient contre deux systèmes politiques différents, mais pour une même aspiration qu'ils entendaient réaliser à l'aide d'un moyen similaire : la constitution.

En Europe de l'Est, la pratique de l'idéologie communisme par un régime totalitaire a conduit au rejet du communisme d'État. Concernant le régime

---

[1] Slobodan Milacic, « Rapport introductif : l'Etat post-communiste entre l'histoire, le droit et le marché », *in* Slobodan Milacic (dir.), *La réinvention de l'Etat : démocratie politique et ordre juridique en Europe centrale et orientale*, Bruxelles, Bruylant, 2003, p. 23.

politique combattu, la divergence entre ces deux révolutions est profonde. Par conséquent, en Europe de l'Est, c'est tout un modèle politique, social, économique et idéologique qui s'est effondré, en l'occurrence le communisme. Dans le monde arabe, c'est la dictature sans idéologie particulière, c'est-à-dire un régime politique liberticide, sans fondement idéologique, soutenu par la force policière, qui s'est effondrée. Ici aussi, c'est la pratique du pouvoir par un régime autoritaire qui est rejetée. En effet, même si elle symbolise aujourd'hui le régime de Ben Ali, la Constitution tunisienne de 1959 n'a jamais été véritablement appliquée. Dans ce cas, on ne peut pas remettre en cause son contenu.

S'il est vrai que l'Union soviétique était aussi une dictature liberticide plus violente et aussi dominatrice que les dictatures arabes déchues, elle n'était pas que cela. Le communisme est avant tout une idéologie, une forme d'économie et d'exercice politiques, même s'il a pris dans beaucoup des États l'exerçant une allure de dictature. Les États issus de la désagrégation de l'URSS étaient contraints de résoudre la question fondamentale de la définition et de l'affirmation de leur identité pour réussir complètement la transition et échapper aux vieux démons communistes. Pour les gouvernements issus du printemps arabe, le problème est tout autre. Leurs problèmes sont principalement économiques et politiques, et il suffira de s'atteler à ces deux tâches pour réussir la transition démocratique. Il n'existe pas en apparence de questionnements identitaires. Leur identité arabo-musulmane n'est remise en cause par les révolutionnaires, ni en Égypte ni en Tunisie. Contrairement à l'Europe de l'Est qui a vu la naissance des nouveaux États, dans le monde arabe, c'est un changement de régime qui s'est produit. À l'Est, le rejet du communisme à cette époque signifiait, du fait des conséquences de la guerre froide et de la bipolarisation du monde, une adhésion au libéralisme et au capitalisme, donc à une autre idéologie. Les révolutions récentes dans le monde arabe ont été dirigées uniquement contre le système politique et le gouvernement en place dans chaque État. Elles visaient plus la pratique du pouvoir que telle ou telle autre idéologie, qui faisait de toute façon défaut au régime en place. Quand en Europe de l'Est, le peuple se révoltait contre le communisme pour adhérer au libéralisme politique et constitutionnel, dans le monde arabe on s'indignait, non pas contre un communisme auquel ils n'ont jamais adhéré, mais contre l'injustice sociale, l'absence des libertés et d'égalité. Quand certains, en Europe de l'Est, construisaient l'État à la suite d'un éclatement, d'autres, dans le monde arabe, reconstruisaient l'État détruit et mis en faillite par la mauvaise gestion des dirigeants illégitimes et corrompus.

En Europe de l'Est et dans le monde arabe, le désespoir et la colère du peuple ont eu raison des régimes dictatoriaux qu'on pensait indéboulonnables. Le système politique renversé ici ou là n'était pas totalement identique, mais le projet, la démocratisation du régime et de l'économie (distribution égale de la richesse) et l'origine de la révolte, le peuple ou la rue sont incontestablement les mêmes. De l'oppression à la liberté, de la misère à la dignité, de l'économie planifiée à l'économie libérale, voilà en deux périodes différentes, le commun idéal de ces deux peuples. Les uns voulant se libérer du joug de l'idéal communisme, de la dictature exercée au nom du prolétariat devenu oppressante et invivable, les autres souhaitant se soustraire à une autre dictature, exercée par l'oligarchie sans se préoccuper du peuple, mais clairement pour eux, liberticide, misérable, empêchant le moindre rêve du meilleur, intenable et humiliant.

Ensuite, en ce qui concerne l'adhésion commune au constitutionnalisme, elle découle du fait que ces deux révolutions ont en commun d'être inextricablement liées à la recherche de la démocratie par le droit.

En Europe de l'Est, le professeur Slobodan Milacic estime que « le changement a été radical, brusque et malgré tout inattendu, pour ainsi dire, révolutionnaire en 1989-1990, opérant une transformation des pays socialistes-marxistes en état de droit – démocratiques, libéraux, pluralistes[1] ». Selon Rafâa Ben Achour, « la révolution tunisienne de 2011 a été une révolution pour la liberté, la dignité et la justice sociale[2] ». C'est en cela que les deux révolutions sont proches. Les revendications des révolutionnaires étaient similaires. Ayant déjà en commun ce comportement du passage soudain de la passivité léthargique à la révolte ouverte, le monde arabe et l'Europe de l'Est ont aussi en commun d'avoir choisi le chemin de la démocratisation par la constitution avec tous les obstacles qu'il comporte.

En fin de compte, comme l'explique Miklos Molnar, « malgré la diversité des situations et du caractère des tentatives de changement [...], le conflit de base reste le même dans la révolution antitotalitaire[3] ». Le constat de l'auteur pour les révolutions en Europe de l'Est se confirme avec les révolutions récentes dans le monde arabe. Pour preuve, ces deux combats dans des années et sur deux continents éloignés se ressemblent beaucoup dans leurs objectifs. Pourtant, dans le monde arabe, on se révoltait contre des dictatures sans fondement idéologique et seulement assoiffées de pouvoir. En revanche, en Europe de l'Est, on luttait contre une idéologie communiste mise au service des dirigeants au pouvoir sous l'influence directe d'une puissance étrangère, l'URSS.

Dans ces pays, un consensus, que ce soit en Europe de l'Est en 1989 ou dans le monde arabe en 2011, a été trouvé pour changer ces régimes politiques et mettre fin aux révolutions. Pour cela, la même voie a été choisie par ces pays. Le droit, en l'occurrence la constitution, a été utilisé pour servir cet objectif. Le droit a permis de mettre en place de nouveaux régimes

---

[1] Slobodan Milacic, *op. cit.*, p. 248.
[2] Rafâa Ben Achour, « La Constitution tunisienne du 27 janvier 2014 », *RFDC*, n° 100, 2014, p. 785.
[3] Miklos Molnar, *La démocratie se lève à l'Est. Société civile et communisme en Europe de l'Est : Pologne et Hongrie*, Paris, PUF, 1990, p. 5.

politiques et de mettre fin au processus révolutionnaire par la même occasion. Pour instaurer un nouvel ordre constitutionnel (première partie), ces pays ont adopté de nouvelles constitutions. La transition n'a pas été engagée de la même façon dans chaque pays, et il est possible aujourd'hui de souligner, bénéficiant du recul du temps et en saisissant l'occasion du printemps arabe, que les pays de l'Europe de l'Est ont pour certains réussi leur transition et l'ont améliorée en intégrant la grande Europe démocratique. Si des États comme la Pologne et la Hongrie ont connu une transition rapide, d'autres, comme la Roumanie et l'Ukraine, ont eu du mal à réussir leurs transitions. C'est également le chemin qui a été emprunté par les deux États arabes étudiés. La Tunisie a mieux réussi sa transition politique que l'Égypte qui a connu une période transitoire chaotique[1]. L'Égypte a adopté deux Constitutions post-Moubarak[2] et a connu plusieurs troubles avant que l'armée ne prenne le pouvoir en renversant le Président élu.

L'adoption d'une constitution n'est pas synonyme de la démocratisation du pays, car « les textes ne créent pas les démocraties ; les hommes et les idées, les partis et les principes, les mystiques et les affirmations, les mœurs et les traditions sont les facteurs déterminants d'un régime. Les textes créent certaines conditions d'évolution, de transformations, de réalisations politiques[3] ». Le contenu du texte constitutionnel et le mécanisme garantissant son respect sont importants pour passer d'une constitution formelle à une démocratisation du pays (seconde partie). En effet, la réussite de la transition démocratique dépendra certainement de l'application effective des nouvelles constitutions postrévolutionnaires, mais aussi, dans des pays qui sortent de régime autoritaire et totalitaire, des mécanismes qui garantissent le respect du texte constitutionnel.

---

[1] Nathalie Bernard-Maugiron, « La Constitution égyptienne de 2014 est-elle révolutionnaire ? », *in* Véronique Champeil-Desplats (dir.), *Révolution et droits de l'homme : aspects politiques : le cas des révolutions arabes et moyen-orientales*, Paris, LGDJ, 2015, p. 175.

[2] La première en 2012 et la seconde en 2014.

[3] Boris Mirkine-Guetzevitch, « Les méthodes d'étude du droit constitutionnel comparé », *RIDC*, n° 4, octobre-décembre 1949, p. 417, http://www.persee.fr/doc/ridc0035-33371949 num_1_4_18889.

PREMIÈRE PARTIE

DE LA RÉVOLUTION À LA CONSTITUTION

Pour sortir de leurs révolutions, les États étudiés ont décidé d'adopter des Constitutions. Ils ont choisi d'adopter des Constitutions pour canaliser et mettre fin aux révolutions populaires. En Europe de l'Est, comme le souligne Slobodan Milacic,

> L'espoir de l'ex-"Est" est aujourd'hui celui du Droit. Car, comme l'histoire démocratique l'a révélé, il est plus facile d'obéir à une norme préétablie et anonyme qu'à un vainqueur nécessairement arrogant après sa victoire. Mais, surtout, parce qu'au-delà de la conjoncture postrévolutionnaire, le Droit démocratique, à base de compromis équilibrés, est légitime et, par conséquent, efficace[1].

De la révolution à la constitution, le chemin passe par la période transitoire qui comprend deux processus importants et complexes. Il s'agit d'abord du processus révolutionnaire qui correspond à la période qui va du début des soulèvements jusqu'à la mise en place des assemblées constituantes. Il y a ensuite le processus constituant qui commence dès l'élection des assemblées constituantes jusqu'à l'adoption définitive du projet de constitution. En Pologne et en Roumanie, la période révolutionnaire a commencé par les soulèvements à partir de 1989 et a conduit à la chute de l'URSS. En Tunisie et en Égypte, le printemps arabe a commencé par le soulèvement des peuples et a abouti à la fuite de Hosni Moubarak et de Ben Ali. Les processus constituants dans ces pays ont été marqués par la confrontation entre les islamistes et les laïques. En Égypte, la confrontation a eu lieu entre l'armée et les frères musulmans. La période transitoire se clôt avec la mise en place d'un nouvel ordre constitutionnel, c'est-à-dire l'adoption d'une nouvelle constitution qui met en place un nouveau régime politique.

---

[1] Slobodan Milacic, « Exposé d'ouverture : vers l'Europe par la démocratisation interne », *in* Slobodan Milacic (dir.), *La démocratie constitutionnelle en Europe centrale et orientale : bilans et perspectives*, Bruxelles, Bruylant, 1998, p. 16.

Titre premier

Les périodes transitoires dans le monde arabe et en Europe de l'Est

La période transitoire comprend deux processus : le processus révolutionnaire et le processus constituant. Elle est d'abord constituée par la période révolutionnaire des premiers soulèvements au renversement des dirigeants en place. Le second moment de la période transitoire est celui qui commence au lendemain du renversement de l'ordre politique existant et qui s'achève lors de l'adoption d'une nouvelle constitution qui met en place un nouvel ordre politique. Ces deux périodes sont complémentaires.

La compréhension de ces deux périodes est indispensable pour mieux cerner le processus révolutionnaire et pour mieux comprendre le nouvel ordre mis en place par la nouvelle constitution. Le contenu de la constitution postrévolutionnaire dépend des rapports de force des acteurs du processus révolutionnaire.

CHAPITRE PREMIER

L'ANALYSE DES PROCESSUS RÉVOLUTIONNAIRES

Comme nous l'avons déjà souligné, le processus révolutionnaire commence dès le début des contestations contre le régime politique en place. Ce processus peut ne pas aboutir au renversement du régime politique, mais il constitue le point de départ de la révolution. Le processus révolutionnaire est l'œuvre des acteurs, organisés ou non, qui incarnent les mouvements révolutionnaires. On a parlé de la jeunesse dans les révolutions du monde arabe de 2011, et du syndicat *Solidarność* en Pologne en 1989. Le processus révolutionnaire est d'abord caractérisé par les acteurs de la Révolution qui représente le visage de la révolution. Ces acteurs sont à l'origine du processus révolutionnaire et sont présents tout au long de la révolution. Ce sont eux qui seront amenés à relever les défis liés à la période révolutionnaire, à éviter les obstacles et à conduire le processus révolutionnaire.

Les singularités historiques, culturelles et politiques de chaque pays conduisent les acteurs de la révolution à apporter les solutions adaptées à leurs situations. En l'espèce, les deux révolutions qui font l'objet de notre étude n'ont pas un passé politique identique, c'est-à-dire qu'elles n'ont pas été soumises au même régime politique. Si l'ennemi est différent, les solutions apportées sont forcément différentes.

Les contours des mouvements révolutionnaires en Europe de l'Est et dans le monde arabe

Les périodes révolutionnaires sont portées par des acteurs incontournables qui pèsent par la suite sur le débat lors de la période transitoire. Ces acteurs sont appelés des révolutionnaires. En analysant les processus révolutionnaires dans ces États, nous allons observer que les acteurs des révolutions de ces pays vont confronter plusieurs défis inhérents à la situation révolutionnaire.

La période révolutionnaire

Les révolutions arabes de 2014 et est-européennes de 1989 sont d'abord celles des acteurs organisés ou non. Ce sont les mouvements de libération que nous allons examiner d'abord en Pologne et en Roumanie, puis en Tunisie et en Égypte. La présentation de ces mouvements est indispensable pour identifier les acteurs principaux des différentes révolutions, mais également pour comprendre leurs déroulements.

La présentation des processus révolutionnaires de 1989-1991 en Pologne et en Roumanie

Les révolutions en Europe de l'Est ont débuté en URSS[1] où les dirigeants de ces pays disposaient d'un soutien important et duquel ils recevaient des directives. L'échec de la *perestroïka* en URSS l'a déstabilisée et a fait sombrer ses États satellites dans des révolutions. Le bouleversement en Europe de l'Est est d'abord celui de l'URSS. La chute de l'URSS a permis aux mouvements révolutionnaires des autres États de bousculer chez eux l'« ogre communiste ».

La révolution des pays de l'Europe de l'Est a d'abord eu lieu en URSS. La démission de Mikhaïl Gorbatchev, le 25 décembre 1991, du poste de secrétaire général du Parti communiste de l'Union soviétique et la foule qui déboulonnait les statues de Lénine et de Marx ont mis fin, en Europe de l'Est, à soixante-quinze ans marqués par les idées bolcheviques. Selon Alain Gélédan, « en une allocution télévisée de douze minutes, le "premier et dernier" président de l'URSS met un terme à un "grand État". L'URSS a vécu, la Russie et les divers États devenus indépendants vont désormais écrire l'histoire de la transition au capitalisme[2] ». C'était la fin de l'Union soviétique et du monde communiste. L'effondrement fut brutal et imprévisible, le vaste empire soviétique et son espoir d'une révolution socialiste ont sombré. L'idéal socialiste et communiste n'a pas conduit à l'instauration du paradis qu'il avait promis. Il a créé un système économique et social devenu un enfer et, par conséquent, « le brusque effondrement du communisme soviétique est lié à un incontestable échec économique et social[3] ». Le niveau de vie est resté très bas et l'effondrement du système communiste était inévitable. Mikhaïl Gorbatchev devait absolument réformer l'URSS pour l'adapter au monde et à l'inspiration de son peuple. Il s'engagea alors dans un chantier de vastes réformes et dut donc affronter les privilégiés de l'ancien système et plusieurs milliers des citoyens convaincus (ou endoctrinés) par le stalinisme, le léninisme et le marxisme. Dans un contexte de guerre froide et avec une situation économique et sociale dangereuse, Mikhaïl Gorbatchev ne pouvait pas, en l'espace d'un mandat, relever l'immense défi. De plus, son souhait de maintenir de bonnes relations diplomatiques avec les États-Unis lui était reproché au sein de son propre camp.

---

[1] Union des Républiques Socialistes Soviétiques.
[2] Alain Geledan, *Transitions à l'Est*, Paris, Le Monde-Editions, 1995, p. 44.
[3] Jean-Baptiste Duroselle et André Kaspi, *Histoire des relations internationales de 1945 à nos jours*, tome 2, Paris, Armand Colin, 15e éd., 2009, p. 409.

Le 25 décembre 1991, le Président Michaël Gorbatchev démissionne de « ses fonctions de président de l’URSS et met fin à l’existence de l’Union fondée en 1922[1] ». Cette démission acte de fait l’implosion de l’Union soviétique, car « trois actes de décès sont alors publiés : celui de l’empire soviétique, celui du parti communiste et, enfin, celui d’une alternative crédible au capitalisme ! La grande puissance URSS en “haillons” s’est effacée[2] ». Tiraillé entre le conservatisme archaïque et les nationalismes violents de la société civile soviétique et sa volonté de réformer, Gorbatchev n’a pas réussi à moderniser l’économie de l’URSS qui était vitale pour sa survie.

Aux problèmes économiques s’ajoutent l’absence de liberté, la domination du parti unique, la police politique, le KGB, et le goulag qui font de l’Union soviétique un État totalitaire. Le nationalisme, dans les États hostiles à l’URSS, précipite son éclatement. Les nationalismes et la crise économique en Union soviétique sont donc les deux facteurs majeurs de son déclin. En fin de compte, « l’Union soviétique offre de moins en moins le modèle auquel pourraient aspirer celles et ceux qui rêvent de “lendemains qui chantent”[3] ».

Inévitablement, « l’affaiblissement de l’URSS entraîne celui de l’Empire[4] ». Le système communiste agonise dans les anciennes démocraties populaires. La mère patrie du communisme bascule aussi. Comme le souligne Janos Konai, « après 1990, la dictature du Parti communiste a pris fin dans dix pays[5] [6] ». La foule remplace le drapeau rouge par le drapeau rouge-blanc-bleu de la Russie. De nouvelles républiques naissent et quittent la fédération. La Russie hérite l’essentiel de la puissance économique et militaire de l’URSS.

La Russie en proie à des crises sociales, économiques et identitaires risquait de se perdre à vouloir sauver l’empire. Le président Boris Eltsine succède à Gorbatchev en profitant « de la crise politique d’octobre 1993, concentrant ainsi entre ses mains plus de prérogatives qu’aucun secrétaire général du PCUS[7] après Staline[8] ». Le successeur de Gorbatchev était « plus

---

[1] Françoise Dauce et Kathy Rousselet, « Avant-propos », *Revue d’études comparatives Est-Ouest*, vol. 42, n° 3, 2011, p. 7.

[2] Alain Geledan, *op. cit.*, p. 51.

[3] Jean-Baptiste Duroselle et André Kaspi, *op. cit.*, p. 409.

[4] *Ibid.*, p. 415.

[5] Il s’agissait de l’URSS, de la Pologne, de la Bulgarie, de la Hongrie, de la Mongolie, de la République démocratique allemande, de l’Albanie, de la Tchécoslovaquie, de l’ex-Yougoslavie et de la Roumanie.

[6] Janos Konai, « La grande transformation de l’Europe centrale et orientale : succès et désillusions », *Revue d’études comparatives Est-Ouest*, n° 37, 2006, p. 14.

[7] Parti Communiste de l’Union Soviétique.

[8] Anne Gazier et Jean-Robert Raviot, « Avant-propos », *Revue d’études comparatives Est-Ouest*, n° 39, 2008, p. 8.

déterminé à quitter le communisme[1] ». Il a créé la Communauté des États indépendants le 21 décembre 1991. Le Parti communiste russe en déliquescence, étant lui-même rejeté par la majorité de la population, confronté à un problème idéologique, économique et de conflit interne pour le pouvoir, n'était pas capable à gérer la crise interne de la Russie et était donc condamné à assister impuissant, malgré quelques tentatives d'intimidation, aux bouleversements de libérations. Le choix brutal de la voie du capitalisme de certains nouveaux États comme la Pologne et la Hongrie ont amplifié la crise et les inquiétudes compréhensibles dans ces pays.

Comme le soulignent les auteurs,

> les démocraties dites populaires ont ainsi, l'une après l'autre, disparu. L'URSS a perdu ses satellites, c'est-à-dire le glacis défensif qu'elle avait constitué à la fin de la Seconde Guerre mondiale sur ses frontières occidentales. Le pacte de Varsovie ne sert plus à rien. Il est officiellement dissous en février 1991. Le CAEM, lui-même, qui devait resserrer les liens entre les économies des pays socialistes, sombre, le 28 juin 1991, dans les oubliettes de l'histoire[2].

Sur le plan national, les communistes seront contestés dans les États satellites. Les peuples vont se révolter contre leurs dirigeants communistes. Notamment, comme le souligne Miklos Molnar,

> à défaut de structures démocratiques et d'institutions politiques libres, c'est à la société civile qu'incomba le rôle de gardien des valeurs enracinées dans la culture des populations. Elle est aussi le creuset du mouvement de contestation qui aboutit à la révolution blanche et pacifique à Varsovie, à Budapest, à Berlin, à Prague et jusqu'aux Balkans et, en fin de compte, de la Baltique au Caucase[3].

La Pologne fait partie des États, avec la Hongrie, qui ont commencé le rejet des leaders communiste. La Pologne et la Hongrie sont les deux premiers États à choisir le chemin de la libéralisation. Les désamours entre l'URSS et ses « colonies » commencent à « Varsovie qui refuse avec le plus de force le modèle soviétique essoufflé[4] ». Le communisme n'inspire plus les Polonais. En Pologne, « les élections de juin 1989 pour la Diète et le Sénat démontrent sans aucun doute possible la désaffection profonde des Polonais à l'égard du régime communiste[5] ». Les élections libres du 27 octobre 1991 confirment, à cause de sa dramatique situation économique,

---

[1] Alain Geledan, *op. cit.*, p. 51.
[2] Jean-Baptiste Duroselle et André Kaspi, *op. cit.*, p. 418.
[3] Miklos Molnar, *La démocratie se lève à l'Est. Société civile et communisme en Europe de l'Est : Pologne et Hongrie*, Paris, PUF, 1990, p. VIII.
[4] Alain Geledan, *op. cit.*, p. 58.
[5] Jean-Baptiste Duroselle et André Kaspi, *op. cit.*, p. 415.

la difficile, mais certaine libéralisation de la Pologne. En Pologne, dès le 12 septembre 1989, le premier gouvernement non communiste depuis quarante ans est investi par la Diète qui accorde massivement sa confiance à Tadeusz Mazowiecki.

En Roumanie, le 3 mars 1988, Ceausescu, dictateur de la Roumanie, se lance dans des réformes malgré l'opposition de Gorbatchev. Comme le souligne Alain Gélédan, si le système de la dictature des époux Ceaucescu est sérieusement rejeté par le peuple, « le pouvoir policier est assez fort pour faire taire les citoyens révoltés et affamés, encore trop inorganisés. La peur, la désorganisation et la terreur policière l'emportent sur la colère légitime des Roumains[1] ». Malgré les tentatives des réformes et les intimidations, en décembre 1989, les époux Ceausescu sont arrêtés et exécutés publiquement. Les successeurs de Ceausescu ne font pas triompher immédiatement la révolution et « le changement souffle après des années de dictature familiale de clan Ceaucescu[2] ». Mais le pays est engagé dans la voie de l'évolution et « des élections législatives et présidentielle[3] voient triompher le FNS (front de salut national) et la nomination d'Ion Ilescu à la présidence de la République[4] ».

La transition vers la libéralisation et la démocratisation du régime a pris beaucoup de temps et a exigé plus d'effort en Pologne qu'en Roumanie. Mais quoi qu'il en soit, la Pologne s'est engagée foncièrement dans le chemin inévitable des réformes pour réussir la transition et régler les problèmes socio-économiques. La Pologne fait partie des États dans lesquels « il n'y eut ni troubles ni violences, mais au contraire (tout comme en Espagne quelques années auparavant), un processus négocié et pacifique dans lequel les révisions constitutionnelles tinrent lieu de "prise de la Bastille" et les décisions des cours suprêmes remplacèrent la construction des barricades[5] ». En Roumanie, s'il y a des violences de la part du régime de dictateur, mais également de la part des révolutionnaires, la révolution roumaine fait partie « des révolutions arrangées[6] ». En tout cas, pour réussir, le processus de transformation de ces deux États doit englober les problèmes économiques et la protection des libertés parce qu'ils sont l'origine principale de ces bouleversements.

---

[1] Alain Geledan, *op. cit.*, p. 52.

[2] Alain Geledan, *op. cit.*, p. 56.

[3] Ces sont les élections de 20 mai 1990.

[4] Alain Geledan, *op. cit.*, p. 56.

[5] Jean-Pierre Massias, « Pacification sociale et transition constitutionnelle : Réflexion sur les limites de l'autosatisfaction positiviste », *in* Jean du Bois de Gaudusson, Philippe Claret, Pierre Sadran, Brigitte Vincent (dir.), *Mélanges en l'honneur de Slobodan Milacic : Démocratie et liberté : tension, dialogue, confrontation*, Bruelles, Bruylant, 2008, p. 165.

[6] Philippe Claret, « Les illusions perdues du post-communisme. Sur le désenchantement démocratique en Europe centrale et orientale », *in ibid.*, p. 385.

Même si la Russie dispose, grâce à ses moyens militaires et économiques, des possibilités d'intervenir dans les affaires des pays de l'ancien Pacte de Varsovie comme l'atteste le cas de l'Ukraine en 2014, ces États peuvent au moins choisir entre différents systèmes celui qui leur convient le mieux. Durant l'ère de l'URSS, la situation actuelle de l'Ukraine qui tient tête à Moscou aurait été inimaginable et impossible. Cette situation nous montre les deux faces de la médaille du postcommunisme. Tout d'abord, la Russie peut à tout moment intervenir dans les affaires de ces États, l'histoire nous en donnant plusieurs exemples. Mais également, ces États peuvent, malgré les conséquences, décider d'agir de leur propre gré et donc parfois, au risque d'une guerre, tenir tête à la Russie. Cette dernière reste dans la région la plus grande puissance économique et militaire.

La présentation des processus révolutionnaires de 2011 en Tunisie et en Égypte

La situation du monde arabe est radicalement différente de celle de la Pologne et de la Roumanie. Les Tunisiens et les Égyptiens devaient seulement se débarrasser d'un système national qui a été instauré par un dirigeant. Il n'existait pas une puissance étrangère qui dirigeait à distance leurs pays. Par conséquent, leurs combats visaient seulement les dirigeants nationaux. En Tunisie, le parti politique de Ben Ali, le RCD[1], dissous le 9 mars 2011, était « une des principales caractéristiques de la situation autoritaire tunisienne[2] ». En Égypte, le Président Hosni Moubarak souhaitait investir son fils comme candidat de son parti politique, le PND[3], à la présidence de la République.

Les révolutions qui ont secoué le monde arabe sont parties de la Tunisie. Dans ce pays, la révolution a commencé le 17 décembre 2011, à la suite de l'immolation par le feu du commerçant ambulant Mohamed Bouazizi. Ce dernier a été agressé par une policière et s'est vu confisquer sa charrette. L'acte désespéré d'un habitant de Sidi Bouzi a indigné le pays entier parce que son geste « a représenté comme une condensation de l'indignation largement ressentie dans le pays et éprouvée dans différentes actions collectives[4] ».

Mohamed Bouazizi était devenu « une figure mythique et mythifiée d'une population en souffrance, empêchée de subvenir à ses besoins[5] ». Il

---

[1] Rassemblement constitutionnel démocratique.

[2] Amin Allal, « Retour vers le futur. Les origines économiques de la révolution tunisienne », *Pouvoirs : la Tunisie*, n° 156, 2016, p. 21.

[3] Parti National Démocratique.

[4] Amin Allal, « Trajectoires “révolutionnaires” en Tunisie. Processus de radicalisations politiques 2007-2011 », *RFSP*, 2012, n° 62, p. 827.

[5] Amin Allal, « Retour vers le futur. Les origines économiques de la révolution tunisienne », *op. cit.*, p. 18.

incarnait la Tunisie qui exprimait son rejet « de la marginalisation, de l'inégalité, de la pauvreté et de l'injustice[1] ». Les Tunisiens étaient soumis au régime de Ben Ali au point que

> l'accès aux crédits à la consommation, aux aides de telle administration ou de tel programme social, l'obtention d'autorisations (comme les permis de construire), d'une bourse d'études, d'une licence pour ouvrir un café, d'un agrément pour devenir chauffeur de taxi, etc., n'étaient possibles qu'en vertu de la médiation de cadres du RCD[2].

Dans ces conditions, l'acte désespéré de Mohamed Bouazizi a libéré tout le pays et a constitué le point de départ de ce qu'on a appelé le « printemps arabe ».

La jeunesse constituait la principale force vive de ces révolutions[3]. Éprises de la liberté, les rues exprimaient des slogans tels que « Dégage », « Ben Ali *out* », « le peuple a faim et veut du pain », « Tunisie libre », « Dégage Moubarak », etc. Les rues tunisiennes et égyptiennes scandaient ces slogans qui exprimaient « la volonté d'un peuple d'en finir avec un passé d'autoritarisme, d'oppression, de corruption et de népotisme[4] ». Le président Ben Ali, à l'aide de son parti politique, « avait réussi à opérer un maillage serré du territoire grâce aux multiples comités de quartier, cellules et autres comités de coordination. L'appareil du parti dédoublait l'administration publique[5] ». Le souhait des révolutionnaires était clair. Ils réclamaient des libertés et du travail.

Pour canaliser les mouvements de contestation, le Président Ben Ali a décrété l'état d'urgence le 15 février 2122 par le décret n° 184. À la surprise générale, le 14 janvier 2011, dans une allocution télévisée, le Premier ministre Mohamed Ghannouchi, entouré du président de la Chambre des députés et du président de la Chambre des conseillers, a annoncé la fuite du président Ben Ali. Il a assumé les fonctions de Président. C'était une situation inédite dans la vie constitutionnelle tunisienne. La situation autour du départ du président Ben Ali n'était pas claire. Il ne s'agissait pas d'une absence temporaire qui pouvait justifier l'intérim du Premier ministre[6]. Rien, non plus, ne disait que c'était un départ définitif qui allait justifier l'intérim du président de la Chambre des députés. Le président Ben Ali a quitté la Tunisie alors qu'elle était en état d'urgence. Cette situation d'urgence

---

[1] Mouldi Riahi, « La Constitution : contenu et élaboration », *Pouvoirs. La Tunisie*, n° 156, 2016, p. 31.

[2] Amin Allal, *op. cit.*, p. 22.

[3] On pense notamment, en Tunisie, à l'Union des diplômés chômeurs fondés en 2006, au syndicat étudiant et en Egypte, au mouvement du 6 février des Jeunes du 6 avril qui est né en 2008 suite à l'appelle des Ouvriers de la ville Mahala.

[4] Mouldi Riahi, *op. cit.*, p. 31.

[5] Amin Allal, *op. cit.*, p. 22.

[6] Article 56 de la Constitution tunisienne de 1959.

empêchait l'application normale de la Constitution de 1959, donc de ses articles 56 et 57. Le Premier ministre a admis que le cadre juridique retenu était inadéquat et il a saisi le Conseil constitutionnel tunisien pour clarifier la situation. Dans une déclaration du 15 janvier 2011, ce dernier a déclaré « la vacance définitive au poste de président de la République », et il a ensuite constaté que « les conditions constitutionnelles sont remplies pour que le Président de la chambre des députés assume immédiatement les fonctions de président de la République par intérim ». Le Conseil constitutionnel débloqua la situation en deux temps, en qualifiant d'abord de définitif l'empêchement du président Ben Ali et ensuite, en conséquence, en mettant en œuvre l'article 57 de l'ancienne Constitution. La situation révolutionnaire qui prévalait dans le pays empêchait naturellement le Président intérimaire de bénéficier de tous les droits et attributions, notamment de recourir au référendum ou de mettre fin aux fonctions du gouvernement, que lui accorde la Constitution.

> Il était clair et largement admis, en vertu d'un accord tacite entre les différentes forces politiques, que l'article 57 ne pouvait pas être scrupuleusement respecté et surtout que, les élections présidentielles ne pouvaient pas avoir lieu dans le délai constitutionnel maximum de 60 jours (le 15 mars). Ainsi la date du 14 juillet fut avancée pour ces élections[1].

Le 17 janvier 2011, un gouvernement dit « d'unité nationale » a été formé. Un vaste mouvement des contestations a été organisé, le 20 février 2011, contre ce gouvernement d'union qui comptait plusieurs personnalités du régime de Ben Ali. Selon Mouldi Riahi, le refus de ce gouvernement était expliqué par les liens entre « les revendications sociales et les revendications politiques[2] ». La présence des anciens collaborateurs de Ben Ali, tels que le Premier ministre Ghannouchi, révoltait les Tunisiens. Les contestataires occupèrent le siège du gouvernement. Face à l'infléchissement du mouvement, le 28 février, le Premier ministre démissionna. Le 7 mars, un nouveau gouvernement composé de technocrate entra en fonction. Le 15 mars, la Constitution de 1959 fut abrogée par l'entrée en vigueur d'un nouveau texte portant organisation provisoire des pouvoirs publics[3]. Il s'agissait d'un texte bref qui comptait dix-neuf articles qui, en abrogeant l'ancienne Constitution de 1959, permettaient de fonder un nouvel ordre juridique provisoire pour assurer une transition juridique en organisant « le fonctionnement provisoire des institutions de l'État[4] ». Selon son article premier, le décret est effectif « jusqu'à ce qu'une Assemblée nationale

---

[1] Rafaâ Ben Achour et Sana Ben Achour, « La transition démocratique en Tunisie », *RFDC*, n° 92, 2012, p. 719.
[2] Mouldi Riahi, *op. cit.*, p. 31.
[3] Décret-loi n° 14 du 23 mars 2011, *JORT* n° 20 du 25 mars 2011.
[4] Rafaâ Ben Achour et Sana Ben Achour, *op. cit.*, p. 722.

constituante, élue au suffrage universel, libre, direct et secret selon un régime électoral pris à cet effet, prenne ses fonctions ». Il interdisait, par ses articles 6 et 15, à l'exécutif, c'est-à-dire au Président par intérim et au gouvernement provisoire, de se présenter à l'élection de l'Assemblée nationale constituante. Afin d'aider le gouvernement dans cette période transitoire, une commission d'experts juristes ayant un caractère consultatif a été instituée. Elle était autorisée « à soumettre des projets de loi à la présidence de la République et au Premier ministre[1] ». Elle a été présidée par le doyen Yadh Ben Achour. Elle a pris le titre d'Instance supérieure pour la sauvegarde des objectifs de la révolution, des réformes politiques et de la transition démocratique. Selon le décret-loi du 18 février 2011, elle était une « autorité publique indépendante » chargée « d'étudier les textes législatifs ayant trait à l'organisation politique et de proposer les réformes à même de concrétiser les objectifs de la révolution relatifs au processus démocratique[2] ». En concertation avec le Premier ministre, elle émettait un avis consultatif sur l'activité du gouvernement. Elle a également aidé à la préparation des élections de l'Assemblée nationale constituante. Elle a proposé au gouvernement, dans le cadre de sa mission, le décret-loi n° 35 du 10 mai 2011 relatif à l'élection de l'Assemblée nationale constituante et le décret-loi n° 27 du 18 avril 2011 portant sur l'Instance supérieure indépendante pour les élections.

Le « printemps arabe » parti de la Tunisie, comme celles de l'Europe de l'Est, a produit un effet domino en se propageant à d'autres pays. Ce fut le cas de l'Égypte. La fuite de Ben Ali encourageait les Égyptiens dans leurs actions parce qu'ils souhaitaient « capitaliser sur cet événement et oser espérer plus que d'habitude[3] ». Le 25 janvier 2011, en Égypte, une révolution commença et toucha plusieurs villes. Selon Nathalie Bernard-Maugiron, dans le monde, « les points communs entre les demandes des protestataires étaient l'appel à une véritable séparation et à un équilibre des pouvoirs, à l'élargissement et à la garantie des libertés individuelles, à l'indépendance du judiciaire, à des élections libres ou à la lutte contre la corruption[4] ». Dans la capitale égyptienne, en déjouant le quadrillage des forces de sécurité, quinze mille personnes ont convergé vers la place Tahrir. Le vendredi 28 janvier 2011, baptisé « Vendredi de la colère », les contestations ont pris une grande ampleur, non seulement dans la capitale,

---

[1] Mouldi Riahi, *op. cit.*, p. 32.

[2] Rafaâ Ben Achour et Sana Ben Achour, *op. cit.*, p. 721.

[3] Youssef El Chazli, « Sur les sentiers de la révolution. Comment des Égyptiens "dépolitisés" sont-ils devenus révolutionnaires ? », *RFSP*, n° 62, 2012, p. 850.

[4] Nathalie Bernard-Maugiron, « Les réformes constitutionnelles dans les pays arabes en transition », *Annuaire IEMed. De la Méditerranée : transitions dans le monde arabe*, 2013, p. 51 (http://www.iemed.org/observatori-fr/arees-danalisi/arxius-adjunts/anuari/iemed2013/Bernard%20Maugiron%20reformes%20constitutionnelles%20pyas%20Arabes%20FR.pdf).

mais aussi dans l'ensemble du pays. Le siège du Parti national démocrate (PND) de Hosni Moubarak a été incendié par les manifestants. Pour la première fois depuis le début de la révolution, le Président Hosni Moubarak s'est exprimé à la télévisionpour annoncer des réformes et défendre son bilan. Il a nommé, le 29 janvier 2011, un nouveau gouvernement avec à sa tête Ahmed Chafik, ancien commandant de l'armée de l'air, et Omar Souleiman, le chef de « Moukhabarat[1] », au poste de Vice-président. L'armée a été envoyée dans les rues pour remplacer la police qui se trouvait complètement dépassée par les événements. Le 30 janvier 2011, le Président américain a demandé au Président égyptien d'entendre les revendications de son peuple. Le même jour, les Frères musulmans, qui étaient absents des mouvements de contestation, ont demandé une transition pacifique. Le 1er février 2011, des millions des personnes sont descendus dans les rues pour une « marche du million ». Le Président Moubarak a annoncé qu'il ne se représenterait pas à la prochaine élection présidentielle, mais qu'il irait au bout de son mandat en cours. Le 2 février, des miliciens « baltaguis », suspectés d'agir sur ordre et pour le compte du régime Moubarak, ont attaqué les manifestants de la place Tahrir. Le vendredi 4 février 2011, baptisé « vendredi du départ », une manifestation géante a été organisée. Le 10 février, Hosni Moubarak a transmis ses pouvoirs au Vice-président Omar Souleiman tout en annonçant qu'il ne s'en irait pas. Dès le lendemain, le 11 février 2011, le Vice-président a annoncé sa démission et celle du Président Moubarak. Le pouvoir exécutif a été assumé par le président du Conseil supérieur des forces armées, le maréchal Tantaoui. Pourtant, la Constitution de 1971 avait prévu qu'en cas d'empêchement définitif du président de la République, l'intérim serait assuré par le président de la Chambre basse.

Dans tous les cas, le départ de Moubarak et l'arrivée au pouvoir d'une autre personne signifiaient qu'en Égypte, la transition politique était engagée. Le Conseil suprême des forcées armées a suspendu, le 13 février, la Constitution de 1971 et dissout le Parlement[2]. Deux jours après, une Commission de réforme de la Constitution a été créée et elle a remis le 28 février ses propositions au conseil supérieur des forces armées qui assumait la transition politique. Le 3 mars 2011, le gouvernement de Essam Charaf a remplacé celui d'Ahmed Chafiq. Le 19 mars, les propositions de la Commission de réforme de la Constitution ont été ratifiées par référendum.

---

[1] Service de renseignement égyptien.

[2] Nathalie Bernard-Maugiron, « Les réformes constitutionnelles dans les pays arabes en transition », *Annuaire IEMed. De la Méditerranée : transitions dans le monde arabe*, 2013, p. 52. Voir http://www.iemed.org/observatori-fr/arees-danalisi/arxius-adjunts/anuari/iemed2013/Bernard%20Maugiron%20reformes%20constitutionnelles%20pyas%20Arabes%20FR.pdf.

Le 16 avril 2011, le PND[1] a été dissous et le Président déchu, Hosni Moubarak, a été arrêté. Son procès a commencé le 3 mars 2011.

Les acteurs de la révolution et les défis inhérents à la période révolutionnaire

Les périodes postrévolutionnaires sont caractérisées par des crises, des incertitudes et des flous qui sont dus aux bouleversements révolutionnaires. Les défis dont nous parlons sont ceux qui peuvent conduire au retour des anciens régimes et qui peuvent donc anéantir les attentes de la révolution. Les pays d'Europe de l'Est et du monde arabe n'ont pas échappé à ces risques. Parce que chaque transition est unique, nous allons examiner séparément, les défis des différentes transitions. Les défis postcommunistes et ceux du monde arabe plus récents sont différents et se sont produits à deux époques différentes. Pour mieux en rendre compte, nous allons les traiter séparément, d'un côté ceux rencontrés en Europe de l'Est, il y a un temps et ceux des pays arabes plus récents.

Les risques de la période transitoire en Pologne et en Roumanie

Selon Jean-Pierre Massias, « les années quatre-vingt-dix pour l'Europe de l'Est, comme l'avaient été auparavant les années 1975 pour l'Europe du Sud ont été marquées par une série de bouleversements politiques et sociaux qui ont entraîné la disparition des États socialistes européens[2] ». À la suite de ces bouleversements, la Pologne et la Roumanie se sont engagées dans une période de transition démocratique. La Pologne et la Roumanie ont connu plusieurs crises dans les périodes comprises entre la chute des anciens régimes et l'adoption des nouveaux régimes.

Durant cette période de tensions et de fragilités, les acteurs de la transition devaient d'abord éviter que leur pays s'installe dans une révolution permanente du fait de réformes brutales et impopulaires. En Europe de l'Est, ce risque était réellement présent parce que la brutalité des réformes introduites a été observée avec « le passage brutal à l'économie de marché, dont les effets sociaux ont été très durement ressentis, avec l'explosion de la pauvreté et des inégalités et l'accroissement de la criminalité économique[3] ». Pour rassurer le pays, « les réformes doivent, au contraire, être graduelles et

---

[1] Le Parti national démocratique fut le parti du Président Hosni Moubarak.

[2] Jean-Pierre Massias, « Pacification sociale et transition constitutionnelle : Réflexion sur les limites de l'autosatisfaction positiviste », *in* Jean du Bois de Gaudusson, Philippe Claret, Pierre Sadran, Brigitte Vincent (dir.), *op. cit.*, p. 165.

[3] Philippe Claret, « Les illusions perdues du post-communisme. Sur le désenchantement démocratique en Europe centrale et orientale », *in ibid.*, p. 383.

privilégier la cohérence temporelle de sorte que, de non soutenables *ex ante*, elles peuvent le devenir *ex post*[1] ».

Ensuite, il fallait éviter que le désenchantement général succède à l'enthousiasme collectif de la période révolutionnaire. Cela a été aussi observé en Europe de l'Est durant la période transitoire. Selon Philippe Claret, « le désenchantement politique, ou la désillusion des citoyens à l'égard de la politique postcommuniste, est à la mesure des espoirs, assurément trop grands, qu'ils avaient investis initialement dans le changement de régime[2] ». La solution principale pour préserver l'enthousiasme des citoyens est de réaliser une profonde mutation politique, car la transition ne doit pas se résumer « à changer les titulaires des fonctions étatiques et leurs modalités de désignation, elle impose de nouvelles méthodes de gouvernement et de contrôle de celui-ci[3] ». Il faut donc, à côté des problèmes économiques, traiter les problèmes politiques qui sont importants parmi les causes des révolutions. En Roumanie et en Pologne, pour les peuples, le postcommunisme incarnait « tous les espoirs de changements, non seulement de la politique, mais aussi de la vie quotidienne[4] ».

Même si l'intérêt du processus de la transition démocratique est l'adoption de la Constitution, les acteurs de la transition doivent continuer d'être vigilants. Ils ne doivent pas considérer le processus transitionnel comme achevé parce que les Constitutions ont été adoptées. Ils doivent œuvrer pour la consolidation démocratique en accompagnant l'application effective des nouvelles constitutions. Comme le souligne Jean-Pierre Massias :

> Les premières années du nouveau régime sont fondamentalement marquées par le devoir pour les acteurs institutionnels de consolider la transition par la démocratisation sociétale. Ce devoir s'exprimera d'abord par un effort de développement constitutionnel visant à utiliser l'intégralité du "potentiel démocratisant" contenu dans la loi fondamentale[5].

En effet, si, dans la pratique, la Constitution reste inappliquée, la transition demeure inachevée. La transition démocratique est décrite comme un « mouvement qui part d'une situation et qui vise la réalisation d'un objectif donné à savoir la construction d'une autre organisation étatique[6] ».

---

[1] Mathilde Maurel, « Avant-propos », *Revue d'études comparatistes Est-Ouest*, n° 1, 2006, p. 7.
[2] Philippe Claret, *op. cit.*, p. 383.
[3] Jean-Pierre Massias, *op. cit.*, p. 174.
[4] Philippe Claret, *op. cit.*, p. 382.
[5] Jean-Pierre Massias, *op. cit.*, p. 174.
[6] Jean-Pierre Massias, « La justice constitutionnelle dans la transition démocratique du postcommunisme », *in* Slobodan Milacic (dir.), *La démocratie constitutionnelle en Europe centrale et orientale. Bilans et perspectives*, Bruxelles, Bruylant, 2006, p. 124.

L'État, en période transitoire, n'est pas stable, c'est-à-dire qu'il n'est ni démocratique ni dictatorial. Il peut donc basculer vers n'importe quel régime. Les États en transition ou les régimes en voie de consolidation démocratique peuvent glisser, pour plusieurs raisons, « des démocraties libérales vers la catégorie des démocraties purement "électorales", ou encore à une régression des démocraties électorales dans un sens pseudo-démocratique, voire autoritaire[1] ».

L'échec de la transition démocratique signifie l'échec de la démocratisation, l'échec de la révolution et le retour des régimes autoritaires. Pour éviter un tel scénario, les nouveaux gouvernants doivent s'interroger « sur les fondements sociaux de l'ancienne dictature et sur les déchirures qu'elle a pu générer au sein de la société[2] ». Il faut impliquer l'ensemble des citoyens du pays. La légitimité du nouveau régime dépend de la réussite de la période transitoire. Comme le souligne Xavier Philippe, les acteurs de la transition « doivent agir rapidement tout en gardant à l'esprit que les choix qu'elles formuleront et sur lesquels elles se mettront d'accord doivent à la fois régler la situation présente et être acceptables pour tous dans l'avenir[3] ».

En Roumanie, le gouvernement post-transition était accusé de vouloir renouer avec les méthodes brutales du régime Ceausescu. Ainsi, selon Catherine Durandin,

> En imposant, les 13 et 14 juin, une répression maladroite conduite par des mineurs manipulés (quelle que soit leur intime conviction d'être les justiciers du peuple), le gouvernement Iliescu/Roman introduit un triple mode de retour de l'histoire : les mœurs communistes reviennent (jamais le régime de Ceausescu n'avait agi physiquement au grand jour contre les intellectuels), l'Occident dénonce la Roumanie, s'indigne et menace de suspendre l'aide économique et les oppositions dont certaines avaient pu être tentées par la moralité de l'antipolitique, après le 20 mai, s'engagent avec détermination sur le terrain de la lutte politique : il n'est plus question après la brutalité de juin d'opposer éthique et politique[4].

Il est vrai que les problèmes économiques et politiques ne seront pas réglés dans l'immédiat, mais au moins, il faut instaurer un cadre favorable à

---

[1] Giuseppe de Vergottini, « Transitions constitutionnelles et consolidation de la démocratie dans les ordonnancements d'Europe centre-orientale », *in* Jean du Bois de Gaudusson, Philippe Claret, Pierre Sadran, Brigitte Vincent (dir.), p. 704.

[2] Jean-Pierre Massias, « Pacification sociale et transition constitutionnelle : Réflexion sur les limites de l'autosatisfaction positiviste », *in* Jean du Bois de Gaudusson, Philippe Claret, Pierre Sadran, Brigitte Vincent (dir.), p. 175.

[3] Xavier Philippe, « Le rôle du constitutionnalisme dans la construction des nouveaux États de droit », *in Constitution et finances publiques, Études en l'honneur de Loïc Philip*, Paris, Economica, 2005, p. 194.

[4] Catherine Durandin, « À la poursuite de l'histoire en Roumanie depuis 1989 », *Vingtième Siècle*, n° 36, octobre-décembre 1992, p. 66, http://www.persee.fr/doc/xxs_0294-1759_1992_num_36_1_2605.

leurs solutions. Les solutions s'inséreront, dans la plupart des cas, dans un contexte nécessitant une durée plus ou moins large. L'important est que la démocratisation doit commencer dès la période transitoire notamment avec des débats entre différents protagonistes comme ce fut le cas avec « la table ronde » en Pologne. En Roumanie, les anciens communistes ont été impliqués dans la transition et le premier gouvernement, après 1989, comprenait des communistes.

Les risques de la période transitoire en Tunisie et en Égypte

Dans la période de transition, la Tunisie et l'Égypte ont également rencontré plusieurs difficultés et obstacles avant de mettre en place leurs nouveaux régimes politiques. Cette situation est inhérente à toute transition politique, car sa mise en pratique « montre que le chemin de la démocratisation est semé d'embûches[1] ». Comme le souligne Xavier Philippe, « l'exemple de l'Afrique du Sud, pourtant considérée comme un modèle de réussite en la matière, ne doit pas faire oublier que jusqu'aux élections du 27 avril 1994, la violence et l'incertitude ont été présentes[2] ».

Comme pour la Pologne et la Roumanie, les acteurs de la transition, en Tunisie et en Pologne, étaient confrontés à plusieurs défis.

Il fallait d'abord s'interroger sur la façon de construire une nouvelle société après les dictatures arabes parce qu' « outre les aspects politiques, la question sociale est une question, également, omniprésente dans le monde arabe "prérévolutionnaire"[3] ». Comme le rappelle Jean-Pierre Massias, « la dictature est rarement un "accident de l'histoire" : souvent conséquence d'un trouble social, elle repose sur des instruments spécifiques et produits de véritables traumatismes sociaux qui sont autant d'obstacles à sa disparition[4] ». Il faut donc s'interroger sur ses causes pour éviter à l'avenir son retour. L'Afrique du Sud a mis en place une commission, dite « vérité et réconciliation », pour réconcilier les Sud-Africains en confrontant les bourreaux à leurs victimes.

Ensuite, il fallait faire attention de ne pas étouffer l'élan révolutionnaire en voulant trop encadrer le processus de transition. Les dirigeants de la constituante et les élites devaient nécessairement orienter et organiser les débats pour respecter le cadre instauré, mais ils ne devaient en aucun cas les

---

[1] Rahim Kherad, « Quelques observations sur la place des droits fondamentaux dans les nouvelles constitutions tunisienne et égyptienne », *Revue des droits de l'homme*, n° 6, 2014, http://revdh.revues.org/937.

[2] Xavier Philippe, « Le rôle du constitutionnalisme dans la construction des nouveaux États de droit », *in Constitution et finances publiques, Études en l'honneur de Loïc Philip*, Paris, Economica, 2005, p. 190.

[3] Malik Boumediene, « Révolutions arabes et renouveau constitutionnel : une démocratisation inachevée », *La Revue des droits de l'homme*, n° 6, 2014, http://revdh.revues.org/959.

[4] Jean-Pierre Massias, *op. cit.*, p. 175.

entraver ou les restreindre. La période postrévolutionnaire est une période où une société se cherche, et le meilleur moyen d'arriver à une société qui convient à tous est d'ouvrir le débat. Après une société fermée sous les dictatures, le processus de démocratisation doit conduire à la liberté d'expression politique[1] qui est l'une des raisons principales de la révolution. Si l'on souhaite éviter de revenir en arrière, il faut que les acteurs de la transition et les élites évitent d'étouffer le processus de transition en voulant trop le contrôler. Il faut qu'ils accompagnent leurs sociétés libérées.

Enfin, la période de la transition est, par définition, une période de mutation donc instable. Les pays qui sont concernés sont en profonde mutation. En effet, en Tunisie, l'année 2013 fut éprouvante pour la transition démocratique, avec les grèves qui se multiplièrent pour des raisons sociales, l'apparition de groupes extrémistes armés, l'assassinat de Chokri Belaid[2], la démission du Premier ministre Jebali[3], incapable de convaincre d'autres partis politiques de former un gouvernement d'union nationale[4]. Le 25 juillet 2013, un autre événement tragique a failli faire échouer la transition démocratique tunisienne fragilisée par les événements déjà évoqués. Le 25 juillet 2013, l'assassinat du député Mohamed Brahmi a bloqué les travaux de la constituante et a provoqué une crise politique majeure, car « soixante à soixante-dix députés, essentiellement de l'opposition, vont se retirer de l'ANC ; un *sit-in* sur la place Bardo en face de l'ANC réclame la dissolution de l'Assemblée et le départ du gouvernement Larayedh[5] ». Les travaux de l'ANC ont effectivement été bloqués parce que le Président Mustapha Ben Jaâfar avait suspendu l'activité de l'ANC le 6 août 2013. En Tunisie, « l'enthousiasme des premières heures de la Révolution tunisienne a laissé place à un scepticisme grandissant au fur et à mesure que la crise politique des derniers mois de 2013 s'approfondissait[6] ».

L'un des risques immédiats d'un processus de transition fermé ou d'état de siège permanent à cause des événements comme ceux qu'on vient d'observer en Tunisie serait un désenchantement politique et une lassitude des citoyens. Cela a été observé en Égypte, avec un taux de participation très faible depuis le coup d'État militaire qui a déchu le Président Morsi. Les Égyptiens ont estimé que désormais les résultats des élections étaient connus d'avance et que leurs bulletins de vote ne servaient pas grand-chose. En revanche, en Tunisie, les citoyens sont restés vigilants et impliqués dans le

---

[1] Pour plus de détail sur la liberté d'expression politique, voir l'arrêt de la Cour européenne des droits de l'homme, *EON c. France* du 14 mars 2013.

[2] Le 6 février 2013, Chokri Belaid, leader politique de Gauche fut assassiné.

[3] Il va démissionner le 6 février 2013.

[4] Mouldi Riahi, « La Constitution : contenu et élaboration », *Pouvoirs : la Tunisie*, n° 156, 2016, p. 36.

[5] *Idem.*

[6] Geoffrey Weichselbaum et Xavier Philippe, « Tunisie : La nouvelle Constitution offre-t-elle les garanties d'un Etat démocratique ? », *HuffPost Maghreb*, 29 janvier 2014.

processus révolutionnaire. Ainsi, ils sont descendus dans la rue pour réclamer le départ du gouvernement de Ghanouchi qu'ils accusaient d'être trop proche de l'héritage de l'ancien régime de Ben Ali. En Tunisie, « le mouvement Manich Msamah (littéralement, "je ne vous pardonnerai pas") proteste contre l'amnistie des patrons et des fonctionnaires ayant trempé dans des affaires sous Ben Ali. Il s'oppose au retour des anciens "prédateurs" ayant profité frauduleusement de leur proximité avec les clans dominants sous Ben Ali[1] ». Pour éviter le désenchantement des citoyens, la transition doit aboutir à un profond bouleversement politique et être conduite par des acteurs choisis par le peuple. En Tunisie, les manifestants contestaient la légitimité du gouvernement de Mohamed Ghanouchi qui a été mis en place tout de suite après la fuite de Ben Ali. Les Tunisiens ne comprenaient pas que les membres du régime de Ben Ali puissent incarner le changement que la transition implique. Ils remettaient en cause leurs légitimités pour conduire une transition contre un régime politique qu'ils ont servi.

En Égypte et en Tunisie, nous avons observé que, malgré l'enthousiasme de la période révolutionnaire, les citoyens commençaient à se lasser et aspiraient majoritairement à un retour rapide à une situation normale.

En Égypte, la transition a été chaotique avec un coup d'État militaire contre un président élu[2], la suspension de la Constitution de 2012 rédigée par une Assemblée élue, et la rédaction de la nouvelle Constitution de 2014 par un Comité restreint nommé par un président par intérim. Malgré toutes ces raisons, les Égyptiens, « las des bouleversements et de l'instabilité politique qui avait laissé l'économie exsangue[3] », ont voté la Constitution de 2014 afin d'avoir la stabilité et la sécurité.

En Tunisie, selon Geoffrey Weichselbaum et Xavier Philippe, « en dépit de l'enthousiasme né de la révolution, le processus constituant tunisien qui s'annonçait comme un moment de refondation a été émaillé de désaccords et de retards qui ont conduit à une perception négative de son déroulement par le public tunisien[4] ». En dehors des événements tragiques de 2013, la transition a suivi son cours normalement mis à part les événements de l'année 2013. En définitive, la Constitution tunisienne de 2014 « constitue une avancée remarquable dans l'espace nord-africain, tant par son contenu que par son processus d'élaboration[5] ».

---

[1] Amin Allal, « Retour vers le futur. Les origines économiques de la révolution tunisienne », *Pouvoirs : La Tunisie*, n° 156, 2016, p. 17.

[2] Le 3 juillet 2013, le Président Morsi a été renversé par l'armée.

[3] Nathalie Bernard-Maugiron, « La Constitution égyptienne de 2014 est-elle révolutionnaire ? », *Revue des droits de l'homme*, n° 6, 2014, http://revdh.revues.org/978.

[4] Geoffrey Weichselbaum et Xavier Philippe, « Le processus constituant et la Constitution tunisienne du 27 janvier 2014 : un modèle à suivre ? », *Maghreb-Machrek : constitutionnalisme*, n° 223, 2015, p. 50.

[5] Geoffrey Weichselbaum et Xavier Philippe, *ibid.*, p. 69.

L'adaptation des solutions retenues par les acteurs de la révolution à leurs problèmes politiques

Les acteurs des révolutions en Europe de l'Est et ceux du monde arabe n'étaient pas soumis aux mêmes réalités politiques et, par conséquent, leurs combats ne visaient pas le même type de régime politique. En Europe de l'Est, les anciens régimes politiques étaient des régimes totalitaires. Dans le monde arabe, ils étaient, en revanche, autoritaires. Nous allons voir que le rejet de l'autoritarisme et le rejet du totalitarisme n'appellent pas les mêmes solutions.

Les différents régimes politiques combattus

Dans le monde arabe, les peuples se sont révoltés contre des régimes autoritaires qui les privaient de leurs libertés. En revanche, en Europe de l'Est, l'URSS était plus qu'un simple régime autoritaire, elle est un régime totalitaire à cause de l'idéologie qu'elle véhiculait et le contrôle total qu'elle exerçait sur la vie de son peuple.

D'un côté, le peuple rejette des régimes autoritaires qui gouvernent en famille ou seul et, d'un autre côté, il rejette le totalitarisme d'un parti politique, en l'occurrence le parti communiste, appuyé par une idéologie.

Les révolutions dominées par le rejet du communisme totalitaire en Pologne et en Roumanie

Les peuples d'Europe de l'Est ont vécu « presque un demi-siècle sous un système idéologique, c'est-à-dire totalitaire[1] ». À partir de 1989, ils se sont battus contre le communisme totalitaire. Staline a fait de l'URSS un État centralisé et totalitaire. Pourtant, au départ, sous Lénine[2], l'URSS était un État fédéral. Également, sous Staline, l'économie est passée sous le contrôle de l'État et, par conséquent, toutes les entreprises ont été nationalisées. En 1928, il a adopté le premier plan quinquennal qui devait être appliqué pendant cinq ans sous peine de déportation. La priorité a été donnée à l'industrie lourde, notamment la sidérurgie, l'armement et l'énergie. Entre 1928 à 1941, il a lancé trois plans quinquennaux. L'URSS devint, avec 12 % de la production mondiale, l'une des grandes puissances industrielles. En 1929, il mit en place des exploitations agricoles collectives (kolkhozes) et des fermes d'État (sovkhozes) en regroupant des exploitations agricoles privées. La nationalisation forcée des terres agricoles privées par l'État a

---

[1] Slobodan Milacic, « La nouvelle normalisation des pays ex-communistes. De la norme idéologique à la norme juridique par le « fondu-enchainé » culturel », *Revue d'études politiques et constitutionnelles Est-européennes, Numéro Spécial*, 2008, p. 14.
[2] Lénine créa, en décembre 1922, un Etat fédéral : l'URSS.

entraîné une résistance acharnée des paysans. Ils furent alors déportés. Staline mit en place un État avec une économie planifiée.

Le but de Staline était de mettre en place un État centralisé et fort au profit de la Russie. Quand Staline devint Secrétaire général du parti communiste de l'Union soviétique[1], il élimina ses adversaires politiques. Ainsi, Trotski, chef de l'Armée rouge, l'un de ses adversaires farouches, fut exilé. Toute opposition à Staline et à ses idées entraînait une déportation au Goulag. Il utilisa la discipline et l'unité du parti communiste pour imposer sa vision. Comme le rappelle Slobodan Milacic, « le discours du pouvoir socialiste se référait à la seule normalité possible – celle de la Vérité officielle du régime ; celle du parti, concrètement, diffusée par les voies et les moyens de l'État. Le "reste" n'était que pathologie s'exprimant à travers les différentes attitudes[2] ». En Europe de l'Est, il n'existait qu'une vérité officielle qui est celle du parti communiste soviétique et du communisme. Selon Hannah Arendt, « quand Staline décide de réécrire l'histoire de la révolution russe, la propagande en faveur de la nouvelle version consista à détruire, en même temps que les livres et documents anciens, leurs auteurs et leurs lecteurs[3] ». Les intellectuels et les artistes devaient glorifier le régime et son dirigeant. L'art devint un outil de la propagande officielle[4]. Comme le souligne Slobodan Milacic,

> Les dictatures idéologiques [...] apportent, en plus de la force et de la contrainte matérielle et psychologique (police, prisons, armée), une promesse idéologique. La vocation première de celle-ci est la conviction et surtout la séduction, et qui, en tant que promesse politique, voire historique ("le sens de l'Histoire" égalitaire assuré ou accéléré), à des titres et des degrés divers peut toucher, au moins au début, les populations concernées[5].

La Constitution de 1936 va officialiser et constitutionnaliser le contrôle du parti communiste sur tous les organismes de l'État. Pour Hannah Arendt,

> La promulgation de la Constitution fut le signal de la gigantesque purge, qui en presque deux ans, liquida l'administration en place, effaça toute trace de vie normale et annula le redressement économique opéré au cours des quatre années qui avaient suivi l'élimination des koulaks et la collectivisation forcée de la population rurale[6].

La police politique, le NKVD, veilla à écarter et réprimer toute opposition. Les syndicats dépendaient du parti qui était implanté dans chaque entreprise et chaque quartier. Ce fut avec la « grande terreur » que le

---

[1] PCUS.
[2] Slobodan Milacic, *op. cit.*, p. 9.
[3] Hannah Arendt, *Le système totalitaire*, Paris, Seuil, 2005, p. 92.
[4] Staline mit en place la propagande grâce au cinéma, aux affiches, aux journaux.
[5] Slobodan Milacic, *op. cit.*, p. 8.
[6] Hannah Arendt, *op. cit.*, p. 174.

régime stalinien atteignit le sommeil du totalitarisme. Staline mit en place une terreur organisée, publique et légalisée avec des procès truqués[1].

À la mort de Staline en 1953, l'URSS ne devint pas une démocratie. Le système continua de semer la terreur et utilisa la propagande au service des régimes politiques. Selon Hannah Arendt, « dans les pays totalitaires, propagande et terreur sont les deux faces d'une même médaille[2] ». La société était contrôlée et endoctrinée notamment par la propagande. En ce sens, Hannah Arendt, pour nous montrer l'importance de la propagande dans un État totalitaire, affirme que le contenu de la propagande totalitaire « n'est plus un problème objectif à propos duquel les gens peuvent avoir une opinion, mais est devenu dans leur vue un élément aussi réel et intangible que les règles de l'arithmétique[3] ». C'est un outil d'un système totalitaire, en plus de la terreur, non négligeable pour asseoir son idéologie. En URSS, tout était sous le contrôle d'un parti unique, tout était au service de l'idéologie communiste. Le contrôle politique était exercé par la police politique. Le contrôle économique était fait à l'aide de la nationalisation des entreprises et à la collectivisation des fermes.

Lors des révolutions est-européennes, le peuple refusait quarante-cinq ans d'idéologie et de la terreur. L'Union soviétique était un régime totalitaire qui reposait « sur une violence directe de gouvernement organisée par des institutions spécifiques et légitimée par une propagande omniprésente[4] ». En 1989, en Europe de l'Est, le peuple rejeta ce totalitarisme de l'Union soviétique et les dirigeants locaux qui imposaient cette idéologie avec brutalité. Les pays de l'Europe de l'Est faisaient partie d'un bloc d'idéologie communiste et d'une Union soviétique. Ils formaient un seul État avec l'Union soviétique jusqu'à ce qu'elle éclate. Slobodan Milacic rappelle que

> si certains de ces régimes, grosso modo "satellites", se mettent à dévier de "la ligne du parti" – un guide international, l'URSS, s'accordait jusqu'au droit d'intervention militaire, comme en Tchécoslovaquie en 1968, pour corriger la déviation du "Printemps de Prague". L'intervention en Tchécoslovaquie est officiellement qualifiée de l'"opération de normalisation" et ce "concept" devait être bien assimilé par tous les pays frères[5].

L'association de la terreur et de l'idéologie qui distingue le totalitarisme de la simple dictature qui accorde le pouvoir absolu à une personne qui prive son peuple des libertés. Comme l'explique Raymond Aron,

---

[1] Il s'agit des procès de Moscou entre 1936 et 1938.

[2] Hannah Arendt, *op. cit.*, p. 91.

[3] *Ibid.*, p. 125.

[4] Jean-Pierre Massias, « Pacification sociale et transition constitutionnelle : Réflexion sur les limites de l'autosatisfaction positiviste », *in* Jean du Bois de Gaudusson, Philippe Claret, Pierre Sadran, Brigitte Vincent (dir.), *op. cit.*, p. 170.

[5] Slobodan Milacic, *op. cit.*, p. 10.

> Le totalitarisme est une tentative en vue d'exercer sur les hommes une domination totale qui les déshumanise, soit qu'ils soient livrés aux camps de concentration, soit que, dans la société dite normale, ils soient soumis à la propagande obsessionnelle et aux décisions mystérieuses des autorités, se réclamant elles-mêmes de lois cosmiques ou historiques[1].

En Roumanie, comme le souligne Alain Gélédan, dans le régime dictatorial de Ceausescu, « le pouvoir policier est assez fort pour faire taire les citoyens révoltés et affamés, encore trop inorganisés. La peur, la désorganisation et la terreur policière l'emportent sur la colère légitime des Roumains[2] ».

Si elles n'ont pas combattu un même ennemi, ces révolutions ont les mêmes objectifs. La différence majeure est qu'en Europe de l'Est, c'est l'idéologie communiste, qui a longtemps promis l'égalité et le paradis, qui était rejetée alors que, dans le monde arabe, le peuple n'était guidé par aucun rejet d'une idéologie quelconque : il cherchait à se débarrasser d'un dictateur assoiffé de pouvoir, à recouvrer ses libertés politiques et à manger à sa faim. Si les aspirations de la population révolutionnaire arabe de 2011 et celles de l'Europe de l'Est des années 1989 sont analogues, la liberté, l'égalité, la démocratie et la république, les contextes dans lesquels elles se sont développées ou transformées sont différents.

Le rejet d'une dictature sans idéologie lors des révolutions de 2011 en Égypte et en Tunisie

La dictature est différente du totalitarisme en ce qu'elle ne dispose pas d'une idéologie. Sa terreur ne sert aucune idéologie, mais juste les caprices d'un tyran. Contrairement au totalitarisme soutenu par une idéologie, les dictatures sans idéologie « disparaissent avec les dictateurs et le déclin de la puissance oligarchique qui en assurait la logistique[3] ». Si en principe, dans les régimes autoritaires, « la prégnance de l'idéologie officielle était beaucoup moins forte[4] », dans les régimes tunisien et égyptien, elle était inexistante. Notamment, l'autoritarisme du régime de Ben Ali était caractérisé par « la place qu'y occupait le parti de Ben Ali. Le RCD, dissous le 9 mars 2011, était une organisation assurant un quadrillage étroit du pays[5] ». De même, en Égypte, le PND de Moubarak et l'armée contrôlaient l'Égypte. Ceci est toujours vrai avec le Président Al-Sissi.

Le monde arabe[6] a longtemps été – et c'est encore le cas des certains États – dirigé par des monarchies héritières qui ont succédé aux empires

---

[1] Raymond Aron, *Machiavel et les tyrannies modernes*, Paris, éd. De Fallois, 1993, p. 219.
[2] Alain Geledan, *Transitions à l'Est*, Paris, Le Monde-Editions, 1995, p. 52.
[3] Slobodan Milacic, *op. cit.*, p. 7.
[4] *Ibid.*, p. 14.
[5] Amin Allal, *op. cit.*, p. 21.
[6] Nous entendons par Monde arabe les États membres de la Ligue arabe.

ottoman et perse. Celles-ci ont été remplacées, dans certains pays, par la colonisation occidentale ; c'est notamment le cas du Maghreb. La décolonisation laissera une empreinte durable sur les institutions étatiques des pays colonisés. Dans les États dont la majorité de la population est musulmane, les gouvernements ont tenté « d'emprunter à l'occident des idéaux et de valeurs communes et non contradictoires à la civilisation arabo-musulmane[1] ». En effet, l'adoption des régimes républicains est le fruit de l'avènement de système étatique occidental, car « les puissances coloniales ont tenté d'introduire un nouvel ordre social et d'imposer un droit et des institutions européennes aux populations sous leurs dominations, cette emprise s'est manifestée par l'avènement étatique dans le monde arabe et par l'adhésion des pays arabes au constitutionnalisme libéral[2] ». On constate des différences entre les États qui ont adopté la forme républicaine du gouvernement. L'Égypte et la Tunisie ne partagent pas la même organisation étatique ni la même histoire politique et culturelle. Dans les États arabes issus de la décolonisation, « l'intégration des références libérales s'est réalisée de manière spécifique, souvent différenciée selon les États considérés[3] ».

La Tunisie correspond à peu près au schéma classique des pays décolonisés. L'Égypte est différente parce que son histoire vis-à-vis de la colonisation est différente. La Tunisie n'a connu, avant la révolution de 2011, que deux présidents de la République : Habib Bourguiba et Ben Ali. Le second a renversé le premier par ce qu'on a appelé « un coup d'État médical ». En revanche, l'Égypte n'a pas été colonisée, même si elle a été un protectorat britannique. Elle a connu quatre Présidents avant la révolution de 2011 : Mohamed Naguib (1953-1954), Gamal Abdel Nasser (1956-1970), Anouar El Sadate (1970-1981), et Hosni Moubarak (1981-2011). Pour les États postcoloniaux, l'intégration des références occidentales provenait « en partie de l'influence exercée par les puissances européennes sur le monde arabe dès le XIXe siècle : le système juridique des pays arabes, en particulier leur système constitutionnel, a en effet été fortement marqué par les valeurs occidentales[4] ». Dans le monde arabe, la légitimation constitutionnelle du pouvoir et la légitimation fonctionnelle de l'État sont inspirées du système du colonisateur.

La Tunisie et l'Égypte ont été dirigées par des régimes dictatoriaux. Après la décolonisation, certains dictateurs vont prendre le pouvoir par un

---

[1] Michel Camau, *Articulation d'une culture constitutionnelle nationale et d'un héritage bureaucratique : la désarticulation du constitutionnalisme au Maghreb aujourd'hui*, Paris, Economica, 1984, p. 143.

[2] Sabine Lavorel, *Les Constitutions arabes et l'Islam : les enjeux du pluralisme juridique*, Montréal, Presse de l'Université du Québec, 2005, p. 8.

[3] *Idem.*

[4] *Idem.*

coup d'État[1]. D'autres vont chercher à s'éterniser au pouvoir par des répressions, des intimidations et des oppressions[2]. Longtemps après l'inertie totale qui finissait par caractériser le monde arabe, ces deux pays ont connu un sursaut lors des révolutions en 2011. Le déroulement et l'issue des révolutions de 2011 ont été distincts d'un pays à l'autre. Néanmoins, la Tunisie et l'Égypte ont en commun d'avoir été sous l'influence du constitutionnalisme libéral. La Tunisie a adopté, à la suite de la décolonisation, comme tous les États nouvellement indépendants, le modèle étatique du colonisateur. Pour renforcer la structure étatique qui s'est imposée de fait, loin de l'enthousiasme de la population arabe, les pays arabes ont adhéré au constitutionnalisme libéral. Selon Sabine Lavorel,

> Il s'est ainsi opéré un transfert plus ou moins marqué du constitutionnalisme occidental aux États arabes, perceptible dès les années vingt en Égypte, en Irak, au Liban et en Syrie, premiers pays arabes à être dotés d'une constitution écrite. Ces mouvements constitutionnalistes se sont renforcés avec la fin de la période coloniale : l'accession à l'indépendance dans les années soixante a incité les nouveaux États arabes à codifier leurs règles constitutionnelles[3].

En Tunisie, « sous Ben Ali comme sous Bourguiba, les oppositions syndicales, associatives ou partisanes étaient totalement minoritaires. Effet d'un long processus de répression et de censure avant tout, mais peut-être aussi des dispositions sociales de leurs leaders[4] ». Les Tunisiens et les Égyptiens rejetaient les régimes autoritaires qui bâillonnaient toute expression politique contradictoire à celle des régimes. Selon le professeur Élisabeth Zoller,

> Tout régime autoritaire rêve d'une manière ou d'une autre de réaliser l'unanimité de la société qu'il gouverne. Ces régimes ne tolèrent que très difficilement, sinon pas du tout, le pluralisme. Ils règnent sur ce que Karl Popper appela des "sociétés fermées" où l'information est étroitement contrôlée, par opposition aux démocraties libérales, mode de gouvernement des "sociétés ouvertes"[5].

Les régimes de Ben Ali et Hosni Moubarak étaient des dictatures que Michel de Villiers définit comme

---

[1] En République démocratique du Congo, au Burkina-Faso, en Égypte, et concernant la Tunisie, on va même parler d'un coup d'Etat militaire réalisé par Ben Ali contre Habib Bourguiba.

[2] L'exemple des présidents des États d'Afrique noir qui sont au pouvoir depuis plusieurs décennies est frappant à cet égard.

[3] Sabine Lavorel, *op. cit.*, p. 12.

[4] Amin Allal, *op. cit.*, p. 21.

[5] Elizabeth Zoller, *Droit constitutionnel*, Paris, PUF, coll. « Droit fondamental », 2e éd., 1999, p. 17.

> une forme de gouvernement autoritaire qui, à l'opposé de la démocratie, supprime la liberté comme fondement du pouvoir. Par voie de conséquence ne sont pas reconnues, ou, si elles le sont, sont du moins sévèrement contrôlées, les libertés qui permettent la vie politique (presse, réunion, association, etc.). Le suffrage peut cependant être maintenu, mais aux fins d'acclamation, ce qui lui ôte toute signification[1].

En Tunisie, comme l'explique Béatrice Hibou, « les oppositions, les critiques, les dissensions, les énervements et les désaccords existent bien entendu ; mais ils sont interdits de domaine public, contraints en quelque sorte à une privatisation obligée[2] ». En effet, les révolutions tunisienne et égyptienne de 2011 sont toutes issues d'une exaspération générale des plus démunis, de manque de liberté étouffante, d'un système politique corrompu et policier. Dans le monde arabe, le peuple n'était guidé par aucun rejet idéologique. Les citoyens qui ont renversé les régimes de Ben Ali et de Hosni Moubarak souhaitaient juste manger à leur faim et bénéficier d'un peu de dignité et de liberté. Selon Choukri Hmed, « le chômage, la corruption, les inégalités sociales et spatiales ainsi que la montée de la pauvreté et de la précarité ont incontestablement nourri le mécontentement de l'hiver 2010[3] ».

En outre, en Tunisie et en Égypte, ni Ben Ali ni Hosni Moubarak ne cherchaient à endoctriner ou à refaçonner leur peuple. Ils étaient tout simplement intéressés par le pouvoir et le confort qu'il assure. Les régimes tunisiens et égyptiens étaient brutaux et irrespectueux des droits et libertés des individus. Dans ces régimes, « au contrôle des masses par un appareil policier et un arsenal juridique répressifs s'ajoutait surtout la violence symbolique du népotisme[4] » dont étaient victimes la majorité de leurs citoyens. Les pays étaient régis au gré des caprices des tyrans. C'était le rejet d'un tel régime sans fondement idéologique qu'on a observé lors des révolutions égyptienne et tunisienne de 2011. Les pays arabes se sont révoltés d'abord contre une personne, et les différents slogans, en Égypte et en Tunisie, l'ont démontré. Dans ces pays, les rejets portaient sur un système corrompu qui était dirigé par une oligarchie familiale.

Les différentes solutions apportées par les révolutionnaires en Europe de l'Est et dans le monde arabe par rapport à leurs passés

Les systèmes politiques rejetés ne sont pas sans conséquence sur les solutions envisagées pour éviter leur retour. Les solutions apportées par les

---

[1] Michel de Villiers et Armel Le Divellec, *Dictionnaire du droit constitutionnel*, Paris, Sirey, 9e éd., 2013, p. 124.
[2] Béatrice Hibou, *La force de l'obéissance. Economie politique de la répression en Tunisie*, Paris, La Découverte, 2006, p. 251.
[3] Choukri Hmed, « Au-delà de l'exception tunisienne : les failles et les risques du processus révolutionnaire », *Pouvoirs : la Tunisie*, n° 156, 2016, p. 140.
[4] Amin Allal, p. 23.

révolutionnaires dépendent des régimes politiques qu'ils ont renversés. Ainsi, les solutions retenues en Europe de l'Est à l'égard du totalitarisme sont différentes de celles retenues par les deux États arabes contre l'autoritarisme. En Europe de l'Est, la rupture avec l'ancien régime était idéologique et radicale, alors que les États arabes devaient chercher à instaurer une culture de bonne gouvernance et le respect de l'individu.

Une refondation fondamentale des régimes politiques en Pologne et en Roumanie : le rejet du communisme et de son héritage

Le rejet de l'idéologie sur laquelle est fondé le régime politique implique une rupture totale. En Europe de l'Est, les révolutionnaires rejetaient le totalitarisme c'est-à-dire l'autoritarisme et l'idéologie qu'il sert. Selon Slobodan Milacic, « le discours totalitaire vise alors à masquer les faits bruts en leur donnant un sens idéologiquement conforme et en cherchant à conditionner le système des représentations pour imposer le discours du pouvoir comme le fait premier. C'est d'un véritable travail d'aliénation intellectuelle ou même psychologique qu'il s'agit[1] ». Pour Élizabeth Zoller,

> Le totalitarisme est une tyrannie en ce qu'il lui emprunte ses moyens de gouvernement (terreur, délation, cynisme, violence). Mais il est plus que cela. Le principe du totalitarisme est tout différent en ce qu'il est soumis à une loi impitoyable, celle de l'idéologie, laquelle est plus qu'une idée, mais plutôt la logique d'une idée à laquelle on a attribué une capacité d'explication universelle de l'histoire. Il en résulte qu'à la différence du tyran ou du despote qui s'attache essentiellement à l'oppression et à la répression des comportements, l'État totalitaire s'attache d'abord au refaçonnage et au remodelage des esprits et des consciences[2].

Le système soviétique de l'URSS était soutenu par une idéologie communiste devenue totalitaire sous Staline. Sous l'URSS, le régime politique cherchait à priver les citoyens des droits et libertés, mais également à les formater idéologiquement. Par conséquent, la disparition d'un tel régime nécessite une refondation totale, c'est-à-dire qu'il faut débarrasser le nouveau système politique de tout ce qui a un rapport avec l'ancien régime.

En Europe, la période postcommuniste a été marquée par des controverses sur les stratégies à adopter. En premier lieu, il fallait éviter de redevenir les pays satellites de la Russie, héritière de l'URSS.

En Pologne, les lois de lustration[3] illustrent parfaitement ce souhait d'une rupture totale avec l'ancien régime en Pologne et en Roumanie. La lustration, c'est-à-dire la purge de la vie politique, signifiait la

[1] Slobodan Milacic, *op. cit.*, p. 8.
[2] Elizabeth Zoller, *op. cit.*, p. 16.
[3] La première loi de lustration a été promulguée le 11 avril 1997, la seconde loi le 18 octobre 2006, et la troisième loi est entrée en vigueur le 15 mars 2007.

décommunisation de la vie politique polonaise. La loi du 11 avril 1997 dite « loi de lustration » va mettre en place un tribunal de lustration. La seconde loi de lustration du 18 octobre 2006 va faire plus en obligeant « toute personne exerçant une fonction publique, et née avant le 1er août 1972, de s'adresser à l'Institut de la mémoire nationale (IPN) pour que celui-ci atteste si elle était ou non agent des services secrets[1] ». Un employeur peut rompre un contrat de travail d'un agent qui a été agent des services secrets communistes. Le Tribunal constitutionnel polonais s'est prononcé sur la lustration lors de l'examen de la constitutionnalité de la loi de lustration du 15 mars 2007. Dans son arrêt du 11 mai 2007, le juge constitutionnel a estimé que « la lustration doit servir uniquement à la démocratie, elle ne peut pas être utilisée comme un instrument de vengeance, elle doit servir à la justice et respecter les droits de l'homme ». En outre, il a précisé qu'« en luttant contre les reliques du régime totalitaire, l'État doit appliquer les règles de l'État de droit démocratique, dans le cas contraire il ne serait pas meilleur que l'État totalitaire[2] ». La lustration était devenue un moyen pour débarrasser le système politique des héritiers du communisme. Également, la Roumanie a été marquée par le souhait de rompre avec le régime Ceausescu. En Roumanie, « l'opposition principale binaire-discursive d'après 1989 a été, sans doute, celle entre les "anticommunistes" et les "néocommunistes"[3] ». La période qui a précédé la chute du régime Ceausescu était marquée par la confrontation entre les anciens communismes au pouvoir tels qu'Ion Iliescu et les anticommunistes. Contrairement à la Pologne, la Roumanie a été gouvernée, comme la Tunisie après Ben Ali, par Ion Iliescu, membre du comité central du parti communiste. Comme le souligne Alexandru Gussi, « les nouveaux dirigeants ne veulent pas définir officiellement le moment 1989 en opposition au passé communiste et comme étant le résultat d'un mouvement anticommuniste[4] ». Dans ces conditions, avec un gouvernement communiste chargé de la transition démocratique, il sera plus compliqué de réaliser des lustrations. Néanmoins, l'affrontement entre les communistes et leurs antagonistes existait bien.

---

[1] Ulla Malgorzata, « Le processus de lustration dix-huit ans après la chute du régime communiste en Pologne », *Revue d'études politiques et constitutionnelles Est-européennes, Numéro Spécial*, 2008, p. 41.

[2] Wojciech Czuchnowski, Pawel Wronski « Lustracja to nie zemsta », *Gazeta Wyborcza*, 12 mai 2007, cité *in* Ulla Malgorzata, « Le processus de lustration dix-huit ans après la chute du régime communiste en Pologne », *Revue d'études politiques et constitutionnelles Est-européennes, Numéro Spécial*, 2008, p. 45.

[3] Sergiu Miscoiu, « L'illusion du peuple et la réalité de la représentation indirecte. Comprendre les deux premières décennies de la transition post-communiste roumaine », *Revue Est-Europa*, numéro spécial, 2016-2, p. 201.

[4] Alexandru Gussi, *op. cit.*, p. 148.

En outre, pour échapper aux communismes et éviter de retourner dans le giron de la Russie, héritière de l'URSS, les pays de l'Europe de l'Est vont décider d'intégrer l'Europe occidentale. La réponse au communisme était donc l'européanisation. Comme le souligne Slobodan Milacic, « l'anti discours de la dissidence, avec sa promesse de la libération par la libéralisation et du bien-être par l'européanisation montait en puissance, parallèlement à la décomposition du discours partisan établi[1] ». Pour réussir cette intégration, il est apparu nécessaire de réadapter l'ancien système économique hérité du communiste. Les pays de l'Europe de l'Est ont fait le choix du capitalisme contre le communiste. Dans ces pays, en effet, « deux stratégies ont été suivies pour aller vers le marché : la thérapie de choc, qui consistait à introduire le plus vite possible le maximum de réformes, et le gradualisme, qui préconisait, comme son nom l'indique, une démarche plus progressive[2] ». Il fallait la rupture politique et la rupture économique. La rupture économique impliquait que les États de l'Europe de l'Est rejoignent le libéralisme. La rupture politique a conduit à se débarrasser de l'URSS et de son idéologie communiste.

Pour se séparer définitivement du communisme, politiquement et économiquement, la Pologne et la Roumanie ont adhéré à des organisations régionales telles que l'Union européenne et le Conseil de l'Europe. La première permet d'intégrer une économie libérale aux antipodes de l'économie communiste. Elle compte également des conventions qui protègent les droits et libertés d'individu. La seconde s'intéresse exclusivement à la question des droits et libertés des individus et la démocratie. Le Conseil de l'Europe et l'UE disposent des juridictions pour faire respecter les textes qu'elles énoncent. La Cour de justice de l'Union européenne est chargée au sein de l'Union européenne de veiller au respect des règles édictées par les instances de l'Union européenne. La Cour européenne des droits de l'homme est chargée de faire respecter la Convention européenne de sauvegarde des droits de l'homme et des libertés fondamentales[3], le texte principal du Conseil de l'Europe en matière des droits de l'homme.

En Pologne et en Roumanie, si la rupture politique avec le communisme n'est pas totale du fait de la présence des partis communistes, la rupture économique, du fait de l'influence de l'Europe occidentale, a été intégrale. Aujourd'hui, les deux anciens États de l'URSS ont intégré pleinement l'économie libérale.

---

[1] Slobodan Milacic, *op. cit.*, p. 12.

[2] Mathilde Maurel, « Avant-propos », *Revue d'études comparatives Est-Ouest*, vol. 37, n° 1, 2006, p. 5.

[3] Elle a été énoncée en 1950 et elle est entrée en vigueur en 1953.

Un changement de pratique politique et de mode de gouvernance en Tunisie et en Égypte

Comme nous l'avons déjà souligné, la Tunisie et l'Égypte sont confrontées à des systèmes politiques instaurés par des dictateurs sans idéologie, c'est-à-dire sans une vision pour la société. Ils n'étaient au service d'aucune idée. Ils étaient habités par la soif du pouvoir et ils souhaitaient y rester par tous les moyens, jusqu'à ce que les révolutions de 2011 les délogent. Par conséquent, à la suite des révolutions, dans ces pays, la rupture a été moins radicale. Il a suffi de se débarrasser des dictateurs sans idéologie.

Dans le monde arabe, il existait deux interprétations des mobilisations tunisiennes. Le débat sur l'approche à choisir après la révolution a opposé les acteurs de la révolution. En Tunisie, selon Nadia Marzouki,

> pour les uns, l'ampleur des manifestations appelle à l'élection d'une nouvelle assemblée constituante, car seul le peuple révolutionnaire peut être la source légitime d'un nouvel ordre politique. D'autres plaident en revanche pour une simple réforme des institutions existantes, pour une révision de la Constitution de 1959 et l'organisation d'une élection présidentielle. Après diverses tentatives de mise en place des institutions ad hoc, et alors que les manifestations se poursuivent tout au long de 2011, l'élection d'une assemblée constituante s'impose finalement comme la seule option capable de mener à l'élaboration d'un nouvel ordre politique légitime et consensuel[1].

L'élection de l'assemblée constituante était inévitable parce que la Constitution de 1959 renvoyait, aux yeux du peuple tunisien, au régime de Ben Ali dont ils entendaient se débarrasser. Pourtant, la Constitution de 1959 proclamait des droits et libertés fondamentaux et énonçait la séparation des pouvoirs. Malheureusement, elle n'a pas été respectée par les dirigeants et, en premier lieu, par celui qui était censé la garantir. L'adoption d'une nouvelle constitution par une assemblée élue a certainement une portée symbolique encore plus dans un pays où les élections libres et transparentes étaient inexistantes. Le peuple a le sentiment, pour la première fois depuis longtemps, que son choix a été respecté.

En Égypte, les acteurs à l'origine de la révolution étaient dépassés par l'ampleur du mouvement révolutionnaire et, par conséquent, les mouvements révolutionnaires obéissaient « un peu partout à des logiques de situation qui échappent au contrôle concret et symbolique des militants[2] ». La jeunesse et les premiers manifestants sont oubliés et écartés. D'autres forces mieux organisées, comme les frères musulmans, et mieux connues, comme Mohamed El Baradei, se sont imposées. Selon Youssef El Chazli,

---

[1] Nadia Marzouki, « La transition tunisienne : du compromis démocratique à la réconciliation forcée », *Pouvoirs : la Tunisie*, n° 156, 2016, p. 85.

[2] Youssef El Chazli, « Sur les sentiers de la révolution. Comment des Égyptiens « dépolitisés » sont-ils devenus révolutionnaires ? », *RFSP*, n° 62, 2012, p. 847

> Face à la répression des manifestations et la surprise du nombre de personnes qui participent, les revendications sont revues à la hausse et de nombreux acteurs *a priori* hésitants entrent de tout leur poids dans le mouvement. C'est le cas de l'ancien directeur de l'Agence internationale de l'énergie atomique, Mohamed El-Baradei, qui revient précipitamment d'un voyage à l'étranger pour participer au "Vendredi de la colère" le 28 janvier 2011. C'est également le cas des Frères musulmans qui annoncent aux autres forces politiques leur entrée de plain-pied dans la mobilisation (après une première hésitation pour le 25 janvier)[1].

En Égypte, les révolutionnaires ont été dépassés par les absents de la première heure. Après 2012, le peuple a été de nouveau supplanté par l'armée qui a destitué le Président Morsi.

En Tunisie, les revendications des révolutionnaires continuaient d'exister toujours après les renversements des dictatures. Elles étaient plus continues en Tunisie qu'en Égypte où l'armée avait accéléré le processus de transition. En Tunisie, « les mobilisations sectorielles, les revendications professionnelles, les mouvements sociaux n'ont pas cessé, loin de là, après le 14 janvier ni même à la suite de l'élection d'une assemblée constituante le 23 octobre 2011[2] ». Les revendications ne cesseront que lorsque les problèmes politiques et économiques seront résolus. Les révolutions tunisienne et égyptienne « ont des historicités propres liées aux conditions socio-économiques et aux équilibres clientélistes locaux – notamment à la capacité redistributrice de l'ancien parti-État[3] ». Les manifestants réclamaient la démission de certains ministres du gouvernement provisoire qui ont collaboré avec Ben Ali. Les manifestants des mouvements de la Kasbah avaient des « revendications à la fois sociales et politiques, réclamant le droit au travail, à une vie digne et le départ des anciennes élites du RCD[4] ».

En Égypte, la situation est différente depuis le retour de l'armée aux affaires. Les Égyptiens étaient divisés et déçus. Les élections constituante et présidentielle qui ont conduit les frères musulmans aux commandes de l'État ont démotivé la jeunesse révolutionnaire et les laïques. Cela a été illustré par certaines manifestations contre Morsi qui appelaient clairement l'armée à agir[5]. Les revendications sociales et politiques ont été absorbées par celles pour ou contre les frères musulmans. En définitive, la situation a profité à l'armée qui a bouclé la transition en nommant un comité pour rédiger une nouvelle constitution et organiser des élections. On est revenu alors à la

---

[1] *Idem.*

[2] Choukri Hmed, « Réseaux dormants, contingence et structures. Genèses de la révolution tunisienne », *RFSP*, n° 62, 2012, p. 799.

[3] Amin Allal, « Trajectoires « révolutionnaires » en Tunisie. Processus de radicalisations politiques 2007-2011 », *RFSP*, n° 62, 2012, p. 821.

[4] Choukri Hmed, *op. cit.*, p. 817.

[5] Notamment, les manifestations de 30 juin 2013.

situation antérieure à la révolution de 2011. Une révision constitutionnelle aurait peut-être eu en pratique un effet plus bénéfique sur le fonctionnement du régime politique égyptien. En utilisant leur poids fort dans la société, en capitalisant sur leurs actions sociales, les frères musulmans s'imposaient à chacune des élections nationales organisées. l'armée a semblé pour les révolutionnaires être le seul recours possible face aux frères musulmans. La situation à peu près similaire s'est déroulée en Algérie en 1991. En anticipant la victoire du Front islamique du Salut, les militaires ont mis fin à l'élection par peur de voir ce dernier mettre en place une République islamique. On leur reprocha d'arrêter un processus démocratique et ils ont répondu qu'ils arrêtaient un processus électoral pour sauver les processus démocratiques. Sans affirmer cela, et motivée beaucoup plus par la peur de perdre ses privilèges, l'armée égyptienne, en laissant aller le processus électoral à son terme et en profitant des troubles nationaux, a récupéré les pouvoirs qu'elle n'avait pas l'intention de céder. Malgré son affirmation de ne pas se présenter aux élections, le Conseil suprême des armées a présenté un candidat.

Contrairement aux révolutions est-européennes de 1989, les révolutions de 2011, en Tunisie et en Égypte, ont connu un trouble religieux auquel il a fallu apporter des solutions. Complètement absente au début des révolutions de 2011, la religion, à cause des partis politiques dits islamistes, est devenue un sujet principal au point d'éclipser les raisons majeures des révolutions. La place de la religion dans les futures constitutions était devenue un des sujets importants du débat au sein des constituantes. Pourtant, au départ, les raisons de ces révolutions sont très lointaines de la préoccupation religieuse. On ne pense pas que le petit marchand ambulant de Sidi Bouzid, Mohamed Bouazizi, s'est immolé par manque d'une société et d'une république religieuse. En Égypte, l'armée au pouvoir a choisi l'option de la répression vis-à-vis des frères musulmans. Plusieurs procès, dont la condamnation à mort du Président Morsi, ont été organisés. Malheureusement, le choix qui s'est offert aux Égyptiens entre les frères musulmans et l'armée rend l'espoir de la révolution vaine. En Tunisie, en revanche, le parti Ennahda était impliqué dans la transition et n'a pas cherché à entraver la transition démocratique.

Conclusion du chapitre premier

L'analyse des périodes transitoires nous a montré qu'il n'existe pas un modèle prédéterminé, prêt à être appliqué par un État qui sort d'une révolution. La gestion de la période postrévolutionnaire est difficile et n'obéit à aucune règle. Elle est aussi incertaine et imprévisible que la révolution qu'elle entend clore.

Nous avons constaté que des différences existent entre les deux États arabes qui partagent *a priori* beaucoup des choses : la culture arabo-musulmane, la langue, la proximité géographique, la religion islamique. De plus, au sein d'un pays, les avis divergent sur la manière de gérer la période postrévolutionnaire. En Tunisie, notamment, certaines personnes ont regretté que la Constitution de 2014 n'ait pas été rédigée, comme en Égypte, par un comité restreint[1]. En Égypte, le choix d'un comité restreint réuni par l'armée ne faisait pas l'unanimité, et il était contesté en particulier chez les frères musulmans déchus et leurs partisans.

Un constat similaire peut être fait au sujet de la Pologne et de la Roumanie. En Pologne, la gestion de la période transitoire a été différente de celle de la Roumanie. Les révolutionnaires et les anciens dirigeants polonais, majoritairement communistes, ont décidé de régler les problèmes en discutant ensemble : c'est la fameuse « table ronde ». En Roumanie, les Ceausescu ont été assassinés en direct à la télévision. C'était une autre façon de gérer la période postrévolutionnaire. En discutant avec les déchus ou en les tuant, le choix était radicalement différent entre ces deux pays.

Néanmoins, ces quatre pays ont un point essentiel en commun qui est, en définitive, l'adoption d'une constitution pour clore la période transitoire. Là encore, les périodes constituantes ont été gérées différemment.

---

[1] Xavier Philippe, « Les processus constituants après les révolutions du printemps arabe. L'exemple de la Tunisie : rupture ou continuité ? », *in Mélanges en l'honneur de Jean du Bois de Gaudusson : Espaces du service public*, t. I, études réunies par Ferdinand Mélin-Soucramanien, Bordeaux, PUB, 2013, p. 547.

CHAPITRE II

LE PROCESSUS CONSTITUANT

Le processus constituant est un processus qui permet d'aboutir à l'adoption d'une nouvelle constitution. Les États qui font l'objet de notre analyse sont tous passés par ce processus à la suite de leurs révolutions respectives. Le processus constituant est mené par le pouvoir constituant qui est le seul habilité à doter un pays de la Constitution. Selon Claude Klein,

> l'expression "pouvoir constituant" est communément utilisée pour désigner un pouvoir particulier, celui de l'édiction de la norme appelée "constitution", celle-là même qui se situe au plus haut de la pyramide. Celle-ci, il faut le préciser, doit être soigneusement distinguée de celle qui, définie par la constitution elle-même, a pour objet la révision de cette constitution[1].

Le pouvoir constituant dont il est question dans ce chapitre est celui qui agit à partir d'un vide juridique pour créer une nouvelle constitution. Il s'agit du pouvoir constituant originaire. Dans les pays qui font l'objet de notre analyse, l'ancien ordre constitutionnel a été détruit par la révolution, et le pouvoir constituant est sollicité pour mettre en place un nouvel ordre constitutionnel. Dans cette situation de révolution, exceptionnelle dans l'histoire constitutionnelle d'un État, le pouvoir constituant présente un intérêt particulier. À la suite de la période qui précède le chaos révolutionnaire, son identification n'est pas évidente. De même, les conditions dans lesquelles ce pouvoir exceptionnel s'exerce dépendent de l'environnement interne et régional de chaque pays.

L'identification du pouvoir constituant en Europe de l'Est et dans le monde arabe

L'identification du pouvoir constituant après une révolution est intéressante parce qu'elle permet de comprendre l'origine des textes juridiques adoptés pour surmonter les défis de la transition dans ces pays. L'analyse de sa délégation est tout aussi pertinente parce qu'elle permet de s'interroger sur la légitimité du texte constitutionnel.

---

[1] Claude Klein, « Chapitre I : le pouvoir constituant », *in* Michel Troper et Dominique Chagnollaud (dir.), *Traité international de droit constitutionnel : suprématie de la Constitution*, Paris, Dalloz, 2012, p. 6.

Le titulaire du pouvoir constituant en Pologne, Égypte, Roumanie et Tunisie

En Europe de l'Est, plus précisément en Pologne et en Roumanie, et dans le monde arabe, en particulier en Égypte et en Tunisie, le titulaire du pouvoir constituant est la nation souveraine. Mais, dans le même temps, certaines Constitutions de ces pays, à l'exclusion de la Roumanie, semblent chercher un fondement en dehors de la nation souveraine lorsqu'elles font référence à Dieu.

Le titulaire de la souveraineté nationale

Le peuple est différent de la nation. Comme le souligne Stéphane Pierré-Caps, « en droit constitutionnel, le peuple possède un sens plus circonscrit : il est le corps électoral et ne se confond pas, par conséquent, avec la nation[1] ». Mais si la nation est différente du peuple, elle « tient sa consistance du fait d'être composée d'individus dotés de droits et d'obligations interchangeables, c'est-à-dire de citoyens. Ce sont eux qui constituent la nation en tant qu'entité juridique[2] ». La nation est l'action collective du peuple c'est-à-dire, elle est « l'État organisé en pouvoir politique[3] ». L'action politique commune du peuple est la nation.

Différente du peuple, la nation est un concept qui ne peut exister que par l'intermédiaire de la représentation. Selon le professeur Élisabeth Zoller,

> n'ayant pas d'existence réelle, la nation ne peut s'exprimer que par la voix de ses représentants. Or, contrairement à ce que l'on pourrait penser, ces représentants ne sont pas des mandataires, car le supposé mandant (la nation) – ne pouvant vouloir par lui-même – ne peut pas donner de mandat. Pour donner mandat, il faut pouvoir vouloir, et le point fondamental est que la nation ne peut vouloir que par la voix de ses représentants. Il en résulte qu'il n'y a pas et qu'il ne peut pas y avoir de volonté supérieure à leur volonté[4].

En Égypte et en Tunisie, pour reconquérir sa souveraineté confisquée par les gouvernants pendant près d'un demi-siècle, le peuple est descendu dans la rue. Les Constitutions des pays qui font l'objet de notre étude parlent des représentants du peuple. En France, l'article 3 de la Déclaration des droits de l'homme et du citoyen de 1789 affirmait que « le principe de toute

---

[1] Stéphane Pierré-Caps, « Le peuple à l'interface du droit constitutionnel et du droit international », *Civitas Europa* 2014/1 (N° 32), p. 10.

[2] *Idem.*

[3] *Ibid.*, p. 9.

[4] Elizabeth Zoller, *op. cit.*, p. 43. Voir plus généralement, C. Klein, *Théorie et pratique du pouvoir constituant*, Paris, PUF, 1996. Voir aussi Michel Troper et Dominique Chagnollaud (dir.), Traité international de droit constitutionnel, t. 1 : Suprématie de la Constitution Paris, Dalloz, 2012. Voir aussi Carl Schmitt, *Théorie de la Constitution*, Paris, PUF, coll. « Quadrige », 2013, p. 213-217.

souveraineté réside essentiellement dans la nation ». L'article 3 de l'ancienne Constitution tunisienne du 1er juin 1959 énonçait que « la souveraineté appartient au peuple tunisien qui l'exerce conformément à la constitution ». Si cet article a longtemps été négligé par l'ancien président Ben Ali et son gouvernement, le peuple a finalement exercé sa souveraineté par la rue, non pas dans le respect de la Constitution, comme l'affirmait la Constitution de 1959, mais de manière directe et révolutionnaire. Comme l'affirme Jean-Philippe Bras, « le peuple souverain recouvre sa souveraineté et aucun acteur politique identifié ne peut revendiquer une légitimité révolutionnaire, sinon le peuple lui-même[1] ». Le peuple a exercé pleinement sa souveraineté de manière directe lors de la révolution jusqu'à ce qu'il l'ait déléguée à une assemblée constituante qu'il a élue. Le préambule de la Constitution tunisienne de 2014 commence par « Nous, représentants du peuple tunisien, membres de l'Assemblée nationale constituante », et se termine par « Au nom du peuple, nous édictons, par la grâce de Dieu, la présente Constitution ». Le président élu de l'ANC, le 22 novembre 2011, a affirmé dans son premier discours que « l'unique souveraineté est celle du peuple, c'est elle qui nous a réunis aujourd'hui après des élections libres et démocratiques ; par cette volonté, nous assumons la responsabilité de protéger la patrie et de veiller à ses intérêts[2] ». En Tunisie, le peuple exerce sa souveraineté, soit lui-même, par référendum, soit par l'intermédiaire de ses représentants. La Constitution tunisienne de 2014 énonce que « le peuple est le détenteur de la souveraineté, source des pouvoirs qu'il exerce à travers ses représentants élus ou par voie de référendum[3] ». Le constituant tunisien affirme dans le préambule mettre en place un régime politique démocratique dans lequel « la souveraineté du peuple s'exerce, à travers l'alternance pacifique au pouvoir, par des élections libres ».

En Égypte, le préambule de la Constitution de 2014 ne fait aucune distinction entre les représentants du peuple et le peuple lui-même. En effet, il est écrit : « nous sommes les citoyens. Nous sommes le peuple égyptien, souverain dans une patrie souveraine. » L'Égypte reconnaissait la souveraineté de la nation et la responsabilité ministérielle devant un parlement composé de deux chambres dans sa toute première Constitution du 19 avril 1923 inspirée de la Constitution belge. La Constitution égyptienne de 2012 affirmait que « la souveraineté appartient au peuple[4] ». La Constitution égyptienne de 2014 ne mentionne pas le mot « nation », mais elle parle du « peuple ». Elle affirme que « la souveraineté appartient

---

[1] Jean-Philippe Bras, « le peuple est-il soluble dans la constitution ? Leçon tunisienne », *L'Année du Maghreb*, « Un printemps arabe ? », n° VIII, 2012, p. 105.
[2] Mustapha Ben Jaäfar, cité *in*Mouldi Riahi, « La Constitution : contenu et élaboration », *Pouvoirs : la Tunisie*, n° 156, 2016, p. 32.
[3] Article 3 de la Constitution tunisienne de 2014.
[4] Article 4 de la Constitution égyptienne de 2012.

au peuple seul, qui l'exerce et la protège. Il est la source du pouvoir. Il sauvegarde l'unité nationale, qui est fondée sur les principes d'égalité, de justice et d'égalité des chances entre tous les citoyens, conformément aux dispositions de la présente Constitution[1] ». Si les Constitutions égyptiennes de 2012 et de 2014 précisent que le peuple est le seul titulaire de la souveraineté et que l'exercice de cette dernière peut être délégué, la Constitution égyptienne de 2014 permet au peuple de participer à des élections pour choisir ses députés[2] et son président de la République[3]. Le peuple peut également s'exprimer directement par référendum[4]. En Égypte, la Constitution de 2014 admet donc que la souveraineté du peuple s'exerce tantôt directement, tantôt indirectement.

En Pologne et en Roumanie, la souveraineté appartient à la nation. Les Constitutions de ces deux États parlent de la souveraineté nationale. Les constituants roumains et polonais ont une conception sieyèsienne de la souveraineté qui appartient à la nation. En effet, pour Sieyès, « la nation existe donc avant tout, et elle est en outre titulaire du pouvoir constituant[5] ». En Roumanie, la Constitution de 1991 affirme que « la souveraineté nationale appartient au peuple roumain, qui l'exerce par ses organes représentatifs, constitués à voie d'élections libres, périodiques et correctes, ainsi que par référendum. Aucun groupe ni aucune personne ne peuvent exercer la souveraineté en son propre nom[6] ». En Pologne, le constituant de 1989 affirme très clairement, dans le préambule de la Constitution de 1997 : « soucieux de l'existence et de l'avenir de notre Patrie, ayant en 1989 recouvré la faculté de décider en toute souveraineté et pleine démocratie de notre destinée ». Le peuple se confond également avec la nation puisque le préambule de la Constitution de 1997 énonce : « nous, la Nation polonaise ». La Constitution polonaise parle directement de la nation contrairement aux deux Constitutions arabes. Pour Patrick Michel, « la référence à cette totalité que constitue la nation visait à tenter de faire l'économie du pluriel, fût-ce en maniant l'exclusive nationaliste et la prétendue norme morale, au risque de toutes les dérives[7] ». La Constitution polonaise de 1989 précise que « dans la République de Pologne, le pouvoir suprême appartient à la Nation. La

---

[1] Article 4 de la Constitution égyptienne de 2014.

[2] Article 102 de la Constitution égyptienne de 2014.

[3] Article 140 de la Constitution égyptienne de 2014.

[4] Par exemple, article 245 de la Constitution égyptienne de 2014.

[5] Pasquale Pasquino, *Sieyès et l'invention de la Constitution en France*, Paris, Odile Jacob, 1998, p. 63. Voir aussi Pasquale Pasquino, « Constitution et pouvoir constituant : le double corps du peuple », *in* Pierre-Yves Quivigier, Vincent Denis et Jean Salem (dir.), *Figures de Sieyès*, Paris, Publications de la Sorbonne, 2008, p. 13-23.

[6] Article 2 de la Constitution roumaine de 1991.

[7] Patrick Michel, « L'Eglise et le catholicisme polonais à l'épreuve du pluralisme », *Pouvoirs : La Pologne*, n° 118, 2006, p. 91.

Nation exerce le pouvoir par ses représentants ou l'exerce directement[1] ». Le constituant polonais confond le peuple et la nation qu'il distingue des représentants. La nation polonaise titulaire de la souveraineté l'exerce soit directement, soit en élisant ses représentants. La nation polonaise élit ses députés et son président au niveau national. Dans ce cas, il délègue sa souveraineté nationale. La nation polonaise va déléguer son pouvoir constituant en 1989 à une assemblée constituante pour rédiger la Constitution postcommuniste. Si la Constitution roumaine interdit la confiscation de la souveraineté nationale, son titulaire peut la déléguer. La nation roumaine a délégué deux fois son pouvoir constituant à une assemblée constituante : d'abord lors de la rédaction de la Constitution de 1991 et ensuite lors de la révision constitutionnelle de 2003.

En Europe de l'Est et dans le monde arabe, même si les terminologies varient entre le peuple et la nation, la souveraineté appartient d'abord aux citoyens collectivement, elle est inaliénable et elle susceptible d'être déléguée par son titulaire à des représentants élus.

Les fondements constitutionnels reposant sur un ordre extérieur au peuple

Les Constitutions tunisienne, égyptienne et polonaise font référence, dans leurs préambules respectifs, à Dieu. En Tunisie et en Égypte, à la suite de la révolution, la place de la religion dans la Constitution a suscité un débat long et houleux, entraînant parfois des confrontations physiques et des démonstrations de force impressionnantes de chaque bord. Cette situation s'expliquait par la présence des Frères musulmans en Égypte et du parti Ennahda en Tunisie. Comme le rappelle Farhad Khosrokhavar, « après les révolutions tunisienne et égyptienne, pour des raisons historiques, mais aussi liées à un contexte de crise des institutions, des partis politiques “islamistes” (c'est-à-dire subsumant le politique sous le religieux) ont gagné la majorité des élections libres, le parti affilié aux Frères musulmans en Égypte et celui lié à Ennahda en Tunisie[2] ». Bien évidemment, les dispositions des nouvelles constitutions en Égypte et en Tunisie dépendent des rapports de force dans les assemblées constituantes. Geoffrey Weichselbaum et Xavier Philippe affirment que, notamment en Tunisie, « la naissance du préambule a cependant été plus complexe. Ce dernier a, dès le départ, cristallisé l'opposition entre les constituants qui désiraient ancrer le nouveau texte constitutionnel dans la religion et ceux qui voulaient au contraire un État

[1] Article 4 de la Constitution polonaise de 1997.

[2] Farhad Khosrokhavar, « Les révolutions arabes et leur devenir. Les cas paradigmatiques de l'Egypte et de la Tunisie », *Maghreb-Machrek : Religion et Etat. Logique de la sécularisation et de la citoyenneté en Islam*, n° 224-225, 2016, p. 31.

civil ou neutre[1] ». Par conséquent, indiscutablement, la référence à Dieu a été plus importante dans le processus constituant de la Tunisie et de l'Égypte du fait de la victoire des partis politiques dits islamistes aux élections constituantes. La place de la religion s'est imposée dans le débat postrévolutionnaire à cause des poids politiques du parti Ennahda en Tunisie et des Frères musulmans en Égypte. Ces partis politiques se revendiquent d'être des partis religieux et se réclament clairement de l'islam. Leur participation au débat politique lors de la transition constitutionnelle et surtout le poids politique auprès de la population ont conduit à inclure la référence à l'islam dans les Constitutions arabes de 2014.

En Égypte, dans le préambule de la nouvelle Constitution égyptienne de 2014 est inscrit au frontispice « Au nom de Allah, le Tout miséricordieux, le Très miséricordieux, voici notre Constitution ». Le constituant égyptien de 2014 s'exprime dans le préambule « Au nom de Allah, le Tout miséricordieux, le Très miséricordieux ». Le reste du préambule de la Constitution est annoncé au nom de Allah. Notamment, il énonce quelques paragraphes plus loin, toujours dans le préambule de cette nouvelle Constitution de 2014, qu'« au nom de Allah..., nous écrivons une Constitution qui confirme que les principes de la charia islamique sont la source principale de la législation et que la référence de leur interprétation est la teneur de l'ensemble des dispositions de la cour constitutionnelle suprême ». Néanmoins, dans le même préambule, le constituant affirme écrire « désormais une Constitution qui parachève la construction d'un État démocratique moderne dont le gouvernement est civil ». Malgré cette annonce de gouvernement civil par le constituant, pour l'heure, les Égyptiens ont eu le choix entre un gouvernement religieux et un gouvernement militaire. Pour avoir un gouvernement civil, il faudra attendre l'affaiblissement de l'armée et comme, en Tunisie, le parti des frères musulmans accepte de séculariser et de séparer la vie politique et la religion. Pour le constituant égyptien, le préambule est aussi important que le reste de la Constitution, car il « forme un tissu cohérent, et un tout indivisible[2] » avec la Constitution et tous ses textes. La Constitution égyptienne de 2014 précise également que « ses dispositions se complètent dans une unité organique cohérente[3] ».

En Tunisie, également, la nouvelle Constitution tunisienne a inscrit en tête de son préambule « Au nom de Dieu, le clément, le miséricordieux ». Toujours en tant que représentante du peuple tunisien, l'ANC pose « les fondements d'un régime républicain démocratique et participatif, dans le

---

[1] Geoffrey Weichselbaum et Xavier Philippe, « Le processus constituant et la Constitution tunisienne du 27 janvier 2014 : un modèle à suivre », *Maghreb-Machrek : constitutionnalisme*, n° 223, 2015, p. 61.
[2] Article 227 de la Constitution égyptienne de 2014.
[3] *Idem.*

cadre d'un État civil où la souveraineté du peuple s'exerce, à travers l'alternance pacifique au pouvoir, par des élections libres ». La Tunisie affirme dans le préambule de sa nouvelle Constitution, mais aussi dans son article 2, que son État est civil. L'article 2 de la nouvelle Constitution tunisienne de 2014 énonce que « la Tunisie est un État civil, fondé sur la citoyenneté, la volonté du peuple et la primauté du droit. Il n'est pas permis d'amender cet article ». Donc, selon la Constitution, le caractère civil de l'État tunisien ne peut pas être amendé. En excluant cet article d'un possible amendement, l'Assemblée nationale constituante tunisienne lui accorde un caractère « supraconstitutionnel[1] ». Le constituant tunisien évoque « l'État civil ». Plus que le gouvernement, c'est l'État entier qui doit être civil en Tunisie. Le caractère civil de l'État tunisien ne peut être révisé, mais pourra être supprimé par le pouvoir constituant originaire qui agit à partir « d'un chaos antéjuridique[2] ». Le constituant tunisien de 2014 a rédigé la Constitution post-Ben Ali au nom du peuple « avec l'aide de Dieu[3] ». L'Assemblée nationale constituante tunisienne conclut la nouvelle constitution par « Dieu est le garant de la réussite ». En Tunisie, Dieu est présent avant la constituante, pendant la constituante et après la constituante, mais toujours au nom du peuple et avec le peuple. Néanmoins, la Tunisie, dans le préambule de sa nouvelle constitution de 2014, essaye de concilier Dieu, la représentation et les droits de l'homme. Au nom de Dieu et en tant que représentante du peuple, l'ANC rappelle l'attachement des Tunisiens « aux valeurs humaines et aux principes universels des droits de l'homme ». Toujours, au nom de Dieu, et en tant que représentante du peuple, elle affirme poser « les fondements d'un régime républicain, démocratique et participatif (...) où l'État garantit la suprématie de la loi, les libertés et les droits de l'homme, l'indépendance de la justice, l'égalité en droits et en devoirs entre les citoyens et les citoyennes ».

Pourtant, cette question de religion et le débat qu'elle suscite ne sont pas exclusivement réservés au monde arabe. En 2005, la question de savoir si on fait référence ou non à Dieu s'est posée en Europe lors de la Constitution européenne. La DDHC de 1789 est rédigée sous les auspices de l'être suprême. Nombre de constitutions européennes font référence à la religion, comme l'article 3 de la Constitution de la Grèce et l'article 4 de la Constitution du Danemark.

Parmi les deux États européens qui font l'objet de notre étude, seule la Pologne dispose d'un préambule qui fait référence à Dieu. Le préambule de la Constitution polonaise de 1989 énonce : « Nous, la Nation polonaise –

---

[1] Voir pour plus de détail, Georges Vedel, « Souveraineté et supraconstitutionnalité », *Pouvoirs,* n° 67, 1993.
[2] Claude Klein, *Théorie et pratique du pouvoir constituant*, Paris, PUF, coll. « Les voies du Droit », 1996, p. 3.
[3] Préambule de la Constitution tunisienne de 2014.

tous les citoyens de la République, tant ceux qui croient en Dieu, Source de la vérité, de la justice, de la bonté et de la beauté, que ceux qui ne partagent pas cette foi et qui puisent ces valeurs universelles dans d'autres sources ». Le constituant polonais de 1997 assure également être « conscient de la responsabilité devant Dieu ou devant notre propre conscience ». En Pologne, après 1989, la pluralisation du paysage sociopolitique a conduit l'Église à « abandonner toute prétention à occuper une centralité qui fut – presque par la force des choses – la sienne pendant les années de résistance au régime communiste[1] ». Le pluralisme instauré par l'avènement de la démocratie a limité l'influence de l'Église dans la vie politique malgré son passé de dissident de l'époque communiste. Selon l'auteur, loin d'être influente dans la vie politique polonaise postcommuniste, « en intervenant directement dans le champ politique, l'Église a pris le risque du désaveu : à partir de 1993 vont se succéder des résultats électoraux contraires à ses vœux (et à ses appels)[2] ».

Parmi les États qui font l'objet de notre analyse, La Roumanie est le seul pays qui ne fait aucune référence dans sa Constitution de 1991 à Dieu ou à un être suprême.

La délégation du pouvoir constituant aux Assemblées constituantes en Pologne, Roumanie, Égypte et Tunisie

Dans le monde arabe et en Europe de l'Est, concernant la délégation du pouvoir constituant, nous observons deux situations radicalement différentes. D'un côté, nous avons des pays, l'Égypte et la Pologne, dans lesquels les organes chargés de la rédaction de la Constitution sont choisis par les élus et non pas directement par le peuple. En revanche, la Tunisie et la Roumanie ont élu spécialement une assemblée constituante chargée d'élaborer leurs nouvelles Constitutions postrévolutionnaires.

Les élections des membres des assemblées constituantes par le peuple en Tunisie et en Roumanie

La Tunisie et la Roumanie ont fait le choix, après la chute des anciens régimes politiques, d'élire une assemblée constituante pour élaborer une nouvelle Constitution. Elles ont également choisi de soumettre le projet de la nouvelle Constitution directement au référendum populaire.

En Tunisie, la situation est différente et moins chaotique que l'Égypte. Dans son processus constituant, elle se rapproche plus de la Roumanie que les deux autres États. Malgré la suspension tardive de l'ancienne Constitution de 1959, c'est une instance supérieure pour la réalisation des

[1] Patrick Michel, « L'Eglise et le catholicisme polonais à l'épreuve du pluralisme », *Pouvoirs : La Pologne*, n° 118, 2006, p. 90.
[2] *Ibid.*, p. 92.

objectifs de la révolution, de la réforme politique et de la transition démocratique qui fut chargée de la préparation d'un texte qui va gérer la période de transition. Elle va adopter le 23 mars 2011[1] un décret-loi relatif à l'organisation provisoire des pouvoirs publics, destiné à régler la période de transition. Ce décret-loi va affirmer, dans son second considérant, que « le peuple a exprimé au cours de la révolution du 14 janvier 2011 sa volonté d'exercer sa pleine souveraineté dans le cadre d'une nouvelle Constitution[2] ». Ce décret fut ensuite remplacé par l'assemblée constituante tunisienne par une loi constitutionnelle portant organisation provisoire des pouvoirs publics. Malgré un début de la période transitoire hésitant dû à la surprise, à l'imprévision et à la prise de conscience tardive du degré de la situation par les autorités politiques, la Tunisie a réussi à plus impliquer le peuple dans le choix du projet constitutionnel et dans celui des constituants.

L'ANC[3] a été élue le 23 octobre 2011. La représentation proportionnelle a été choisie pour l'élection de l'assemblée constituante qui s'est déroulée du 20 au 23 octobre 2011. Pour superviser les élections, l'Instance supérieure indépendante pour les élections a été créée par le décret-loi n° 27 du 18 avril 2011[4]. Le 23 octobre 2011, l'Instance supérieure indépendante pour les élections organise l'élection de l'Assemblée nationale constituante en présence des observateurs internationaux et nationaux. L'Instance a proclamé les premiers résultats le 27 octobre 2011, lesquels ont donné vainqueur le Parti Nahdha, avec 89 sièges sur 217. En Tunisie, lors des élections des assemblées constituantes, le parti politique Ennahada a remporté la majorité des sièges. Comme en Égypte, le peuple a majoritairement voté pour le parti dit islamiste. Pour expliquer cette victoire écrasante du parti Ennadha, certains auteurs ont observé une distinction entre « le peuple révolutionnaire » et « le peuple électeur ». Ainsi, le professeur Jean-Philippe Bras explique :

> en tout état de cause, même si le pouvoir change de mains, ceux qui font les révolutions ne sont pas ceux qui en tirent les fruits. Le peuple électeur n'est pas le peuple révolutionnaire, aussi décevant que le paysan français, aux yeux des élites urbaines républicaines, quant au milieu du XIXe siècle il accède au suffrage universel. Et, de manière attendue, l'électeur confie le pouvoir à des partis islamistes[5].

Son analyse sur la différence entre « deux peuples », concernant la Tunisie, est également vérifiée lors de l'élection de l'assemblée constituante en Égypte. Selon Clément Steuer,

---

[1] *JORT*, n° 20, 25 mars 2011, p. 363-365.
[2] Décret-loi du 23 mars 2011, *JORT*, n° 20, 25 mars 2011, p. 363-365.
[3] L'Assemblée nationale constituante.
[4] *JORT*, n° 27, 19 avril 2011, p. 484-486.
[5] Jean-Philippe Bras, « Le peuple est-il soluble dans la constitution ? Leçon tunisienne », *L'Année du Maghreb*, « Un printemps arabe ? », n° VIII, 2012, p. 104.

le 26 mars, le Parlement élit les cent membres de la commission constituante, dont la composition est immédiatement critiquée pour sa non-prise en compte de la diversité de la société égyptienne : la moitié de ses membres sont des députés, et elle ne comporte que six femmes et cinq chrétiens. Surtout, elle est largement dominée par les islamistes (soixante-six membres). Pour toutes ces raisons, elle est dissoute par la justice administrative quinze jours plus tard[1].

Soufiane Ben Farhat résume bien la situation des assemblées constituantes en Égypte et en Tunisie. Il pense que « les absents sont le véritable moteur de la révolution. Ce sont eux qui ont fait tomber la dictature. Ils sont dans la rue, les villes intérieures, le pays profond et les campagnes. Un peu partout, sauf dans l'Instance[2] ».

Désormais, dans le cas tunisien, la souveraineté du peuple s'exerce à travers celle de l'Assemblée nationale constituante dominée par le parti Ennahada dit islamiste. La seule légitimité valable est celle acquise par les urnes. Le mandat de l'assemblée constituante est clairement défini par le décret-loi du 23 mars 2011 portant organisation provisoire des pouvoirs publics : établir une nouvelle constitution, réaliser les objectifs de la révolution tunisienne et superviser l'administration des affaires du pays jusqu'à l'établissement de la nouvelle constitution[3]. Mais, comme le rappelle Nadia Marzouki, « l'ANC a travaillé dans un contexte extrêmement tendu, marqué par deux assassinats politiques, celui de Chokri Belaid en février 2013 et celui de Mohamed Brahmi en juillet 2013, et par de multiples attaques terroristes contre l'armée[4] ».

En Roumanie, « la transition démocratique débute avec la fin du monopole du Parti communiste roumain et l'instauration du multipartisme[5] ». Un décret-loi n° 20/1990[6] portant sur les élections du président de la Roumanie et du Parlement a été adopté. Sur la base de ce texte, le 20 mai 1990, le peuple roumain a élu une assemblée constituante chargée de la rédaction de la nouvelle Constitution postrévolutionnaire pour le pays. L'assemblée constituante a désigné une commission chargée de la rédaction du projet de Constitution. Le projet de la Constitution de 1991 a

---

[1] Clément Steuer, « Des élections révolutionnaires ? », *Égypte/Monde arabe*, Troisième série, Les élections de la révolution (2011-2012), http://ema.revues.org/3086 (consulté le 06 octobre 2016).

[2] Soufiane Ben Farhat, cité *in* Jean-Philippe Bras, « Le peuple est-il soluble dans la constitution ? Leçon tunisienne », *L'Année du Maghreb*, « Un printemps arabe ? », n° VIII, 2012, p. 112.

[3] Jean-Philippe Bras, *op. cit.*, p. 115.

[4] Nadia Marzouki, « La transition tunisienne : du compromis démocratique à la réconciliation forcée », *Pouvoirs : la Tunisie*, n° 156, 2016, p. 87.

[5] Corneliu Iatu, « Transition démocratique en Roumanie et implications spatiales », *L'Espace Politique*, n° 3, 2007, http://espacepolitique.revues.org/837 (consulté le 9 juin 2017).

[6] *Monitorul Oficial al României*, n° 27, 10 février 1990.

été d'abord adopté le 21 novembre 1991 au cours de la séance de l'assemblée constituante. Il est entré en vigueur le 8 décembre 1991 à la suite de son approbation par référendum national. En Roumanie, le pays a connu ses premières élections

> six mois après le changement révolutionnaire du décembre 1989, "l'intérim" étant assuré par le Front du Salut national (FSN), transformé en février 1990 en parti politique. Suite à l'enthousiasme révolutionnaire et à l'affirmation du pluralisme politique, dans les premiers mois de l'année 1990, la Roumanie a connu une évolution inflationniste de création de partis politiques, le plus souvent sans aucune notoriété, à l'exception du FSN, très médiatisé (la presse écrite et les médias audiovisuels étaient largement sous son contrôle)[1].

Le Front du Salut national remporte la majorité aux élections législatives de 1990 et son représentant, Ion Iliescu va remporter les élections présidentielles. Les anticommunistes, qui ont échoué aux élections législatives de 1990, vont remporter les élections de 1996 « grâce à une alliance réunie sous le nom de Convention démocratique de Roumanie (CDR) et avec le fameux Contrat pour la Roumanie[2] ». La Constitution roumaine de 1991 sera révisée par « la loi constitutionnelle de révision, n° 429/2003, approuvée par le référendum national des 18 et 19 octobre 2003 et "republiée" au *Monitor officiel de la Roumanie* (1re partie, n° 758, du 29 octobre 2003)[3] ».

Le choix de la Constituante par les élus et non par le peuple en Égypte et en Pologne

Parmi les pays qui font l'objet de notre analyse, l'Égypte et la Pologne ont en commun d'avoir chargé de la rédaction de la Constitution postrévolutionnaire un comité nommé par des élus et non par le peuple. Contrairement à la Roumanie ou à la Tunisie, les organes chargés d'élaborer les nouvelles Constitutions polonaise et égyptienne ont été nommés par les députés (en Pologne) et le président de la République (en Égypte). Dans le cadre de l'adoption finale de leurs Constitutions, la Pologne et l'Égypte sont différentes. Alors que l'Égypte a fait le choix d'un référendum populaire, la Pologne a choisi de faire adopter sa Constitution postrévolutionnaire par les parlementaires.

En Égypte, une fois que la Constitution de 1971 a été suspendue par le Conseil suprême des forces armées, ce dernier a élaboré un document provisoire de substitution dans des conditions équivoques. Rappelant ainsi ce

---

[1] Corneliu Iatu, *op. cit.*
[2] *Ibid.*
[3] Thierry S. Renoux, « Législation et Constitution en Roumanie : entre désordre, incertitude et ambiguïté », *in Mélanges en l'honneur de Slobodan Milacic : démocratie et liberté : tension, dialogue, confrontation*, Bruxelles, Bruylant, 2007, p. 636.

qui semble être devenu une tradition en Égypte depuis la révolution des Officiers libres en 1952, l'encombrante présence de l'armée dans la vie politique égyptienne avec le nassérisme inaugurant un système de parti unique, une économie dirigée et le maintien d'une force militaire importante. Il a été ainsi mis fin au parlementarisme issu de l'indépendance de 1922 et ouvert l'ère d'un « socialisme » des militaires qui dure encore, mis à part la courte parenthèse du règne du Président Morsi après la Révolution de 2011.

Par ailleurs, le commandement de l'armée, et non le peuple, va nommer un comité de révision et soumet le 19 mars 2011 à un référendum une dizaine d'amendements constitutionnels, relatifs essentiellement aux processus électoraux. Le peuple égyptien semble tolérer tout cela plus simplement à cause du rôle joué par l'armée qui s'est rangée « du côté » de la foule lors des soulèvements. Selon Arnaud de Raulin, l'armée égyptienne « a réussi la gageure non seulement d'encadrer cette révolution en évitant la violence et sa remise en cause directe, mais aussi à s'attirer la sympathie du peuple[1] ». Par son intelligent refus de la répression, l'armée a marqué des points auprès de la population et devient ainsi l'armée du peuple. Elle bénéficia de la sympathie de la population parce qu'elle fut un facteur non négligeable dans la chute de Moubarak. Le peuple approuva à 77 % le texte même s'il ne fut pas à l'origine de ce projet constitutionnel. Du moins, cette omniprésence lui évitait de perdre ses privilèges et le contrôle sur les mouvements. Selon Didier Monciaud, « le jeu de l'armée dans les événements qui ont secoué le pays a été très fin : en choisissant de ne pas se confronter au mouvement et en jugeant officiellement légitimes les revendications des manifestants, elle a permis d'éviter le pire, tant pour le peuple que pour le régime[2] ».

Contrairement aux autres États qui font l'objet de notre étude, en Égypte, il faut distinguer deux périodes constituantes : celle de 2012 et celle de 2014. Concernant la situation de 2012, plusieurs partis politiques ont pu concourir au scrutin grâce à la loi du 28 mars 2011 promulgué par le CSFA qui a modifié la loi sur les partis[3]. Elle a réformé la composition de la commission des partis qui autorisait ou non la création d'un parti politique et dont les membres étaient nommés par le pouvoir exécutif. Depuis la loi du 28 mars 2011, cette commission est composée uniquement des juges indépendants. Cette réforme a facilité l'apparition de plusieurs partis politiques sur la scène politique égyptienne. Les premiers d'entre eux sont ceux qui étaient interdits sous le régime autoritaire de Moubarak. Il s'agit, par exemple, des Frères musulmans. Comme le souligne Clément Steuer, « significativement les

---

[1] Arnaud de Daulin, « Egypte-Révolution ou contre-révolution en Egypte », *Revue Juridique et Politique des Etats francophones : Spécial Printemps arabe*, n° 3 et 4, 2011, p. 290.

[2] Didier Monciaud, « Révolution sur le Nil », *Histoire et Liberté : « L'Égypte en ébullition, pays arabes : sur le chemin de la démocratie ? »*, n° 45, avril 2011, p. 46.

[3] La loi n° 40 de 1977 qui a introduit le multipartisme.

deux premiers partis officiellement reconnus sous l'empire de la nouvelle législation sont le parti de la Liberté et de la Justice (PLJ), émanation des Frères musulmans, et le parti *Nûr*, branche politique de la principale organisation salafiste égyptienne, la *Da'wa salafiya*[1] ».

Le 28 novembre 2011, l'Égypte organise la première étape des élections législatives en élisant l'Assemblée du peuple (chambre basse égyptienne). La deuxième étape des élections législatives égyptiennes est organisée le 14 décembre 2011. La troisième étape de cette élection sera le 3 janvier 2012. Deux jours après, le procureur requiert la peine de mort contre Hosni Moubarak, une décision que la Cour de cassation va finalement annuler, le 13 janvier 2013, en ordonnant qu'il soit rejugé. Le 10 janvier 2012, les élections législatives se terminent avec la victoire des islamistes, c'est-à-dire les frères musulmans (avec 44,6 % des sièges) et les salafistes (avec 22,5 % des sièges). Comme le rappelle Bernard Rougier,

> les islamistes ont acquis une majorité indiscutable dans le Parlement issu des premières élections libres en Égypte depuis 1952 : sur une chambre de 498 députés élus, la "coalition démocratique" dirigée par le parti Liberté et justice des Frères musulmans a obtenu 235 sièges, tandis que le parti salafiste Al-Nour ("La Lumière"), dont l'émergence fulgurante a constitué une surprise pour tous les observateurs, a remporté 121 sièges[2].

Les Égyptiens ont majoritairement voté pour les partis dits islamistes qui étaient interdits sous le régime de Moubarak. L'assemblée constituante nationale était dominée par ces partis. De plus, le 23 et le 24 mai 2012, Mohamed Morsi, candidat des frères musulmans, est placé en tête du premier tour des élections présidentielles avec Ahmed Chafiq, le candidat de l'ancien régime.

Une assemblée constituante de cent membres a été élue. La Constitution égyptienne de 2012 a été rédigée par la constituante dominée par les islamistes. Elle ne restera en vigueur que pendant six mois. Elle sera suspendue par l'armée le 3 juillet 2012. Le CSFA va nommer un comité de cinquante membres pour rédiger une nouvelle Constitution. La souveraineté du peuple a été confisquée par l'armée qui le délègue sans consulter son véritable titulaire. Ce comité va rédiger la Constitution de 2014 qui sera soumise au référendum. Le peuple, malgré un taux de participation faible, a pu exprimer sa souveraineté de façon directe en votant le 14 et 15 janvier 2014.

---

[1] Clément Steuer, « Des élections révolutionnaires ? », *Égypte/Monde arabe*, troisième série, Les élections de la révolution (2011-2012), http://ema.revues.org/3086 (consulté le 6 octobre 2016).

[2] Bernard Rougier, « Élections et mobilisations dans l'Égypte post-Moubarak », *Politique étrangère*, n° 1, 2012, p. 85.

En Pologne, après 1989, au lieu de passer par la suspension l'ancienne Constitution, la transition polonaise a débuté par une succession de révision de la Constitution de 1952. Selon Sokolewicz Wojciech, la Constitution polonaise de 1952 a subi six révisions[1] entre 1989 et 1991 qui « en ont fait un acte entièrement nouveau, reflétant des valeurs radicalement opposées à celles qui sous-tendaient le texte initial de 1952[2] ». Toutes ces révisions se sont déroulées conformément à la procédure de révision établie par la Constitution de 1952. Cette situation est expliquée par le fait que, en Europe de l'Est, la Pologne, avec la Hongrie, a connu « un processus transitionnel qui s'est déroulé sur la base de négociations et de discussions entre les acteurs du régime socialiste et les représentants de l'opposition. Ce consensus politique a pris pour visage le phénomène des tables rondes et s'est concrétisé par l'adoption des accords de la table ronde dans ces deux pays[3] ». La Hongrie a adopté une nouvelle Constitution en 2011, jusque-là, elle était encore régie par la Constitution certes réformée, mais héritée du régime communiste.

Après les élections législatives du 27 octobre 1991, comme en Tunisie concernant le décret-loi du 23 mars 2011 ayant pour objectif l'organisation provisoire des pouvoirs, en Pologne, a été décidée « l'adoption d'une "petite Constitution", c'est-à-dire une loi ayant la même force qu'une Constitution, mais, dont l'objet serait circonscrit au règlement des rapports entre les organes suprêmes de l'État et qui ne resterait en vigueur que durant un temps limité, jusqu'à la promulgation d'une Constitution à part entière[4] ». La « petite Constitution » a été adoptée le 17 octobre 1992. La loi du 23 avril 1992 a mis en place une commission constitutionnelle mixte de la Diète et du Sénat, chargée de rédiger le projet de la nouvelle Constitution polonaise. Malgré l'enthousiasme et le consensus sur la nécessité d'adopter une nouvelle Constitution, selon Marie-Élisabeth Baudoin, « face aux difficultés qui surviennent pour s'entendre sur les dispositions de la future Constitution, notamment en raison des désaccords entre les différentes forces issues de *Solidarność*, il apparaît que le processus constituant sera plus long que prévu[5] ».

En définitive, la Constitution finale sera adoptée en 1997. Selon Zakrzewska Janina, « dès le début de ses travaux, la Commission

---

[1] Les 7 avril 1989, 29 décembre 1989, 8 mars 1990, 27 septembre 1990, 19 avril 1991 et 18 octobre 1991.

[2] Sokolewicz Wijciech, « La Constitution polonaise à l'époque des grands changements », *Revue d'études comparatives Est-Ouest*, n° 4, 1992, p. 64, http://www.persee.fr/doc/receo_0338-0599_1992_num_23_4_1570.

[3] Marie-Élisabeth Baudoin, » La liberté de manifestation en Hongrie, en Pologne et en Russie, à l'aune de l'histoire », *Jus Politicum*, n° 17, http://juspoliticum.com/article/La-liberte-de-manifestation-en-Hongrie-en-Pologne-et-en-Russie-a-l-aune-de-l-histoire-1136.html.

[4] Sokolewicz Wojciech, *op. cit.*

[5] Marie-Élisabeth Baudoin, op. cit..

constitutionnelle évoquait le problème de la légitimité du Parlement actuel[1]. Par contre, si l'on adoptait la procédure de référendum, le problème de l'adoption de la nouvelle Constitution serait résolu, mais l'on sait déjà que cette hypothèse a été rejetée[2] ». Les élections de juin 1989 étaient qualifiées de « semi-libres » parce que certaines entités politiques ont été empêchées d'y participer. En effet, selon Heurtaux Jérôme, « au cours de la table ronde (5 février-5 avril 1989), les partis n'ont pas été admis à participer aux négociations et ils n'ont pas été reconnus comme des entités habilitées à présenter des candidats aux premières élections "semi-libres" de juin 1989[3] ». Conformément à la recommandation de la Commission constitutionnelle, la Constitution de 1997 fut adoptée par les parlementaires issus des élections législatives du 27 octobre 1991. L'adoption de la Constitution de 1997 par référendum a été dès le départ écartée. Il a donc été décidé de la soumettre au parlement nouvellement élu. Elle n'a pas été rédigée par les représentants directement élus par le peuple comme en Tunisie. Elle n'a pas non plus été soumise au référendum au final comme ce fut le cas en Égypte, en Tunisie ou en Roumanie. La Constitution polonaise de 1997 aurait bénéficié d'une légitimité certaine et directe si au moins au final elle avait été soumise au référendum populaire. Pourtant, à la suite d'une révolution, l'adoption d'un acte fondamental pour l'avenir du pays devrait être soumise à l'approbation du peuple. Néanmoins, elle a été l'œuvre des parlementaires choisis par le peuple polonais.

Les conditions de l'exercice du pouvoir constituant après les révolutions en Tunisie, Pologne, Roumanie et Égypte

L'analyse de l'exercice du pouvoir constituant est particulièrement riche d'informations sur les textes constitutionnels adoptés. Même le pouvoir constituant est réputé souverain, l'exercice de celui-ci n'échappe pas aux contraintes de l'environnement. Souvent, les contraintes importantes qui ont réellement une influence sur le texte de la constitution sont juridiques parce que

> en effet, les libertés non encadrées par les procédures efficaces et les valeurs démocratiques vécues peuvent être piégeantes. Que de fois dans l'histoire n'a-t-on pas vu des libertés "déraper" vers autre chose que la Démocratie,

---

[1] Il s'agit du Parlement issu des élections de juin 1989.

[2] Janina Zakrzewska, « Pour une nouvelle Constitution de la République de Pologne », *Revue d'études comparatives Est-Ouest*, n° 4, 1992, p. 88, http://www.persee.fr/doc/receo_0338-0599_1992_num_23_4_1571.

[3] Jérôme Heurtaux, « Démocratisation en Pologne : la première loi sur les partis (1989-1990) », *Critique internationale*, n° 1, 2006, p. 161-175, http://www.cairn.info/revue-critique-internationale-2006-1-page-161.htm.

lorsqu'elles n'étaient pas le résultat d'une technologie normative démocratique et consolidées par le système de valeurs adéquates[1].

Également, dans la période postrévolutionnaire, le processus constituant permet d'observer que le pouvoir constituant ne s'exerce pas de façon similaire dans tous les États, c'est-à-dire, il démontre l'absence d'un mode d'emploi d'exercice d'un pouvoir constituant.

Les contraintes juridiques sur le processus constituant en Pologne, Roumanie, Tunisie et Égypte

Même si « le pouvoir constituant est en effet la première des prérogatives nationales et par excellence aussi[2] », il peut être guidé par des intérêts régionaux. En effet, les contraintes juridiques qui s'exercent sur les pays de l'Europe de l'Est sont essentiellement régionales. Leur souhait d'intégrer l'Europe occidentale pour rejeter le modèle communiste a sensiblement guidé leurs processus constituants. En revanche, dans le monde arabe, la Tunisie et l'Égypte étaient soumises aux contraintes juridiques nationales. Les organisations régionales, la Ligue arabe et l'Union africaine, dont font partie ces deux pays, n'ont pas eu, sur leurs processus constituants, une influence similaire à celle du Conseil de l'Europe et de l'Union européenne.

Les contraintes juridiques régionales sur le processus constituant en Pologne et en Roumanie

En Pologne et en Roumanie, les contraintes juridiques sur le pouvoir constituant sont externes – c'est-à-dire venant des institutions régionales – et internes – des actes juridiques définis par les acteurs de la transition eux-mêmes.

Les contraintes juridiques externes sont le résultat, après la chute de l'URSS, « d'un processus d'alignement des pays de l'Est sur ceux de l'Europe communautaire ou, de manière plus générale, de l'aire euroatlantique[3] ». Au moment de la transition démocratique, le souhait d'adhérer au Conseil de l'Europe et à l'Union européenne a influencé les droits constitutionnels des États issus de la « décommunisation ». Notamment, dès le 16 décembre 1991 à Bruxelles, la Pologne et la CEE ont

[1] Slobodan Milacic, « A l'Est, l'État de droit pour induire la démocratie ? », *Revue d'études comparatives Est-Ouest*, n° 1992, p. 24, http://www.persee.fr/doc/receo_0338-0599_1992_num_23_4_1567.

[2] Gérard Cahin, « Limitation du pouvoir constituant : le point de vue de l'internationaliste », *Civitas Europa*, n° 1, 2014, p. 58.

[3] Giuseppe de Vergottini, « Transitions constitutionnelles et consolidation de la démocratie dans les ordonnancements d'Europe centre-orientale », *in* Jean du Bois de Gaudusson, Philippe Claret, Pierre Sadran, Brigitte Vincent (dir.), *Mélanges en l'honneur de Slobodan Milacic : Démocratie et liberté : tension, dialogue, confrontation*, Bruxelles, Bruylant, 2008, p. 701.

conclu un accord d'association[1]. Selon Parzymies, « la conclusion de cet accord d'association traduit la volonté polonaise de rejoindre le système économique, juridique et politique de la Communauté[2] ». Les contraintes externes sont donc le fait du Conseil de l'Europe et de l'Union européenne. Comme le souligne Sylvie Torcol, concernant le processus constituant des États de l'Europe de l'Est,

> deux exigences viennent par conséquent "conditionner" l'acte constituant de l'État membre : il doit traduire dans sa Constitution nationale les règles de la démocratie constitutionnelle que lui impose son appartenance européenne, mais il doit également – et d'une façon continue – adapter son texte aux exigences du droit communautaire[3].

L'intégration à l'Union européenne et au Conseil de l'Europe était soumise à certaines conditions, notamment le respect des standards juridiques définis par ces organisations régionales. Pour intégrer « l'Europe communautaire », ces États devaient respecter les « standards européens » c'est-à-dire se plier à la démocratisation de leurs institutions et de leurs vies politiques internes. Le Conseil de l'Europe influençait directement les droits constitutionnels de ces États grâce à la « Commission européenne pour la démocratie par le droit » créé en 1990, dite « Commission de Venise ». Cette dernière a une mission d'assistance aux processus constituants. C'est un organisme consultatif composé d'experts indépendants désignés par les gouvernements des États membres pour quatre ans. En Europe de l'Est, « la Commission de Venise a joué un rôle essentiel dans l'élaboration et l'application des Constitutions de plusieurs États issus de la "décommunisation"[4] ». Lors du processus de démocratisation d'après 1989, les pays de l'Europe de l'Est ont pu s'appuyer sur la « Commission européenne pour la démocratie par le droit », organe consultatif du Conseil de l'Europe chargé des questions d'ingénierie constitutionnelle, dont la raison d'être principale est précisément de favoriser l'échange de l'expérience et du savoir en matière constitutionnelle. Ainsi, après les révolutions de 1989, certains critères appelés « critères de Copenhague » issus de la réunion du Conseil européen du juin 1993 ont été définis afin d'orienter les transitions constitutionnelles de ces pays pour faciliter leur intégration au sein de l'Europe occidentale. Comme le souligne Guiseppe de Vergittino, « avec la Déclaration de Vienne de 1993, le Conseil posait comme condition, pour admettre de nouveaux États, le suffrage universel, le

---

[1] Pour plus de détail voir Parzymies, « La Pologne et la Communauté européenne », *Politique étrangère*, n° 2, 1992, p. 387-393, http://www.persee.fr/doc/polit_0032-342x1992num_57_2_4134.

[2] *Idem.*

[3] Sylvie Torcol, « L'internationalisation des constitutions nationales », *Atelier n° 3 de l'AFDC :* Europe et Constitution, p. 21.

[4] Stéphane Pierré-Caps, *Droit constitutionnel étrangers*, PUF, 2010, p. 234.

vote secret et les élections pluralistes. Il ajoutait ainsi l'obligation de ratifier la CEDH et offrait aux nouveaux venus la possibilité d'adhérer à de nombreuses conventions...[1] » Pour adhérer à la plus ancienne organisation européenne qui est le Conseil de l'Europe (traité de Londres de 1949), les États issus de la « décommunisation » ont été contraints d'adopter, lors des processus constituants, les principes tels que la démocratie et les droits de l'homme qui fondent cette dernière. Selon le professeur Stéphane Pierré-Caps,

> dans ce processus de transition démocratique, le droit international conventionnel, et spécialement la Convention européenne des droits de l'homme (CEDH), a été une importante source d'inspiration des pouvoirs constituants en Europe centrale et orientale. En effet, l'aspiration de ce pays était de rejoindre dans un premier temps le Conseil de l'Europe, leur admission étant considérée comme l'octroi d'un "brevet de démocratie", avant de solliciter l'adhésion à l'OTAN ou à l'UE[2].

Correspondre aux standards de la démocratie libérale, modèle constitutionnel européen, était pour ces États un gage d'admission au sein de ces organisations.

À côté du Conseil de l'Europe, « l'Union européenne se présentait comme le cadre le plus important pour l'insertion dans le circuit européen, eu égard au fait qu'elle offrait aux nouvelles démocraties l'occasion d'entrer dans un marché unique. Il était donc naturel que les pays de l'Est aspirassent à s'insérer dans l'Union[3] ». De plus, les « critères de Copenhague » sont aujourd'hui désormais traduits, comme « valeurs » de l'UE, dans l'article 2 du traité sur l'Union européenne[4]. Par conséquent, l'intégration à l'UE suppose de souscrire à ces valeurs du pluralisme, de l'égalité, de liberté, de démocratie, etc. Les Constitutions des États qui souhaitent adhérer à cette institution doivent comporter ces différentes valeurs mentionnées dans l'article 2 du TUE[5]. Ils doivent adhérer au libéralisme politique. Pour les États de l'Europe de l'Est, en plus d'être un moyen de stabilisation des crises

---

[1] Giuseppe de Vergottini, « Transitions constitutionnelles et consolidation de la démocratie dans les ordonnancements d'Europe centre-orientale », *in* Jean du Bois de Gaudusson, Philippe Claret, Pierre Sadran, Brigitte Vincent (dir.), *Mélanges en l'honneur de Slobodan Milacic : Démocratie et liberté : tension, dialogue, confrontation*, Bruxelles, Bruylant, 2008, p. 708.

[2] Stéphane Pierré-Caps, *Droit constitutionnel étrangers*, Paris, PUF, 2010, p. 232.

[3] Giuseppe de Vergottini, *idem*.

[4] Article 2 du traité sur l'Union européenne : « L'Union est fondée sur les valeurs de respect de la dignité humaine, de liberté, de démocratie, d'égalité, de l'État de droit, ainsi que de respect des droits de l'homme, y compris des droits des personnes appartenant à des minorités. Ces valeurs sont communes aux États membres dans une société caractérisée par le pluralisme, la non-discrimination, la tolérance, la justice, la solidarité et l'égalité entre les femmes et les hommes. »

[5] Traité sur l'Union européenne.

politiques internes, la Constitution était un « acte d'adhésion » à l'Europe démocratique. Selon Sylvie Torcol, l'internationalisation des constitutions nationales est définie « à la fois comme "l'harmonisation" des systèmes constitutionnels étatiques autour des standards démocratiques – essentiellement ceux du Conseil de l'Europe –, mais aussi comme la soumission des rapports juridiques de droit interne à des règles juridiques internationales ou communautaires »[1]. La conformité à des standards démocratiques européens est une condition *sine qua non* d'intégration à « l'Europe communautaire ».

La phase de transition démocratique permettait à ces États de satisfaire, dans une stratégie de préadhésion, les conditions politiques posées par l'Union européenne et ses États membres. Ainsi, ils devaient mettre en place des institutions qui organisaient sur le plan juridique une société fondée sur la démocratie pluraliste, le principe de l'État de droit et l'économie de marché. La perspective d'adhésion à l'Union européenne a dominé la transition démocratique est-européenne. L'adhésion à l'UE pouvait être considérée « comme des certificats de bonne conduite censés témoigner du fait que ces pays se sont dotés d'un système politique démocratique et d'une économie de marché en état de fonctionnement[2] ». Satisfaire des exigences démocratiques était une condition importante de l'adhésion à l'Union européenne. Les programmes d'aide tels que des dispositifs d'assistance constitutionnelle avec des structures permettant aux États de mettre en place des institutions démocratiques et un mécanisme de suivi de la protection des droits fondamentaux ont joué un rôle important. C'était un appui indispensable pour ces États engagés dans le processus de transition démocratique. L'Union européenne a mis en place en 1989 le programme « Phare », un instrument financier pour soutenir le processus de réforme et la transition économique et politique de ces États en établissant ainsi une stratégie de préadhésion qui visait à renforcer les capacités institutionnelles des pays candidats.

Au niveau national, en Pologne, les contraintes étaient plus organiques que textuelles, c'est-à-dire que la commission constitutionnelle[3] chargée de la rédaction de la nouvelle Constitution était sous-tutelle du Parlement issu de l'urne de 1991 qui l'avait nommé. Aucun texte juridique, comme ce fut le cas en Tunisie, n'a été adopté pour régir le déroulement des travaux de ladite commission. En Roumanie, au niveau national, le processus de la transition était encadré par le Front du salut national qui a dissous l'ancien régime et installé des nouveaux dirigeants. Ceterchi Ioan note ainsi :

---

[1] Sylvie Torcol, « L'internationalisation des constitutions nationales », Atelier n° 3 du VIIIe Congrès de l'AFDC, 2008 : Europe et Constitution, p. 5.

[2] Janos Kornai, « La grande transformation de l'Europe centrale et orientale : succès et désillusions », *Revue d'études comparatives Est-Ouest*, n° 1, 2006, p. 14.

[3] Elle a été créée par la loi du 23 avril 1992.

Le 27 décembre 1989, était adopté le décret-loi n° 2 du Conseil du Front de salut national portant sur la création, l'organisation et la fonction du Conseil du Front de salut national, ainsi que des conseils territoriaux du Front de salut national. Ce décret-loi instaurait les nouveaux organismes du pouvoir d'État, aussi bien centraux que locaux, dont la légitimité puisait ses sources dans la révolution populaire du 22 décembre 1989. Après définition de la nature et des buts du Front de salut national, le préambule de ce décret-loi reproduit le programme du Conseil du Front de salut national inscrit dans le communiqué du 22 décembre 1989. Peu après cette date, le Conseil du Front de salut national désignait le Premier ministre puis le gouvernement de la Roumanie[1].

Jusqu'aux élections du 20 mai 1990, le Front du salut national dirigeait les affaires courantes durant la période transitoire avec des décrets-lois. Mais l'élaboration de la nouvelle Constitution a été confiée à une assemblée constituante élue par le peuple et qui a déterminé elle-même son propre règlement intérieur.

Les contraintes juridiques internes sur le processus constituant en Tunisie et en Égypte

Le déroulement du processus de transition a varié entre la Tunisie et l'Égypte. Contrairement en Égypte où l'armée et son conseil supérieur, auxquels le Président Moubarak a laissé les clés du pouvoir, accélèrent la transition, la Tunisie vacille. Concernant le processus de transition politique en Tunisie, le professeur Philippe Bras rappelle :

> Le processus de transition est fluctuant, hésitant, et l'objet de contestations immédiates et multiples. Il connaît deux phases et scénarios distincts en moins de trois mois, marquant un changement radical d'orientation et des registres de légitimités mobilisées, et semble s'inscrire dans des délais longs, sinon très longs, ce qui ne permet pas d'exclure un nouveau changement de scénario à terme. Sa caractéristique principale est de ne pouvoir s'appuyer sur un ou des acteurs(s) disposant de ressources de légitimités suffisantes pour l'orienter de manière décisive, à l'instar de l'armée égyptienne[2].

Les raisons de ce vide sont l'absence d'une opposition politique structurée et suffisamment légitime pour conduire la transition. Mais également, le mouvement populaire qui a renversé Ben Ali était un mouvement contestataire populaire sans leadership politique évident. Contrairement à l'armée égyptienne, l'armée tunisienne « ne dispose pas de réseaux d'intérêts économiques dans la société et a été soigneusement tenue

---

[1] Ioan Ceterchi, « Les problèmes institutionnels de la transition en Roumanie », *Revue d'études comparatives Est-Ouest*, n° 4, 1992, p. 91, http://www.persee.fr/doc/receo_0338-0599_1992_num_23_4_1572.

[2] Jean-Philippe Bras, « Tunisie : chronologie constitutionnelle d'une révolution » *Revue Juridique et Politique*, n° 3-4, 2011, p. 302.

à l'écart des responsabilités politiques par les deux présidents successifs de la Tunisie indépendante[1] ».

En Tunisie, à l'origine de la cacophonie, il y a le fait que le Président tunisien, contrairement à Moubarak, n'a pas démissionné et n'a pas été officiellement démis, il est parti à l'improviste. Pour gérer cette situation inédite dans l'histoire du pays, le régime politique s'est appuyé sur la Constitution de 1959 encore en vigueur. Ainsi commence, dans un paradoxe juridique, la transition démocratique tunisienne. Tant bien que mal, une constituante sera finalement élue pour rédiger une nouvelle Constitution. Même si, les assemblées constituantes détiennent un pouvoir constituant souverain, elles restent soumises à certaines contraintes juridiques nécessaires pour la gestion des affaires courantes et le bon déroulement de la transition.

Afin de permettre le fonctionnement régulier des institutions étatiques et pour encadrer le processus constituant, des textes juridiques ont été adoptés. En Tunisie, ce fut notamment le cas du décret-loi du 23 mars 2011 relatif à l'organisation provisoire des pouvoirs publics[2]. Le décret-loi du 23 mars 2011, portant organisation provisoire des pouvoirs publics, va définitivement écarter l'ancienne constitution, il énonce que « la situation actuelle de l'État, après la vacance définitive de la présidence de la République le 14 janvier 2011 [...] ne permet plus le fonctionnement régulier des pouvoirs publics et que la pleine application des dispositions de la Constitution est devenue impossible[3] ». Le même décret-loi va dissoudre les deux chambres, la chambre des députés et la chambre des conseillers. Le décret-loi du 23 mars 2011 sera contraignant pour la future assemblée constituante. Il met en place un nouveau pouvoir public provisoire et il accorde au président de la République par intérim l'exercice du pouvoir législatif par voie du décret-loi, et le pouvoir exécutif avec l'assistance d'un nouveau gouvernement provisoire. Le décret-loi définit précisément la priorité du nouveau pouvoir en place en rappelant que « le peuple a exprimé au cours de la révolution du 14 janvier 2011 sa volonté d'exercer sa pleine souveraineté dans le cadre de la nouvelle Constitution[4] ». L'élaboration de la nouvelle Constitution tunisienne devait obéir clairement à une démarche préétablie par le règlement intérieur de l'assemblée constituante (articles 65 et 66)[5] et le décret-loi du 23 mars 2011 portant sur l'organisation provisoire des pouvoirs publics. L'article 3 de ce décret-loi prévoit l'adoption de la nouvelle Constitution selon la procédure suivante : l'adoption article par article à la majorité absolue des membres, en totalité à la majorité de deux tiers des

---

[1] *Idem.*
[2] Décret-loi n° 14 du 23 mars 2011 relatif à l'organisation provisoire des pouvoirs publics.
[3] Jean-Philippe Bras, *op. cit.*, p. 307.
[4] *Idem.*
[5] Règlements de l'ANC du 20 janvier 2012.

membres. À défaut, une deuxième lecture doit approuver le texte avec la majorité de deux tiers des membres. Si la majorité n'est pas atteinte, le projet est soumis dans sa totalité au référendum populaire pour adoption à la majorité des votants. En Tunisie, le décret-loi du 23 mars 2011 est « un acte constitutif, générateur d'une nouvelle légalité, fondateur d'un ordre nouveau constitutionnel. Il organise le fonctionnement provisoire des institutions de l'État[1] ». En définissant le rôle et les pouvoirs de chacun des acteurs de la transition constitutionnelle et en déterminant une mission précise, le décret-loi les contraint juridiquement dans l'exercice de leurs missions respectives.

Un autre décret-loi du 18 février va changer l'appellation de l'ancienne commission dirigée par Yadh Ben Achour, laquelle devient l'Instance supérieure pour la réalisation des objectifs de la révolution, de la réforme politique et de la transition démocratique. L'instance sera chargée de préparer l'élection de l'assemblée constituante pour sortir le pays d'une transition qui dure et qui risque de créer une instabilité et le chaos. La date et les conditions de l'élection de l'assemblée constituante seront fixées par le décret-loi du 18 février 2011. L'instance qui, dans sa version de la commission, était composée de treize membres, est désormais composée de 155 membres et elle prend la forme d'une assemblée législative. Malgré des dissensions internes, tant bien que mal, l'instance réussit, en retard, à proposer des textes qui permettront la tenue des élections des membres de l'assemblée constituante.

En outre, l'instance supérieure pour la réalisation des objectifs de la révolution, de la réforme politique et de la transition démocratique adopte le Pacte républicain, « ce texte bref énonce un certain nombre des principes destinés à cadrer le travail de l'assemblée constituante[2] ». Si le pacte a un caractère non contraignant juridiquement, sa présence dans le paysage juridique est admise comme une déclaration des droits qui pousse l'assemblée constituante à en tenir au moins compte puisqu'il est censé « cadrer » son travail.

En Tunisie, principalement, les deux décrets-lois ont constitué, durant les différentes phases de la transition constitutionnelle révolutionnaire, sans nul doute, une contrainte juridique importante pour les acteurs du processus constituant. Ces textes régissent la période transitoire qui est comprise entre la suspension de l'ancienne Constitution et l'adoption de la nouvelle Constitution. Comme le souligne le professeur Philippe Bras, « une révolution fait tomber un régime politique et en établit un nouveau, ce qui implique une phase de transition entre l'ordre politico-juridique ancien et l'ordre politico-juridique nouveau[3] ».

---

[1] Rafaâ Ben Achour et Sana Ben Achour, « La transition démocratique en Tunisie : entre légalité constitutionnelle et légitimité révolutionnaire », *RFDC*, n° 92, 2012, p. 722.

[2] Jean-Philippe Bras, *op. cit.*, p. 315.

[3] *Ibid.*, p. 301.

En Égypte, le Conseil supérieur des forces armées dissout le Parlement et suspend la Constitution de 1971. Un comité de révision de la Constitution de 2012, à caractère technique et composé de six juges et quatre professeurs, est créé[1]. La feuille de route de ce comité était clairement définie par l'armée dans la déclaration du 8 juillet 2013[2] qui l'a mis en place. Il était chargé de rédiger un projet de Constitution qui sera soumis au référendum national. Contrairement à une assemblée constituante élue, donc indépendante, qui a besoin d'un cadre juridique tracé pour avancer dans ses travaux d'une manière claire, le comité nommé rend compte uniquement à l'organe qui l'a habilité et, il transpose par ailleurs sa volonté. Ce comité technique a, par la suite, été remplacé par une commission de cinquante membres[3]. Le 1er septembre 2013, le Président Mansour a nommé les membres de ladite commission[4]. En tenant compte des recommandations du comité technique de dix membres, la Commission de cinquante membres a très vite proposé un projet de Constitution soumis au référendum le 20 mars 2014. Des élections présidentielles et législatives ont été prévues dans six mois.

Loin du vacillement tunisien, dès le départ, l'Égypte a très vite clos la période révolutionnaire grâce à l'intervention du Conseil supérieur des forces armées. L'Égypte a géré rapidement sa phase initiale de transition constitutionnelle révolutionnaire, contrairement à la Tunisie. Loin de constituer un triomphe de débat démocratique et pluriel, la révolution vite maîtrisée est un débat étouffé et une réflexion interrompue. Cela peut empêcher la mise en place d'un vrai régime révolutionnaire. Le retour de l'armée au pouvoir peut être expliqué par le fait qu'elle souhaite par tout moyen garder la main sur la gestion du pays. Contrairement à la situation actuelle de la Tunisie qui semble être mûrie, l'Égypte est revenue au point de départ avec l'armée au pouvoir, à sa tête, le maréchal Sissi et des condamnations collectives des opposants politiques à la peine capitale lors des procès collectifs et obscurs. En Égypte, on n'a pas assisté à une vraie transition démocratique comme ce fut le cas en Tunisie. L'armée est de retour aux commandes du pays après avoir accéléré la période transitoire sans passer par une élection d'une constituante. En nommant, le 1er septembre 2013, un comité chargé de rédiger la nouvelle Constitution, après avoir suspendu la Constitution de 2012 démocratiquement adoptée, l'armée a empêché le déroulement de la transition en Égypte.

En Tunisie et en Égypte, si les contraintes sur le processus constituant sont essentiellement et matériellement internes, le droit international, et principalement la DUDH[5] du 10 décembre 1948 constitue une contrainte

---

[1] Article 28 de la déclaration constitutionnelle du 8 juillet 2013.
[2] Décision présidentielle n° 489 du 21 juillet 2013.
[3] Article 29 de la déclaration constitutionnelle du 8 juillet 2013.
[4] Décision présidentielle n° 570 du 1er septembre 2013.
[5] Déclaration universelle des droits de l'homme.

symbolique en tant que pays membres de l'ONU. La continuité de l'État et la crédibilité internationale, malgré les révolutions, leur imposent le respect de leurs engagements internationaux. Le texte juridique international, comme la DUDH du 10 décembre 1940, s'impose à l'esprit des constituants non seulement parce qu'ils octroient une légitimée internationale, mais aussi parce qu'ils accordent une légitimité matérielle, du fait de leur contenu, à la Constitution qui l'intègre. Une Constitution voulant introduire et protéger des droits et libertés fondamentaux, raison principale des révolutions dans le monde arabe, est tenue de s'inspirer des déclarations des droits et libertés, telles que la DDHC[1] de 1789, la DUDH de 10 décembre 1940, qui font figure de textes majeurs en droit international du fait de l'importance de leurs contenus. Ce sont ces textes juridiques internationaux, plus que le droit régional ou communautaire, qui ont été source d'inspirations des assemblées constituantes en Tunisie et en Égypte. Le paradoxe né avec la mondialisation démontre qu'aujourd'hui, la seule légitimité interne ne suffit plus aux gouvernants, il faut encore une légitimité internationale qui passe par le respect de ces principales déclarations des droits et libertés des individus qui sont communes à toutes les constitutions du monde. Les rapports internationaux et le droit international ont un impact important sur le droit constitutionnel national des États en mettant en exergue les contraintes des normes internationales sur les Constitutions nationales. La Constitution exclusivement pensée dans un cadre étatique doit aujourd'hui s'adapter à un espace juridique international et régional. L'évolution du droit international, qui construit un statut juridique international de l'individu, impose aux droits constitutionnels nationaux des États, y compris ceux du monde arabe, beaucoup de contraintes. Mais il permet une adhésion à la communauté démocratique internationale parce que la Constitution est un acte de fondation du pouvoir politique national.

Les différents choix des méthodes lors de l'élaboration des constitutions en Pologne, Tunisie, Roumanie et Égypte

La Constitution, après une révolution, réorganise un pays et cela se fait avec les confrontations d'idées, des convictions, d'intérêts et des personnes. Si les révolutionnaires sont tous d'accord sur le fait qu'il faut réorganiser la vie politique d'un État par la Constitution, la manière de le faire entraîne systématiquement un débat. Comment rédiger la Constitution ? Que mettre dans la Constitution ? Le monde arabe et l'Europe de l'Est n'ont pas échappé à ces différentes questions. En l'espèce, nous analyserons les différentes méthodes qui avaient été envisagées par les acteurs du processus de la transition en Europe de l'Est et dans le monde arabe pour gérer leur processus constituant.

---

[1] Déclaration des droits de l'homme et du citoyen.

Le choix des méthodes de la gestion du processus constituant en Pologne et en Roumanie

En Europe de l'Est, « ce sont des manifestations et revendications populaires de démocratie, souvent pacifiques, parfois violentes, qui ont mis à bas les régimes politiques communistes d'Europe centrale[1] ». Afin de réussir leurs transitions constitutionnelles et leurs processus constituants, selon Marie-Élisabeth Baudoin, « les États d'Europe de l'Est ont choisi des voies différentes pour réguler leur passé[2] ». En Pologne, la table ronde impliquait que différents points de vue sur l'avenir du pays fussent échangés. Ces différences de point de vue impliquent également qu'on envisage différentes méthodes pour y arriver. Pour illustrer les différences d'approche, lors de la table ronde, Aleksander Smolar rappela :

> L'opposition avait peur des conséquences d'intégration dans le système institutionnel de l'État communiste, laissé fondamentalement intact, en le rendant ainsi légitime, dans l'atmosphère d'un marchandage ambigu mené dans un vide social. En revanche, les autorités tentèrent d'imposer un pacte d'élite à élite, en essayant de limiter la mobilisation et l'auto-organisation de la société favorable au renforcement de l'opposition[3].

Néanmoins, il n'existait pas un conflit ouvert entre le parti communiste et les révolutionnaires, mais une stratégie de compromis. Comme le souligne Miklos Molnar, il s'agissait « en quelque sorte de la recherche d'un "contrat social" permettant au parti communiste de garder le pouvoir politique tout en le contraignant à se retirer des domaines dans lesquels son omniprésence ne fait qu'écraser l'homme, la pensée, la vie sociale et l'économie[4] ». Lors de la table ronde des années quatre-vingt-dix, l'acteur principal de cette discussion, en l'occurrence *Solidarność*[5], « pour sa part, faisait preuve de modération : l'évaluation de la situation géopolitique, de même que la crainte de voir certains recourir à des méthodes autoritaires pour tenter d'inverser le cours des événements (nul n'avait oublié la proclamation de l'état de siège en décembre 1981) imposaient le réalisme. Finalement, une solution de compromis a été trouvée[6] ».

Si les discussions de la table ronde étaient ouvertes au public,

---

[1] Stéphane Pierré-Caps, *Droits constitutionnels étrangers*, Paris, PUF, 2010, p. 168.

[2] Marie-Elisabeth Baudoin, « Le droit constitutionnel et la Démocratie à l'épreuve du temps », *in Mélanges en l'honneur de Slobodan Milacic*, *op. cit.*, p. 49.

[3] Aleksander Smolar, « Transition démocratique en Pologne », *Pouvoirs*, n° 52, 1990, p. 69.

[4] Miklos Molnar, *La démocratie se lève à l'Est. Société civile et communisme en Europe de l'Est : Pologne et Hongrie*, Paris, PUF, 1990, p. 11.

[5] Lors des élections parlementaires de 1990, le mouvement Solidarité obtint une majorité écrasante à la Diète et au Sénat. De ce fait, et pour son combat contre les communistes, elle est une force incontournable de la période post-communiste.

[6] Wojciech Sokolewicz, « La Constitution polonaise à l'époque des grands changements », *op. cit.*, p. 70.

les décisions vraiment importantes ont été prises dans un comité très restreint, sinon au cours des entretiens discrets menés en tête à tête entre Walesa et le général Kiszczak. La politique révolutionnaire, la révolte nationale sous le masque d'un syndicat furent remplacées par la politique traditionnelle des négociations feutrées, menées dans des séances plénières et dans les groupes de travail[1].

En tout cas, la période transitoire polonaise était dominée par deux protagonistes : le syndicat *Solidarność* et les communistes. En Pologne, « les milieux libéraux et modérés se sentaient aussi engagés, moralement, par la prise pacifique du pouvoir[2] ». Pour cela, il fallait coopérer avec les membres de l'ancien régime.

En Roumanie, les époux Ceausescu ont été assassinés en direct à la télévision. La transition roumaine n'a pas commencé « autour d'une table de négociation, mais [a été] issue du mois sanglant de décembre 1989[3] ». On est là en présence de la méthode radicale qui est différente du compromis polonais. Dans les années quatre-vingt-dix, l'assemblée constituante roumaine a procédé en deux temps. Elle a d'abord déterminé des principes qu'elle a distribués à toute la population et elle a organisé un débat d'information, d'échange et de réflexion autour de ces principes. En Roumanie, en revanche, l'élection d'une assemblée constituante s'est imposée. Le peuple a donc été spécialement consulté pour choisir les acteurs du processus constituant. En Pologne, les parlementaires ont désigné les rédacteurs de la future Constitution. L'assemblée constituante roumaine a disparu dès qu'elle a eu achevé sa mission alors que le Parlement polonais s'est maintenu jusqu'à la fin de la législature.

La Constitution polonaise de 1997 a été adoptée par un organe choisi par les parlementaires et elle a été promulguée sans référendum. Selon Sokolewicz Wojciech, en Pologne, il fallait écarter l'idée d'une constituante élue :

> L'élection d'un corps collectif – une sorte de constituante fonctionnant parallèlement au Parlement — paraît peu convaincante. Compte tenu du faible intérêt porté par la population aux affaires publiques en général (comme le prouve la participation, inférieure à la moitié de l'électorat, aux élections parlementaires de 1991) et aux problèmes constitutionnels en particulier, le caractère démocratique et la représentativité d'un tel corps seraient fort douteux[4].

En revanche, en Roumanie, la Constitution de 1993 a été rédigée par un organe élu par le peuple à cet effet et elle a été en définitive soumise au

[1] Aleksander Smolar, *op. cit.*, p. 72.
[2] Aleksander Smolar, *op. cit.*, p. 102.
[3] Leonardo Morlino, « Architectures constitutionnelles et politiques démocratiques en Europe de l'Est », *RFSP*, 2000, p. 686.
[4] Wojciech Sokolewicz, *op. cit.*, p. 68.

référendum national. Le processus constituant roumain a duré deux ans. En Pologne, il a été plus long : il a duré huit ans. La longue durée du processus constituant polonais contraste avec le choix du comité restreint pour l'élaboration de la Constitution. L'équipe réduite dont la composition aurait été fixée par les parlementaires majoritairement issus du mouvement *Solidarność*, donc plus contrôlée qu'une assemblée constituante dont la composition dépend du peuple, aurait pu accélérer la rédaction de la Constitution. En revanche, la Roumanie, qui a fait le choix d'une constituante, aurait pu tomber dans le blocage du fait d'une composition fragile due aux élections. Un comité nommé est plus facile à contrôler et donc à orienter qu'une assemblée constituante élue, pour au moins deux raisons : d'une part, l'effectif réduit du comité permet de vite cibler les récalcitrants et le problème ; d'autre part, la nomination rend ses membres responsables devant l'autorité des nominations. Dans le cadre d'une assemblée constituante, chaque élu est tout aussi légitime que l'autre et, par conséquent, le conflit au sein de cet organe ne peut être tranché que par le peuple.

En plus de la méthode de la rédaction de la Constitution, le mode d'adoption de la Constitution a varié entre la Pologne et la Roumanie. Le peuple a été directement impliqué dans le processus constituant roumain à deux reprises : d'abord pour choisir les rédacteurs de la Constitution, ensuite pour approuver ou rejeter par référendum le projet de Constitution. En Pologne, le peuple a été écarté dès le départ du choix des rédacteurs de la Constitution, puis de l'approbation du projet de la Constitution. L'implication du peuple dans le processus constituant ne suffit pas à la réussite et à la consolidation de la transition constitutionnelle. Comme le souligne Marie-Élisabeth Baudoin, « la démocratie suppose encore que les moyens du dialogue que la Constitution prévoit puissent être concrétisés. Porteuse d'un certain projet de société, la Constitution doit être acceptée par la société[1] ».

Le choix des méthodes de la gestion du processus constituant en Tunisie et en Égypte

En Tunisie et en Égypte, concernant les Constitutions de 2014, les processus constituants n'ont pas été gérés de façon similaire. Ces deux pays ont pris deux trajectoires différentes. Concernant la Constitution de 2012, l'Égypte a procédé de la même façon que la Tunisie pour sa Constitution de 2014. Nous allons, concernant l'Égypte, analyser les deux situations pour mieux rendre compte de la période qui précède la révolution de 2011.

---

[1] Marie-Elisabeth Baudoin, « Le droit constitutionnel et la démocratie à l'épreuve du temps », *in Mélanges en l'honneur de Slobodan Milacic*, *op. cit.*, p. 46.

Au début de l'année 2012, les Égyptiens réussirent à élire une assemblée constituante qui avait pour seule mission d'élaborer une nouvelle Constitution post-Moubarak. L'armée a accepté de jouer le jeu parce que la mise en place rapide d'une Constitution lui permettait d'arrêter par le droit la violence révolutionnaire et d'éviter les excès. Profitant du soutien du peuple dû à sa neutralité et en se présentant comme garante d'une transition réelle et civile, l'armée a réussi à contrôler la période transitoire jusqu'aux élections de la constituante. Ainsi, elle préservait ses intérêts, son influence et sa place sur l'échiquier politique égyptien. Elle laissait ainsi présager le scénario similaire à celui du Portugal de 1975 où l'armée avait rendu le pouvoir aux civils, ou encore à celui de la Turquie des années quatre-vingt. Les élections législatives de 2012 ont été remportées largement par les Frères musulmans et ses alliés. Par conséquent, ils étaient majoritaires au sein de l'assemblée constituante égyptienne qui devait choisir, aux termes de la déclaration constitutionnelle du 30 mars 2011, 100 membres du comité chargé d'écrire la nouvelle Constitution. Comme le souligne Bernard Rougier :

> Les islamistes ont acquis une majorité indiscutable dans le Parlement issu des premières élections libres en Égypte depuis 1952 : sur une chambre de 498 députés élus, la « coalition démocratique » dirigée par le parti Liberté et justice des Frères musulmans a obtenu 235 sièges, tandis que le parti salafiste Al-Nour (« La Lumière »), dont l'émergence fulgurante a constitué une surprise pour tous les observateurs, a remporté 121 sièges. Les forces libérales se partagent le reste des sièges : 39 pour le parti Al-Wafd, 35 pour le Bloc égyptien (Al-Kutla al-Masriyya) et 10 sièges pour le parti Réforme et développement. La coalition révolutionnaire – « Révolution permanente » – n'a obtenu que 7 sièges[1].

Le 2 mars 2011, l'Assemblée du peuple a élu les cent membres du comité constituant. La composition de ce comité constituant a été

> immédiatement critiquée pour sa non-prise en compte de la diversité de la société égyptienne : la moitié de ses membres sont des députés, et elle ne comporte que 6 femmes et 5 chrétiens. Surtout, elle est largement dominée par les islamistes (66 membres). Pour toutes ces raisons, elle est dissoute par la justice administrative quinze jours plus tard. Le 7 juin 2012, une deuxième commission constituante est élue par le Parlement. Elle ne comporte plus que 39 députés, mais les partis de l'opposition accusent les islamistes de chercher encore à s'assurer le contrôle de la majorité de cette commission, et engagent une nouvelle action en justice[2].

---

[1] Bernard Rougier, « Élections et mobilisations dans l'Égypte post-Moubarak », *Politique étrangère*, n° 1, 2012, p. 85-98.

[2] Clément Steuer, « Des élections révolutionnaires ? », *Égypte/Monde arabe*, n° 10, 2013, http://ema.revues.org/3086 (consulté le 13 juin 2017).

La Haute Cour constitutionnelle va également déclarer « inconstitutionnelle la loi électorale ayant servi de cadre à l'élection de l'Assemblée du peuple, au motif que la possibilité laissée aux partis de présenter des candidats sur les sièges pourvus au scrutin binominal constitue une rupture de l'égalité des candidats au détriment des indépendants[1] ». Le nouveau Président, Mohamed Morsi, va répliquer, le 9 juillet 2012, en annulant la décision de la justice constitutionnelle qui a dissous l'Assemblée du peuple. Il abroge également, le 12 août 2012, la décision du 17 juin dernier par laquelle l'armée s'était arrogé le pouvoir législatif. Par une déclaration constitutionnelle, le 22 novembre 2012, le Président Morsi se reconnaît le droit de légiférer par décret et d'annuler des décisions de justice en cours. Le peuple reprend les manifestations, le 23 novembre, pour dénoncer la confusion du pouvoir par le Président Morsi qu'il compare à Moubarak. Pour apaiser les mouvements, le Président annonce la soumission d'une nouvelle constitution à un référendum. Le premier tour de ce référendum sur la nouvelle constitution est organisé les 15 et 22 décembre 2012. Malgré un taux de participation très faible, 32 %, le résultat annonçant la victoire du « oui » avec 63,8 % est proclamé le 25 décembre 2012. Un décret présidentiel du 21 février 2013 fixe au 27 avril 2013 le début des élections législatives qui se dérouleront, comme les précédentes, en plusieurs phases. Ces élections, selon ce décret, prendront fin en juin et le Parlement sera réuni pour la première fois le 6 juillet 2013.

La Constitution de 2012 est suspendue par l'armée en juillet 2013 et le Président Morsi démis de ses fonctions. Elle décide de nommer un comité chargé de la rédaction d'une nouvelle constitution. En Égypte, le peuple sera clairement écarté de la première phase essentielle du second processus constituant, c'est-à-dire celle du choix des constituants et du projet. Tout cela montre à quel point le commandement de l'armée voulait maîtriser et accompagner de manière impressionnante l'après-révolution. Redoutant les débordements et de perdre son influence à cause des frères musulmans, l'armée a voulu canaliser la révolution. Le préambule de la Constitution égyptienne de 2014 illustre bien l'interprétation par l'armée de la révolution de 2011. Il est dit dans le préambule :

> Cette révolution représente un prolongement de la marche révolutionnaire du patriotisme égyptien et une affirmation du lien puissant existant entre le peuple égyptien et son armée patriotique à qui il donna avec confiance la responsabilité de protéger la patrie. Grâce à elle, nous avons remporté la victoire dans nos plus grandes batailles, y compris en repoussant l'agression tripartite en 1956 et lors de la glorieuse victoire d'octobre (1973), qui conféra au président Sadate une place particulière dans notre histoire récente[2].

---

[1] *Idem.*

[2] Préambule de la Constitution égyptienne de 2014.

En Revanche, en Tunisie, le choix de la constituante n'a jamais été remis en question. En 2011, il a été rapidement prévu « d'élire une Assemblée nationale constituante dont la mission est d'élaborer une nouvelle constitution pour le pays[1] ». Malgré un début hésitant dû à l'imprévisibilité de la situation politique, la Tunisie a réussi à organiser des élections pour choisir une constituante.

Contrairement à l'Égypte, le peuple tunisien a été, dès le départ, impliqué dans le processus constituant. Avec le « Kasbha I », puis le « Kasbha II », mouvements qui font référence à l'occupation de la place Kasbha, siège historique du pouvoir gouvernemental, par le peuple et qui ont renversé le gouvernement transitoire, le peuple tunisien a montré son auto-implication dans les affaires politiques du pays dont il a longtemps été écarté. Cette implication du peuple tunisien entraînera une popularisation du débat constitutionnel. Selon Jean-Philippe Bras,

> les premiers temps de la révolution tunisienne manifestent une popularisation du débat constitutionnel, à travers les agoras spontanées et effervescentes, les pages de libres opinions dans la presse écrite, les débats publics organisés, ou les échanges de la vie quotidienne, où l'on évoque le choix du mode de scrutin pour les prochaines échéances électorales, l'opportunité de garder ou non une partie des dispositions de la constitution de 1959, et notamment son article 1er à travers ses références à l'islam et à la langue arabe, la nature présidentielle ou parlementaire du futur régime institutionnel, ou encore la préservation de la protection constitutionnelle du code du statut personnel[2].

Le parti Ennahda, parti dit islamiste, va remporter les élections législatives pour la Constituante qui sont organisées le 23 octobre 2011. Comme l'explique Rafaâ Ben Achour et Sana Ben Achour :

> Après son installation le 22 novembre 2011, l'élection de son président, de son bureau, l'ANC et de deux commissions, l'une chargée de l'élaboration du règlement intérieur de l'Assemblée, l'autre de l'élaboration du texte sur l'organisation provisoire des pouvoirs publics, l'ANC procéda à la discussion du texte sur l'organisation provisoire des pouvoirs publics[3].

Ce texte sera remplacé par un texte qualifié de « loi constituante » de 22 articles qui traitent

> du pouvoir exécutif, du pouvoir législatif, des collectivités locales, de la Banque centrale tunisienne et du pouvoir judiciaire. Il institue un véritable régime parlementaire où la réalité du pouvoir est concentrée entre les mains

---

[1] Préambule du décret-loi du 10 mai 2011, relatif à l'élection de l'Assemblée nationale constituante.

[2] Jean-Philippe Bras, « Le peuple est-il soluble dans la constitution ? Leçon tunisienne », *L'Année du Maghreb*, « Un printemps arabe ? », n° VIII, p. 109.

[3] Rafaâ Ben Achour et Sana Ben Achour, « La transition démocratique en Tunisie », *RFDC*, n° 92, 2012, p. 730.

du chef du gouvernement, où le chef de l'État ne joue qu'un rôle de représentant et où l'ANC s'est arrogé, non seulement le pouvoir constituant pour lequel elle a été élue, mais également, le pouvoir législatif et le pouvoir de contrôle du gouvernement par l'intermédiaire de la mise en œuvre de la responsabilité du gouvernement (investiture et révocation)[1].

Néanmoins, l'ANC n'a pas échappé aux critiques qui sont surtout dues au « prolongement répété du mandat de l'assemblée, alors que beaucoup avaient initialement espéré que sa mission serait accomplie en un an[2] ». En définitive, la Constitution tunisienne post-Ben Ali a été adoptée en 2014 par référendum.

La Constitution tunisienne de 2014 a été rédigée par des personnes élues par le peuple alors que la Constitution égyptienne de 2014 a été rédigée par un comité choisi par le commandement de l'armée. Dans les deux pays, au final, le référendum national a été choisi pour entériner leurs Constitutions respectives. En Égypte, s'il n'a pas été impliqué au départ, le peuple a eu une occasion pour s'exprimer sur les contenus de la Constitution de 2014.

Par ailleurs, il faut noter que, en Égypte et en Tunisie, les processus constituants ont été marqués par les confrontations idéologiques entre les partis religieux victorieux des élections et les laïcs minoritaires. Le processus constituant a été chaotique en Égypte avec ses deux phases. En Tunisie, il a été moins compliqué, même s'il a présenté certaines difficultés correspondantes à la période transitoire.

---

[1] *Ibid.*, p. 731.

[2] Nadia Marzouki, « La transition tunisienne : du compromis démocratique à la réconciliation forcée », *Pouvoirs*, n° 156, 2016, p. 87.

CONCLUSION DU CHAPITRE II

Les États qui font l'objet de notre étude ont choisi d'engager la procédure d'élaboration d'une nouvelle Constitution postrévolutionnaire. Le pouvoir constituant appartient au peuple souverain en Tunisie et en Égypte et à la nation en Pologne et en Roumanie. Comme nous l'avons déjà souligné, la nation est l'action commune d'un peuple, une entité abstraite qui incarne l'action politique commune du peuple. Ces États, à l'exception de la Roumanie, se réfèrent à Dieu[1] qui protège le nouvel ordre constitutionnel. Les assemblées constituantes ont été mises en place pour exercer le pouvoir constituant. Là encore, la délégation du pouvoir constituant n'a pas été souvent directement exercée par son titulaire. Notamment, en Pologne et en Égypte, les comités chargés de la rédaction de la Constitution ont été choisis par les élus, parlementaires dans le cas de la Pologne et le président de la République concernant l'Égypte. Mais cela ne constitue pas le gage d'une démocratisation rapide car, dans le cadre de son évaluation de la transition en Europe de l'Est, la commission de l'UE a constaté que la transition a été mieux réussie en Pologne qu'en Roumanie où elle a été difficile. Parmi les deux Constitutions arabes de 2014, « la Constitution tunisienne représente un modèle de constitution démocratique à bien des égards[2] ».

Le processus constituant s'est déroulé dans ces pays sous des contraintes internes et régionales. Les contraintes régionales s'expliquent par la géopolitique qui domine la politique interne. L'intégration au sein de l'Europe communautaire impliquait que la transition des États de l'Europe de l'Est soit respectueuse de certains cadres établis par les organisations régionales. Les deux États arabes ne sont soumis qu'aux contraintes juridiques internes définies pour le don fonctionnement du processus constituant. Mais l'assemblée constituante n'en a pas toujours tenu compte, comme le montre par exemple la fin de son mandat qui a été repoussée à plusieurs reprises. Par ailleurs, l'analyse de ces différents processus constituants montre qu'il n'existe pas un modèle préétabli pour en conduire un. Dans le cadre d'absence d'une référence unique, le processus constituant est conduit en fonction des singularités historique, culturelle et politique de chaque pays qui vont au-delà d'une appartenance régionale. En effet, la

---

[1] Voir les Préambules des Constitutions tunisienne, polonaise et égyptienne.

[2] Geoffrey Weichselbaum et Xavier Philippe, « Le processus constituant et la Constitution tunisienne du 27 janvier 2014 : un modèle à suivre ? », *Maghreb-Machrek*, n° 223, 2015, p. 49.

Tunisie et la Roumanie ont décidé de confier à une constituante élue spécialement pour cela la rédaction de leurs Constitutions. En Pologne, un comité a été choisi par le Parlementaire et le texte final a été adopté également par les parlementaires. En Égypte, le rôle de l'armée dans le processus constituant est particulier parce que dans aucun de trois autres États les militaires n'ont autant d'influence sur la vie politique. L'armée égyptienne a non seulement nommé le comité chargé de l'élaboration de la Constitution de 2014, mais aussi suspendu la Constitution de 2012 votée par le peuple.

CONCLUSION DU TITRE PREMIER

Les régimes politiques combattus en Europe de l'Est et dans le monde arabe sont différents. Ceux de Pologne et de Roumanie étaient des régimes totalitaires. Concernant la Roumanie, Florin Bucur Vasilescu souligne que « la nouvelle démocratie roumaine a fait son apparition en même temps que la démolition du régime totalitaire, en décembre 1989[1] ». La terreur était soutenue par l'idéologie communiste. Les dirigeants souhaitaient façonner le peuple. Ce dernier a été formaté et sa vie était régie par l'idéologie communiste. Les récalcitrants étaient tués ou déshumanisés au goulag. En revanche, les régimes politiques arabes étaient des régimes autoritaires qui privaient les peuples de liberté afin de garder le pouvoir. Il n'y avait derrière les répressions aucune motivation idéologique. Il s'agissait tout simplement s'éterniser au pouvoir.

En Pologne et en Roumanie, la période transitoire a été marquée par la volonté d'intégrer l'Europe occidentale. En Tunisie et en Égypte, elle a vu la victoire des partis dits islamistes. C'est une issue paradoxale pour des révolutions qui se sont faites au nom de la liberté et contre la soumission. En Tunisie, la période transitoire a été dominée par la confrontation entre laïque et islamiste dont le second est sorti vainqueur dans les urnes. En Égypte, la période transitoire a été marquée par l'affrontement entre deux forces organisées, en l'occurrence l'armée et les frères musulmans. Comme le souligne Bernard Rougier, « le libéralisme politique égyptien échouait ainsi face aux deux principales forces constituées du pays – l'armée et les islamistes –, tandis que le libéralisme politique tunisien réussissait, lui, à occuper "par le haut" le moment de la transition comme il avait occupé "par le bas" l'avenue Bourguiba en janvier 2011[2] ». Si les frères musulmans sont sortis vainqueur des élections libres qui ont été organisées après la chute de Hosni Moubarak, l'armée a repris le pouvoir depuis 2013 et elle a réussi à installer l'un des siens à la présidence de la République. L'Égypte est de retour au point de départ.

---

[1] Florin Bucur Vasilescu, « Le bilan de la transition roumaine », *in* Slobodan Milacic (dir.), *La démocratie constitutionnelle en Europe centrale et orientale : bilans et perspectives*, Bruxelles, Bruylant, 1998, p. 529.

[2] Bernard Rougier, *op. cit.*, p. 87.

TITRE II

L'INSTAURATION D'UN NOUVEL ORDRE CONSTITUTIONNEL DANS LE MONDE ARABE ET EN EUROPE DE L'EST

Les Constitutions nouvelles des pays arabes et de l'Europe de l'Est définissent l'identité de l'État (chapitre premier) et l'organisation des différents pouvoirs politiques qu'elles ont mis en place (chapitre II). Nous allons, d'un côté, voir l'identité des États et ses implications, de l'autre, analyser l'organisation constitutionnelle des pouvoirs étatiques et étudier par la même occasion la répercussion éventuelle de l'identité de l'État sur l'organisation des pouvoirs politiques. Selon Jean-Pierre Massias, certaines valeurs qui « correspondent à la culture politique induite tant par le contexte immédiat de la transition (et notamment du mode de relations des différents acteurs au cours du processus constituant) que par l'histoire sociale et politique et par les différents éléments structurant l'identité nationale (religion, coutumes…) » sont importantes « dans la détermination du contenu et du sens des règles constitutionnelles[1] ».

L'identité de l'État a été une question qui a entraîné une vaste controverse dans les assemblées constituantes égyptienne et tunisienne dans lesquelles les partis dits islamistes disposaient d'une majorité importante[2]. Lors de l'élaboration des nouvelles constitutions égyptienne et tunisienne de 2014, « les questions les plus controversées[3] » portaient sur la place de la religion et le rapport du pouvoir religieux et du pouvoir civil. En Pologne et en Roumanie, la relation entre l'Église et le pouvoir a été minimale. L'Église, en Pologne, a combattu le pouvoir communiste comme le syndicat *Solidarność*. L'Église et les partis islamistes ont tous été combattus par les régimes communistes et dictatoriaux. Mais, contrairement aux partis islamistes des pays arabes, l'Église était impliquée activement dans le combat contre le régime autoritaire communiste. Pour autant, les constituants roumain et polonais ont instauré une autonomie réciproque entre l'État et les différentes confessions. En revanche, en Tunisie et en Égypte, même si les partis islamistes étaient pourchassés et marginalisés par les

[1] Jean-Pierre Massias, « La complexité systémique du droit constitutionnel de la transition », *Revue d'Etudes politiques et constitutionnelles est-européennes*, numéro spécial, 2006, p. 37.
[2] Mouldi Riahi, « La Constitution : élaboration et contenu », *Pouvoirs*, n° 156, 2016, p. 39.
[3] Jean-Yves Moisseron et Naima Bouras, « La Constitution égyptienne : Continuité ou rupture », *Maghreb-Machrek, Constitutionnalisme*, n° 223, 2015, p. 86.

régimes de Ben Ali et de Hosni Moubourak, ils n'ont pas participé aux mouvements qui ont précipité leurs départs. Paradoxalement, ils ont gagné les élections aux assemblées constituantes. En Égypte, les Frères musulmans ont même remporté l'élection présidentielle de 2012[1]. Sous l'influence de ces partis islamistes, les Constitutions égyptienne et tunisienne de 2014 reconnaissent l'islam comme religion d'État[2]. En Tunisie, selon Philippe Bras,

> pour surmonter les incompatibilités entre le programme constitutionnel d'Ennahdha se proposant d'islamiser les institutions et le droit, et celui des partis séculiers qui visait à garantir une nette séparation entre État et religion, les constituants ont eu recours à deux principaux procédés : l'incertitude sémantique, en reconduisant l'article 1er de la Constitution de 1959 dans ses ambiguïtés rédactionnelles ; la créativitéé conceptuelle, à travers l'émergence d'une nouvelle notion, l'"État civil", que les deux camps pouvaient s'approprier, mais dans des significations qui pouvaient tantôt converger, tantôt diverger[3].

À partir de l'identité de l'État, il est intéressant d'examiner l'impact que cela peut avoir sur l'organisation des pouvoirs dans ces pays. Ainsi, le rapport entre l'État et la religion influe-t-il sur le fonctionnement et l'organisation des pouvoirs ? Avons-nous des pouvoirs soumis à la religion ou est-ce une simple affirmation qui n'a aucune répercussion réelle sur l'organisation et le fonctionnement de l'État ? Nous allons examiner, comme l'affirme Sabine Lavorel, s'« il existe bien une spécificité du pouvoir dans les pays arabes, qui se traduit par des particularismes constitutionnels notables[4] ». Nous allons analyser s'il existe une différence entre les pays de l'Europe de l'Est et des pays arabes s'agissant de l'organisation constitutionnelle des pouvoirs.

---

[1] Le Président Mohamed Morsi, qui a été déchu par l'Armée, est un membre des frères musulmans.

[2] Article 1er de la Constitution tunisienne de 2014, et article 2 de la Constitution égyptienne de 2014.

[3] Philippe Bras, « Un État "civil" peut-être religieux ? Le débat tunisien », *Pouvoirs*, n° 156, 2016, p. 70.

[4] Sabine Lavorel, *Les Constitutions arabes et l'islam. Les enjeux du pluralisme juridique*, Sainte-Foy (Québec), Presses de l'Université du Québec, 2005, p. 6.

Chapitre premier

Le pluralisme, facteur important de la construction du nouvel ordre postrévolutionnaire en Europe de l'Est et dans le monde arabe

Comme le rappelle Jean-Pierre Massias :

> L'interaction des concepts de transition démocratique et de pluralisme est incontestable. En effet, la transition démocratique se conçoit d'abord comme un processus politique, juridique et social de rétablissement du pluralisme dans un cadre étatique dont l'organisation totalitaire ou autoritaire avait artificiellement nié son existence et sa réalité. Le pluralisme est donc le but de tout processus transitionnel[1].

Pour Slobodan Milacic, « le pluralisme implique, par hypothèse principale, une diversité d'identités politiques (collectives, bien entendu), qui s'expriment à travers les idées politiques[2] ». En Europe de l'Est et dans le monde arabe, les différentes Constitutions postrévolutionnaires qui font l'objet de notre étude ont instauré le pluralisme politique. Selon Jean-Pierre Massias, « la réhabilitation – immédiate – du pluralisme constitue un facteur incontestablement favorable à la conduite de la transition démocratique. En effet, non seulement le pluralisme impose le dépassement de l'État totalitaire, mais il est également le garant de la construction d'un futur ensemble institutionnel véritablement démocratique[3] ». Concernant les Constitutions arabes, l'Égypte instaure, dans sa nouvelle Constitution de 2014, un pluralisme juridique découlant des principes religieux de ses citoyens[4].

En Europe de l'Est, les Constitutions postcommunistes affichent une autonomisation et une indépendance sans équivoque entre l'État et l'Église. En revanche, les nouvelles Constitutions arabes de 2014 affirment également

---

[1] Jean-Pierre Massias, « Le pluralisme, fondement de la transition démocratique », *Revue d'études politiques et constitutionnelles Est-européennes*, 2007, p. 9.

[2] Slobodan Milacic, « Sur quelques ambiguïtés du néocomparatisme », *Revue d'études politiques et constitutionnelles Est-européennes*, n° spécial, 2006, p. 16.

[3] Jean-Pierre Massias, *Droit constitutionnel des Etats d'Europe de l'Est*, Paris, PUF, 2e éd., 2008, p. 67.

[4] Articles 2 et 3 de la Constitution égyptienne de 2014.

très clairement l'islam comme religion d'État. Ainsi, on observe deux identités de l'État dans ces deux parties du monde : l'identité de l'État est en-dehors de la religion en Europe de l'Est, alors que la religion est l'identité de l'État dans le monde arabe. L'identité de l'État peut avoir des conséquences sur les sources des règles de droit et sur le pluralisme politique qui constitue le fondement de la démocratie.

Cette question d'identité de l'État revêt une importance capitale pour l'examen des sources du droit et la question du pluralisme politique. L'affirmation de la religion d'État empêche-t-elle le pluralisme politique ? Nous allons voir que les Constitutions arabes de 2014 interdisent aux partis politiques de se réclamer d'une religion alors qu'elles affirment une religion d'État. Nous allons également envisager, en Europe de l'Est et dans le monde arabe, l'identité de l'État et son incidence sur les sources du droit, nous demander s'il en découle un pluralisme juridique et envisager le pluralisme politique dans ces différents pays, lequel est un facteur de distanciation avec l'ancien régime caractérisé par le parti unique. Du fait de l'histoire politique de ces États, l'analyse de la place du pluralisme politique est un indicateur sur la nature des leurs régimes politiques nouveaux[1].

Le pluralisme religieux : son incidence sur l'identité de l'État et la source du droit dans les Constitutions tunisienne, égyptienne, polonaise et roumaine

En Europe de l'Est, selon Patrick Michel, l'« indicateur majeur de la relation au pluriel, la religion constitue tout autant, dans les réemplois qui en sont opérés, l'espace privilégié d'affichage des ajustements requis par les transformations rapides auxquelles se trouve confrontée la société après 1989[2] ». En Tunisie et en Égypte, du fait de la victoire du parti islamique Ennahda et des Frères musulmans aux élections postrévolutionnaires, « le champ politique venait se structurer autour de cette question (religieuse)[3] ». Dès lors, il paraît indispensable d'étudier les solutions retenues par les différents constituants concernant le rapport entre l'État et la religion pour comprendre l'enjeu et l'intérêt de certaines dispositions sur les sources de droit et sur l'organisation de la vie politique. Nous allons examiner ici, dans un premier temps, d'abord la réponse apportée par rapport à l'identité religieuse de ces États, avant de voir l'incidence de l'identité de l'État sur les sources de droit.

---

[1] Il est très intéressant d'examiner le pluralisme politique dans ces Constitutions post-dictatoriaux afin de mieux comprendre l'origine des régimes politiques qu'elles instaurent.

[2] Patrick Michel, « L'église et le catholicisme polonais à l'épreuve du pluralisme », *Pouvoirs*, n° 118, 2006, p. 90.

[3] Philippe, Bras, « Un Etat “civil” peut-être religieux ? Débats tunisiens », *Pouvoirs*, n° 156, 2016, p. 55.

L'identité religieuse de l'État postrévolutionnaire en Europe de l'Est et dans le monde arabe

L'analyse des Constitutions des pays faisant l'objet de notre recherche montre que les réponses apportées à cette question divergent entre l'Europe de l'Est et les États arabes étudiés. En Europe de l'Est, les Constituants roumain et polonais ont décidé d'instaurer une séparation entre le politique et le religieux. En revanche, en Tunisie et en Égypte, les nouvelles Constitutions de 2014 reconnaissent une religion d'État.

L'État sans religion en Pologne et en Roumanie

En Pologne et en Roumanie, les Constitutions postcommunistes[1] instaurent une séparation entre la religion et l'État. Elles ne connaissent aucune religion d'État. Elles instaurent une autonomie et une indépendance réciproque entre le politique et le religieux. En Pologne, l'État ne peut obliger des citoyens à déclarer leurs « convictions religieuses[2] » et « la désignation de l'État a été changée en même temps : la République populaire de Pologne est abandonnée au profit d'un nom dont la tradition est séculaire[3] ».

En Pologne et en Roumanie, il ne s'agit pas d'ignorer la religion, mais de définir ses rapports avec la République. On ne peut ignorer une part importante[4] de la vie de ses citoyens. L'absence de règles claires qui encadrent le rapport entre la politique et la religion entraînerait un vide qui pourrait profiter aux plus opportunistes des deux côtés. La religion pourrait devenir un moyen d'accession au pouvoir ou de contrôle des pouvoirs. Plus claire que la Constitution roumaine de 1991, la Constitution polonaise de 1997 précise que la relation entre la République de Pologne et l'Église catholique est définie « par un traité conclu avec le Saint-Siège et les lois[5] ». Il ne s'agit pas non plus de privilégier une religion par rapport à une autre et donc de créer ainsi une différence de traitement vis-à-vis de certains citoyens. Et la Constitution polonaise de 1997 affirme que « les Églises et autres unions confessionnelles jouissent de droits égaux. Les pouvoirs publics de la République de Pologne font preuve d'impartialité en matière de convictions religieuses[6] ». L'État polonais a signé avec les autres confessions des accords qui définissent le cadre de leurs rapports. En ce sens, la Constitution de 1997 souligne que « les rapports entre la République de Pologne et les autres Églises et unions confessionnelles sont définis par des

---

[1] Il s'agit de la Constitution roumaine de 1991 et celle de 1997 pour la Pologne.
[2] Article 53 de la Constitution de 1997.
[3] Maria Kruk, « Progrès et limites de l'Etat de droit », *Pouvoirs*, n° 118, 2006, p. 73.
[4] Même si c'est une part privée.
[5] Article 25 de la Constitution polonaise de 1997.
[6] *Idem.*

lois fondées sur des accords conclus entre le Conseil des ministres et leurs représentants compétents[1] ». Le président du Tribunal constitutionnel polonais, M. Safjan, a estimé que, dix ans après l'entrée en vigueur de la loi sur l'audiovisuel, « le pluralisme idéologique et la neutralité religieuse des médias publics ont été sans aucun doute respectés[2] ». Contrairement à la Pologne, la Roumanie n'a pas signé des conventions avec les confessions religieuses parce que « la liberté de pensée et d'opinion, ainsi que la liberté de religion ne peuvent être limitées sous aucune forme[3] ». Dans ces États de l'Europe de l'Est, toutes les religions sont égales devant la République. En Pologne, le pluralisme religieux instauré par la Constitution de 1997 a conduit l'Église catholique à se trouver au même rang que les autres confessions malgré son passé d'opposant face au pouvoir communiste[4].

En Roumanie, la Constitution de 1991 instaure une séparation entre les religions et l'État. En ce sens, la Constitution de 1991 affirme clairement que « les cultes religieux sont autonomes par rapport à l'État[5] » même si elles bénéficient du soutien de l'État quand il s'agira de « donner une assistance religieuse dans l'armée, dans les hôpitaux, dans les établissements pénitentiaires, dans les asiles et dans les orphelinats[6] ». La Constitution polonaise de 1997 affirme que « les rapports entre l'État et les Églises et autres unions confessionnelles se fondent sur le principe du respect de leur autonomie et de leur indépendance mutuelle dans leurs domaines respectifs[7] ». En Pologne, l'intervention de l'Église dans la vie politique va desservir les hommes qu'elle soutient. Selon Patrick Michel, « en intervenant directement dans le champ politique, l'Église a pris le risque du désaveu : à partir de 1993 vont se succéder des résultats électoraux contraires à ses vœux[8] ». En Roumanie, en vertu de la Constitution de 1991, la liberté religieuse est illimitée et personne ne peut être contraint à épouser de force une religion[9]. La Constitution roumaine de 1991 protège la liberté des cultes religieux et ces derniers « s'organisent conformément à leurs propres statuts, dans les conditions fixées par la loi[10] ». Mais le constituant roumain prévient que dans les rapports entre différents cultes, les conflits

---

[1] *Idem.*

[2] Marek Safjan, « La liberté de parole : les standards conventionnels et constitutionnels et la jurisprudence de la Cour suprême et du Tribunal constitutionnel de Pologne », *Revue de justice constitutionnelle Est-européenne*, numéro spécial Colloque, 2003, p. 213.

[3] Article 29 de la Constitution roumaine de 1991.

[4] Patrick Michel, « L'église et le catholicisme polonais à l'épreuve du pluralisme », *Pouvoirs*, n° 118, 2006, p. 91.

[5] Article 29 de la Constitution roumaine de 1991.

[6] *Idem.*

[7] Article 25 de la Constitution polonaise de 1997.

[8] Patrick Michel, *ibid.*, p. 92.

[9] Article 29 de la Constitution roumaine de 1991.

[10] *Idem..*

religieux sont interdits. En Pologne, comme en Roumanie, l'État ne se mêle pas de la religion. L'indépendance entre l'État et la religion est mutuelle. Toutefois, l'État encadre la liberté religieuse qui peut faire l'objet, notamment en Pologne, « des restrictions nécessaires à la protection de la sécurité de l'État, de l'ordre public et de la santé, de la morale ou des libertés et des droits d'autrui[1] ». Et l'intervention des médias catholique dans la politique est critiquée par l'épiscopat polonais et le Vatican. Selon Aleksander Smolar, le rapprochement entre le parti Droit et Justice au pouvoir et l'Église peut susciter

> une inquiétude au sein même de l'épiscopat, qui perçoit les dangers d'une politisation de l'Église et sa scission potentielle. Cela explique notamment les prises de position fermes de l'épiscopat polonais contre l'engagement politique de *Radio Maryja*, mais aussi, de cette façon, contre le gouvernement qui utilise cette radio comme un instrument de pouvoir (accentuant les tensions au sein de l'Église et menaçant son unité). [...] La lettre du Vatican poursuivait sans doute le même but, en exigeant la résolution du problème de l'engagement politique de médias catholiques – une démarche perçue par tous comme une critique de *Radio Maryja* et de la frange de l'Église liée à elle[2].

Selon la Constitution polonaise de 1997, plusieurs conséquences qui découlent de la liberté religieuse doivent être respectées. En vertu de la Constitution polonaise de 1997, la liberté religieuse implique la liberté

> d'adopter la religion de son choix et la liberté de manifester sa religion, individuellement ou en commun, en public ou en privé, par le culte, la prière, l'accomplissement des rites, les pratiques et l'enseignement. La liberté de religion implique aussi la possession de sanctuaires et autres lieux de culte suivant les besoins des croyants et le droit de toute personne de bénéficier de l'assistance religieuse dans le lieu où elle se trouve[3].

Au nom de la liberté religieuse, on est libre de pratiquer ou non une religion et « nul ne peut être contraint à participer ou à ne pas participer à des pratiques religieuses[4] ».

En Roumanie, l'État reconnaît et garantit « aux personnes appartenant aux minorités nationales le droit de conserver, de développer et d'exprimer leur identité ethnique, culturelle, linguistique et religieuse[5] ». Mais la Constitution roumaine de 1991 précise, toujours dans son article 6, que « les mesures de protection prises par l'État pour la conservation, le développement et l'expression de l'identité des personnes appartenant aux

---

[1] Article 53 de la Constitution de 1997.

[2] Aleksander Smolar, « Les radicaux au pouvoir et la transformation de la Pologne », Pouvoirs, n° 118, 2006, p. 110.

[3] Article 53 de la Constitution polonaise de 1997.

[4] *Idem*..

[5] Article 6 de la Constitution roumaine de 1991.

minorités nationales doivent être conformes aux principes d'égalité et de non-discrimination par rapport aux autres citoyens roumains ». Également, en Pologne, l'État reconnaît les identités religieuses de ses citoyens et garantit la liberté religieuse. La Constitution polonaise de 1997 affirme que chacune « a droit à la liberté de conscience et de religion[1] ». Il ne nie pas leurs différences religieuses et admet ainsi que l'État polonais soit composé des citoyens des différentes confessions. Pourtant, comme en Égypte, il existe une religion majoritaire, qui est la religion catholique. Cette dernière a en plus activement participé à la lutte contre les communismes. Elle a subi bien des répressions. Bien que « l'Église a[it] contribué à permettre à la société polonaise d'accoucher d'une démocratie[2] », devant la République polonaise, toutes les religions, minoritaires et majoritaires, sont égales[3]. La Constitution polonaise de 1997 reconnaît que « les minorités nationales et ethniques ont le droit de créer leurs propres institutions d'éducation, institutions culturelles et institutions servant la protection de leur identité religieuse et la participation à la prise de décisions dans le domaine de leur identité culturelle[4] ».

En Roumanie et en Pologne, l'enseignement religieux est autorisé par leurs Constitutions respectives. En Roumanie, l'enseignement religieux est autorisé si les parents ou les tuteurs le souhaitent[5]. Dans ces deux États, l'enseignement religieux est même admis dans les écoles publiques. La Constitution roumaine de 1991 établit, dans son article 32, que « l'État assure la liberté de l'enseignement religieux, conformément aux nécessités spécifiques de chaque culte. Dans les écoles publiques, l'enseignement religieux est organisé et garanti par la loi ». Comme en Roumanie, en Pologne également, la religion pourrait être enseignée à l'école. La Pologne autorise l'enseignement religieux et les parents peuvent assurer à l'enfant une éducation qui soit « conforme à leurs convictions[6] » à condition de prendre en compte « sa liberté de conscience, de religion et de ses convictions[7] ». Plus précise que la loi fondamentale roumaine de 1991, la Constitution polonaise de 1997 affirme que « la religion d'une Église ou d'une autre union confessionnelle à statut juridique régulier peut être enseignée à l'école, ce qui ne peut porter atteinte à la liberté de conscience et de religion d'autrui[8] ». En Roumanie, en ce qui concerne le mariage, s'il

---

[1] Article 53 de la Constitution polonaise de 1997.
[2] Patrick Michel, *op. cit.*, 2006, p. 90.
[3] Article 25 de la Constitution polonaise de 1997.
[4] Article 35 de la Constitution polonaise de 1997.
[5] Article 29 de la Constitution roumaine de 1991.
[6] Article 48 de la Constitution polonaise de 1997.
[7] *Idem.*
[8] Article 53 de la Constitution polonaise de 1997.

n'est pas interdit, le mariage religieux doit être célébré après le mariage civil[1].

L'islam comme religion d'État en Égypte et en Tunisie

Tous les pays arabes font référence à l'islam dans leurs Constitutions, à l'exception du Liban et de la Syrie. L'Égypte et la Tunisie se réclament ostensiblement de l'islam. Dans ces deux pays, l'intensité des débats lors de la rédaction et de l'adoption des nouvelles Constitutions de 2014, à la suite du printemps arabe, nous oblige à nous interroger particulièrement sur les rapports entre l'islam et l'État dans ces pays.

En Égypte et en Tunisie, la question relative à la place de la religion dans le nouvel ordre constitutionnel, avec les partis islamistes très majoritaires, a occupé une place importante au sein des Assemblées nationales constituantes de 2014. En effet, la nouvelle Constitution tunisienne de 2014 se réfère à l'islam dans son préambule.

Il est intéressant d'observer le préambule d'une Constitution :

> Les préambules renvoient en tout cas à des vérités de base et/ou à des croyances prépositives d'une collectivité politique ; à certains égards, ils réactualisent une parcelle de la religion civile. Les constitutions sans préambule contiennent probablement de telles vérités de croyance préexistant à leurs dispositions juridiques, car tout ordre juridique positif pénètre dans de telles couches profondes. Les préambules cherchent à les rationaliser et à les exprimer, en partie sous une forme sécularisée, en partie sous une forme encore théologique. Cet élément fondamental dans la compréhension de soi (dans l'identité) d'une collectivité publique est ce qui engage tous les citoyens[2].

Le constituant tunisien affirme dans le préambule de la Constitution de 2014 qu'il exprime l'attachement « aux enseignements de l'Islam » et à « l'identité arabo-musulmane » de la Tunisie. De plus, le constituant tunisien parle, dans le préambule de la Constitution de 2014, de l'appartenance à « la nation arabe et musulmane ». Il affirme

> la place qu'occupe l'être humain en tant qu'être digne ; afin de consolider notre appartenance à la culture et à la civilisation de la nation arabe et musulmane ; œuvrant à l'unité nationale fondée sur la citoyenneté, la fraternité, la solidarité et la justice sociale, à soutenir l'Union maghrébine, qui constitue une étape vers l'union arabe et vers la complémentarité entre les peuples musulmans et les peuples africains et la coopération avec les peuples du monde.

Selon le professeur Abdullahi Ahmed An-Naim,

---

[1] Article 44 de la Constitution roumaine de 1991.

[2] Peter Häberle, *L'Etat constitutionnel*, Paris, Economica, 2004, p. 222.

Tous les pays à majorité musulmane du monde arabe et d'ailleurs aspirent à trouver leur propre équilibre entre islam et développement de la démocratie constitutionnelle, et ils y parviendront en suivant leurs propres conceptions, comme tout autre pays du monde peut le faire ou l'a déjà fait. Il n'y a pas de scénario type ou de modèle préétablis pour ce processus qui se déroule selon le contexte historique et le passé colonial récent et les expériences et les influences de l'ère postcoloniale[1].

En Tunisie, l'islam est associé à l'identité musulmane du pays. Les États arabes n'arrivent pas à renoncer à ces liens entre la religion et la société qui semblent être une affirmation identitaire. Ils utilisent la référence à l'islam comme une affirmation de leurs identités. La religion légitime ainsi l'État qui est une importation coloniale. Selon le professeur Peter Häberle, si les États font ce genre de références dans le préambule de la Constitution, « ils le font pour tenir compte du besoin humain d'une représentation historique et d'une identité[2] ».

Le constituant égyptien ne fait pas référence à l'islam dans son préambule. Néanmoins, il énonce, dans l'article premier de la Constitution de 2014, que l'Égypte « fait partie du monde musulman[3] ». Dans son article 2, elle affirme clairement que « l'islam est la religion d'État[4] ». Outre le préambule de la Constitution de 2014, la Tunisie dispose dans son article 1er que « l'islam est sa religion, l'arabe sa langue et la République son régime » et il est rajouté qu'il « n'est pas permis d'amender cet article[5] ». Le constituant tunisien va plus loin que son homologue égyptien lorsqu'il affirme que cette disposition constitutionnelle ne peut être révisée. Cet article est un compromis politique entre le parti dit islamiste Ennahda et les autres partis. Le parti Ennahda a accepté le caractère civil du gouvernement tunisien affirmé dans l'article 2 qui souligne que « la Tunisie est un État à caractère civil, fondé sur la citoyenneté, la volonté du peuple et la primauté du droit ». Cet article ne peut faire l'objet d'aucun amendement[6].

---

[1] Abdullahi AN-Naim, « État laïc pour sociétés religieuses : rôle de l'Islam dans les nouvelles constitutions arabes et quête de la démocratie », *Annuaire IEMed de la Méditerranée*, 2014, p. 119.

[2] Peter Häberle, *op. cit.*, p. 223.

[3] Article 1er de la Constitution égyptienne de 2014 : « La République Arabe d'Égypte est un État souverain, unifié et indivisible, où rien n'est superflu, et dont le régime est une république démocratique fondée sur la citoyenneté et l'autorité de la loi. L'Égypte fait partie de la nation arabe et œuvre pour son intégration et son unité. Elle fait partie du monde musulman, appartient au continent africain, est fière de sa dimension asiatique et contribue à l'édification de la civilisation humaine. »

[4] Article 2 de la Constitution égyptienne de 2014, et article 1er de la Constitution tunisienne de 2014.

[5] Article 1er de la Constitution tunisienne de 2014 : « La Tunisie est un État libre, indépendant et souverain, l'islam est sa religion, l'arabe sa langue et la république son régime. Il n'est pas permis d'amender cet article. »

[6] Article 2 de la Constitution tunisienne de 2014.

Si l'Égypte et la Tunisie reconnaissent l'islam comme religion d'État, leurs Constitutions respectives garantissent à tous leurs citoyens le libre exercice de leurs confessions. En Égypte, l'article 6 de la nouvelle Constitution de 2014 affirme que « l'État est le garant de la religion ». En Égypte, l'État doit garantir aux chrétiens et juifs le libre exercice de leurs religions. La nouvelle Constitution égyptienne de 2014 accorde l'autonomie et la liberté de religion à ses citoyens, tout en les unissant en une arabité caractéristique du peuple égyptien. Dans son article 64, elle affirme que « la liberté de croyance est absolue. La liberté de pratique religieuse et d'établissement de lieux de culte pour les croyants des religions révélées est un droit organisé par la loi ».

En revanche, la nouvelle Constitution tunisienne de 2014 ne reconnaît pas le pluralisme religieux. La seule religion reconnue par la nouvelle Constitution tunisienne de 2014 est l'islam, mais cette dernière n'accorde pas pour autant aux musulmans le privilège constitutionnel de régler par les principes de la charia islamique toutes les questions relatives à leurs statuts personnels. Cependant, en Tunisie, si l'islam est défini comme religion d'État, la Constitution de 2014 garantit la liberté religieuse. C'est à l'État, en vertu de l'article 6 de la nouvelle Constitution de 27 janvier 2014, de garantir le libre exercice de la religion et la liberté de conscience. En effet, il dispose que « l'État est le gardien de la religion. Il garantit la liberté de conscience et de croyance, le libre exercice des cultes ». Cet article concerne uniquement les musulmans, et les autres dispositions constitutionnelles ne mentionnent pas les autres confessions. C'est ce que regrette le professeur Rafâa Ben Achour quand il se demande : « n'aurait-il pas mieux valu que l'État soit le gardien des religions, d'autant que l'article 6 ne manque pas d'affirmer solennellement l'engagement de celui-ci de diffuser les valeurs de la modération et de la tolérance[1] ? » Par ailleurs, le constituant tunisien entend principalement protéger les services publics et les mosquées de l'influence partisane. Elle entend éviter l'utilisation de la religion par les partis politiques. En ce sens, la Constitution tunisienne de 2014 assure que l'État « est le garant de la neutralité des mosquées et lieux de culte par rapport à toute instrumentalisation partisane[2] ». Elle garantit de protéger « le sacré » en interdisant « d'y porter atteinte[3] ».

Il faut pour autant souligner que, dans l'hypothèse de l'accession au pouvoir d'un parti religieux, une telle disposition peut constituer un outil d'islamisation de l'État. Toutes ces dispositions interdisent le prosélytisme religieux dans l'espace public, et le politique demeure autonome par rapport au droit. Comme le souligne le doyen Vedel, « le droit peut fort bien

---

[1] Rafâa Ben Achour, « La Constitution tunisienne du 27 janvier 2014 », *RFDC*, 2014, p. 790.
[2] Article 6 de la Constitution tunisienne de 2014.
[3] *Idem*.

structurer la vie politique. Il ne la détermine pas. Il crée des contraintes, mais n'en fixe pas les effets. Ainsi s'observe par rapport au droit, comme on l'a observé par rapport à l'économie ou à la culture, l'insoutenable autonomie du politique[1] ». Puisque l'application d'un texte juridique dépend des hommes et, dans ce cas, « à vouloir s'en remettre à Dieu, on s'en remet en définitive aux hommes qui se chargent d'interpréter la parole de Dieu[2] ». Pour montrer cette utilisation à des fins d'intérêt partisan des dispositions constitutionnelles ambiguës, Baudoin Dupret souligne, à propos de la charia islamique, que « chacun (ou presque) des protagonistes de la scène politique tend en effet à en projeter la représentation qu'il s'en fait et l'utilisation qu'il prétend en faire sur la scène publique[3] ».

À l'heure actuelle, avec l'armée au pouvoir en Égypte et le parti Nidaa Tounès en Tunisie, la promotion constitutionnelle de l'islam semble être plus un fait politique qu'un véritable enjeu juridique. La religion est instrumentalisée à des fins politiques et n'a aucune conséquence juridique, notamment en ce qui concerne l'organisation politique ou les sources des droits positifs. En Égypte, en définitive, l'interprétation des dispositions législatives, dont la chari'a islamique aurait été la source principale, revient à la Haute Cour constitutionnelle, c'est-à-dire à des fonctionnaires de l'État plutôt qu'à des hommes de Dieu. Les constituants espèrent ainsi contrecarrer l'influence des religieux et éviter surtout que la religion soit un outil de conquête du pouvoir. Il est certain que cette stratégie est insuffisante si elle n'est pas suivie d'une réelle politique sociale, parce que les partis dits islamistes sont surtout plébiscités pour leurs activités sociales et pour la lutte contre la corruption qu'ils promettent. La majorité de la population qui a voté pour ces partis en Tunisie et en Égypte a voulu d'abord sanctionner les régimes politiques en place dont les partis classiques se sont accommodés. Concrètement, dans les Constitutions égyptienne et tunisienne de 2014, cette disposition constitutionnelle qui fait référence à l'islam n'a aucune incidence sur l'organisation et le fonctionnement des institutions publiques de ces États[4], mais elle présente un risque qu'il ne faut pas négliger, car le comportement des acteurs politiques est « commandé en effet, non par le souci de se conformer aux normes constitutionnelles, mais par le calcul politique : même s'ils se plient à la contrainte juridique et sacrifient aux impératifs de la justification juridique, leur rapport au droit reste avant tout pragmatique et instrumental[5] ».

---

[1] Georges Vedel, « Le hasard et la nécessité », *Pouvoirs*, 1989, n° 50, p. 28.

[2] Vincent de Coorebyter, « Théocratie et démocratie », *La Revue nouvelle*, n° 11, 1990, p. 67.

[3] Baudoin Dupret, « La shari'a comme référent législatif, Du droit positif à l'anthropologie du droit », *Revue Interdisciplinaire d'Études Juridiques*, n° 34, 1995, p. 148.

[4] Nous allons voir cela en détail dans le chapitre suivant.

[5] Jacques Chevallier, « Pour une sociologie du droit constitutionnel », *in L'architecture du droit. Mélanges en l'honneur de Michel Troper*, Paris, Economica, 2006, p. 296.

La référence à une religion ou à un dieu dans les constitutions n'est pas une exclusivité du monde arabe. Parfois au sein même du monde arabe, il existe des États qui ne font aucune référence à la charia dans leurs constitutions : l'Algérie, le Maroc, le Mali, le Niger, le Tchad, l'Indonésie, la Turquie, Djibouti. En dehors du monde arabe, on trouve des États dont les constitutions font référence à une religion[1].

Le pluralisme religieux et les sources du droit dans les Constitutions tunisienne, égyptienne, roumaine et polonaise

L'existence des différentes confessions, l'affirmation d'une identité religieuse ou laïque d'un État, dans la Loi fondamentale, conduisent-elles à l'instauration d'un pluralisme juridique ? En réalité, nous allons voir que les États de l'Europe de l'Est qui ont affirmé une autonomie des religions et de l'État ne reconnaissent comme source du droit que l'État. En Égypte, la Constitution de 2014 reconnaît que les principes religieux des juifs et chrétiens inspirent les lois qui vont régir leurs statuts personnels et leurs affaires religieuses et les choix de leurs responsables religieux[2]. De même, elle affirme que la charia islamique est « la source principale[3] » des lois en général. En Tunisie, bien que l'État dispose d'une identité religieuse, la Constitution ne tolère pas une autre source du droit. Seul l'État dispose le pouvoir de créer du droit. Les principes d'aucune religion, ni même de l'islam, ne constituent une source principale ou une source secondaire du droit.

Parmi les États qui font l'objet de notre étude, nous avons, d'une part, des pays dans lequel seul l'État est la source du droit, d'autre part, un pays, l'Égypte en l'occurrence, dans lequel, à côté des droits étatiques, il existe des législations inspirées par les principes de la charia islamique ou par les principes religieux juifs ou chrétiens.

L'État, source unique du droit en Tunisie, en Pologne et en Roumanie

Selon Mouldi Riahi, en Tunisie,

> les débats ont abouti à un compromis judicieux : ne pas mentionner la charia et son "application", comme le voulaient les élus islamistes d'Ennahdha, et conserver intégralement l'article 1er de la Constitution de 1959 qui stipule que "la Tunisie est un État libre, indépendant et souverain ; sa religion est l'islam, l'arabe sa langue et la république son régime"[4].

---

[1] Il s'agit par exemple de la Constitution de la Grèce de 1975 (article 3), de la Constitution du Portugal de 1976 (article 41), de la Constitution irlandaise de 1937 (article 44), *etc.*

[2] Article 3 de la Constitution égyptienne de 2014.

[3] Article 2 de la Constitution égyptienne de 2014.

[4] Mouldi Riahi, « La Constitution : élaboration et contenu », *Pouvoirs*, n° 156, janvier 2016, p. 39.

Dans la nouvelle Constitution tunisienne de 2014, « deux tendances presque contradictoires semblent se dégager[1] » : d'une part, la Constitution garantit les droits et libertés énoncés dans des textes juridiques internationaux, d'autre part, elle affirme la religion islamique comme religion d'État. Pourtant, contrairement à l'Égypte, en Tunisie, l'identité islamique de l'État ne conduit pas à l'instauration de la charia comme une source de droit positif. En Tunisie, les principes de la charia islamique ne constituent, ni la source principale des législations en général, ni de celles qui régissent le statut personnel des musulmans. Au contraire, la Constitution tunisienne de 2014 affirme, dans le préambule de la Constitution, que les membres de l'assemblée constituante œuvrent

> pour un régime républicain démocratique et participatif dans le cadre d'un État civil et gouverné par le droit, et dans lequel la souveraineté appartient au peuple qui l'exerce sur la base de l'alternance pacifique à travers des élections libres, et du principe de la séparation et de l'équilibre des pouvoirs ; dans lequel le droit de s'organiser, fondé sur le principe du pluralisme, la neutralité administrative, la bonne gouvernance et des élections libres constituent l'assise de la concurrence politique ; dans lequel l'État garantit la suprématie de la loi, le respect des libertés et des droits de l'homme, l'indépendance de la justice, l'équité et l'égalité en droits et devoirs entre tous les citoyens et toutes les citoyennes, et entre toutes les catégories sociales et les régions[2].

Également, dans le corps du texte de la Constitution, on retrouve une disposition qui affirme « le caractère civil » de l'État tunisien qui est fondé sur « la primauté du droit[3] ». C'est là que réside l'ambiguïté tunisienne[4] qui affirme, d'un côté, « l'islam comme religion[5] » d'État et, de l'autre, le « caractère civil » du même État. Nadia Marzouki souligne que « dès lors que le texte n'indique pas comment hiérarchiser ces différentes valeurs idéologiques ni comment en faire la synthèse, il porte en lui le germe de conflits futurs[6] ».

Un État musulman peut-être civil ? Un État civil ne peut pas être religieux et cette ambiguïté tunisienne s'explique par le fait que l'adoption du « caractère civil » de l'État a permis, au sein de l'assemblée constituante, « l'adhésion commune au texte de la Constitution[7] ». Et l'auteur explique

---

[1] Rafâa Ben Achour, « La Constitution tunisienne de 2014 », *RFDC*, n° 100, 2014, p. 785.

[2] § 3 du préambule de la Constitution tunisienne de 2014.

[3] Article 2 de la Constitution tunisienne de 2014.

[4] Pour plus de détail, cf. Philippe Bras, « Un Etat "civil" peut-être religieux ? Débats tunisiens », *Pouvoirs*, n° 156, 2016, p. 55-70. Voir également Nadia Marzouki, « La transition tunisienne : du compromis démocratique à la réconciliation forcée », *Pouvoirs*, n° 156, 2016, p. 88.

[5] Article 1er de la Constitution tunisienne de 2014.

[6] Nadia Marzouki, *ibid.*

[7] Philippe Bras, *op. cit.*, p. 63.

que « faute de Charia, les constituants s'en tiendront, pour définir les rapports entre État, droit et religion, à un consensus sur la reconduction de l'article 1er de la Constitution de 1959, qui avait été consigné de manière anticipée dans le pacte républicain[1] ». Selon le professeur Rafâa Ben Achour, « cette nouvelle Constitution est incontestablement un texte de compromis. C'est sa force et sa faiblesse à la fois[2] ». En dépit de toutes les dispositions importantes qui garantissent les droits et libertés fondamentaux des individus, l'auteur pense qu'en observant la nouvelle Constitution tunisienne, « on ne peut s'empêcher de relever les imperfections qui entachent les droits et libertés dont la raison tient au fait qu'il n'est pas toujours facile de concilier le spirituel et le temporel[3] ». Pour Philippe Bras, cette disposition peut se retourner contre les partis religieux et devenir un argument pour les partis séculiers. Il pense que l'expression État civil arrange les partis séculiers qui vont l'invoquer

> à l'encontre de l'État religieux, sans tomber sous le coup de l'accusation, invariablement invoquée par leurs adversaires, d'être des tenants de la "laïcité", l'autre chiffon rouge du débat, agité celui-là par les partis islamiques pour discréditer le "parti de l'Occident". En débattant sur la portée qu'il faut conférer à la notion d'État civil, on reste dans un entre-soi national, à distance des complots ourdis par l'Occident[4].

Pour éviter une éventuelle dérive, le constituant tunisien a insisté sur l'importance des conséquences du caractère « civil » et « démocratique » de l'État. En ce sens, c'est l'article 49 de la Constitution tunisienne de 2014 qui joue un rôle de garde-fou et qui assure une réelle garantie pour les droits et libertés des individus. Cette disposition constitutionnelle insiste sur le fait que les droits constitutionnellement garantis doivent être limités dans le respect d'un État civil et démocratique. Il dispose notamment :

> La loi fixe les restrictions relatives à l'exercice des droits et des libertés, qui sont garantis par la présente Constitution, ainsi que les conditions de leur exercice sans porter atteinte à leur essence. Ces moyens de contrôle ne sont mis en place qu'en cas de nécessité justifiable dans un État civil et démocratique et pour protéger les droits des tiers, ou encore pour des raisons de sécurité publique, de défense nationale, de santé publique ou de morale publique, et dans le respect de la proportionnalité et de la nécessité des restrictions à l'objectif recherché. Les instances judiciaires veillent à la protection des droits et des libertés contre toute violation[5].

---

[1] *Ibid.*, p. 59.
[2] Rafâa Ben Achour, *op. cit.*, p. 784.
[3] *Ibid.*, p. 789.
[4] Philippe Bras, *op. cit.*, p. 68.
[5] Article 49 de la Constitution tunisienne de 2014.

On ne peut restreindre ces droits et libertés que dans les conditions énumérées par l'article 49, parmi lesquelles ne figure pas la raison religieuse. Dans le cadre de la protection des droits constitutionnels des individus, le caractère « civil » de l'État l'emporte sur son identité musulmane puisqu'on exerce un contrôle « justifiable dans un État civil ». De plus, cette disposition constitutionnelle souligne que, comme pour les articles 1 et 2 de la Constitution de 2014, « aucun amendement ne peut porter atteinte aux droits de l'homme et aux libertés garantis par la présente Constitution[1] ». Pour Rafâa Ben Achour, cet article 49 constitue « un véritable progrès consacré par la nouvelle Constitution[2] ». Il définit scrupuleusement les conditions dans lesquelles les droits et libertés des individus peuvent être restreints. En Tunisie, les sources du droit sont la Constitution et son préambule[3], les traités approuvés par l'Assemblée des représentants[4], les lois[5], les règlements gouvernementaux[6] et les actes des collectivités locales[7].

En ce qui concerne la Pologne et la Roumanie, la situation est beaucoup plus claire : leurs Constitutions respectives ont tranché sans équivoque la question du rapport entre la religion et l'État.

D'emblée et très clairement, le constituant polonais annonce la couleur en affirmant que « les pouvoirs publics agissent en vertu et dans les limites du droit[8] ». La Constitution polonaise de 1997 « distingue deux types de sources de droit, celles ayant une portée universelle[9] et celles n'ayant qu'une portée locale[10] ». D'abord, elle rappelle que « la Constitution, les lois, les traités ratifiés et les règlements sont les sources du droit obligatoire *erga omnes* en République de Pologne[11] ». Et selon la Constitution polonaise de 1997, sans ambiguïté, « la Constitution est la norme suprême de la République de Pologne. Les dispositions de la Constitution sont directement

---

[1] *Idem.*
[2] Rafâa Ben Achour, *op. cit.*, p. 788.
[3] Articles 145 et 146 de la Constitution tunisienne de 2014.
[4] Article 20 de la Constitution tunisienne de 2014.
[5] Article 65 de la Constitution tunisienne de 2014.
[6] Article 94 de la Constitution tunisienne de 2014.
[7] Article 134 de la Constitution tunisienne de 2014.
[8] Article 7 de la Constitution polonaise de 1997.
[9] Les sources de droit ayant une portée universelle sont la Constitution, les lois, les traités ratifiés et les règlements. Les sources ayant une portée locale sont des actes pris par les autorités locales. Voir l'article 94 de la Constitution polonaise qui affirme que « les organes des collectivités territoriales et les organes territoriaux de l'administration gouvernementale établissent, en vertu et dans les limites des délégations contenues dans la loi, des textes applicables dans leurs circonscriptions ».
[10] Jean-Pierre Massias, *Droit constitutionnel des Etats d'Europe de l'Est*, Paris, PUF, 2e éd., 2008, p. 185.
[11] Article 87 de la Constitution polonaise de 1997.

applicables, sauf dispositions constitutionnelles contraires[1] ». De même, toujours selon le même texte, « les textes de portée locale sont les sources du droit obligatoire *erga omnes* en République de Pologne[2] ». Les premières catégories ont une portée générale alors que les secondes, c'est-à-dire les textes de portée locale, ont une portée limitée au territoire des autorités locales qui les ont édictées. En ce sens, l'article 94 de la Constitution polonaise de 1997 est plus clair lorsqu'il affirme que « les organes des collectivités territoriales et les organes territoriaux de l'administration gouvernementale établissent, en vertu et dans les limites des délégations contenues dans la loi, des textes applicables dans leurs circonscriptions. Les principes et la procédure, conformément auxquels ces actes sont édictés, sont prévus par la loi[3] ».

En dehors et au sein des puissances publiques instituées par elle (l'État et les collectivités locales), la Constitution polonaise de 1997 ne reconnaît pas, par exemple pour les différentes confessions, le pouvoir de créer ou d'inspirer le droit.

En Roumanie, le constituant a également été très clair. En vertu de la Constitution roumaine de 1991, « les citoyens jouissent des droits et des libertés consacrés par la Constitution et par les autres lois et sont tenus par les obligations prévues par celles-ci[4] ». Il ne reconnaît que le droit positif et rien que le droit positif. Les différentes confessions ne sont habilitées ni à créer le droit, ni à l'inspirer. Leurs membres doivent se soumettre, comme tout citoyen, au droit positif de l'État. La Constitution roumaine affirme la suprématie de la Constitution sur toutes les autres normes en affirmant que « le respect de la Constitution, de sa suprématie et des lois est obligatoire[5] ».

Parmi les États qui font l'objet de notre étude, ce n'est qu'en Égypte que la reconnaissance du pluralisme religieux par la Constitution a conduit à l'instauration d'un pluralisme juridique.

La coexistence du droit positif avec droits religieux dans le nouveau système constitutionnel égyptien

Certains États du monde arabe[6] disposent uniquement que l'islam est une religion d'État, tandis que d'autres ajoutent que la charia est une source principale de la législation[7]. En parlant du système juridique des pays arabes, en général, Sabine Lavorel rappelle que « le système constitutionnel des pays arabes se caractérise en effet par la coexistence de normes d'origine

---

1 Article 8 de la Constitution polonaise de 1997.
2 Article 87 de la Constitution polonaise de 1997.
3 Article 94 de la Constitution polonaise de 1997.
4 Article 15 de la Constitution roumaine de 1991.
5 Article 51 de la Constitution roumaine de 1991.
6 C'est le cas de la Tunisie.
7 C'est le cas de l'Égypte.

diverses : leur *corpus* constitutionnel regroupe à la fois des règles traditionnelles de source coranique et des règles juridiques d'influence libérale[1] ». En ce qui concerne les deux États arabes qui nous intéressent, si cette observation est vraie pour l'Égypte, elle ne correspond pas à la Tunisie. Comme nous l'avons déjà souligné dans le développement précédent, la Tunisie ne reconnaît dans son système constitutionnel que les règles d'origine étatique.

En Égypte, dans la nouvelle Constitution postrévolutionnaire de 2014, le constituant admet l'existence du pluralisme religieux dont découle le pluralisme juridique puisque chaque communauté religieuse a le droit d'appliquer ses principes et ses lois, même si cela se limite à certains domaines bien définis. L'étude du droit constitutionnel de ce pays montre bien que son *corpus* juridique est un mélange des règles religieuses et des normes étatiques. L'Égypte, sans la nier ou la masquer sous une prétendue homogénéité républicaine, reconnaît donc sa diversité religieuse qui est sa réalité. En effet, la Constitution égyptienne de 2014 précise que les minorités religieuses peuvent, en ce qui concerne leurs statuts personnels et leurs affaires religieuses, appliquer leurs principes religieux. Elle dispose dans son article 3 que « les principes des lois religieuses des Égyptiens chrétiens et juifs sont la principale source des législations qui régissent leur statut personnel, leurs affaires religieuses et le choix de leurs dirigeants spirituels[2] ». La nouvelle Constitution égyptienne de 2014 issue du printemps arabe introduit les droits islamiques, chrétiens et juifs, qui vont régir principalement les statuts personnels de chaque communauté[3]. Les non-musulmans sont soumis exclusivement à leurs principes religieux pour ce qui concerne leurs statuts personnels et leurs affaires religieuses.

Concernant la charia islamique, le constituant égyptien de 2014 entend, dans le préambule de la Constitution de 2014, écrire « une Constitution qui affirme que les principes de la charia islamique sont la source principale de la législation ». En vertu de l'article 227 de la nouvelle Constitution égyptienne de 2014, « la Constitution, son préambule et tous ses textes forment un tissu cohérent, et un tout indivisible. Ses dispositions se complètent dans une unité organique cohérente ». Le préambule de la Constitution égyptienne de 2014 affirme que l'interprétation de la charia islamique « découle de la jurisprudence de la Haute cour constitutionnelle ». Elle affirme dans son article 2 que « la charia islamique est la source principale de la législation ». En Égypte, malgré l'existence d'une institution religieuse reconnue qui est Al Azhar, il revient, en vertu de la Constitution, au juge constitutionnel de trancher le conflit d'interprétation des principes

---

[1] Sabine Lavorel, *op. cit.*, p. 2.
[2] Article 3 de la Constitution égyptienne de 2014.
[3] Article 2 et Article 3 de la Constitution égyptienne de 2014.

issus de la charia islamique. La disposition constitutionnelle qui affirme la charia comme source principale de la législation fait partie d'un ordre juridique soumis à une hiérarchie des normes et au contrôle de constitutionnalité. Par conséquent, la question de l'incompatibilité entre les règles issues des principes de la charia et les autres droits constitutionnels positifs égyptiens est, de fait, résolue puisque la Constitution est supérieure aux lois qui sont inspirées de la charia et que les règles d'inspiration de la charia islamique sont soumises au contrôle d'une juridiction constitutionnelle qui fait avant tout un contrôle juridique. Sous peine d'être annulées par le juge constitutionnel, les lois doivent être en conformité avec les normes constitutionnelles. L'article 2 de la nouvelle Constitution égyptienne de 2014 stipule seulement que « la charia est la source principale de la législation » et donc ne donne nullement une valeur constitutionnelle à ces lois. Selon Baudoin Dupret et Jean-Noël Ferrié, « la sharia ne doit pas être interprétée en tant que réalité juridique, mais en tant que référent législatif[1] ». La charia islamique ne constitue pas une norme juridique, mais elle est une source principale de la législation égyptienne. Pour minimiser la portée d'une telle affirmation, Pierre Rondot pense que

> « la référence aux idéaux moraux de l'islam apparaît comme une indispensable clause de style. La disposition qui fait du droit musulman la base principale de la législation ne va pas non plus au-delà d'une reconnaissance solennelle de prééminence : l'adjectif "principale" enlève à cette clause toute signification exclusive et laisse le législateur libre[2].

Si « la force d'un texte sacré est qu'il obéit à l'interprétation que font les hommes pour montrer le bien-fondé de leurs visions idéologiques et pour invoquer la légitimité de leurs combats[3] », le constituant égyptien a évité cela en attribuant exclusivement à la Haute Cour constitutionnelle le pouvoir d'interpréter des lois issues des principes de la charia islamique.

Mais l'existence même d'une telle disposition pose un problème d'égalité des citoyens devant la loi, car il s'agira d'imposer aux citoyens d'une autre confession ou sans confession des droits d'inspiration de la charia islamique. Les principales sources de la charia sont le Coran et la Sunna, car « le droit musulman est sacral dans son essence du fait de ses deux sources originaires : le Coran et la Sunna, également du fait du langage qui les

---

[1] Baudoin Dupret et Jean-Noël Ferrie, « Introduction », *in* Baudoin Dupret, Jean-Noël Ferie, et Gilles Boëtsch (dir.), *Droit et sociétés dans le monde arabe*, Aix-en-Provence, Presses universitaires d'Aix-Marseille, 1997, p. 15.

[2] Pierre Rondot, *L'Islam et les musulmans d'aujourd'hui*, cité *in* Jean-François Rycx et Gilles Blanchi, « Références à l'Islam dans le droit public positif en pays arabes », *Pouvoirs*, n° 12, 1983, p. 59.

[3] Addi Lahraoui, « Pluralisme politique et islam dans le monde arabe », *Pouvoirs*, 2003, n° 104, p. 86.

énonce[1] ». Alors que la charia islamique constitue « la source principale » de la loi, les principes religieux des chrétiens et des juifs ne s'appliquent que pour leurs statuts personnels et leurs affaires religieuses.

Au-delà des questions qu'elles soulèvent, ces dispositions constitutionnelles[2] montrent l'importance pour les constituants égyptiens de reconnaître le droit à la différence des minorités religieuses et d'admettre ce fait que la société égyptienne n'est pas seulement arabo-musulmane, mais également composite et pluriconfessionnelle. L'Égypte proclame constitutionnellement sa pluralité religieuse dont découle son pluralisme juridique. C'est une reconnaissance des confessions diverses au sein d'une seule population égyptienne qui est arabe et égyptienne dans son ensemble avant tout. Cette reconnaissance de la liberté de religion et de conviction prouve que les constituants égyptiens approuvent le droit à la différence et garantissent le respect des spécificités religieuses et culturelles à chacun.

La liberté de religion reconnue par la Constitution, pour chaque communauté, conduit inévitablement à appliquer diverses sources de droit. L'existence des diverses sources du droit au sein d'un même ordre juridique égyptien entraîne l'application des différentes règles au citoyen d'un même État. Sont appliquées des règles juridiques issues, tantôt de la charia, tantôt des principes chrétiens ou juifs, à des situations d'apparence identiques telles que le mariage ou l'héritage. Les musulmans majoritaires appliqueront donc la charia pour régler leurs affaires religieuses mais, plus encore, puisqu'en vertu de l'article 2 de la Constitution égyptienne de 2014, les principes de la charia islamique constituent la source principale de la législation. Si les principes des lois chrétiennes et juives ne sont pas la source principale de la législation nationale, elles sont au moins, selon l'article 3, reconnues en tant que telles pour régir les statuts personnels et les affaires religieuses. La Constitution accepte l'existence d'une pluralité religieuse et admet pour chaque groupe religieux le droit d'appliquer leurs principes sacrés. Parallèlement au droit positif de l'État qui régit les pouvoirs publics et la population égyptienne dans son ensemble, cela conduit à appliquer ou à se référer, pour ce qui est spécifique à chaque groupe religieux, tantôt aux principes de la charia islamique, tantôt aux principes des lois chrétiennes et juives.

Par conséquent, de la pluralité religieuse naît en Égypte une pluralité normative reconnue au sein de la norme fondamentale. Si l'État reconnaît ces principes religieux comme sources du droit, du statut personnel ou de la législation, il n'en est pas à l'origine. Ce sont des « droits » reconnus par l'État et sa Constitution pour chaque communauté religieuse afin de satisfaire la diversité religieuse. Mais ces « droits » ne sont nullement créés

---

[1] Jean-Paul Charnay, *Esprit du droit musulman*, Paris, Dalloz, 2008, p. 10.
[2] Articles 2 et 3 de la Constitution égyptienne de 2014.

par l'État et constituent alors des règles parallèles à celles instituées par l'État égyptien. S'ils sont « positifs », ces principes religieux le sont uniquement parce qu'ils sont inclus dans la Constitution. C'est en cela également qu'ils justifient le pluralisme juridique. Dans l'ordre juridique égyptien, il existe, à côté des règles juridiques posées par l'État, des règles d'inspiration des principes de la charia islamique et des principes des lois chrétiennes et juives. Dans un même ordre juridique cohabitent ainsi deux types de règles juridiques : les unes générales et communes à l'ensemble de la population égyptienne sans aucune distinction, les autres répondant aux spécificités religieuses de chaque communauté.

Le pluralisme juridique en Égypte existait, dans ce domaine, bien avant la nouvelle Constitution de 2014[1]. L'Égypte a globalement admis sa diversité religieuse et les conséquences juridiques inhérentes concernant les statuts personnels et les affaires religieuses. C'est par exemple le cas pour la communauté copte. Si la définition générale du pluralisme juridique est bien la coexistence de plusieurs droits au sein d'un même ordre juridique, alors il est incontestablement présent en Égypte dans la mesure où il y est permis d'appliquer, à côté du droit positif de l'État égyptien, des principes spécifiques à chaque communauté religieuse. Le pluralisme juridique égyptien bénéficie d'une reconnaissance constitutionnelle. La Constitution égyptienne admet la différence minimale religieuse au sein de sa population tout en insistant sur l'importance de ce qui les unit. L'Égypte est une République arabe sur le continent africain[2] : voilà ce qui unit indifféremment tous les Égyptiens de chaque communauté et de chaque religion. Ils sont tous citoyens d'une même république avec des diversités religieuses et culturelles acceptées et encadrées.

Au-delà de la reconnaissance d'une diversité religieuse apparente, la Constitution égyptienne de 2014 fait découler de cela la pluralité du droit. En prenant en compte le caractère pluriconfessionnel de sa société et dans un souci de tolérance, le constituant égyptien admet pour chaque communauté, surtout pour les minorités, d'appliquer leurs principes religieux en déchargeant l'État de ce domaine car, comme le souligne Yadh Ben Achour, dans le monde arabe, « si le droit étatique veut réussir, surtout dans les domaines sensibles, il faut qu'il s'imprègne du droit musulman ou semble du moins s'en inspirer[3] ». Dans les domaines sensibles pour les autres

---

[1] En effet, l'article 2 de la Constitution égyptienne de 1971 affirmait que « les principes de la charia sont la source principale de législation ».

[2] Article 1er de la Constitution de 2014 déclare que « L'Égypte fait partie de la nation Arabe et œuvre pour son intégration et son unité. Elle fait partie du monde musulman, appartient au continent africain, est fière de sa dimension asiatique et contribue à l'édification de la civilisation humaine ».

[3] Yadh Ben Achour, « L'articulation du droit musulman et du droit étatique dans le monde arabe actuel », *in* Franck Fregosi (dir.), *Lectures contemporaines du droit islamique, Europe et monde arabe*, Strasbourg, PU Strasbourg, 2004, p. 105.

confessions, l'État égyptien s'imprègne de leurs principes religieux. La spécificité principale de la nouvelle Constitution égyptienne de 2014 par rapport au nouveau système constitutionnel tunisien réside dans la reconnaissance de cette double imprégnation des règles tantôt religieuses, tantôt positives. Elle s'efforce de concilier, d'une part, les règles juridiques qui s'inspirent des principes religieux de chaque communauté, de la charia islamique qui constitue une source principale de la législation, d'autre part, des règles juridiques posées par l'État en garantissant les libertés de culte et de conscience ainsi que l'égalité entre homme et femme, soit des règles d'origine libérale.

Le pluralisme politique en Europe de l'Est et dans le monde arabe

Le pluralisme politique est un des facteurs qui permet de juger la libéralisation de la vie politique d'un pays. Longtemps soumis au régime de parti unique, les États qui font l'objet de notre travail ont consacré constitutionnellement le pluralisme politique. Mais cette ouverture de la scène politique est soumise à certaines conditions qui garantissent le bon fonctionnement du pluralisme politique.

La consécration constitutionnelle du pluralisme politique en Pologne, Roumanie, Tunisie et Égypte

Les Constitutions de ces pays[1] ont toutes instauré le pluralisme politique, car « après la chute du communisme, l'ensemble de la classe politique a opéré une sorte de transition mentale vers les valeurs qui fondent la démocratie pluraliste[2] ». Naturellement, c'était une façon de se démarquer des anciens régimes qui étaient caractérisés par le parti unique. Nous allons étudier séparément la situation du pluralisme politique dans les pays de l'Europe de l'Est et ceux du monde arabe. Vingt-huit ans après les révolutions est européennes, nous avons le recul nécessaire pour juger de la réalité du pluralisme politique dans ces pays. En revanche, les révolutions du monde arabe sont récentes, et nous ne pouvons pour l'instant étudier que quelques élections, et surtout le texte des Constitutions de 2014. Mais nous allons confronter, d'un côté, les situations des pays de l'Europe de l'Est entre elles, de l'autre celles des deux États arabes.

---

[1] Les Constitutions de la Pologne de 1997, de la Roumanie de 1991, de l'Égypte de 2014 et de la Tunisie de 2014.

[2] Natasa Danesciuc-Colodrovschi, *La justice constitutionnelle dans les pays de la CEI : évolutions et perspectives*, Clermont-Ferrand, Fondation Varenne, 2012, p. 425.

Le pluralisme politique dans les Constitutions de la Pologne et de la Roumanie

Dans les Constitutions des pays d'Europe centrale et orientale, « le multipartisme est partout la règle, le plus souvent favorisé par le mode de scrutin (mixte ou proportionnel) et l'on a pu constater une certaine alternance droite/gauche dans plusieurs pays[1] ». En Roumanie, « le pluralisme est dans la société roumaine une condition et une garantie de la démocrate constitutionnelle[2] ». Selon Jean-Pierre Massias, « la Constitution polonaise prévoit la règle du pluralisme des partis politiques et elle assure aux citoyens polonais la possibilité de s'associer d'une façon volontaire et égale[3] ».

En Pologne, selon la Constitution de 1997,

> La République de Pologne garantit la liberté de fonder des partis politiques et la liberté de leurs activités. Les partis politiques regroupent, dans le respect des principes de la libre participation et d'égalité, des citoyens polonais en vue d'exercer, par des méthodes démocratiques, une influence sur la politique nationale. Le financement des partis politiques est public[4].

En Roumanie, la Constitution de 1991 énonce que « la Roumanie est un État de droit, démocratique et social, dans lequel la dignité de l'être humain, les droits et les libertés des citoyens, le libre développement de la personnalité humaine, la justice et le pluralisme politique représentent les valeurs suprêmes et sont garantis[5] ». Cette disposition constitutionnelle qui garantit le pluralisme politique est exclue de la révision constitutionnelle. Selon Nicolae Popa, « les dispositions constitutionnelles concernant le caractère national indépendant, unitaire et indivisible de l'État roumain, la forme républicaine du gouvernement, l'intégrité territoriale et l'indépendance de la justice, le pluralisme politique et la langue officielle ne peuvent pas faire l'objet d'une révision[6] ». En effet, la Constitution roumaine de 1991 dispose que « les dispositions de la présente Constitution portant sur le caractère national, indépendant, unitaire et indivisible de l'État roumain, la forme républicaine du gouvernement, l'intégrité du territoire, l'indépendance de la justice, le pluralisme politique et la langue officielle ne peuvent pas faire l'objet de la révision[7] ».

---

[1] Patrice Gelard, « Vingt-cinq ans depuis la chute du Mur », *RFDC*, 2014, p. 950.
[2] Article 8 de la Constitution roumaine de 1991.
[3] Jean-Pierre Massias, *Droit constitutionnel des Etats d'Europe de l'Est*, Paris, PUF, 2e éd., 2008, p. 147.
[4] Article 11 de la Constitution polonaise de 1997.
[5] Article 1er de la Constitution roumaine de 1991.
[6] Nicolae Popa, « La révision de la Constitution roumaine », *Revue de justice constitutionnelle est-européenne*, n° 2, 2004, p. 132.
[7] C'était l'article 148 de la Constitution roumaine de 1991 et, depuis la révision constitutionnelle de 2003, c'est l'article 152, qui a repris mot pour mot l'ancien article 148.

Au-delà des textes constitutionnels, en réalité, en Roumanie et en Pologne, depuis l'adoption de leurs Constitutions respectives plusieurs élections, illustrant le pluralisme politique, ont été organisées[1]. Dans le cadre de ces élections, différents partis politiques, qui incarnent différents courants politiques, ont accédé au pouvoir par urne. Selon Jean Gicquel et Jean-Éric Gicquel, dans ces pays, « les élections se déroulent régulièrement, rendant ainsi possible l'alternance politique (Pologne, Lituanie, Hongrie, Bulgarie, Roumanie, Albanie)[2] ».

En Pologne, « les scrutins successifs ont fourni aux divers observateurs l'occasion de souligner la fluctuation dans les préférences électorales de la société polonaise ainsi que l'absence d'une réelle adéquation entre le statut social des électeurs et les programmes politiques qu'ils cautionnaient[3] ». Les élections ont été organisées en Pologne avant l'adoption et l'entrée en vigueur de la Constitution de 1997. Ainsi, le 9 décembre 1990, à la suite des premières élections au suffrage universel, Lech Walesa a accédé à la présidence de la Pologne en devançant Stanislas Tyminski et succédant au général Wojociech Jaruzelski qui avait été élu par la Diète[4]. Aux élections législatives du 27 octobre 1991, le parti Union démocratique obtint 62 sièges, le parti Alliance de la gauche démocratique 60 sièges, le parti Action électorale catholique 49 sièges, le parti des paysans polonais récoltant 48 sièges et le parti Solidarité du président Walesa n'obtenant que 27 sièges. Les élections législatives du 19 septembre 1993 virent le parti Alliance de la gauche démocratique remporter 171 sièges, le parti des paysans polonais obtienir 132 sièges et le parti Union démocratique 74 sièges. Lors des élections présidentielles du 3 novembre 1995, le Président Lech Walesa fut battu par le candidat de l'Alliance de la gauche démocratique Aleksander Kwasniewski.

En outre, à la suite de l'adoption de la Constitution polonaise de 1997, plusieurs élections ont été organisées. Les élections législatives de 1997 qui ont été gagnées par la droite ont abouti à une première cohabitation de son histoire politique, car les députés de la droite polonaise ont « dû composer avec un Président de gauche (Aleksander Kwasniewski) élu en novembre 1995 et réélu en octobre 2000[5] ». Grâce au recul que nous avons par rapport au début de la révolution, nous allons nous intéresser également aux différentes élections qui se sont déroulées depuis l'adhésion

---

[1] En Pologne, on pense notamment aux élections présidentielle et législatives du 25 septembre 2005.

[2] Jean Gicquel et Jean-Éric Gicquel, *Droit constitutionnel et institutions politiques*, Paris, LGDJ, 28e éd., 2014, p. 386.

[3] Mira Marody, » La question de la démocratie en Pologne », *Pouvoirs*, n° 118, 2006, p. 67.

[4] *Le Nouvel Observateur*, 13 au 19 décembre 1990, p. 39. Voir également *Le Monde*, 11 décembre 1990, p. 1.

[5] Anne Gazier, « Une démocratie parlementaire à l'européenne ? », *Pouvoirs*, n° 106, 2003, p. 78.

de la Pologne à l'Union européenne en 2004. Ces élections législatives et présidentielles confirment l'adoption du pluralisme politique en Pologne, et ont également permis une alternance présidentielle car, pour la première fois, la droite a accédé à la magistrature suprême et a remporté les élections législatives et présidentielle en même temps. Lors des élections législatives de 2005, à la Diète, le parti Droit et Justice a remporté 155 sièges, le parti Plateforme citoyenne 133 sièges, le parti Autodéfense de la République a également 55 sièges, et ces mêmes partis ont également gagné, au Sénat, 49, 35 et 3 sièges[1]. Les élections présidentielles de la même année ont été remportées par le candidat de la droite, Lesch Kaczynski du parti Droit et Justice[2]. Pour les élections législatives de 7 octobre 2011, « sept partis sont en lice : Plateforme civique du Premier ministre Donald Tusk (PO), Droit et Justice (PIS) de l'ancien Premier ministre Jarosław Kaczynski, l'Alliance de la gauche démocratique (LID), le Parti populaire (PSL), la Pologne d'abord (PJN), le Mouvement Palikot (RPP) et le Parti du travail (PPP)[3] ». Pour les élections législatives de 2011, à la Diète, les partis Plateforme civique ont obtenu 207 sièges, Droit et Justice 157 sièges, Mouvement Palito 40 sièges, parti paysan polonais 28 sièges, Alliance démocratique de gauche 27 sièges et minorité allemande un seul siège[4].

En Roumanie, plusieurs élections démocratiques se sont déroulées depuis la révolution de 1989, en mai 1990[5]. Elles ont été gagnées par Ion Iliescu pour la présidentielle et son parti le Front du Salut national pour les élections législatives. Depuis la révision constitutionnelle de 2003, nous allons observer que le pluralisme politique a persisté en Roumanie. En 2004, l'élection présidentielle ne réunissait pas moins de onze candidats au premier tour. Au second tour, « la surprise est venue de la victoire du maire de Bucarest, capitaine de vaisseau, baptisé Popeye par ses électeurs, sur le favori le Premier ministre Adrian Nastase. L'alternance joue à nouveau en Roumanie[6] ». En Roumanie, pour les élections législatives de 2004, plusieurs partis politiques ont sollicité les suffrages des électeurs. Le Parti social-démocrate obtint 35,95 % à l'Assemblée et 36,45 % au Sénat, Alliance Justice et Vérité 31,44 % à l'Assemblée et 31,72 % au Sénat, le parti Grande Roumanie 12,90 % à l'Assemblée et 13,10 % au Sénat, et enfin

---

[1] Patrice Gelard, « L'actualité constitutionnelle en Russie, dans les États de la CEI et de l'Europe centrale et orientale et dans les pays toujours ou anciennement communistes (juillet-octobre 2005) », *RFDC*, n° 65, 2006, p. 215.
[2] *Idem.*
[3] Pierre Astié, Dominique Breillat, Céline Lageot, « Repères étrangers (1er octobre-31 décembre 2011) », *Pouvoirs*, n° 141, 2012, p. 165.
[4] *Ibid.*, p. 166.
[5] Stéphane Pierré-Caps, *Droits constitutionnels étrangers*, Paris, PUF, 2010, p. 185.
[6] Patrice Gelard, » L'actualité constitutionnelle en Russie, dans les États de la CEI et de l'Europe centrale et orientale et dans les États toujours ou anciennement communistes (avril-décembre 2004) », *RFDC*, n° 62, 2005, p. 438.

le parti Union démocrate de Magyars 6,1 % à l'Assemblée et 6,2 % au Sénat[1]. Pour les élections législatives de 2012, l'Union sociale libérale du Premier ministre Victor Ponta obtint 58,60 % des suffrages à la Chambre et 273 de 412 sièges, avec une participation de 41,80 %[2].

En Europe de l'Est, le pluralisme politique instauré par les différentes Constitutions fonctionne convenablement. Différents partis politiques, de droite ou de gauche, sont arrivés au pouvoir par les urnes et dans le respect de la Constitution. Il ressort de ce rapide panorama des différentes élections que dans ces pays le pluralisme politique n'est pas uniquement une disposition constitutionnelle sans effet, mais une réalité politique. Comme le souligne Édith Lhomel, il s'agissait, dans ces nouvelles démocraties, de « donner tout son sens à la notion de pluralisme[3] ». Le scrutin proportionnel choisi pour les élections législatives par les deux États qui font l'objet de notre étude a joué un rôle important dans la consolidation du pluralisme politique. C'est une victoire notable pour la démocratie dans des États qui sortent des régimes dans lesquels une élection n'était jamais organisée. Les différentes élections organisées ont permis l'alternance politique pacifique dans le respect des Constitutions postcommunistes.

Le pluralisme politique dans les Constitutions égyptienne et tunisienne de 2014

En Égypte et en Tunisie, comme pour les États de l'Europe de l'Est, les constituants ont instauré le pluralisme politique dans les nouvelles Constitutions de 2014. En Égypte, le constituant assure croire « au pluralisme politique et en l'alternance pacifique au pouvoir[4] ». Pour les élections législatives, en Égypte, un scrutin mixte avec une dose de proportionnelle[5] est introduit afin de garantir plus d'équité dans la représentation des partis politiques au sein de l'Assemblée nationale. En Tunisie, le constituant rappelle œuvrer pour un régime républicain « dans lequel le droit de s'organiser, fondé sur le principe du pluralisme, la neutralité administrative, la bonne gouvernance et des élections libres constituent l'assise de la concurrence politique[6] ». En Tunisie et en Égypte, les nouvelles Constitutions de 2014 et les différentes élections attestent, dans une certaine mesure, de l'existence du pluralisme politique.

---

[1] *Ibid.*

[2] Pierre Astié, Dominique Breillat, Céline Lageot, « Repères étrangers (1er octobre-31 décembre 2012) », *Pouvoirs*, n° 145, 2013, p. 164.

[3] Edith Lhomel, « Le pluralisme politique. De l'émergence à la consolidation », *Le Courrier des Pays de l'Est*, n° 1013, mars 2001, p. 19.

[4] Préambule de la Constitution égyptienne de 2014.

[5] En Égypte, 21,13 % des sièges de l'Assemblée sont à pourvoir à la représentation proportionnelle.

[6] Préambule de la Constitution tunisienne de 2014.

En Tunisie et en Égypte, depuis l'adoption des nouvelles Constitutions de 2014, plusieurs élections nationales ont été organisées. Les partis islamistes, tels que le parti Ennahdha et les Frères musulmans, et les partis laïques ont tous réussi à accéder au pouvoir par les urnes. Différentes élections ont été organisées dans le respect du pluralisme. Toutefois, en Égypte, l'armée est arrivée au pouvoir grâce à un coup d'État qu'elle a cherché par la suite à légitimer par une élection présidentielle qui a affiché un faible taux de participation. Cette recherche de la légitimité électorale signifie que l'on conçoit qu'il n'est plus possible d'arriver autrement au pouvoir. Il est vrai que, parfois, certaines élections relèvent d'une mascarade.

En Égypte, selon la Constitution de 2014, « le régime politique est fondé sur les principes du pluralisme politique et du multipartisme, de l'alternance pacifique du pouvoir, de la séparation des pouvoirs et de leur équilibre, de la corrélation inévitable entre les pouvoirs et les responsabilités, du respect des droits de l'homme et de ses libertés. Et ceci conformément à la présente Constitution[1] ». En 2012, pour les premières élections législatives constituantes démocratiques après la révolution, « 42 partis sont présents, dont 31 créés après la révolution. 15 sont des partis islamistes[2] ». Elles ont été remportées par les islamistes[3]. Au second tour de ces premières élections législatives constituantes de 2012, « les islamistes obtiennent près des deux tiers des voix avec 36,6 % aux Frères musulmans et 28,7 % aux salafistes d'Al Nour. Là encore c'est la déroute des laïques et libéraux. Il en est de même pour les notables liés auparavant au PND d'Hosni Moubarak[4] ». Cette assemblée sera dissoute par le Conseil d'État qui va déclarer « inconstitutionnels les critères de sélection des membres de la commission constituante[5] ». Selon Nathalie Bernard-Maugiron, « il avait été reproché à la Constitution de 2012 d'avoir été élaborée de façon autoritaire par une assemblée non représentative dominée par les islamistes[6] ». En mai 2014, le maréchal Al Sissi va gagner les élections présidentielles. Deux candidats, Hamdeen Sabbahi et Abdel Fatah Al-Sissi vont concourir au suffrage des

---

[1] Article 5 de la Constitution égyptienne de 2014.
[2] Pierre Astié, Dominique Breillat, Céline Lageot, » Repères étrangers (1er octobre-31 décembre 2011) », *Pouvoirs*, n° 141, 2012, p. 158.
[3] GATE Juliette, « Droits des femmes et révolutions arabes », *La Revue des droits de l'homme*, n° 6, 2014, http://revdh.revues.org/929 (consulté le 18 avril 2017).
[4] Pierre Astié, Dominique Breillat, Céline Lageot, *op. cit.*, p. 159.
[5] Pierre Astié, Dominique Breillat, Céline Lageot, « Repères étrangers (1er avril-30 juin 2013) », *Pouvoirs*, n° 147, 2013, p. 157. Et « le 2 juin 2013, la Haute Cour constitutionnelle avait déclaré inconstitutionnelle la loi d'organisation de l'assemblée constituante qui avait élaboré la Constitution de 2012 ». Voir Nathalie Bernard-Maugiron, « La Constitution égyptienne de 2014 est-elle révolutionnaire ? », *La Revue des droits de l'homme*, n° 6, 2014, http://revdh.revues.org/978 (consulté le 13 avril 2017).
[6] *Ibid.*.

Égyptiens. Malgré une faible participation[1], le maréchal Abdel Fatah Al-Sissi est élu avec 96,9 % des voix, recueillant 23,7 millions de voix (96,9 % des suffrages exprimés sur 54 millions d'inscrits), contre 3,1 % pour Hamdeen Sabbahi[2]. Il est vrai que ces élections étaient jouées d'avance et c'est cela qui explique peut-être la faiblesse du taux de participation. Pour beaucoup d'Égyptiens, l'issue des élections était claire et c'est la présence de Hamdeen Sabbahi, en tant que candidat, qui « sauve l'apparence démocratique de l'élection[3] ».

En Tunisie, la Constitution de 2014 garantit à ses citoyens et citoyennes « les libertés et les droits individuels et collectifs[4] ». Elle affirme que « la liberté de constituer des partis politiques, des syndicats et des associations est garantie[5] ». En Tunisie, plusieurs partis politiques ont participé aux élections de l'Assemblée nationale constituante du 23 octobre 2011 et « le parti Ennahda (Renaissance) arrive largement en tête devant le Forum démocratique pour le travail et les libertés (Ettakatol), défenseur de la laïcité, et le Congrès pour la République, centre gauche, de Moncef Marzouki[6] ». En général, pour les élections tunisiennes postrévolutionnaire, on a assisté à une bipolarisation d'idéaux autour d'un côté les religieux et de l'autre les laïques. C'est ce qui a conduit certains auteurs à affirmer que « la recomposition de la scène politique qui, depuis 2012, s'est structurée autour de deux principaux partis, l'un plutôt islamo-conservateur ou islamiste, incarné par Ennahdha, et l'autre, plutôt séculariste, représenté par Nidaâ Tounès, a contribué à créer un phénomène de vote utile en faveur de ses deux formations[7] ». En Tunisie, les élections législatives d'octobre 2014 et présidentielle de décembre 2014 illustrent parfaitement l'existence d'un pluralisme politique, plus réel que celui de l'Égypte, sur la scène politique. Le parti Nidaâ Tounès, parti séculier, et le parti Ennahdha, parti dit islamiste, se sont affrontés durant ces élections nationales. À l'issu d'un scrutin démocratique, le parti séculier, Nidaâ Tounès, a remporté les deux élections nationales de 2014. Mais le parti Ennahdha et le parti Afek Tounès ont gagné quelques sièges à l'Assemblée des représentants du peuple[8]. Les deux partis

[1] 47,5% des électeurs ont participé à cette élection qui ne laissait planer aucun doute sur le nom du gagnant.

[2] Pierre Astié, Dominique Breillat, Céline Lageot, « Repères étrangers (1er avril-30 juin 2014) », *Pouvoirs*, n° 151, 2014, p. 146.

[3] *Idem.*

[4] Article 21 de la Constitution tunisienne de 2014.

[5] Article 35 de la Constitution tunisienne de 2014.

[6] Pierre Astié, Dominique Breillat, Céline Lageot, « Repères étrangers (1er octobre-31 décembre 2011) », *Pouvoirs*, n° 141, 2012, p. 169.

[7] Éric Gobe, « Système électoral et révolution : la voie tunisienne », *Pouvoirs*, n° 156, 2016, p. 75.

[8] Le parti Ennahdha dispose de 69 députés à l'Assemblée des représentants, et le parti Afek Tounès a remporté 8 sièges.

ont décidé de contracter une alliance qui a permis au parti Ennahdha d'intégrer « le gouvernement formé par Habib Essid[1] ».

En Égypte et en Tunisie, la présence des partis dits islamistes dans le paysage politique illustre parfaitement l'adoption du pluralisme réel et l'ouverture de la scène politique. Sous les régimes politiques de Ben Ali et d'Hosni Moubarak, ces partis dits islamistes étaient bannis de la vie politique. La lutte contre les partis islamistes était devenue un argument qui légitimait le soutien des Occidentaux à ces régimes dictatoriaux. Ils étaient qualifiés des remparts contre l'islamisme. En Tunisie, « les partis religieux étaient réduits au silence. Le RCD (Rassemblement constitutionnel démocratique – RCD) était le parti unique du président Ben Ali créé par ses soins en 1988[2] ». Après les révolutions de 2011, leurs existences comme partis politiques en disent long sur l'ouverture de la vie politique dans ces États. Également, l'organisation des élections ouvertes à tous les partis politiques et qui aboutissent à des présences des diverses représentations au sein des Assemblées parlementaires est une seconde preuve d'un pluralisme effectif. Le pluralisme politique instauré par les nouvelles Constitutions arabes de 2014 a permis aux différents partis politiques de représenter au sein des parlements nationaux les idées qu'ils incarnent[3]. Le contenu des Constitutions de 2014 atteste de cette présence diverse puisqu'il est souvent le résultat d'un compromis entre les revendications des islamistes[4] et celles des laïques[5].

Si, en Tunisie, le pluralisme politique fonctionne normalement dans le respect du jeu démocratique, en Égypte, ce dernier est faussé depuis le coup d'État militaire de 2012. En Égypte, pour les élections présidentielles de 2014, « les opposants avaient été écartés, qu'ils soient Frères musulmans ou dissidents de gauche[6] ». En 2012, l'armée est arrivée au pouvoir par un coup d'État qui viole la règle du jeu démocratique qui est l'alternance pacifique. Néanmoins, les Égyptiens ont implicitement accepté le coup d'État militaire parce qu'ils étaient « las des bouleversements et de l'instabilité politique qui

---

[1] Nadia Marzouki, « La transition tunisienne : du compromis démocratique à la réconciliation forcée », *Pouvoirs*, n° 156, 2016, p. 89.

[2] Malik Boumediene, « Révolutions arabes et renouveau constitutionnel : une démocratisation inachevée », *La Revue des droits de l'homme*, n° 6, 2014, http://revdh.revues.org/959 (consulté le 18 avril 2017.

[3] Même si la Haute Cour constitutionnelle l'a dissoute, le Parlement égyptien, à l'issue des élections législatives de 2012, comprenait des députés des partis islamistes et des partis laïques.

[4] Les dispositions constitutionnelles se référents à l'islam et à la Charia par exemple.

[5] Par exemple les dispositions constitutionnelles qui affirment le gouvernement civil, les droits et libertés individuels, l'égalité entre homme et femme, *etc.*

[6] Pierre Astié, Dominique Breillat, Céline Lageot, « Repères étrangers (1er avril-30 juin 2014) », *Pouvoirs*, n° 151, 2014, p. 146.

avait laissé l'économie exsangue[1] ». Parmi les deux États arabes qui font l'objet de notre étude, on peut observer très clairement que le pluralisme politique est mieux respecté, dans la pratique, en Tunisie qu'en Égypte.

Les limites des pluralismes politiques dans les Constitutions polonaise, roumaine, tunisienne et égyptienne

Si elles ont toutes instauré le pluralisme politique, les Constitutions, postrévolutionnaires arabes et est-européennes, des États qui font l'objet de notre étude l'ont encadré. En Pologne et en Roumanie, le pluralisme politique est un droit constitutionnel dont l'exercice reste soumis à des conditions définies clairement par la Constitution elle-même. En Égypte et en Tunisie, le pluralisme politique reste également soumis à certaines conditions fixées par les nouvelles Constitutions de 2014. Quoique ces Constitutions reconnaissent une religion d'État, elles interdisent aux partis politiques de se fonder sur une religion quelconque.

Les limites constitutionnelles du pluralisme politique en Pologne et en Roumanie

Les limites fixées par les Constitutions polonaise et roumaine sont faites, soit dans l'intérêt de protéger le pluralisme politique[2], soit pour maintenir la cohésion nationale en luttant contre la haine et la violence[3]. Le non-respect de ces limites constitutionnelles peut aboutir à l'interdiction d'un parti politique anticonstitutionnel.

En Roumanie, la Constitution de 1991 affirme le pluralisme politique comme un droit constitutionnel en affirmant que « les citoyens peuvent s'associer librement en partis politiques, en syndicats et en d'autres formes d'association[4] ». La Cour constitutionnelle roumaine a confirmé cela en déclarant qu'« en vertu de l'article 37 alinéa 1er[5] de la Constitution, on ne peut pas nier le droit constitutionnel des citoyens de s'associer librement en partis politiques[6] ». Mais l'exercice de ce droit doit respecter certaines conditions très précises. En effet, la Constitution roumaine de 1991 souligne que « les partis ou les organisations qui, par leurs objectifs ou par leur activité, militent contre le pluralisme politique, les principes de l'État de droit ou la souveraineté, l'intégrité ou l'indépendance de la Roumanie sont

---

[1] Nathalie Bernard-Maugiron, *op. cit.*.
[2] Article 40 de la Constitution roumaine de 1991.
[3] Article 13 de la Constitution polonaise de 1997.
[4] Article 40 de la Constitution roumaine de 1991.
[5] Depuis la révision constitutionnelle de 2003, l'article 37 est devenu l'article 40 de la Constitution.
[6] Décision de la Cour constitutionnelle n° 35 du 2/04/1996 relative à la constitutionnalité de certaines dispositions de la loi sur les partis politiques, *Monitorul Oficial* n° 75 du 11 avril 1996.

inconstitutionnels[1] ». Les partis politiques doivent d'abord respecter le pluralisme politique, c'est-à-dire admettre que les autres partis existent, naissent et concourent dans le paysage politique. Cette recommandation, qui paraît anodine de prime abord dans les démocraties occidentales, n'est pas une évidence dans des pays trop longtemps habitués à un seul parti politique[2]. Le pluralisme doit donc être respecté dans le cadre de l'objectif que le parti politique se fixe, mais également dans l'exercice de ces activités. Ensuite, pour pouvoir exister conformément à la Constitution, les partis politiques doivent respecter l'État de droit et la souveraineté, l'intégrité et l'indépendance de la Roumanie. Cela implique que le parti politique soit indépendant des États étrangers ou qu'il ne soit pas au service d'une idéologie étrangère pour pouvoir garantir la souveraineté et l'indépendance de la Roumanie s'il est amené à exercer le pouvoir. Cette condition n'est pas anodine dans une Constitution d'un pays situé dans une région qui a été près de soixante-dix ans sous « tutelle » de l'URSS. Plus particulièrement, la Roumanie, du fait de sa proximité géographique avec la Russie, par rapport à la Pologne qui est loin, se devait de prendre cette précaution. La Cour constitutionnelle roumaine a estimé que « ces interdictions sont nécessaires pour une société démocrate, par leur caractère intrinsèque caractéristique à la démocratie constitutionnelle[3] ».

En Roumanie, le pluralisme politique doit être exercé dans le cadre de la loi et dans le respect de la souveraineté nationale, l'intégrité territoriale, l'ordre juridique et les principes démocratiques. En effet, la Constitution roumaine de 1991 affirme que « les partis politiques sont constitués et exercent leur activité dans les conditions fixées par la loi. Ils contribuent à la définition et à l'expression de la volonté politique des citoyens, tout en respectant la souveraineté nationale, l'intégrité territoriale, l'ordre juridique et les principes de la démocratie[4] ».

En outre, certains citoyens roumains exerçant la haute fonction publique n'ont pas le droit d'appartenir à un parti politique. En vertu de la Constitution roumaine de 1991, sont concernés par cette interdiction « les juges à la Cour constitutionnelle, les avocats du peuple, les magistrats, les membres actifs de l'armée, les policiers et d'autres catégories de fonctionnaires publics déterminés par une loi organique[5] ». Le cadre juridique de l'exercice du pluralisme politique roumain est défini très clairement par la Constitution de 1991.

---

[1] Article 40 de la Constitution roumaine de 1991.

[2] En Europe centrale et orientale, le Parti communiste de l'URSS avait des partis communistes satellites dans chaque État. Ces partis politiques véhiculaient l'idée de communisme et aucun pluralisme, politique ou syndical, n'était toléré.

[3] Décision précitée de la Cour constitutionnelle roumaine.

[4] Article 8 de la Constitution roumaine de 1991.

[5] Article 40 de la Constitution roumaine de 1991.

En Roumanie, le juge constitutionnel est chargé de contrôler la constitutionnalité d'un parti politique[1]. En effet, la Constitution roumaine de 1991 affirme que la Cour constitutionnelle « tranche les contestations ayant pour objet la constitutionnalité d'un parti politique[2] ». Selon la loi n° 47 de 1992 relative à l'organisation et au fonctionnement de la Cour constitutionnelle, cette dernière « tranche des contestations ayant pour objet la constitutionnalité d'un parti politique[3] ». Dans l'exercice de sa mission de contrôle de constitutionnalité d'un parti politique, la Cour constitutionnelle va étudier si un parti politique respecte les conditions spécifiées par la Constitution. En ce qui concerne la contestation de la constitutionnalité d'un parti politique, la loi relative à la Cour constitutionnelle a limité la saisine à deux autorités qui sont le gouvernement et le Président de l'une de deux Assemblées parlementaires. Contrairement au gouvernement, « le président de la Chambre ne peut formuler la contestation que sur la base d'une décision adoptée par la Chambre à la voix de la majorité de ses membres[4] ». À l'issue de la procédure, la Cour constitutionnelle peut radier un parti politique inconstitutionnel. En effet, l'article 41 de la loi n° 47 de 1992 relative au fonctionnement et à l'organisation de la Cour constitutionnelle affirme que « les partis politiques peuvent être déclarés inconstitutionnels dans les cas prévus à l'article 40 alinéa 2) de la Constitution. La décision d'admission de la contestation est communiquée au Tribunal de la municipalité de Bucarest, afin que le parti politique inconstitutionnel soit radié du Registre des partis politiques[5] ».

De même, en Pologne, la Constitution de 1997 réglemente le pluralisme politique qu'elle instaure. Ainsi, comme en Roumanie, certains partis politiques qui ne respectent pas les conditions posées par la Constitution sont interdits. L'article 13 de la Constitution polonaise de 1997 précise :

> Les partis politiques et les organisations qui ont recours dans leurs programmes aux méthodes et pratiques totalitaires du nazisme, du fascisme et du communisme sont interdits, ainsi que ceux dont le programme ou les activités admettent ou autorisent la manifestation de la haine raciale ou ethnique, le recours à la violence en vue de s'emparer du pouvoir ou d'exercer une influence sur la politique nationale ou encore prévoient des structures ou une participation secrète[6].

---

[1] Par la Constitution et par les articles 39 à 41 de la loi n° 47/1992 relatif à l'organisation et au fonctionnement de la Cour constitutionnelle (voir sur le site internet de la Cour).
[2] Article 146 de la Constitution roumaine de 1991.
[3] Article 39 de la loi n° 47/1992 relatif à l'organisation et au fonctionnement de la Cour constitutionnelle.
[4] *Idem.*
[5] Article 41 de la loi précitée.
[6] Article 13 de la Constitution polonaise de 1997.

En Pologne, les conditions posées par la Constitution de 1997 sont très différentes de celles prévues par la Constitution roumaine de 1991. Le constituant polonais postrévolutionnaire interdit dans les programmes des partis politiques des comportements et méthodes du nazisme, du fascisme et du communisme. Si on comprend la réaction contre le communisme, on saisit mal le lien entre ces trois composants d'un côté et le lien entre les partis politiques polonais et le nazisme et le fascisme. La Pologne a certes été victime du nazisme[1], mais aucun parti politique polonais n'a soutenu l'agression allemande. En revanche, la réaction contre le communisme[2] est compréhensible. La Pologne qui s'est révoltée en 1989 était surtout victime du communisme. Dans ce cas, il est compréhensible de prendre des précautions contre le retour du communisme. Également, en vertu de la Constitution polonaise de 1997, un parti politique est interdit si ses membres ont recours à « la haine raciale ou ethnique » et portent ainsi atteinte à la cohésion nationale. Il est également interdit à un parti politique d'utiliser la violence, même dans son programme, pour arriver au pouvoir. Il faut que le parti politique accepte que la seule façon d'accéder au pouvoir soit celle de l'urne. Un parti politique qui utilise ou prône la violence est interdit. Il est aussi interdit au parti politique d'avoir des milices ou des organisations secrètes.

En Pologne, la justice constitutionnelle est habilitée par la Constitution à garantir le respect de toutes ces limites qu'elle a tracées. La justice constitutionnelle est chargée par la Constitution de contrôler les partis politiques. Plus précisément, il revient en définitive au Tribunal constitutionnel de statuer sur « la conformité à la Constitution des objectifs ou de l'activité des partis politiques[3] ». Le Tribunal constitutionnel peut être saisi par la Cour régionale de Varsovie qui est chargée d'enregistrer les partis politiques. Celle-ci a le droit « de saisir le Tribunal constitutionnel en cas des doutes sur la conformité à la Constitution des objectifs ou de l'activité du nouveau parti » et « l'arrêt du Tribunal, s'il confirme les doutes de la Cour régionale, constitue une base de rejet de la demande d'enregistrement dans le registre des partis politiques[4] ».

---

[1] Nous faisons référence à l'invasion de la Pologne par l'Allemagne nazie en 1939.

[2] Les communistes ont été victimes du nazisme et fascisme qu'ils ont combattu avec les autres pays. Malgré le Pacte germano-soviétique de 1939, l'Allemagne va également envahir l'URSS.

[3] Article 188 de la Constitution polonaise de 1997.

[4] Jean-Pierre Massias, *Droit constitutionnel des Etats d'Europe de l'Est*, Paris, PUF, 2e éd., 2008, p. 155.

Les limites du pluralisme politique dans les Constitutions tunisienne et égyptienne de 2014

En Égypte et en Tunisie, le pluralisme politique est un droit constitutionnel garanti et encadré par leurs Constitutions respectives de 2014.

En Égypte, les citoyens peuvent créer, par une simple déclaration, un parti politique qui ne peut être dissous que par une décision de justice[1]. La création d'un parti politique est simplifiée, mais sa dissolution est plus complexe car elle nécessite une décision de justice. Néanmoins, la création d'un parti politique, aussi simple soit-elle, reste soumise à certaines conditions prédéfinies par la Constitution de 2014. En Égypte, « aucune activité politique ne peut s'exercer, ni un parti politique se créer, sur un fondement religieux ou une discrimination fondée sur le sexe, l'origine, l'appartenance sectaire ou géographique, de même qu'aucune activité hostile à la démocratie, secrète, ou ayant un caractère militaire ou paramilitaire ne peut être pratiquée[2] ».

La Constitution égyptienne interdit d'abord toute activité politique qui serait entreprise sur le fondement d'une religion. En ce sens, un rassemblement politique d'un parti politique ou d'une personnalité politique qui s'adresse à une communauté religieuse ou émet une revendication religieuse ne peut être autorisé. De même, un parti politique qui se réclame d'une religion ne peut être créé. Même si la Constitution reconnaît à l'État une religion, elle refuse pour les partis politiques, qui concourent pour diriger cet État, de revendiquer une identité ou une appartenance religieuse.

La Constitution égyptienne de 2012 avait supprimé cette interdiction[3] qui avait été introduite par le Président Moubarak en 2007[4] pour empêcher les Frères musulmans d'être reconnus comme parti politique. Elle s'était contentée de préciser qu'un parti politique ne pouvait être créé « sur la base de la discrimination entre les citoyens fondée sur la race, le sexe, l'origine ou la religion[5] ». De même, un parti politique ou une activité politique qui aurait pour finalité de discriminer des personnes à cause de leurs sexes, origines ou appartenances sectaires ou géographiques est également interdit. Par conséquent, un parti politique ou une activité politique qui exclut les femmes ou ne reconnaît pas l'égalité entre les hommes et les femmes, n'aura

---

[1] Article 74 de la Constitution égyptienne de 2014.
[2] *Idem.*
[3] Article 6 de la Constitution égyptienne de 2012.
[4] Article 5 de la Constitution égyptienne de 1971.
[5] Nathalie Bernard-Maugiron, « La Constitution égyptienne de 2014 est-elle révolutionnaire ? », *op. cit.*.

pas sa place dans le paysage politique égyptien[1]. En ce sens, la Constitution égyptienne de 2014 affirme plus explicitement que « l'État s'engage à réaliser l'égalité entre hommes et femmes pour tous les droits civils, politiques, économiques, sociaux et culturels, conformément aux dispositions de la présente Constitution[2] ». En Égypte, les femmes ont droit à 25 % des sièges au niveau local[3], mais la Constitution de 2014 ne fixe pas de quota au niveau national[4]. Pour rendre effectives ces promesses constitutionnelles,

> L'État s'engage à prendre les mesures nécessaires afin d'assurer une représentation adéquate des femmes au sein des assemblées parlementaires, conformément à la loi. Il garantit aussi le droit des femmes à accéder sans discrimination aux fonctions publiques et aux postes de direction au sein de l'État et à être nommées dans les corps et organes judiciaires[5].

Par ailleurs, la Constitution égyptienne de 2014 souligne :

> Les citoyens sont égaux devant la loi, ils ont les mêmes droits et devoirs, sans discriminations fondées sur la religion, la croyance, le sexe, l'origine, la race, la couleur, la langue, le handicap, la classe sociale, l'appartenance politique ou géographique, ou sur toute autre raison. La discrimination et l'incitation à la haine sont des crimes punis par la loi. L'État doit prendre toutes les mesures nécessaires pour éliminer toutes les formes de discrimination, et la loi réglemente la création d'une commission indépendante à cet effet[6].

Le parti politique ne peut pas agir contre la démocratie ou avoir des milices, car la Constitution égyptienne de 2014 interdit toute activité politique « hostile à la démocratie, secrète, ou ayant un caractère militaire ou paramilitaire ne peut être pratiquée[7] ». En Égypte, il peut arriver qu'un parti politique soit radié de la scène politique par la justice égyptienne. En juin 2014, la Haute Cour administrative a dissous le parti Justice et Liberté des Frères musulmans parce qu'il avait violé la loi qui régit la vie des partis politiques[8].

En Tunisie, la Constitution de 2014 instaure également un pluralisme politique limité et soumis à certaines conditions. Elle soumet toutes les

---

[1] On insiste sur cette question d'égalité entre homme et femme, en Egypte et en Tunisie, du fait de la place centrale qu'elle a tenu, avec la religion, lors des débats dans les assemblées constituantes dans ces deux pays.

[2] Article 11 de la Constitution égyptienne de 2014.

[3] Article 180 de la Constitution égyptienne de 2014.

[4] Juliette Gate, « Droits des femmes et révolutions arabes », *La Revue des droits de l'homme*, n° 6, 2014, http://revdh.revues.org/929 (consulté le 18 avril 2017).

[5] Nathalie Bernard-Maugiron, *op. cit.*.

[6] Article 53 de la Constitution égyptienne de 2014.

[7] Article 74 de la Constitution égyptienne de 2014.

[8] Voir « L'Égypte finit d'éradiquer les Frères musulmans de la scène politique », AFP, 9 août 2014. Voir également, Nathalie Bernard-Maugiron, *op. cit.*.

organisations collectives aux mêmes conditions qui sont le respect du droit tunisien, la transparence financière et rejeter la violence. La Constitution tunisienne de 2014 dispose que « les partis politiques, les syndicats et les associations s'engagent dans leurs statuts et leurs activités à respecter les dispositions de la Constitution et de la loi, à la transparence financière et au rejet de la violence[1] ». Les partis politiques sont soumis aux mêmes règles que les syndicats et les associations. Ils doivent respecter la Constitution et la loi. Les partis politiques tunisiens doivent respecter toutes les conditions définies par le constituant et les législateurs. Ils doivent notamment respecter l'égalité entre homme et femme[2]. La Constitution tunisienne de 2014 affirme très clairement que « les citoyens et les citoyennes sont égaux en droits et devoirs[3] ». La Constitution tunisienne de 2014 oblige l'État « à garantir la représentation des femmes dans les assemblées élues[4] » et pour cela, il faut que les partis politiques établissent des listes dans lesquelles figurent les femmes. En Tunisie ou en Égypte, c'est la discrimination positive qui permet la présence des femmes dans les instances représentatives. Comme le souligne Juliette Gaté, « la proclamation de l'égalité entre femmes et hommes ne suffit pas à produire des résultats significatifs et rapides. Seules des mesures de discrimination positive garantissent à ce jour la présence des femmes au pouvoir en nombre notable[5] ». Pourtant, l'auteur souligne que, paradoxalement, en Tunisie, « le seul groupe parlementaire de l'assemblée constituante qui soit presque à parité (39 femmes sur 89 élus) est le groupe du parti islamo-conservateur Ennhada[6] » et en Égypte, « 6 des 7 femmes de la constituante étaient des islamistes[7] ». Pour Éric Gobe, c'est l'ampleur de la victoire des partis islamistes qui explique cette force présence des femmes issues des mouvements car, en Tunisie, « alors qu'il n'avait qu'une femme tête de liste, Ennahdha est le seul parti à avoir remporté au moins deux sièges dans chaque circonscription[8] ».

Les partis politiques tunisiens doivent également rejeter la violence, c'est-à-dire le renier comme moyen d'accession au pouvoir et comme moyen de contestation politique. Même si le constituant tunisien de 2014 ne le dit pas expressément, il doit récuser, comme son homologue égyptien,

---

[1] Article 35 de la Constitution tunisienne de 2014.

[2] Article 46 de la Constitution tunisienne de 2014 : « L'État garantit l'égalité des chances entre la femme et l'homme pour assumer les différentes responsabilités et dans tous les domaines. L'État œuvre à réaliser la parité entre la femme et l'homme dans les conseils élus. »

[3] Article 20 de la Constitution tunisienne de 2014.

[4] Article 34 de la Constitution tunisienne de 2014.

[5] Juliette Gate, *op. cit.*

[6] *Idem.*.

[7] *Idem.*.

[8] Éric Gobe, « Système électoral et révolution : la voie tunisienne », *Pouvoirs*, n° 156, janvier 2016, p. 77.

l'existence des activités militaires ou paramilitaires c'est-à-dire qu'un parti dispose des milices armées. En effet, la Constitution tunisienne de 2014 admet une revendication politique pacifique, car elle précise que seulement les rassemblements politiques pacifiques sont garantis[1].

En Égypte et en Tunisie, le pluralisme politique échappe à l'identité religieuse de l'État en ce sens qu'elle ne permet pas aux partis religieux d'exister. Les Constitutions égyptienne et tunisienne de 2014 affirment une religion d'État mais interdisent les partis religieux. Pourtant, dans la réalité, ces partis existent et ils ont même gagné des élections des Assemblées constituantes voire des élections présidentielles[2].

[1] Article 37 de la Constitution tunisienne de 2014.

[2] En 2012, en Égypte, le Président Mohamed Morsi, le candidat des frères musulmans, a gagné les élections présidentielles.

CONCLUSION DU CHAPITRE PREMIER

Il existe, dans les deux pays arabes étudiés, une identité religieuse de l'État due au compromis politique entre laïques et religieux qui a été caractérisé « par un contexte politique de plus en plus polarisé et volatile entre les islamo-conservateurs et les modernistes[1] ». L'identité religieuse de l'État semble avoir une incidence sur les sources du droit uniquement en Égypte. Les principes religieux, soit sont une source principale de toutes les législations, soit régissent les statuts personnels ou les affaires religieuses de certaines communautés religieuses. En revanche, en Tunisie, l'État est la seule source du droit et aucun principe religieux, en vertu de la Constitution de 2014, n'influence les législations de l'État.

En Europe de l'Est, la séparation entre le religieux et le temporel est nette. Même si l'État une collaboration entre les deux sphères, toutes les religions sont traitées sur un même pied d'égalité et sont admises dans le respect de la tolérance. Même si l'Église « bénéficie surtout, avec l'abandon par les communistes du monopole du pouvoir, d'un poids institutionnel qui la constitue en acteur incontournable de la scène politique[2] », elle n'aura pas une place privilégiée par rapport aux autres confessions de la part du constituant de 1997. Naturellement, seul l'État a le monopole du pouvoir d'édiction des règles juridiques et n'admet aucune influence de la part des religions. Les cultes ne se sont pas imposés en Pologne ou en Roumanie parce que, d'une part, ils n'étaient pas associés à la discussion politique, d'autre part, ils ne disposaient pas des partis politiques qui pouvaient défendre leurs points de vue lors des Assemblées constituantes[3]. De plus, les cultes religieux n'étaient pas invités à « la table ronde » entre l'opposition et le parti communiste. Même si les dirigeants politiques viennent de la société dans laquelle ils vivent et doivent prendre en considération les attentes de leurs concitoyens, ils n'ont pas été au point d'affirmer une religion à l'État

---

[1] Geoffrey Weichselbaum et Xavier Philippe, « Le processus constituant et la Constitution tunisienne du 27 janvier 2014 : un modèle à suivre », *Maghreb-Machrek, Constitutionnalisme*, n° 223, 2015, p. 54.

[2] Patrick Michel, « L'Eglise et le catholicisme polonais à l'épreuve du pluralisme », *Pouvoirs*, n° 118, 2006, p. 95.

[3] Les candidats que l'Eglise va ouvertement soutenir vont même perdre des élections. Ainsi, en 1995, Lech Walesa, qui est largement soutenu par l'Église va perdre les élections présidentielles face au candidat SLD Kwasniewski qui sera réélu en 2000. En 1993, pour la première fois, les partis communistes vont gagner une élection législative depuis la révolution.

polonais. Néanmoins, avec le successeur de Walesa et de Kwasniewski à la présidence de la République, le sénateur Jaroslaw Kaczynski, l'Église avait un allié de choix à la tête du pays surtout contre l'avortement[1].

Dans ces quatre États, concernant le pluralisme politique, l'identité religieuse n'a aucun impact sur le jeu politique. Le pluralisme politique est un droit constitutionnel soumis à certaines contraintes juridiques, dont l'interdiction de se revendiquer d'une religion, même dans des États qui affirment une identité religieuse. Si, en Tunisie, en Pologne et en Roumanie, le pluralisme politique semble être une réalité de la scène politique, en Égypte, la situation est incertaine. Le retour de l'armée[2] au pouvoir par un coup d'État semble avoir suspendu l'élan révolutionnaire et les attentes qu'il inspirait.

---

[1] Patrick Michel, *op. cit.*, p. 95.

[2] En Égypte, depuis 1952, avec le coup d'Etat des officiers libres qui a porté Nasser au pouvoir, c'est un militaire qui a dirigé le pays.

Chapitre II

L'organisation des pouvoirs exécutif et législatif dans les constitutions postrévolutionnaires en Europe de l'Est et dans le monde arabe

Dans ce chapitre, nous étudierons, d'une part, la situation du pouvoir exécutif, d'autre part, la situation du pouvoir législatif. Notre analyse va donc porter sur l'organisation de ces deux pouvoirs. Plus précisément, nous allons examiner, dans un premier temps, le rapport entre les différents organes du pouvoir exécutif, c'est-à-dire le président de la République et le gouvernement. Ensuite, nous allons étudier le rapport entre les assemblées parlementaires lorsqu'on est en présence d'un parlement bicaméral. Concernant les deux États arabes, qui disposent d'un parlement monocaméral, nous nous contenterons d'étudier simplement les organisations et les attributions de l'Assemblée unique et d'effectuer une comparaison entre les deux chambres de deux États. L'analyse du principe de la séparation des pouvoirs, qui est défini comme « la condition de l'organisation du pouvoir dans l'État de droit[1] », fera l'objet de développements ultérieurs[2].

Il s'agira donc, dans ce chapitre, d'étudier seulement l'organisation constitutionnelle de pouvoir, puisqu'en définitive la Constitution « n'est autre chose qu'une répartition des compétences ». La Constitution polonaise de 1997 illustre bien cela en affirmant que « la Diète et le Sénat exercent le pouvoir législatif, le président de la République et le Conseil des ministres exercent le pouvoir exécutif, les cours et tribunaux exercent le pouvoir judiciaire[3] ».

Les rapports entre les différents organes du pouvoir exécutif dans les Constitutions de la Pologne, la Tunisie, l'Égypte et la Roumanie

Dans les Constitutions qui font l'objet de notre analyse, le pouvoir exécutif est souvent traité dans une partie à part. La place que doit occuper, entre autres, le pouvoir exécutif a cristallisé le débat au sein des Assemblées

---

[1] Elisabeth Zoller, *Droit constitutionnel*, Paris, PUF, coll. « Droit fondamental », 1998, p. 279.
[2] Chapitre 2, titre 1 de la deuxième partie de notre thèse.
[3] Article 10 de la Constitution polonaise de 1997.

constituantes[1] parce qu'elle était déterminante pour la nature du futur régime politique. Dans les régimes politiques précédents, cette question a été la source principale des problèmes des citoyens. En Europe de l'Est, notamment, « l'institution présidentielle est un indicateur primordial, pour ne pas dire l'indicateur premier de la transition institutionnelle et politique de l'après-communisme[2] ».

Son organisation et son fonctionnement font donc l'objet d'une intention particulière de la part des constituants. Pourtant, malgré les garde-fous mis en place par les textes de la Constitution, il se trouve qu'on observe dans la pratique que l'équilibre des pouvoirs bascule en faveur d'un organe. Notamment, concernant la situation tunisienne, Yadh Ben Achour observe que « dans les faits, le président de la République occupe une place qui n'existe pas dans les textes[3] ». Pour l'Égypte, Nathalie Bernard-Maugiron observe que le constituant a mis en place un régime politique hybride « de plus en plus déséquilibré au profit de l'exécutif[4] ».

L'organisation et le fonctionnement du pouvoir exécutif en Pologne et en Roumanie

Les Constitutions roumaine et polonaise ont instauré un exécutif bicéphale, composé d'un président de la République et d'un gouvernement dirigé par un Premier ministre. Le premier est le chef de l'État et le second chef du gouvernement. L'analyse de la scène politique dans ces pays montre un déséquilibre en faveur du président de la République. Le chef de l'État devenu fort, le gouvernement se trouve affaibli. Par conséquent, nous allons analyser quelques éléments qui permettent de nous expliquer l'importance ou le déclin de chaque organe. Il s'agira de voir notamment le rapport entre le couple de l'exécutif et étudier si la légitimité populaire du président de la République suffit-elle pour en faire un vrai chef de l'exécutif et/ou inversement, le soutien de la majorité parlementaire assure une indépendance au Premier ministre vis-à-vis du chef de l'État.

L'exécutif bicéphale dans les Constitutions roumaine et polonaise : le renforcement du gouvernement pour affaiblir le président de la République

En Pologne et en Roumanie, le pouvoir exécutif est composé d'un chef de l'État et d'un gouvernement. En Roumanie, le pouvoir exécutif est composé du président de la Roumanie et du gouvernement. Le président de

---

[1] Voir l'interview de Yadh Ben Achour, *Jeune Afrique*, n° 2930, 5 au 11 mars 2017.

[2] Anne Gazier et Jean-Robert Raviot, « Avant-propos », *Revue d'études comparatistes Est-Ouest*, n° 2, 2008, p. 6.

[3] Interview de Yadh Ben Achour, *op. cit.*, p. 45.

[4] Nathalie Bernard-Maugiron, « La Constitution égyptienne de 2014 : Quelle réforme constitutionnelle pour l'Egypte ? », *RFDC*, n° 103, 2015, p. 529.

la Roumanie est élu au suffrage universel direct pour un mandat[1] non renouvelable de cinq ans qui peut être prolongé par une loi organique « en cas de guerre ou de catastrophe[2] ». Le gouvernement et le Premier ministre sont nommés par le Président de la Roumanie « sur la base d'un vote de confiance accordé par le Parlement[3] ». Selon Stéphane Pierré-Caps, « la désignation présidentielle du Premier ministre ne peut intervenir que sur le fondement d'un vote parlementaire de confiance, et le Président ne peut révoquer le Premier ministre[4] ». En Pologne, le pouvoir exécutif est divisé entre le président de la République et le Conseil des ministres. Le président de la République polonais est élu au suffrage universel direct pour un mandat de cinq ans renouvelable une seule fois[5]. Pour être candidat à la fonction présidentielle, il faut être de nationalité polonaise, être âgé de trente-cinq ans, jouir de ses droits politiques et être parrainé par au moins cent mille citoyens disposant d'un droit de vote[6]. Le président et les membres du Conseil des ministres sont désignés par le président de la République et ils sont investis par la Diète[7]. Selon Stéphane Pierré-Caps,

> Le Conseil des ministres est également renforcé par la Constitution. Il est dirigé par un président (Premier ministre), nommé par le chef de l'État, compte tenu de la configuration politique parlementaire. La Diète doit accorder la confiance au président du Conseil à la majorité absolue des voix. Si tel n'est pas le cas, il lui revient alors de désigner elle-même le président du Conseil selon les mêmes modalités[8].

La Diète accorde le vote de confiance à la majorité absolue des voix, la moitié au moins du nombre constitutionnel des députés étant présents[9]. Les membres du Conseil des ministres sont nommés par le président de la République sur proposition du président du Conseil des ministres et à la suite du vote de confiance de la Diète. Le président de la République n'a pas besoin du consentement du gouvernement pour révoquer « un ministre pour lequel la Diète a exprimé un vote de défiance[10] ». Il peut également, à la demande du président du Conseil des ministres, procéder « aux modifications de la composition du Conseil des ministres[11] ». En 2003, malgré son impopularité due aux affaires de corruption, le Premier ministre Leszek Miller « a obtenu le départ du ministre de l'Économie et de celui du

---

[1] Article 81 de la Constitution roumaine de 1991.
[2] Article 83 de la Constitution roumaine de 1991.
[3] Article 85 de la Constitution roumaine de 1991.
[4] Stéphane Pierré-Caps, *Droits constitutionnels étrangers*, Paris, PUF, 2010, p. 187.
[5] Article 127 de la Constitution polonaise de 1997.
[6] *Idem.*.
[7] Article 154 de la Constitution polonaise de 1997.
[8] Stéphane Pierré-Caps, *op. cit.*, p. 182.
[9] Article 154 de la Constitution polonaise de 1997.
[10] Article 144 de la Constitution polonaise de 1997.
[11] Article 161 de la Constitution polonaise de 1997.

Trésor, puis la démission le 17 janvier 2003 du ministre de la Santé, accusé d'avoir outrepassé ses compétences[1] ». De même, en Roumanie, en dehors d'un remaniement qui entraîne « le changement de la structure ou de la composition politique du gouvernement » qui nécessite le vote des députés, le Président de la Roumanie, sur proposition du Premier ministre, peut nommer ou révoquer un ministre[2].

Les compétences des gouvernements de ces pays ont été élargies dans les Constitutions postrévolutionnaires au détriment du président de la République. En Roumanie, la mission principale du gouvernement

> est de mettre en œuvre la politique intérieure et extérieure du pays sur la base d'un programme préalablement accepté par le Parlement[3]. La nuance est d'importance : le gouvernement ne peut décider de la politique du pays sans l'acceptation du Parlement. Si la révision constitutionnelle roumaine de 2003 œuvre bien dans le sens du gouvernement de cabinet, celui-ci demeure sous l'étroit contrôle parlementaire[4].

Le gouvernement roumain reste soumis au Parlement et échappe au contrôle du président de la République. La Constitution roumaine de 1991 souligne précisément que le gouvernement agit « conformément à son programme de gouvernement accepté par le Parlement[5] ». Pour cela, il bénéficie du concours de l'administration générale qu'il dirige[6]. En Pologne, le Conseil des ministres détient le pouvoir exécutif et l'initiative législative. Le Conseil des ministres, après avoir obtenu l'investiture de la Diète, « conduit la politique intérieure et étrangère de la République de Pologne. Le Conseil des ministres dirige les affaires relatives à la politique de l'État qui ne sont pas réservées aux autres organes de l'État et aux collectivités territoriales. Le Conseil des ministres dirige l'administration gouvernementale[7] ». Selon Stéphane Pierré-Caps, « il apparaît clairement que l'idée centrale de la Constitution de 1997 tient à l'esquisse d'un gouvernement de cabinet, fondé sur une relation d'équilibre entre la chambre basse, la Diète, et le Conseil des ministres[8] ». Ce dernier dispose du pouvoir réglementaire et une administration gouvernementale pour mettre en œuvre sa politique[9].

---

[1] Patrice Gelard, « L'actualité constitutionnelle en Russie, dans les États de la CEI et de l'Europe centrale et orientale et dans les États toujours ou anciennement communistes (janvier-mai 2003) », *RFDC*, n° 55, 2003, p. 653.
[2] Article 85 de la Constitution roumaine de 1991.
[3] Article 102 de la Constitution roumaine de 1991.
[4] Stéphane Pierré-Caps, *op. cit.*, p. 188.
[5] Article 101 de la Constitution roumaine de 1991.
[6] *Idem.*.
[7] Article 146 de la Constitution polonaise de 1997.
[8] Stéphane Pierré-Caps, *op. cit.*, p. 182.
[9] Articles 146 et 148 de la Constitution polonaise de 1991.

En vertu de leurs Constitutions respectives, la Roumanie et la Pologne assurent au Premier ministre, le rôle d'un véritable chef du gouvernement. En Roumanie, depuis la révision constitutionnelle de 2003, le Premier ministre est indépendant du Président qui ne peut plus le révoquer. Dans tous les cas, la Constitution roumaine de 1991 assure que le gouvernement est responsable politiquement uniquement devant le Parlement[1]. Les constituants postrévolutionnaires se sont méfiés des Présidents et ont instauré des régimes politiques qui renforcent les pouvoirs du gouvernement et du parlement. Pour comprendre la méfiance des constituants polonais et roumains envers le président de la République, il faut se rappeler que ces pays de l'Europe de l'Est se sont affranchis, par une révolution, des dictatures des Présidents. Après les révolutions, il est compréhensible que l'on assiste à l'adoption de Constitutions qui vont renforcer le Parlement et le gouvernement pour affaiblir le président de la République. La Roumanie, traumatisée par la dictature de Ceausescu, va choisir d'opter pour un « gouvernement de cabinet, [avec] la préoccupation d'éviter une excessive concentration des pouvoirs au profit d'un président de la République élu au suffrage universel direct[2] ». C'est également ce qui s'est passé en Pologne : on a mis en place une Constitution qui « conforte le pouvoir parlementaire et réduit sensiblement celui du président de la République au profit du Conseil des ministres[3] ». En plus de la situation politique précédant la révolution, la pratique présidentielle postrévolutionnaire explique également la méfiance polonaise vis-à-vis du président de la République. Selon Jean-Pierre Massias,

> Le constituant polonais, fort de l'expérience de la présidence très active de Lech Walesa, n'a pas souhaité inclure le président de la République dans les affaires courantes de l'État et a décidé de confier au Président un rôle d'arbitre qui veille à l'équilibre entre les différents pouvoirs et à la continuité de l'État. La Constitution de 1997, contrairement à la Petite Constitution, veut éviter les conflits éventuels entre, d'une part, le Parlement et le Président et, d'autre part, le Conseil des ministres et le Président[4].

Une autonomie politique et administrative est garantie par la Constitution polonaise aux membres du gouvernement. Les ministres dirigent leurs départements ministériels et ils « accomplissent les missions qui leur sont confiées par le président du Conseil des ministres[5] ». Le président de la République polonaise est cantonné au rôle d'arbitre. Certains actes du président de la République « sont contresignés par le Premier ministre et les

---

[1] Article 108 de la Constitution roumaine de 1991.
[2] Stéphane Pierré-Caps, *op. cit.*, p. 186.
[3] *Ibid.*, p. 180.
[4] Jean-Pierre Massias, *Droit constitutionnel des Etats d'Europe de l'Est*, Paris, PUF, coll. « Droit fondamental », 2e éd., 2008, p. 169.
[5] Article 149 de la Constitution polonaise de 1997.

ministres, même si la Constitution polonaise réserve des pouvoirs présidentiels propres (dissolution, initiative et veto législatifs, signature ou refus de signature des textes de loi, saisine du Tribunal constitutionnel, convocation du Conseil de cabinet, nomination des juges)[1] ». En Pologne et en Roumanie, on a ainsi l'impression que la fonction de Président est mise sous tutelle. Au sein de l'Exécutif roumain, c'est le gouvernement qui exerce le pouvoir exécutif et le Président ne semble être qu'un simple arbitre et parfois un simple collaborateur. Les actes du Président de la Roumanie « sont contresignés par le Premier ministre[2] ». Les pouvoirs des présidents de la République sont partagés et soumis à contreseing. La Constitution polonaise va plus loin en affirmant que « pour être valables, les actes officiels du président de la République doivent être contresignés par le président du Conseil des ministres qui engage ainsi sa responsabilité devant la Diète[3] ». C'est donc la signature du gouvernement qui valide les actes du président de la République. Dans le domaine de la politique étrangère, en Pologne, « le président de la République coopère dans le domaine de la politique étrangère avec le président du Conseil des ministres et le ministre compétent[4] » et en Roumanie, le gouvernement négocie les traités internationaux que le Président va conclure[5]. Les ambassadeurs et représentants diplomatiques de la Roumanie sont accrédités par le Président sur proposition du gouvernement.

En Roumanie et en Pologne, « la tendance est cependant au déclin du rôle de chef de l'État, même s'ils sont élus au suffrage universel direct et à la revalorisation du rôle du Premier ministre[6] ». Dans ces pays, les chefs de l'État ne semblent tirer aucun avantage de leur légitimité populaire face à un gouvernement ne bénéficiant que d'une légitimité indirecte. Les régimes politiques instaurés par les Constitutions polonaise et roumaine sont caractérisés avant tout par la méfiance vis-à-vis du président de la République. Ils ont adopté « des régimes parlementaires, souvent inspirés de la tradition constitutionnelle française de la IIIe République[7] ». En Roumanie et en Pologne, le président de la République exerce un rôle de médiateur et d'arbitre « qui fait de lui un Président qui préside mais ne gouverne pas[8] ». En effet, la Constitution roumaine de 1991 énonce que « le Président exerce

---

1 Stéphane Pierré-Caps, *op. cit.*, p. 182.
2 Article 99 de la Constitution roumaine de 1991.
3 Article 144 de la Constitution polonaise de 1997.
4 Article 133 de la Constitution polonaise de 1997.
5 Article 91 de la Constitution roumaine de 1991.
6 Jean Gicquel et Jean-Éric Gicquel, *Droit constitutionnel et institutions politiques*, Paris, LGDJ, 28e éd., 2014, p. 386.
7 *Idem.*
8 Stéphane Pierré-Caps, *op. cit.*, p. 186.

la fonction de médiation entre les pouvoirs de l'État, ainsi qu'entre l'État et la société[1] ».

Le président de la République, véritable chef du pouvoir exécutif en Roumanie et en Pologne : la pratique du pouvoir favorable au chef de l'État.

Comme le soulignent les auteurs, « l'étude de l'institution présidentielle est déterminante pour l'analyse de l'évolution politique des pays postcommunistes[2] ». Les constituants polonais et roumain ont cherché à affaiblir les pouvoirs du président de la République en renforçant ceux du gouvernement et du Parlement. Ils ont souhaité instaurer un jeu de pouvoir et de contre-pouvoir au sein de l'Exécutif. Cela a conduit les constituants « de reconnaître au président de la République des pouvoirs suffisants pour qu'il soit en mesure de tenir efficacement son rôle de contre-pouvoir[3] ». De plus, la pratique du pouvoir a permis à celui-ci de s'imposer face au gouvernement. Au sein du couple exécutif, c'est le Président qui domine le jeu et le gouvernement se trouve affaibli malgré tous ses pouvoirs constitutionnels. Lorsque le gouvernement est mis en difficulté, le président de la République bénéficie de toute la légitimité qui lui procure son élection au suffrage universel direct et son statut constitutionnel d'arbitre placé au-dessus des mêlées partisanes. De ce fait, en Pologne et en Roumanie, la relation au sommet de l'État, au sein du pouvoir exécutif, devient complexe.

En Roumanie, comme le constate le doyen Patrice Gélard, la relation entre le Président et le gouvernement peut s'avérer « particulièrement difficile[4] ». Depuis la révision constitutionnelle de 2003, la disposition constitutionnelle qui empêche la révocation du Premier ministre par le Président ne permet pas de résoudre le conflit institutionnel au sommet de l'État. Cela peut inciter à la confrontation et par conséquent à un blocage au sommet de l'État. En 2006, à la suite d'un référendum populaire favorable au maintien du président de la République, « les libéraux du Premier ministre excluent de quitter le pouvoir[5] ». Le Président est incapable de mettre fin à la fonction du gouvernement. Il s'installe alors au sommet de l'État une cohabitation forcée qui complique le fonctionnement des institutions étatiques en général et du pouvoir exécutif en particulier. Depuis la révision constitutionnelle roumaine de 2003, « le Président ne dispose plus

---

[1] Article 80 de la Constitution roumaine de 1991.
[2] Anne Gazier et Jean-Robert Raviot, *op. cit.*, p. 8.
[3] François Frison-Roche, « Les pouvoirs "périphériques" des présidents d'Europe post-communistes : symboles ou pouvoirs réels ? », *Revue d'études comparatives Est-Ouest*, vol. 39, n° 2, 2008, p. 30.
[4] Patrice Gelard, « Vingt-cinq ans depuis la chute du Mur », *RFDC*, n° 100, 2014, p. 950.
[5] Patrice Gelard, « L'actualité constitutionnelle en Russie, dans les États de la CEI et de l'Europe centrale et orientale et dans les pays toujours ou anciennement communistes (juillet 2006-juillet 2007) », *RFDC*, n° 73, 2008, p. 177.

du droit de révocation du Premier ministre. Désormais, le Premier ministre est responsable uniquement devant le Parlement[1] ». Au regard du suffrage universel direct, le Premier ministre ne bénéficie pas de la légitimité populaire. Si la source du pouvoir et de la légitimité politique est le peuple, le premier ministre nommé doit quitter ses fonctions dès lors qu'il est en conflit avec le Président élu. Pourtant, dès lors qu'il n'a plus la confiance du Parlement, le gouvernement est renvoyé. Si les députés n'adhèrent pas à sa politique, ils ont la possibilité de le démettre de ses fonctions en lui retirant leur confiance.

En Pologne et en Roumanie, l'image du gouvernement a été sérieusement entachée par les affaires des corruptions, criminelles et des tensions entre les membres du gouvernement. Le 22 octobre 2003, le ministre roumain de l'Intégration européenne Hildegard Puwak, qui a été accusé de détournement de fonds européen de 150 000, euros et le ministre de la Santé, coupable de plagiat, ont été limogés par le Premier ministre Adrian Nastase[2]. En 2006, une autre tension a éclaté au sein la coalition gouvernementale « à propos du vote du budget et le vice-premier ministre, ministre de l'Agriculture, Lepper, leader populiste, est limogé le lendemain[3] ». Les affaires relatives à la corruption ont commencé en 2006. Un conflit sur fond de corruption a éclaté entre le président de la République et le Premier ministre. Pour résoudre le conflit institutionnel au sein de l'exécutif, le 19 avril 2007, les députés de la majorité parlementaire favorable au Premier ministre ont voté une motion de censure à l'égard du président de la République, qui a été validée par la justice constitutionnelle[4]. Selon Patrice Gélard, « dès lors, le Président a le choix, soit de démissionner entraînant des élections législatives anticipées dans les trois mois, soit de se maintenir, [cela] nécessitant un référendum pour le soutenir ou le désavouer (…). Le référendum a eu lieu le 19 mai 2007 avec une participation de 44 %. 74 % des voix se sont portées en faveur du populaire président Basescu[5] ». À cause d'une affaire criminelle, assassinat d'un fils d'un entrepreneur en 2001, le ministre de la Justice Zbigniew Swiakalski a démissionné le 20 janvier 2009[6].

---

[1] Jean-Pierre Massias, « Chronique constitutionnelle des Etats d'Europe de l'Est (2003) », *RDP*, n° 6, 2004, p. 1703.

[2] Patrice Gelard, « L'actualité constitutionnelle en Russie, dans les États de la CEI et de l'Europe centrale et orientale et dans les États toujours ou anciennement communistes (juin-décembre 2003) », *RFDC*, n° 57, 2004, p. 203.

[3] Patrice Gelard, « L'actualité constitutionnelle en Russie, dans les États de la CEI et de l'Europe centrale et orientale et dans les pays toujours ou anciennement communistes (juillet 2006-juillet 2007) », *RFDC*, n° 73, 2008, p. 176.

[4] *Ibid.*, p. 177.

[5] *Idem.*.

[6] Patrice Gelard, « L'actualité constitutionnelle en Russie, dans les États de la CEI et de l'Europe centrale et orientale et dans les pays toujours ou anciennement communistes (janvier-octobre 2009) », *RFDC*, n° 81, 2010, p. 203.

En Pologne, l'emploi de la représentation proportionnelle aux élections législatives et les tensions au sein du gouvernement ont également fragilisé le gouvernement minoritaire et renforcé ainsi la place du président. Les coalitions de partis ne sont pas à l'abri d'un conflit qui peut mettre fin à leur collaboration. Le 29 août 2001, le renvoi du ministre des Finances par le Premier ministre a aggravé « ainsi la crise politique qui min[ait] depuis plusieurs mois la coalition gouvernementale à la veille des élections[1] ». En 2005, Lech Kaczynski, le maire de Varsovie, soutenu par le parti Droit et Justice, a remporté les élections présidentielles avec 54,47 % des suffrages exprimés face à Donald Tusk[2]. En Pologne, à la suite de l'élection présidentielle de 2005,

> faute d'accord avec les libéraux de Plateforme civique, un gouvernement minoritaire des catholiques conservateurs du PIS, présidé par Kazimierz Marcinkiewicz, est mis en place (…). Le 5 mai, le PIS, qui ne dispose que de 156 sièges sur 460, décide d'élargir le gouvernement aux populistes de Samooborona et aux ultras catholiques de la Ligue des Familles polonaises qui disposent respectivement de 55 et de 27 sièges de députés, auxquels s'ajoutent 7 dissidents. Dès lors, le gouvernement dispose d'une majorité de 245 députés. Les populistes de Samooborona obtiennent trois portefeuilles, tandis que les ultra-catholiques du LPR en obtiennent deux[3].

Les élections législatives du 21 octobre 2007 ont été remportées par le parti Plate-forme civique. Son leader Tadeusz Mazowiecki est devenu Premier ministre et a remplacé Jaroslaw Kaczynski[4]. Le parti de la droite catholique Droit et Justice a été obligé de former une coalition avec un gouvernement de coalition le Parti paysan (Polskie Stronnictwo Ludowe, PSL) pour donner au gouvernement une majorité parlementaire stable. On assiste alors au sommet de l'État, au sein du pouvoir exécutif, à une cohabitation entre Lech Kaczynski, le Président conservateur et le Premier ministre Tadeusz Mazowiecki[5]. La formation d'un gouvernement des coalitions permet au président de la République d'incarner une stabilité au sommet de l'État.

---

[1] Patrice Gelard, « L'actualité constitutionnelle en Russie, dans les États de la CEI et de l'Europe de l'Est et dans les États toujours ou anciennement communistes (août-octobre 2001) », *RFDC*, n° 48, 2001, p. 878.

[2] Patrice Gelard, « L'actualité constitutionnelle en Russie, dans les États de la CEI et de l'Europe centrale et orientale et dans les pays toujours ou anciennement communistes (juillet-octobre 2005) », *RFDC*, n° 65, 2006, p. 216.

[3] Patrice Gelard, « L'actualité constitutionnelle en Russie, dans les États de la CEI et de l'Europe centrale et orientale et dans les pays toujours ou anciennement communistes (2005-2006) », *RFDC*, n° 69, 2007, p. 207.

[4] Jean-Pierre Massias, *Droit constitutionnel des Etats d'Europe de l'Est*, Paris, PUF, coll. « Droit fondamental », 2e éd., 2008, p. 181.

[5] *Idem*..

En Roumanie et en Pologne, les différentes affaires et l'emploi de la représentation proportionnalle aux élections législatives ont fragilisé le gouvernement et renforcé le président de la République. Le doyen Patrice Gélard souligne que « le centre du pouvoir politique appartient au gouvernement qui doit disposer d'une majorité parlementaire[1] ». Mais, justement, le gouvernement serait le centre du pouvoir politique en Europe de l'Est à condition d'avoir une majorité parlementaire stable que la représentation proportionnalle ne lui permet pas d'atteindre. Par conséquent, on met en place une coalition de gouvernement formée de plusieurs partis politiques, qui demeure d'autant plus fragile que les affaires de corruption secouent presque toutes les classes politiques. Notamment, en Pologne, à cause des scandales[2] et des affaires de corruption et des tensions, il s'installe au sein de l'opinion publique une méfiance vis-à-vis du gouvernement en place qui s'est traduite par une manifestation « pour exiger des élections législatives anticipées[3] », mais les députés ont rejeté l'autodissolution du Parlement. Également, la justice roumaine a mis en cause pour corruption certains membres du Parti social-démocrate du Premier ministre Victor Ponta. Finalement, le Premier ministre Victor Ponta a démissionné à cause de la pression de la rue en novembre 2014[4]. En 2017, le décret du gouvernement du Parti social-démocrate (PSD) qui réduisait les peines encourues en cas d'abus de pouvoir a été retiré par le gouvernement à la suite d'une mobilisation générale du peuple roumain qui a conduit à la démission du ministre de la Justice Florin Iordache[5].

En Roumanie et en Pologne, les Constitutions de 1991 et de 1997 ont mis en place un régime politique semi-présidentiel « atténué ou parlementarisé[6] » qui bascule, en fonction des circonstances politiques, soit vers le Parlementarisme, soit vers le présidentialisme. Dans ces pays, même si, dans les textes constitutionnels, il existe « l'idée du bicéphalisme du pouvoir exécutif, force est de constater que, de manière générale, les Présidents

---

[1] Patrice Gelard, « La victoire du parlementarisme », *RFDC*, n° 4, 2000, p. 880.

[2] M. Zoltowska, « Pologne. Démissions en série au gouvernement après le scandale des écoutes », *Courrier International*, 11 juin 2015, http://www.courrierinternational.com/article/pologne-demissions-en-serie-au-gouvernement-apres-le-scandale-des-ecoutes (consulté le 09/01/2016).

[3] Patrice Gelard, « L'actualité constitutionnelle en Russie, dans les États de la CEI et de l'Europe centrale et orientale et dans les pays toujours ou anciennement communistes (juillet 2006-juillet 2007) », *RFDC*, n° 73, 2008, p. 176.

[4] Irène Costelian, « Roumanie 2015 : chronique politique et constitutionnelle des pays postcommunistes de l'espace balkanique », *Revue Est-Europa*, 2015.

[5] Pour en savoir plus, voir http://www.lemonde.fr/europe/article/2017/02/13/roumanie-la-foule-forme-un-drapeau-geant-pour-reclamer-la-demission-du-gouvernement_5078632_3214.html#9Am63vs87rPGLY1u.99.

[6] Antoine Iorgovan, *Traité de droit administratif*, 1er vol., Bucarest, Ed. All Beck, 2005, cité *in* Jean-Pierre Massias, *Droit constitutionnel des Etats d'Europe de l'Est*, Paris, PUF, coll. « Droit fondamental », 2e éd. 2008, p. 325.

postsoviétiques exercent une influence considérable sur l'organisation et l'activité des gouvernements[1] ». Selon François Frison-Roche, « trois critères semblent pouvoir expliquer cette situation : le mode d'élection du président de la République, l'intention des constituants et les pouvoirs attribués au président par la Constitution[2] ». En Pologne, certaines attributions du président de la République ne font pas l'objet d'un contreseing du Premier et échappent ainsi au contrôle de la Diète. Le président de la République peut convoquer le Conseil de cabinet pour traiter des affaires d'une importance particulière, et cela lui permet « d'influencer la politique du gouvernement[3] ». En Roumanie, malgré l'adoption d'un régime parlementaire qui confère une place centrale au gouvernement, Livius Ciocârlie rappelle que « les deux présidents que nous avons eus jusqu'à présent ont joui d'une autorité qui débordait le cadre constitutionnel[4] ». En Pologne, selon Jean-Pierre Massias, concernant le président du Conseil des ministres,

> le président de la République dispose en théorie d'une totale liberté de choix. Néanmoins, il ne peut ignorer la répartition des forces politiques au sein de la Diète. Ainsi, il doit confier la formation du Conseil à un représentant d'un parti politique majoritaire au sein de la Diète ou d'une coalition créée au sein de la Diète. Si le Président ne prend pas en compte la composition de la Diète ou si le morcellement de la Diète est tel que la formation d'une coalition est exclue, le Premier ministre désigné par le président de la République ne peut réussir à former un gouvernement, comme l'ont montré des exemples récents. C'est le cas de Jan Olszewski en 1990, de Bronislaw Geremek en 1991 et de Waldemar Pawlak en 1992 — ce dernier a d'ailleurs échoué en dépit du soutien de la Diète[5].

Le pouvoir exécutif dans les Constitutions issues du printemps arabe de 2011

Les nouvelles Constitutions arabes de 2014 instaurent également un exécutif bicéphale composé d'un président de la République et d'un gouvernement dirigé par un Premier ministre. Mais contrairement à l'Europe de l'Est qui offre, vingt-sept ans après la chute du mur de Berlin, un recul

---

[1] Natasa Danelciuc-Colodrovschi, *La justice constitutionnelle dans les pays de la CEI : évolutions et perspectives*, Clermont-Ferrand, Fondation Varenne, coll. « collection des thèses », 2012, p. 452.

[2] François Frison-Roche, « Les pouvoirs « périphériques » des présidents d'Europe post-communistes : symboles ou pouvoirs réels », *Revue d'études comparatives Est-Ouest*, n° 2, 2008, p. 29.

[3] Jean-Pierre Massias, *op. cit.*, p. 176.

[4] Livius Ciocârlie, « L'Etat roumain actuel », *in* Solbodan Milacic (dir.), *La réinvention de l'Etat : démocratie politique et ordre juridique en Europe centrale et orientale*, Bruxelles, Bruylant, 2003, p. 274.

[5] Jean-Pierre Massias, *op. cit.*, p. 178.

nécessaire pour porter un jugement sur les institutions politiques et les pratiques du pouvoir, la mise en place des régimes politiques en Tunisie et en Égypte est récente. Nous pouvons seulement analyser les Constitutions et les institutions qu'elles ont adoptées. Nous ne pouvons pas juger du rapport entre les différents pouvoirs au bout de trois ans, il faudra encore attendre quelque temps pour mener sérieusement ces travaux. Par conséquent, nous allons étudier le pouvoir exécutif de la Tunisie et celui de l'Égypte, mais nous ne pouvons pas faire une analyse sérieuse et représentative du rapport entre le Président et le Premier ministre dans ces deux États. Il est également intéressant d'étudier séparément chacun du pouvoir exécutif dans ces deux États arabes parce que, depuis le coup d'État militaire du Président Al-Sissi, l'équilibre au sein du pouvoir exécutif est différent entre la Tunisie et l'Égypte où le président de la République est puissant.

Le pouvoir exécutif bicéphale en Tunisie : le Premier ministre, véritable chef du gouvernement et du pouvoir exécutif dans la Constitution tunisienne de 2014

En 2012, au sein de l'assemblée constituante tunisienne, la question relative au pouvoir exécutif, et plus particulièrement aux rapports entre le président de la République et le Premier ministre, a été à l'origine d'un vif débat[1]. Finalement, le régime politique tunisien adopté par la Constitution de 2014 est caractérisé par une Assemblée parlementaire unique et par « un exécutif bicéphale représenté par le président de la République et le gouvernement avec à sa tête son chef[2] ». En effet, la Constitution tunisienne de 2014 précise que « le pouvoir exécutif est exercé par le président de la République et par un gouvernement présidé par un chef du gouvernement[3] ». La Constitution tunisienne de 2014 organise une collaboration entre les deux organes du pouvoir exécutif en précisant toutefois le rôle de chacun.

Le constituant tunisien a mis en place « un régime politique mixte avec un exécutif bicéphale[4] ». Le pouvoir exécutif tunisien est représenté d'abord par le président de la République, chef de l'État qui est « le symbole de son unité (...) garantit son indépendance et sa continuité et il veille au respect de la Constitution[5] ». Le président de la République incarne l'État et il est gardien de son indépendance et sa continuité. Il est en outre gardien du

---

[1] Rafaâ Ben Achour et Sana Ben Achour, « La transition démocratique en Tunisie : entre légalité constitutionnelle et légitimité révolutionnaire », *RFDC*, n° 92, 2012, p. 731.

[2] Geoffrey Weichselbaum et Xavier Philippe, « Le processus constituant et la Constitution tunisienne du 27 janvier 2014 : un modèle à suivre », *Maghreb-Machrek, Constitutionnalisme*, n° 223, 2015, p. 66.

[3] Article 71 de la Constitution tunisienne de 2014.

[4] Mouldi Riahi, « La Constitution : Elaboration et contenu », *Pouvoirs : La Tunisie*, n° 156, 2016, p. 45.

[5] Article 72 de la Constitution tunisienne de 2014.

respect de la Constitution. Le président de la République tunisien est élu au suffrage universel direct pour un mandat de cinq ans renouvelable une seule fois[1]. Le candidat au poste du président de la République doit abandonner son autre nationalité s'il dispose d'une deuxième nationalité[2]. Durant son mandat, le président de la République doit quitter ses responsabilités au sein de son parti politique[3]. Il est placé ainsi au-dessus des partis politiques et il peut ainsi véritablement incarner son rôle constitutionnel d'arbitre et représentant de l'État[4]. Il est le Président de tous les Tunisiens sans distinction selon leurs affinités politiques. Il nomme le Premier ministre et, sur proposition de celui-ci, les autres membres du gouvernement. Mais son choix de Premier ministre reste très limité parce qu'il doit nommer et charger « le candidat du parti politique ou de la coalition électorale ayant obtenu le plus grand nombre de sièges au sein de l'Assemblée des Représentants du Peuple de former le gouvernement[5] ». Mais il dispose des pouvoirs propres énoncés dans la Constitution. Le président de la République détermine les politiques générales dans ces domaines en collaboration avec le chef du gouvernement. Il s'agit de la défense, des affaires étrangères et de la sécurité nationale[6]. Le président de la République préside obligatoirement le Conseil des ministres lorsqu'il traite des questions relatives aux domaines énoncés dans l'article 77 de la Constitution[7]. Le président de la République peut assister aux autres réunions du Conseil des ministres et, dans ce cas, il préside le Conseil[8]. Le professeur Rafaâ Ben Achour pense que « la situation peut se compliquer davantage » à cause de la présence du chef de l'État autorisée par l'article 93 de la Constitution[9].

De même, le président de la République dispose d'un droit de dissolution qui est un pouvoir discrétionnaire. Notamment, il peut dissoudre l'Assemblée des représentants, excepté dans les six mois qui suivent le vote de confiance ou dans « les six derniers mois du mandat présidentiel ou de la législative[10] », ou encore durant l'exercice des pouvoirs exceptionnels[11]. Le président de la République peut exercer les pleins pouvoirs « en cas de péril imminent menaçant la Nation ou la sécurité ou l'indépendance du pays et

---

1 Article 75 de la Constitution tunisienne de 2014.
2 Article 74 de la Constitution tunisienne de 2014.
3 Article 76 de la Constitution tunisienne de 2014.
4 Article 77 de la Constitution tunisienne de 2014.
5 Article 89 de la Constitution tunisienne de 2014.
6 Article 77 de la Constitution tunisienne de 2014.
7 Article 93 de la Constitution tunisienne de 2014.
8 Article 93 de la Constitution tunisienne de 2014.
9 Rafaâ Ben Achour, « La Constitution tunisienne du 27 janvier 2014 », *RFDC*, n° 100, 2014, p. 795.
10 Article 77 de la Constitution tunisienne de 2014.
11 Article 80 de la Constitution tunisienne de 2014.

entravant le fonctionnement régulier des pouvoirs publics[1] ». Mais il doit consulter le chef du gouvernement et le président de l'Assemblée des représentants du peuple. Il doit également informer le Président de la Cour constitutionnelle. La Constitution tunisienne de 2014 ne précise pas la portée juridique des avis de ces trois autorités que le président de la République doit consulter avant de s'adresser au peuple. Toutefois, la Constitution tunisienne de 2014 précise :

> À tout moment, trente jours après l'entrée en vigueur de ces mesures, et à la demande du président de l'Assemblée des représentants du peuple ou de trente membres de ladite Assemblée, la Cour constitutionnelle est saisie en vue de vérifier si la situation exceptionnelle persiste. La décision de la Cour est prononcée publiquement dans un délai ne dépassant pas quinze jours[2].

Durant cette période, le président de la République ne pourra pas dissoudre l'Assemblée des représentants qui est « en état de réunion permanente[3] » et aucune motion de censure ne peut être présentée à l'encontre du gouvernement.

Malgré une élection au suffrage universel direct « qui lui confère une légitimité populaire égale à celle de l'Assemblée des représentants des peuples, le président de la République ne bénéficie que de peu de prérogatives[4] ». Dans le cadre de l'exercice de ces pouvoirs propres, le président de la République doit le faire en collaboration avec le chef du gouvernement[5].

Le gouvernement est le deuxième organe du pouvoir exécutif qui « se compose d'un chef du gouvernement, de ministres et de secrétaires d'État choisis par le chef du gouvernement (…). En ce qui concerne les deux ministères des Affaires étrangères et de la Défense, le choix est fait en concertation avec le président de la République[6] ». Contrairement au chef de l'État élu par le peuple, pour entrer en fonction, le gouvernement doit obtenir la confiance de l'Assemblée des représentants du peuple. Ensuite, il prête serment devant le président de la République[7]. En revanche, malgré cette double « allégeance », le gouvernement demeure politiquement « responsable [uniquement] devant l'Assemblée des représentants du peuple[8] ». Le Premier ministre est le chef du gouvernement et, par conséquent, c'est à lui que revient la tâche de gouverner le pays avec ses ministres. Pour cela, il « détermine la politique générale de l'État,

---

[1] *Idem.*
[2] *Idem.*
[3] *Idem.*
[4] Rafaâ Ben Achour, *op. cit.*, p. 793.
[5] Article 77 de la Constitution tunisienne de 2014.
[6] Article 89 de la Constitution tunisienne de 2014.
[7] Article 89 de la Constitution tunisienne de 2014.
[8] Article 95 de la Constitution tunisienne de 2014.

conformément aux dispositions de l'article 77, et veille à sa mise en œuvre[1] ». Il convoque et dirige le conseil des ministres[2]. Il en fixe également l'ordre du jour. Dans le respect des domaines réservés du président de la République[3], le Premier ministre détermine et conduit la politique générale de l'État. Il veille également à sa mise en œuvre par les autres membres du gouvernement. En vertu de l'article 92 de la Constitution tunisienne de 2014,

> Le chef du gouvernement est compétent en matière de création, modification et suppression des ministères et des secrétariats d'État. Il détermine leurs attributions et prérogatives, après délibération en Conseil des ministres ; révocation d'un ou de plusieurs membres du gouvernement ou examen de leur démission, en concertation avec le président de la République s'il s'agit du ministre des Affaires étrangères ou de la Défense ; création, modification ou suppression des établissements publics, des entreprises publiques et des services administratifs, ainsi que fixation de leurs attributions et prérogatives, après délibération en Conseil des ministres, excepté ceux qui relèvent de la compétence de la présidence de la République et dont la création, la modification ou la suppression se fait sur proposition du président de la République ; nomination et révocation aux emplois civils supérieurs ; les emplois civils supérieurs sont déterminés par la loi[4].

Il doit tenir informé le président de la République des décisions prises dans le cadre de ses missions. Pour mener à bien ses missions, le chef gouvernement bénéficie d'un pouvoir réglementaire général et individuel[5]. Selon l'article 95 de la Constitution, « les décrets émanant du chef du gouvernement sont appelés décrets gouvernementaux. Les décrets à caractère réglementaire sont contresignés par le ministre concerné. Le chef du gouvernement vise les actes à caractère réglementaire pris par les ministres ».

En outre, si la vacance temporaire de la présidence de la République est constatée par la justice constitutionnelle, le Premier ministre assure l'intérim « pour une période n'excédant pas trente jours, renouvelables une seule fois[6] ». La période de vacance provisoire est repoussée à soixante jours par la Cour constitutionnelle si l'intérim est assuré « pour des raisons qui rendent la délégation des pouvoirs impossible[7] ». Le président intérimaire est soumis à certaines conditions telles que l'interdiction de réviser la Constitution, d'organiser le référendum et de dissoudre l'Assemblée des représentants du peuple[8].

---

[1] Article 91 de la Constitution tunisienne de 2014.
[2] Article 93 de la Constitution tunisienne de 2014.
[3] Il s'agit de la Défense, les Affaires étrangères et la Sécurité nationale.
[4] Article 92 de la Constitution tunisienne de 2014.
[5] Article 95 de la Constitution tunisienne de 2014.
[6] Article 85 de la Constitution tunisienne de 2014.
[7] Article 84 de la Constitution tunisienne de 2014.
[8] Article 86 de la Constitution tunisienne de 2014.

La collaboration entre ces deux organes au sommet de l'État est indispensable pour garantir une bonne application de la politique générale dont le gouvernement est chargé. Dans le même ordre d'idée, la Constitution tunisienne de 2014 a prévu réciproquement que le gouvernement tient au courant le président de la République de ses décisions[1]. Si la Constitution tunisienne de 2014 organise une collaboration entre le président de la République et le premier, il est clair qu'« au sein de l'exécutif, le chef du gouvernement est omnipotent[2] ».

En tout cas, la nature du régime politique tunisien et les rapports entre les deux têtes de l'exécutif dépendent largement des résultats des élections. En Tunisie, les résultats des élections présidentielle et législatives de 2014 ont accordé une majorité relative à l'Assemblée des représentants du peuple au parti politique du président de la République. Par conséquent, le régime politique tunisien « pourra fonctionner de façon semi-présidentielle comme il pourrait fonctionner de façon plutôt parlementaire dans une configuration de résultats électoraux différents[3] ». Dans la situation d'une cohabitation entre un président de la République et un Premier ministre issus de deux partis politiques différents, « le risque de crise est réel en cas de désaccord entre les deux têtes du pouvoir exécutif[4] ». Dans ce cas, le président de la République peut « demander à l'Assemblée des représentants du peuple de procéder à un vote de confiance au gouvernement, au maximum deux fois pendant le mandat présidentiel[5] ». Les députés peuvent rejeter cette demande vis-à-vis de sa majorité et, dans ce cas, l'Assemblée des représentants risque d'être dissoute en représailles. Mais si les députés refusent à deux reprises de voter la confiance au gouvernement, ce dernier est « réputé démissionnaire[6] ».

Le pouvoir exécutif bicéphale en Égypte : le président de la République véritable chef du pouvoir exécutif dans la Constitution de 2014

Comme la Tunisie, la Pologne ou encore la Roumanie, l'Égypte a mis en place, par sa Constitution de 2014, un exécutif bicéphale. La Constitution de 2014 a adopté un pouvoir exécutif composé d'un président de la République, élu pour un mandat de quatre ans renouvelable une seule fois[7], et d'un Premier ministre, chef du gouvernement et, en tant que tel, chargé de superviser les travaux des autres membres du gouvernement[8]. Le président

---

[1] Article 92 de la Constitution tunisienne de 2014.
[2] Rafaâ Ben Achour, *op. cit.*, p. 795.
[3] Geoffrey Weichselbaum et Xavier Philippe, *op. cit.*, p. 66.
[4] Rafaâ Ben Achour, *op. cit.*, p. 793.
[5] Article 99 de la Constitution tunisienne de 2014.
[6] Article 99 de la Constitution tunisienne de 2014.
[7] Article 140 de la Constitution égyptienne de 2014.
[8] Article 163 de la Constitution égyptienne de 2014.

de la République arabe d'Égypte est « élu au suffrage universel direct et secret, à la majorité absolue des votes valides[1] ». S'il doit quitter sa fonction, il soumet sa démission aux députés ou, à défaut, à l'Assemblée générale de la Haute Cour constitutionnelle[2]. Le Premier ministre est nommé par le président de la République puis forme son gouvernement et cherche à obtenir la confiance des députés[3]. Le gouvernement, librement nommé par le chef de l'État, « doit obtenir l'approbation du Parlement[4] » dans les trente jours suivants pour entrer en fonction. Dans le cas contraire, le président de la République est obligé de nommer

> un Premier ministre proposé par le parti ou la coalition majoritaire au sein de la Chambre des représentants. Si ce gouvernement n'obtient pas la confiance de la majorité dans les mêmes délais, la Chambre des représentants est dissoute et le Président appelle à élire une nouvelle Chambre, dans les soixante jours qui suivent la dissolution. La durée totale des délais ne doit pas dépasser soixante jours[5].

Le Premier ministre assure l'intérim si le président de la République est absent temporairement. Si l'empêchement est définitif, l'intérim est assuré par le président de la Chambre des représentants et si ce dernier est dans l'incapacité d'assurer l'intérim, il revient alors au président et aux membres de la Haute Cour constitutionnelle de le suppléer[6].

Contrairement aux autres Constitutions citées au-dessus, la Constitution égyptienne de 2014 affirme clairement que le chef du pouvoir exécutif est le président de la République et « la lecture de ces dispositions permet d'affirmer le maintien d'un régime semi-présidentiel[7] ». En Égypte, parmi les deux têtes du pouvoir exécutif, « cumulant ses larges pouvoirs constitutionnels avec une légitimité électorale et un pouvoir de fait, le Président reste l'organe exclusif d'impulsion et d'exécution de la politique nationale[8] ». La Constitution égyptienne affirme que « le président de la République est le chef de l'État et le chef du pouvoir exécutif. Il veille aux intérêts du peuple et sauvegarde l'indépendance de la nation et son intégrité territoriale, respecte les dispositions de la Constitution et exerce ses

---

[1] Article 143 de la Constitution égyptienne de 2014.
[2] Article 158 de la Constitution égyptienne de 2014.
[3] Article 146 de la Constitution égyptienne de 2014.
[4] Jean-Yves Moisseron et Naima Bouras, « La Constitution égyptienne : Continuité ou rupture », *Maghreb-Machrek, Constitutionnalisme*, n° 223, 2015, p. 95.
[5] Article 146 de la Constitution égyptienne de 2014.
[6] Article 160 de la Constitution égyptienne de 2014.
[7] Ayman Mohamed-Afity, « La Constitution égyptienne de 2014 : Entre traditions et tendances révolutionnaires », *RFDC*, n° 101, 2015, p. 129.
[8] Nathalie Bernard-Maugiron, « La Constitution égyptienne de 2014 est-elle révolutionnaire ? », *in* Véronique Champeil-Desplats (dir.), *Révolutions et droits de l'homme, Aspects politiques : le cas des révolutions arabes et moyen-orientales*, Paris, Institut Universitaire Varenne, coll. « Transition et Justice », 2015, p. 205.

compétences conformément à ses dispositions[1] ». Le président de la République d'Égypte est le chef du pouvoir exécutif et il est chef de l'État. De plus, en Égypte, c'est au président de la République de définir et conduire la politique de la Nation. Selon l'article 150 :

> Le président de la République définit la politique générale de l'État avec la collaboration du Conseil des ministres et ils supervisent sa mise en œuvre, de la manière décrite dans la Constitution. Le président de la République peut faire une déclaration de politique générale de l'État devant la Chambre des représentants à l'ouverture de la session annuelle ordinaire. Il peut faire des déclarations ou adresser des messages à la Chambre des représentants[2].

Le président de la République égyptien, contrairement à ses homologues tunisien, roumain et polonais, prononce lui-même la déclaration de politique générale devant les députés égyptiens. Cette tâche est attribuée, en France, en Tunisie ou en Pologne, au Premier ministre, chef du gouvernement. De même, le président de la République « peut convoquer le gouvernement pour une réunion de consultation sur des questions importantes et préside la réunion à laquelle il participe[3] ». Il peut prendre des décisions sans consulter le gouvernement sur « des questions importantes ». La Constitution de 2014 accorde une place importante au chef de l'État « dans la détermination de la politique nationale puisqu'il lui revient d'élaborer la politique générale avec la "collaboration" du gouvernement. Il a la possibilité de convoquer le gouvernement à chaque fois qu'il le juge utile[4] ».

Néanmoins, le Premier ministre et son gouvernement participent « à l'élaboration de la politique générale de l'État, et la supervision de sa mise en œuvre[5] ». De même, la Constitution égyptienne de 2014 affirme que le Premier ministre égyptien « est le chef du gouvernement, il supervise ses travaux et l'oriente dans l'exercice de ses compétences[6] ». Le Premier ministre égyptien et son gouvernement sont politiquement responsables devant les députés mais, avant d'entrer en fonction, ils « sont tenus de prêter serment devant le président de la République[7] ». Dans le même ordre d'idée, « en cas de démission, le Premier ministre doit présenter sa démission écrite au président de la République[8] ». Le gouvernement assume une double

---

[1] Article 139 de la Constitution égyptienne de 2014.
[2] Article 150 de la Constitution égyptienne de 2014.
[3] Article 149 de la Constitution égyptienne de 2014.
[4] Malik Boumediene, « Révolutions arabes et renouveau constitutionnel : une démocratisation inachevée », *La Revue des droits de l'homme*, n° 6, 2014, http://revdh.revues.org/959 (consulté le 28 avril 2017.
[5] Article 167 de la Constitution égyptienne de 2014.
[6] Article 163 de la Constitution égyptienne de 2014.
[7] Article 165 de la Constitution égyptienne de 2014.
[8] Article 174 de la Constitution égyptienne de 2014.

responsabilité politique, tantôt vis-à-vis du président de la République, tantôt vis-à-vis des députés.

La nomination d'un Premier ministre proposé par la majorité parlementaire peut créer, au sommet de l'État, une cohabitation entre deux personnes issues de deux familles politiques différentes, d'autant plus que le président de la République ne peut pas remanier le gouvernement sans l'accord de la majorité des députés[1]. Il est peu probable que les députés autorisent la révocation d'un gouvernement qu'ils soutiennent. La Constitution égyptienne de 2014 tente d'organiser une collaboration dans les domaines régaliens de l'État entre un président de la République et un Premier ministre issus de deux bords politiques différents. À cause de l'existence de risque réelle de confrontation entre les deux têtes de l'Exécutif, la Constitution égyptienne de 2014 affirme que « si les membres du gouvernement sont choisis par le parti ou la coalition qui dispose du plus grand nombre de sièges à la Chambre des représentants, il revient au président de la République, en concertation avec le Premier ministre, de nommer les ministres de la Défense, de l'Intérieur, des Affaires étrangères et de la Justice[2] ». Pourtant, le gouvernement est exclu en ce qui concerne les accords internationaux que le Président conclut et les députés approuvent. La Constitution égyptienne de 2014 affirme :

> Le président de la République représente l'État sur la scène internationale, conclut les traités et les ratifie après leur approbation par la Chambre des représentants. Ils ont force de loi après leur publication, conformément aux dispositions de la Constitution. En ce qui concerne les traités de paix et d'alliance et les traités touchant aux droits de souveraineté, les électeurs doivent être convoqués pour un referendum et ces textes ne peuvent être ratifiés avant l'annonce de leur approbation par ce referendum[3].

Dans la Constitution tunisienne de 2014, le président de la République est incité à collaborer avec le Premier ministre et le gouvernement. En revanche, en Égypte, c'est le gouvernement qui « collabore avec le président de la République à l'élaboration de la politique générale de l'État, et la supervision de sa mise en œuvre[4] ». Comme le Président tunisien, le président de la République arabe d'Égypte ne doit pas occuper une fonction dans un parti politique pendant la durée de son mandat[5]. Selon Nathalie Bernard-Maugiron, « reflet de l'équilibre actuel des pouvoirs dans le pays, elle ne réforme pas les dysfonctionnements de l'État et renforce le pouvoir, plutôt qu'elle ne l'encadre. Elle se situe dans la continuité des Constitutions antérieures et reste encore loin des aspirations démocratiques des révolutions

---

[1] Article 147 de la Constitution égyptienne de 2014.
[2] Article 146 de la Constitution égyptienne de 2014.
[3] Article 151 de la Constitution égyptienne de 2014.
[4] Article 167 de la Constitution égyptienne de 2014.
[5] Article 140 de la Constitution tunisienne de 2014.

de 2011[1] ». Le retour de l'armée à la présidence de l'État égyptien depuis 2012, par un coup d'État, n'arrange en rien la situation constitutionnellement déjà affaiblie du Premier ministre. Il est désormais un premier des ministres. Le Président Al-Sissi pourra même s'en passer du gouvernement avec l'approbation des députés. La Constitution de 2014 énonce « le président de la République peut dispenser le gouvernement de mener à bien ses tâches s'il obtient l'approbation de la majorité de la Chambre des représentants[2] ». Au regard de la situation actuelle de l'Égypte, ce scénario n'est pas impossible puisque les députés ne sont pas hostiles au président Abdel Fatah Al-Sissi. En Égypte, « le président de la République reste omniprésent au sein de la Constitution de 2014[3] ».

La situation du pouvoir parlementaire en Pologne, en Roumanie, en Tunisie et en Égypte

En Europe de l'Est et dans le monde arabe, le Parlement, qui détient le pouvoir législatif, a longtemps, sous les régimes renversés par les révolutions, été au seul service du chef de l'État. À cause de l'absence d'une séparation réelle des pouvoirs, le Parlement était une chambre d'enregistrement. Depuis l'adoption des nouvelles Constitutions postrévolutionnaires dans ces pays, le constituant souhaite instaurer une séparation effective des pouvoirs. Pour cela, il a renforcé le pouvoir législatif afin qu'il contribue pleinement à l'instauration de la démocratie et de l'État de droit. Des régimes parlementaires ont été adoptés pour équilibrer les pouvoirs. Dans les différentes Constitutions de ces États, même si le chef de l'État est élu au suffrage universel direct, l'essentiel des pouvoirs appartient au gouvernement et aux parlementaires. En Europe de l'Est, le pouvoir législatif présente une organisation et des attributions distinctes de celui des deux États arabes qui font l'objet de notre étude. En Pologne, en Roumanie, en Égypte et en Tunisie, le pouvoir exécutif est obligé de travailler en accord avec le pouvoir législatif dont le gouvernement est normalement issu.

L'organisation et les attributions du parlement dans les Constitutions de la Pologne et de la Roumanie

En Roumanie et en Pologne, le pouvoir législatif appartient principalement[4] au Parlement bicaméral. Les députés et les sénateurs

---

[1] Nathalie Bernard-Maugiron, *op. cit.*, p. 205.

[2] Article 147 de la Constitution égyptienne de 2014.

[3] Malik Boumedienne, « Révolutions arabes et renouveau constitutionnel : une démocratisation inachevée », *La Revue des droits de l'homme*, n° 6, 2014, http://revdh.revues.org/959 (consulté le 28 avril 2017).

[4] Le pouvoir législatif n'appartient pas exclusivement aux parlementaires parce que le pouvoir exécutif et le juge constitutionnel participent à la procédure législative, notamment avec l'initiative législative pour l'un et le contrôle *a priori* des lois pour l'autre.

disposent, en matière législative, de compétences constitutionnelles déterminées.

L'organisation bicamérale des Parlements polonais et roumain

Il s'agira ici d'analyser l'organisation des différents Parlements des États qui font l'objet de notre étude, mais également de démontrer que cette organisation n'empêche pas la collaboration indispensable de ces membres. Cette collaboration est organisée par les Constitutions elles-mêmes.

En Pologne et en Roumanie, les sénateurs et les députés sont les titulaires du pouvoir législatif. Les Parlements polonais et roumain sont bicaméraux, c'est-à-dire composés de deux chambres. En Pologne, le pouvoir législatif est exercé par « la Diète et le Sénat[1] ». Le Parlement roumain « est formé de la Chambre des députés et du Sénat[2] ». En Roumanie, « le bicaméralisme a été réinstauré en 1990 (ayant été abandonné en 1946), étant considéré comme une tradition démocratique en réaction face au modèle socialiste monocaméral et sous la pression de certains partis liés historiquement à un Parlement bicaméral[3] ». En Pologne, le Sénat a été instauré à la suite « d'un accord politique sans précédent du 5 avril 1989 appelé "accord de la table ronde", acte d'un consensus entre le parti communiste au pouvoir (PZPR-POUP)[4] et l'opposition démocratique sous le signe du mouvement syndico-politique "Solidarité"[5] ».

L'organisation parlementaire de ces deux pays est similaire, mais chacune de deux chambres a une composition et un mode de désignation de ses membres particuliers. En Pologne, pour être membre du Parlement, il faut avoir vingt et un ans révolus pour la Diète et trente ans révolus pour le Sénat et jouir dans tout le cas du droit de vote[6]. Les députés et les sénateurs roumains sont élus au suffrage universel direct[7] pour un mandat de quatre ans « qui est prolongé de droit en état de mobilisation, de guerre, de siège ou d'urgence, jusqu'à la cessation de ces états[8] ». Le mandat de député ou de sénateur prend fin « à la date de la réunion légale des chambres nouvellement élues ou en cas de démission, de perte des droits électoraux, d'incompatibilité ou de décès[9] ». En Roumanie, les députés et les sénateurs

---

[1] Article 95 de la Constitution polonaise de 1997.
[2] Article 61 de la Constitution roumaine de 1991.
[3] Jean-Pierre Massias, *Droit constitutionnel des Etats d'Europe de l'Est*, PUF, coll. « Droit fondamental », 2e éd., 2008, p. 330.
[4] POUP : Parti Ouvrier Unifié Polonais.
[5] Adam Jamroz, « Le rôle du Sénat de la République de Pologne dans la procédure législative. Quelques remarques », *in L'Etat et le Droit d'Est en Ouest : mélanges offerts au professeur Michel Lesage*, Paris, Société de Législation Comparée, 2006, p. 149.
[6] Article 99 de la Constitution polonaise de 1997.
[7] Article 62 de la Constitution roumaine de 1991.
[8] Article 63 de la Constitution roumaine de 1991.
[9] Article 70 de la Constitution roumaine de 1991.

sont élus « selon les mêmes règles, ce qui leur confère une légitimité identique, représentant l'expression de la volonté politique du même corps électoral[1] » et « les élections pour les deux Chambres ont lieu à la même date[2] ».

En Pologne et en Roumanie, le cumul de mandat de député et de sénateur est prohibé. En vertu de la Constitution polonaise de 1997, il est interdit d'être candidat simultanément à la Diète et au Sénat[3]. Les deux mandats sont incompatibles parce que « nul ne peut être en même temps député et sénateur[4] ». De même, en Roumanie, le mandat de député est incompatible avec le mandat de sénateur[5]. Par ailleurs, le règlement intérieur de la Chambre des députés roumain confirme l'interdiction de cumul de mandat de député et de sénateur. En vertu de l'article 197 du règlement intérieur de la Chambre des députés, « la qualité de député est incompatible avec la fonction de président de la Roumanie et celle de sénateur[6] ». Mais le mandat de député est compatible avec la fonction de membre du gouvernement[7]. Si une situation d'incompatibilité est constatée, le député « démissionnera des fonctions qui sont incompatibles avec le mandat de député dans un délai de trente jours suivant la date d'apparition du cas d'incompatibilité[8] ». Après l'expiration du délai de trente jours, si le député n'a pas régularisé sa situation, il est démis « de la qualité de député[9] ».

Les mandats des parlementaires polonais et roumains ne sont pas impératifs. La Constitution polonaise affirme notamment que les parlementaires polonais représentent la Nation entière et « ils ne sont pas liés par les instructions des électeurs[10] ». En Roumanie, le Parlement est qualifié d'« organe représentatif suprême du peuple roumain et l'unique autorité législative du pays[11] ». La Constitution roumaine de 1991 affirme clairement que « tout mandat impératif est nul[12] ». Pourtant, la Constitution roumaine de 1991 fait une entorse à cette règle en accordant un siège de député aux organisations qui représentent les minorités « qui ne réunissent pas aux élections le nombre de voix nécessaire pour être représentées au

---

[1] Jean-Pierre Massias, *Droit constitutionnel des Etats d'Europe de l'Est*, PUF, coll. « Droit fondamental », 2ème éd. 2008, p. 331.
[2] Jean-Pierre Massias, *op. cit.*, p. 331.
[3] Article 100 de la Constitution polonaise de 1997.
[4] Article 102 de la Constitution polonaise de 1997.
[5] Article 71 de la Constitution roumaine de 1997.
[6] Article 197 du règlement intérieur de la Chambre des députés roumaine.
[7] Article 71 de la Constitution roumaine de 1997.
[8] Article 200 du règlement intérieur de la Chambre des députés roumaine.
[9] Article 200 du règlement intérieur de la Chambre des députés roumaine.
[10] Article 104 de la Constitution polonaise de 1997.
[11] Article 61 de la Constitution roumaine de 1991.
[12] Article 69 de la Constitution roumaine de 1991.

Parlement[1] ». Cette disposition constitutionnelle est en contradiction avec les articles de la Constitution qui récusent tout mandat impératif et celui qui affirme que le suffrage universel direct est le moyen d'accès au Parlement. En outre, l'attribution d'un siège de député à une organisation des citoyens qui représente la minorité, dans le souci d'égalité, remet en cause le caractère représentatif et non impératif du mandat de député. En principe, un député, peu importe son origine, son sexe et sa religion, est un député de tout le peuple roumain. Les députés ont l'obligation de défendre l'intérêt de l'ensemble des citoyens roumains. Or, le député choisi pour qu'il représente une organisation défendant les intérêts de la minorité va logiquement défendre au sein du Parlement les intérêts de cette minorité. Sa présence à la Chambre des députés étant justifiée par son appartenance à une minorité, il sera au service de sa minorité s'il souhaite être réélu. Selon Jean-Pierre Massias, « cette discrimination positive en faveur des minorités est justifiée par le droit à l'identité consacré dans l'article 6, alinéa 1 de la Constitution[2] ». Le constituant a décidé alors de sacrifier certains droits constitutionnels pour garantir « le droit de conserver, de développer et d'exprimer leur identité ethnique, culturelle, linguistique et religieuse[3] ».

La composition du parlement varie entre la Pologne et la Roumanie. En Pologne, elle est fixée par la Constitution et, en Roumanie, cette tâche est déléguée par le constituant au législateur. En Pologne, la Diète est composée de 460 membres élus pour un mandat de quatre ans[4] au suffrage universel direct et à la représentation proportionnelle[5]. Le Sénat polonais est composé de 100 membres élus, pour un mandat de quatre ans[6] au suffrage universel direct[7]. Depuis les résultats des élections législatives polonaises de 2015, la Diète polonaise est composée de 235 députés du parti Droit et Justice, 138 députés de la Plateforme civique, 12 députés de Kukiz, 28 députés de Modern, 16 députés du parti populaire polonais et 1 député de la minorité allemande[8]. En Roumanie, la loi électorale, donc le législateur, fixe le nombre des parlementaires proportionnellement à la population du pays[9]. À la suite des élections législatives et sénatoriales de 2012, le Parlement roumain est composé de 329 sièges de députés et 153 sièges de sénateurs répartis de la façon suivante depuis les élections parlementaires du 2016 : le parti social-démocratie a 67 sénateurs et 154 députés, le parti national libéral

[1] Article 62 de la Constitution roumaine de 1991.
[2] Jean-Pierre Massias, *op. cit.*, p. 331.
[3] Article 6 de la Constitution roumaine de 1991.
[4] Article 98 de la Constitution polonaise de 1997.
[5] Article 96 de la Constitution polonaise de 1997.
[6] Article 98 de la Constitution polonaise de 1997.
[7] Article 97 de la Constitution polonaise de 1997.
[8] Pierre Astié, Dominique Breillat et Céline Lageot, « Chroniques : Repères étrangers (1er octobre- 31 décembre 2015) », *Pouvoirs*, avril 2016, p. 139.
[9] Article 62 de la Constitution roumaine de 1997.

30 sénateurs et 69 députés, le parti Union pour sauver la Roumanie 13 sénateurs et 30 députés, Union démocrate magyare de Roumanie 9 sénateurs et 21 députés, Alliances des libéraux et démocrates 9 sénateurs et 20 députés, le Parti du mouvement populaire 8 sénateurs et 18 députés, et les autres partis 17 sénateurs et 17 députés[1].

En Roumanie et en Pologne, même si le Parlement est composé de deux chambres séparées, son fonctionnement incite les deux chambres à collaborer parce que les députés et les sénateurs partagent le pouvoir législatif. Dans l'exercice de leurs missions législatives, les députés et les sénateurs travaillent tantôt séparément, tantôt ensemble.

En Roumanie, les députés et les sénateurs travaillent, soit en session séparée, soit en session commune. Ils travaillent séparément en deux sessions ordinaires[2]. Le Sénat roumain se réunit en deux sessions ordinaires. La première session commence en février et se termine en juin et la seconde session commence en septembre et se termine en décembre[3]. De même, la Chambre des députés roumaine se réunit en deux sessions ordinaires par an. La première session commence en février et se termine en juin, et la seconde session commence en septembre et se termine en décembre[4]. Les députés et les sénateurs roumains se réunissent en session extraordinaire à la demande du président de la République, du bureau permanent de chaque chambre ou d'un tiers au moins du nombre des députés ou des sénateurs[5]. Les députés peuvent également se réunir « en sessions extraordinaires, sur demande du président de la Roumanie, du bureau permanent ou d'au moins un tiers du nombre des députés[6] ». En Roumanie, selon la Constitution de 1991,

> Les Chambres déroulent également leurs travaux en séances communes, conformément à un règlement adopté à la majorité des voix des députés et des sénateurs, pour recevoir un message du président de la Roumanie ; approuver le budget de l'État et le budget des assurances sociales de l'État ; déclarer la mobilisation totale ou partielle ; déclarer l'état de guerre ; suspendre ou faire cesser les hostilités militaires ; approuver la stratégie nationale de défense du pays ; examiner les rapports du Conseil suprême de défense du pays ; nommer, sur proposition du président de la Roumanie, les directeurs des services de renseignements et exercer le contrôle sur l'activité de ces services ; nommer l'avocat du peuple ; établir le statut des députés et

---

[1] Pierre Astié, Dominique Breillat et Céline Lageot, « Chroniques : Repères étrangers (1er octobre- 31 décembre 2016) », *Pouvoirs*, avril 2017, p. 170.
[2] Article 66 de la Constitution roumaine de 1991.
[3] Article 81 du règlement intérieur du Sénat de la Roumanie. Voir le site internet du Sénat de la République de la Roumanie.
[4] Article 84 du règlement intérieur de la Chambre des députés roumains. Voir sur le site internet de la Chambre des députés roumains.
[5] Article 66 de la Constitution roumaine de 1991.
[6] Article 84 du règlement intérieur de la Chambre des députés roumains. Voir sur le site internet de la Chambre des députés roumains.

des sénateurs, établir leurs indemnités et les autres droits ; accomplir d'autres attributions qui, conformément à la Constitution ou au règlement, s'exercent en séance commune[1].

En Pologne, les parlementaires « délibèrent en séances[2] », et le président de la République convoque les premières séances de la Diète et du Sénat « dans les trente jours qui suivent la date des élections[3] » ou « au plus tard le quinzième jour après la date des élections[4] » dues à la dissolution de la diète dont il est à l'origine. En Pologne, après 1989, la création du Sénat a suscité beaucoup de débats :

> [Le Sénat] avait une double motivation : idéologique, car il indiquait l'intention des réformateurs de renouer avec les institutions éprouvées de la démocratie parlementaire libérale, du reste profondément ancrées dans la tradition nationale polonaise ; politique, car les élections sénatoriales devaient être entièrement démocratiques (contrairement aux élections de la Diète, en partie réglementées) et garantir une libre concurrence entre tous les candidats, indépendamment de leur affiliation politique[5].

Lors des séances communes, la Diète et le Sénat délibèrent « sous la présidence du président de la Diète ou, en cas d'absence, sous la présidence du président du Sénat[6] ».

Les attributions constitutionnelles des parlementaires en Pologne et en Roumanie

Dans cette partie, nous allons principalement expliquer les attributions des députés et des sénateurs. Nous n'allons pas traiter les attributions parlementaires en rapport avec l'engagement de la responsabilité politique du gouvernement que nous allons voir en détail plus loin[7]. En l'espèce, nous allons seulement aborder les attributions en matière législative des parlementaires et le contrôle de l'action gouvernementale qui n'est pas susceptible de causer la démission du gouvernement.

Si les députés et les sénateurs partagent le pouvoir législatif, le texte de la Constitution n'a pas manqué de préciser les attributions de chacune des

---

[1] Article 65 de la Constitution roumaine de 1991.
[2] Article 109 de la Constitution polonaise de 1997.
[3] Article 109 de la Constitution polonaise de 1997.
[4] Article 98 de la Constitution polonaise de 1997.
[5] Wojciech Sokolewicz, « La situation constitutionnelle de la Deuxième Chambre dans l'Etat postcommuniste : le Sénat polonais », *in* Slobodan Milacic (dir.), *La réinvention de l'Etat : démocratie politique et ordre juridique en Europe centrale et orientale*, Bruxelles, Bruylant, 2003, p. 256.
[6] Article 114 de la Constitution polonaise de 1997.
[7] Voir notre partie II chapitre I : La séparation des pouvoirs dans les constitutions issues du « printemps arabe » et des révolutions est-européenne : la limitation du pouvoir par sa division.

Chambres. Les députés et les sénateurs adoptent des lois et contrôlent ses applications par le pouvoir exécutif. Selon Jean-Pierre Massias, « la fonction législative est certainement une des plus importantes fonctions, désignant l'aptitude du Parlement d'édicter les normes juridiques qui seront obligatoires pour le pouvoir exécutif et, en cas de litige, pour le pouvoir judiciaire[1] ». En matière d'adoption des lois, la procédure législative n'est pas similaire en Roumanie et en Pologne. En Pologne, la loi est d'abord votée par la Diète et ensuite transmise au Sénat[2]. Le Parlement roumain « adopte des lois constitutionnelles, des lois organiques et des lois ordinaires[3] » et « des lois, des résolutions et des motions, en présence de la majorité de leurs membres[4] ». La Constitution roumaine de 1991 détaille davantage les attributions parlementaires en affirmant :

> Les lois constitutionnelles sont les lois portant révision de la Constitution. Par la loi organique sont réglementés : le système électoral ; l'organisation et le fonctionnement de l'Autorité électorale permanente ; l'organisation, le fonctionnement et le financement des partis politiques ; le statut des députés et des sénateurs, l'établissement de leurs indemnités et des autres droits ; l'organisation et le déroulement du referendum ; l'organisation du gouvernement et du Conseil suprême de Défense du Pays ; le régime de l'état de mobilisation partielle ou totale des forces armées et de l'état de guerre ; le régime de l'état de siège et de l'état d'urgence ; les infractions, les peines et leur régime d'exécution ; l'octroi de l'amnistie et de la grâce collective ; le statut des fonctionnaires publics ; le contentieux administratif ; l'organisation et le fonctionnement du Conseil supérieur de la magistrature, des instances judiciaires, du ministère public et de la Cour des comptes ; le régime juridique général de la propriété et des successions ; l'organisation générale de l'enseignement ; l'organisation de l'administration publique locale, du territoire, ainsi que le régime général relatif à l'autonomie locale ; le régime général relatif aux rapports de travail, aux syndicats, aux patronats et à la protection sociale ; le statut des minorités nationales de Roumanie ; le régime général des cultes ; les autres domaines pour lesquels la Constitution prévoit l'adoption de lois organiques[5].

Les Règlements intérieurs de deux Chambres respectent cette répartition constitutionnelle égale des attributions entre les députés et les sénateurs. En vertu du Règlement intérieur de la Chambre des députés de la Roumanie, « la Chambre des députés adopte des lois, des décisions, des motions, simples, des messages, des déclarations, de résolutions et d'autres documents politiques en présence de la majorité des députés, conformément

---

[1] Jean-Pierre Massias, *Droit constitutionnel des Etats d'Europe de l'Est*, Paris, PUF, coll. « Droit fondamental », 2e éd. 2008, p. 335.
[2] Article 121 de la Constitution polonaise de 1997.
[3] Article 73 de la Constitution roumaine de 1991.
[4] Article 67 de la Constitution roumaine de 1991.
[5] Article 73 de la Constitution roumaine de 1991.

aux dispositions du présent règlement[1] ». Également, le Règlement intérieur du Sénat affirme que « le Sénat adopte des lois, peut prendre des messages, déclarations, résolutions et autres actes de nature politique[2] ».

En Roumanie et en Pologne, l'initiative législative est partagée entre le pouvoir exécutif, le pouvoir législatif et le citoyen. En Pologne, en vertu de la Constitution de 1997, « l'initiative législative appartient aux députés, au Sénat, au président de la République et au Conseil des ministres. L'initiative législative appartient également à un groupe de cent mille citoyens au moins jouissant du droit de vote pour la Diète[3] ». La Constitution roumaine de 1991 accorde également aux citoyens le droit de participer, grâce à l'initiative législative, directement à l'exercice du pouvoir législatif. Néanmoins, l'initiative législative des citoyens est limitée et encadrée dans la Constitution roumaine de 1991. Il faut réunir au moins 100 000 citoyens ayant le droit de vote et issus « d'un quart au moins des départements du pays, et dans chacun de ces départements, respectivement dans la municipalité de Bucarest, au moins 5 000 signatures doivent être enregistrées à l'appui de cette initiative[4] ». Également, certains domaines tels que « les questions fiscales, celles ayant un caractère international, l'amnistie et la grâce[5] » sont exclus de l'initiative législative des citoyens.

En Roumanie et en Pologne, la procédure législative est définie dans leurs Constitutions respectives. En Pologne, la Diète « examine le projet des lois en trois lectures[6] ». En Pologne, devant la Diète, les lois sont adoptées « à la majorité simple des voix la moitié au moins du nombre constitutionnel des députés étant présents, sauf si la Constitution prévoit une autre majorité[7] ». Les résolutions de la Diète sont adoptées dans les mêmes conditions que les lois. En Roumanie,

> jusqu'à la réforme constitutionnelle de 2003, toutes les lois, quel que soit leur contenu, devaient suivre une procédure similaire dans les deux Chambres du Parlement, les éventuels désaccords étant traités par une commission de médiation et en cas d'échec, d'une procédure de conciliation, qui supposait des séances communes des deux Chambres. Le nouveau texte constitutionnel, destiné à rationaliser l'activité législative, fait disparaître cette procédure et a imposé des délais à la première Chambre (quarante-cinq jours pour les lois ordinaires et soixante jours pour les lois d'une complexité particulière et les codes), entraînant un certain nombre d'interrogations[8].

---

[1] Article 85 du Règlement intérieur de la Chambre des députés de la Roumanie.
[2] Article 84 du Règlement intérieur du Sénat roumain.
[3] Article 118 de la Constitution polonaise de 1997.
[4] Article 73 de la Constitution roumaine de 1991.
[5] Article 73 de la Constitution roumaine de 1997.
[6] Article 119 de la Constitution polonaise de 1997.
[7] Article 120 de la Constitution polonaise de 1997.
[8] Jean-Pierre Massias, *op. cit.*, p. 340.

La Constitution roumaine de 1991 précise que « les lois organiques et les résolutions portant sur les règlements des Chambres sont adoptées à la majorité des voix des membres de chaque chambre[1] ». En revanche, pour les lois ordinaires, la Constitution n'exige que « la majorité des voix des membres présents de chaque Chambre[2] ». La loi ordinaire est adoptée à la majorité des députés ou sénateurs présents. En Roumanie, selon la Constitution de 1991, « les propositions de loi sont soumises en premier lieu au débat de la Chambre ayant la compétence de les adopter, en tant que première Chambre saisie[3] ». Les projets de loi et les propositions de loi portant ratification des traités ou d'autres accords internationaux et des mesures législatives résultant de l'application de ces traités ou accords, ainsi que les projets des lois organiques « sont soumis en vue de débat et d'adoption à la Chambre des Députés, en tant que première Chambre saisie[4] ». En tant que première Chambre, seront soumis au Sénat roumain à l'adoption et au débat « les autres projets de loi ou propositions de loi[5] ». Selon le Règlement intérieur du Sénat de la Roumanie,

> Les projets de loi et les propositions législatives sont soumis pour discussion et approbation du Sénat, comme la première Chambre a notifié, conformément à l'article 75 de la Constitution roumaine. Si les propositions législatives sont présentées au Sénat en première Chambre saisie, ils enregistrent et tiennent des registres. Ils entreront dans le processus législatif qu'après avoir reçu un avis juridique du Conseil législatif, le gouvernement, le Conseil économique et social. Pour les autres projets de loi et les propositions législatives sont débattues et adoptées, conformément à l'article 75 de la Constitution roumaine, d'abord par la Chambre des députés en tant que première Chambre saisie, le pouvoir de décision appartient au Sénat[6].

Le Sénat ou la Chambre des députés, en tant que première Chambre, doit se prononcer « dans un délai de quarante-cinq jours[7] ». Une fois que le texte de la loi sera examiné par la première Chambre, il sera transmis à la seconde Chambre à qui revient la décision définitive[8]. Si les deux Chambres sont d'accord, le texte est adopté, mais dans le cas contraire, « la loi est renvoyée à la première Chambre saisie, seulement pour la disposition respective, et cette Chambre en décidera définitivement en procédure d'urgence[9] ».

---

[1] Article 76 de la Constitution roumaine de 1991.
[2] *Idem.*
[3] Article 74 de la Constitution roumaine de 1991.
[4] Article 75 de la Constitution roumaine de 1991.
[5] *Idem.*
[6] Article 90 du Règlement intérieur du Sénat roumain
[7] Article 75 de la Constitution roumaine de 1991.
[8] *Idem.*
[9] *Idem.*

En Roumanie et en Pologne, le texte de loi adopté doit être soumis au chef de l'État pour promulgation. En Pologne, le président de la République signe la loi qui lui a été transmise par le président de la Diète « dans les vingt et un jours à compter de sa transmission et en ordonne la publication au Journal des lois de la République de Pologne[1] ». Le président de la République peut également décider de transmettre la loi, avant sa signature, à la Cour constitutionnelle pour un contrôle de conformité de celle-ci à la Constitution ou de la renvoyer devant la Diète pour une seconde lecture en motivant sa décision. Dans ce cas, le président de la République est obligé de signer la loi qui a été déclarée conforme à la Constitution par la Cour constitutionnelle[2]. Mais si l'inconstitutionnalité porte sur les dispositions législatives que le juge constitutionnel « ne déclare pas indissolublement liées à la loi, soit le président de la République, après avis du président de la Diète, signe la loi sans les dispositions déclarées non conformes à la Constitution, soit il renvoie la loi à la Diète pour retrait des dispositions inconstitutionnelles[3] ». Si le président de la République décide de renvoyer la loi devant la Diète, il sera obligé de la signer, dans un délai de sept jours, si elle est « une nouvelle fois votée par la Diète à la majorité des trois cinquièmes des voix, la moitié au moins du nombre constitutionnel des députés étant présents, et en ordonne la publication au *Journal des lois de la République de Pologne*[4] ». De plus, il ne pourra plus saisir la Cour constitutionnelle contre la nouvelle loi ainsi adoptée. Également, en Roumanie, une fois que la loi a été adoptée par le Parlement, elle sera promulguée par le Président roumain « dans un délai maximum de vingt jours à partir de sa réception[5] ». Comme en Pologne, avant de la promulguer, le président de la République de la Roumanie peut décider de renvoyer la loi devant le Parlement pour un réexamen ou devant le juge constitutionnel pour un contrôle de constitutionnalité. Dans ce cas, le texte de la loi sera « promulgué dans un délai maximum de dix jours à compter de la date de réception de la loi adoptée après son réexamen ou de la décision de la Cour constitutionnelle, par laquelle on a confirmé sa constitutionnalité[6] ». Après sa promulgation, la loi entre en vigueur soit trois jours après la date de sa publication au *Journal officiel* ou à une date ultérieure prévue par le texte de la loi en question[7].

Outre cette procédure législative normale, le constituant a prévu une procédure d'urgence qui permet au gouvernement d'accélérer la procédure

---

[1] *Idem.*
[2] *Idem.*
[3] *Idem.*
[4] *Idem.*
[5] Article 77 de la Constitution roumaine de 1991.
[6] *Idem..*
[7] Article 78 de la Constitution roumaine de 1991.

législative. Ainsi en Pologne, pour faire adopter rapidement un texte, le gouvernement peut « déclarer l'urgence sur un projet de loi qu'il a introduit, à l'exception des projets de loi fiscale, des projets de loi relatifs à l'élection du président de la République, de la Diète, du Sénat et des organes des collectivités territoriales, des projets de loi sur l'organisation et la compétence des pouvoirs publics, ainsi que des codes[1] ». Dans ce cas, pour le Sénat, le délai d'examen du projet de loi est de « quatorze jours et celui de la signature de la loi par le président de la République, à sept jours[2] ». En Roumanie, la Constitution de 1991 admet, à la demande de l'autorité à l'initiative des projets de loi ou des propositions de loi, que le projet de loi ou la proposition de loi soit adopté « selon une procédure d'urgence[3] ». La Constitution roumaine élargit le droit de l'exercice de cette procédure d'urgence à toutes les personnes ayant l'initiative législative. Elle n'est pas réservée uniquement au gouvernement comme en Pologne, les parlementaires et les citoyens peuvent aussi l'exercer.

Dans le rapport entre les deux Chambres, la Constitution roumaine de 1991 a mis les sénateurs et les députés sur un pied d'égalité. En Roumanie, « le Sénat et l'Assemblée des députés ont pratiquement les mêmes attributions[4] ». Même si la Constitution polonaise de 1997 souligne que « la Diète et le Sénat exercent en République de Pologne le pouvoir législatif[5] », le partage du pouvoir législatif entre les députés et les sénateurs reste inégalitaire. En Pologne, le Sénat occupe,

> dans la structure du Parlement, la place d'une "seconde" chambre plutôt que celle de la chambre "haute", donc la place d'une chambre qui, en aucun cas, ne domine la Diète (comme, à un certain point, le Sénat sur la Chambre des Représentants au Congrès des États-Unis) ni n'est son égale (comme le Sénat en Italie, en Roumanie, en Suisse et, à un moindre degré, celui de la Ve République en France)[6].

Dans la procédure législative, le Sénat polonais se retrouve dans un second rôle par rapport à la Diète. Le Sénat polonais est, dans le cadre de l'adoption de la loi, mis sous tutelle de la Diète, car « si le Sénat décide de rejeter la loi, son vote doit être approuvé par la Diète à la majorité absolue des voix (la moitié au moins du nombre constitutionnel de députés étant

---

[1] Article 123 de la Constitution polonaise de 1997.
[2] *Idem.*
[3] Article 76 de la Constitution roumaine de 1991.
[4] Livius Ciocârlie, « L'Etat roumain actuel », *in* Slobodan Milacic (dir.), *La réinvention de l'Etat : démocratie politique et ordre juridique en Europe centrale et orientale*, Bruxelles, Bruylant, 2003, p. 275.
[5] Article 95 de la Constitution polonaise de 1997.
[6] Wojciech Sokolewicz, « La situation constitutionnelle de la Deuxième Chambre dans l'Etat postcommuniste : le Sénat polonais », *in* Solbodan Milacic (dir.), *La réinvention de l'Etat : démocratie politique et ordre juridique en Europe centrale et orientale*, Bruxelles, Bruylant, 2003, p. 262.

présents)[1] ». En effet, la Constitution polonaise de 1997 affirme que « la résolution du Sénat de rejet d'une loi ou l'amendement proposé dans une résolution du Sénat sont considérés comme adoptés, si la Diète ne les rejette pas à la majorité absolue des voix, la moitié au moins du nombre constitutionnel des députés étant présents ». En matière législative, le dernier mot revient à la Diète. Pour Wojciech Sokolewicz,

> La position clé de la Diète dans la procédure législative ne s'exprime pas seulement par la possibilité, déjà mentionnée, qu'elle a de rejeter les amendements proposés par le Sénat ou la résolution de celui-ci sur le rejet d'un projet de loi dans son ensemble, et ce sans constituer, par exemple, des commissions paritaires conjointes des deux chambres pour éliminer les divergences, comme cela se fait dans les parlements de certains pays. S'y ajoutent des compétences de la chambre basse, telle que la prise de la position la Diète seule sur ce que l'on appelle le veto (suspensif) opposé par le président de la République à une loi qui pourtant a été votée avec la participation du Sénat, l'élimination de l'inconstitutionnalité d'une loi par la Diète seule dans certains cas où des dispositions concrètes de la loi en question auront été déclarées non conforme à la Constitution par le Tribunal constitutionnel statuant en application de la procédure de contrôle préventif engagée sur proposition du président de la République, ainsi que l'adoption par la Diète seule d'une résolution relative au choix de la procédure d'autorisation de ratification d'un certain type de traité international (par une loi adoptée selon une procédure spéciale ou par referendum national)[2].

Les parlementaires roumains et polonais ont également pour mission de contrôler l'action de leurs gouvernements respectifs. En Pologne, la Constitution précise que « la Diète exerce le contrôle de l'activité du Conseil des ministres. L'étendue de ce contrôle est définie par les dispositions de la Constitution et des lois[3] ». La Constitution polonaise impose aux membres du gouvernement de répondre « aux interpellations et aux questions des députés dans un délai de vingt et un jours » et « aux questions portant sur les affaires courantes à chaque séance de la Diète[4] ». En Roumanie, la Constitution de 1991 affirme également que « le gouvernement et les autres organes de l'administration publique, dans le cadre du contrôle parlementaire de leur activité, sont tenus de présenter les informations et les documents requis par la Chambre des députés, le Sénat ou les commissions parlementaires, par l'intermédiaire de leurs présidents respectifs[5] ». Les membres du gouvernement roumain sont également tenus de répondre aux

---

[1] Jean-Pierre Massias, *Droit constitutionnel des Etats d'Europe de l'Est*, Paris, PUF, coll. « Droit fondamental », 2e éd. 2008, p. 164.
[2] Wojciech Sokolewicz, *op. cit.*, p. 264.
[3] Article 95 de la Constitution polonaise de 1997.
[4] Article 115 de la Constitution polonaise de 1997.
[5] Article 111 de la Constitution roumaine de 1991.

questions ou aux interpellations formulées par les députés ou les sénateurs[1] ».

Les députés polonais peuvent « nommer une commission d'enquête chargée d'examiner une affaire particulière[2] ». Le tribunal constitutionnel polonais précise :

> Le but de la commission d'enquête consiste à vérifier l'activité d'un organe du pouvoir public mis en cause, elle est plus particulièrement en charge de préciser l'échelle et les causes qui provoquent des irrégularités dans le fonctionnement de cet organe (…). L'objet d'investigation de la commission d'enquête n'est pas similaire à celui des cours. La commission d'enquête doit respecter la règle d'indépendance des cours et magistrats. Chaque personne convoquée par la commission d'enquête est tenue de se présenter devant elle[3].

Contrairement à la Constitution roumaine, la Constitution polonaise ne reconnaît pas aux sénateurs le pouvoir de contrôler l'action du gouvernement. Ce droit est réservé aux députés. Cela peut s'expliquer par le fait que le Sénat n'est pas concerné par la dissolution. En Pologne, pour Wojciech Sokolewicz, la mise à l'écart du Sénat s'explique par le fait qu'il « outrepassait les limites de ses fonctions et de ses compétences constitutionnelles en ce qui concerne, soit la participation à l'orientation de la politique extérieure de l'État, soit le contrôle du gouvernement en général », et « la question du sens de l'existence d'un tel Sénat et du rapport entre celui-ci et la chambre basse du Parlement, la Diète, s'est posée une nouvelle fois[4] ». L'auteur pense que, de toute manière, « la représentation politique démocratiquement élue de toute la Nation, la Diète, devrait prévaloir sur un Sénat tant soit peu élitaire (élitiste ?), "dépolitisé" et personnalisé, et notamment, elle devrait avoir voix délibérative en ce qui concerne les questions résolues selon des critères essentiellement politiques[5] ». De plus, le Tribunal constitutionnel polonais « a considérablement contribué à la diminution de l'importance du Sénat[6] ».

Les attributions et l'organisation du parlement dans les Constitutions de 2014 de la Tunisie et de l'Égypte

En Tunisie et en Égypte, dans les nouvelles Constitutions de 2014, la structure parlementaire est monocamérale. Par conséquent, le pouvoir

---

[1] Article 112 de la Constitution roumaine de 1991.
[2] Article 111 de la Constitution polonaise de 1997.
[3] OTK, ZU, Nr 3/1999, p. 252 et 257, cité *in* Jean-Pierre Massias, *op. cit.*, p. 162.
[4] Wojciech Sokolewicz, *op. cit.*, p. 257.
[5] *Ibid.*, p. 262.
[6] Adam Jamroz, « Le rôle du Sénat de la République de Pologne dans la procédure législative. Quelques remarques », *in L'Etat et le Droit d'Est en Ouest : mélanges offerts au professeur Michel Lesage*, Paris, Société de Législation Comparée, 2006, p. 154.

législatif est incarné seulement par les députés. Ils disposent des attributions constitutionnelles précises pour l'exercer.

L'organisation monocamérale du Parlement en Tunisie et en Égypte

Dans les Constitutions égyptienne et tunisienne de 2014, le Parlement est composé d'une seule Chambre. En Égypte, contrairement à la Constitution de 2012 qui avait conservé le Parlement bicaméral instauré par l'amendement de 1980, « la Constitution de 2014 est revenue à un parlement monocaméral, système initialement mis en place par la Constitution de 1971[1] ». Le constituant égyptien a opté pour une seule Chambre « dans l'objectif de renforcer le Parlement par rapport à l'exécutif[2] ». En Égypte, « la Chambre des représentants dispose du pouvoir législatif[3] ». En Tunisie, la Constitution de 2014 affirme que « le peuple exerce le pouvoir législatif par ses représentants à l'Assemblée des représentants du peuple ou par voie de referendum[4] ». Le pouvoir législatif appartient au peuple qui l'exerce, soit directement par referendum, soit indirectement par l'intermédiaire de l'Assemblée des représentants du peuple.

En Égypte, la Chambre des représentants est composée de quatre cent cinquante membres au moins qui sont élus au suffrage universel direct pour un mandat de cinq ans[5], ils doivent être titulaires d'un certificat de fin d'études de base au moins et âgé de vingt-cinq ans au moins, au jour de l'ouverture des candidatures[6]. En Égypte, la Constitution de 2014 reconnaît au chef de l'État le droit de nommer des députés dans la limite de 5 %[7]. Cette nomination des représentants du peuple par un président de la République, lui-même élu par le peuple, est une exception égyptienne. Elle n'est inscrite ni dans la Constitution tunisienne, ni dans celle de la Roumanie ou de la Pologne et nulle part ailleurs. Cette pratique est contraire à la séparation des pouvoirs entre le pouvoir exécutif et le pouvoir législatif. Cette nomination, même de cinq pour cent, accorde un pouvoir certain au président de la République sur quelques députés. Elle est une ingérence directe du président de la République dans le pouvoir législatif. En outre, cela instaure une différence de légitimité entre les députés élus et ceux nommés par le pouvoir exécutif.

---

[1] Nathalie Bernard-Maugiron, « La Constitution égyptienne de 2014 : Quelle réforme constitutionnelle pour l'Egypte ? », *RFDC*, n° 103, 2015, p. 534.
[2] Ayman Mohamed-Afify, « La Constitution égyptienne de 2014 : Entre traditions et révolutionnaires », *RFDC*, n° 100, 2015, p. 131.
[3] Article 101 de la Constitution égyptienne de 2014.
[4] Article 50 de la Constitution tunisienne de 2014.
[5] Article 106 de la Constitution tunisienne de 2014.
[6] Article 102 de la Constitution égyptienne de 2014.
[7] *Idem.*

La Constitution tunisienne de 2014 ne fixe pas un nombre précis des députés de l'Assemblée des représentants du peuple. Elle affirme simplement que les députés sont élus au suffrage universel direct[1] pour un mandat de cinq ans[2]. Pour être candidat au poste de député, il faut remplir certaines conditions dont la nationalité tunisienne, qu'il faut posséder depuis dix ans au moins, l'âge minimum de vingt-trois ans le jour de la présentation de sa candidature et éviter de ne se retrouver « dans aucun des cas d'interdiction prévus par la loi[3] ». Un citoyen tunisien naturalisé depuis dix ans peut voter,[4] mais il n'est pas éligible pour un mandat de député.

Le député égyptien exerce ses fonctions de parlementaire dans le respect de la loi[5]. Le mandat d'un député égyptien peut prendre fin par un vote des députés, à la majorité des deux tiers, « s'il a perdu la confiance, le statut ou l'une des conditions pour être membre grâce auxquels il a été élu, ou s'il a violé ses devoirs en tant que membre de la Chambre[6] ». En Tunisie, la Constitution de 2014 ne traite que des cas de délits ou de crimes et elle affirme que tant que l'immunité parlementaire le couvre, un parlementaire « ne peut être poursuivi ou arrêté pour crime ou délit, pendant son mandat[7] ». Il ne peut être arrêté que dans la situation de flagrant délit et le président de l'Assemblée est informé immédiatement. L'Assemblée des représentants peut décider de le libérer.

Le fonctionnement des parlements égyptiens et tunisiens est déterminé par les Constitutions respectives. En Égypte, la Chambre des représentants se réunit en deux sessions : la session ordinaire et la session extraordinaire. La session ordinaire annuelle est convoquée par le président de la République avant le premier jeudi du mois d'octobre, à défaut de la convocation présidentielle, les députés se réunissent eux-mêmes le premier jeudi du mois d'octobre[8]. La session extraordinaire se tient en cas d'urgence à la demande du président de la République ou à la demande signée d'un dixième au moins des députés[9]. Toutes les sessions parlementaires sont publiques. Une séance à huis clos peut être tenue à la demande du président de la République, du Premier ministre, du président de la Chambre des représentants, ou de vingt députés, si la Chambre des représentants le décide à la majorité de ses membres[10]. Comme le souligne Malik Boumedienne, dans la nouvelle Constitution égyptienne de 2014, « la convocation de la

---

[1] Article 55 de la Constitution tunisienne de 2014.
[2] Article 56 de la Constitution tunisienne de 2014.
[3] Article 53 de la Constitution tunisienne de 2014.
[4] Article 54 de la Constitution tunisienne de 2014.
[5] Article 103 de la Constitution égyptienne de 2014.
[6] Article 110 de la Constitution égyptienne de 2014.
[7] Article 69 de la Constitution tunisienne de 2014.
[8] Article 115 de la Constitution égyptienne de 2014.
[9] Article 116 de la Constitution égyptienne de 2014.
[10] Article 120 de la Constitution égyptienne de 2014.

Chambre des représentants en sessions extraordinaires est facilitée puisque dorénavant elle peut être convoquée par au moins un dixième des membres (article 116) alors que sous le régime de la constitution de 1971 une motion devait être adoptée par la “majorité[1]” de l'assemblée[2] ».

En Tunisie, l'Assemblée des représentants tient également deux sessions : une session ordinaire annuelle et une session extraordinaire. La session ordinaire commence au mois d'octobre, à la demande du président de l'Assemblée des représentants sortante, et se termine au mois de juillet[3]. En Tunisie, la session extraordinaire se tient « dans le cas où le début de la première session de la législature de l'Assemblée des représentants du peuple coïncide avec ses congés[4] ». Elle siège en premier lieu jusqu'au vote de confiance au gouvernement. Elle peut également siéger, toujours en période de vacance, « pour examiner un ordre du jour déterminé[5] », à la demande du président de la République ou du Premier ministre ou encore à la demande du tiers de ses membres. L'Assemblée des représentants du peuple siège en général dans la capitale, mais elle peut « dans des circonstances exceptionnelles, tenir ses séances dans tout autre lieu du territoire de la République[6] ».

Les attributions constitutionnelles des députés en Tunisie et en Égypte

Les attributions constitutionnelles des députés et des sénateurs en matière législative sont clairement définies par les Constitutions égyptienne et tunisienne de 2014. Les parlementaires disposent de certains moyens qui leur permettent de contrôler la bonne application des textes qu'ils approuvent. En Égypte, la Chambre des représentants « approuve la politique publique de l'État, le plan général de développement économique et social et le budget de L'État et exerce le contrôle sur les actions du pouvoir exécutif, conformément à la manière prévue par la Constitution[7] ». En Tunisie, les députés valident ou rejettent la politique du gouvernement lorsqu'il présente « un bref exposé de son programme devant l'Assemblée des représentants du peuple afin d'obtenir la confiance de la majorité absolue de ses membres[8] ». De même, le président de la République[9] ou le

---

[1] Article 102 de la Constitution égyptienne de 1971.
[2] Malik Boumediene, « Révolutions arabes et renouveau constitutionnel : une démocratisation inachevée », *La Revue des droits de l'homme*, n° 6, 2014, http://revdh.revues.org/959 (consulté le 10 mai 2017).
[3] Article 57 de la Constitution tunisienne de 2014.
[4] *Idem.*
[5] Article 57 de la Constitution tunisienne de 2014.
[6] Article 51 de la Constitution tunisienne de 2014.
[7] Article 101 de la Constitution égyptienne de 2014.
[8] Article 89 de la Constitution tunisienne de 2014.
[9] Article 99 de la Constitution tunisienne de 2014.

Premier ministre[1] peut solliciter la confiance de l'Assemblée des représentants du peuple pour poursuivre sa politique.

En Égypte, l'initiative législative appartient au président de la République, au Conseil des ministres et aux députés[2]. En Tunisie, l'initiative des lois appartient concurremment aux députés et au président de la République ou au Premier ministre qui est « compétent pour présenter les projets de loi d'approbation des traités et les projets de loi de finances[3] ». En accord avec le Premier ministre, en cas de dissolution de l'Assemblée des représentants, le président de la République peut émettre des décrets-lois qui seront « soumis à l'approbation de l'Assemblée lors de la session ordinaire qui suit[4] ». En 2011, en Égypte, après la démission de Hosni Moubarak, l'armée a dissous le Parlement et suspendu la Constitution de 1971 et elle a gouverné les pays, sous l'autorité du ministre de la Défense Mohamed Hussein Tantawi, « par le biais des décrets-lois[5] ». À la suite de la fuite Ben Ali, les députés tunisiens, en vertu de la Constitution de 1959[6], ont voté une loi d'habilitation en faveur du président de la République par intérim. Cette loi d'habilitation, pourtant prise dans une impasse juridique, a été validée, le 3 février 2001, par le Conseil constitutionnel[7] et promulguée le 9 février 2011. Le gouvernement tunisien par intérim a ainsi géré les affaires courantes de l'État durant la période révolutionnaire. De même, les députés tunisiens, à la majorité des trois cinquièmes, peuvent déléguer au Premier ministre, « pour une durée déterminée qui ne dépasse pas les deux mois, le pouvoir de prendre de décrets-lois dans le domaine réservé à la loi[8] ». À la fin de la période fixée par la loi d'habilitation du gouvernement, ces décrets-lois seront également soumis à l'approbation des députés. Ainsi, les députés pourront défaire les décrets édictés par le président de la République et le chef du gouvernement. L'initiative législative des députés est soumise au respect des « obligations du Parlement en matière d'équilibre des finances publiques[9] ». Ainsi, les propositions des lois des députés sont irrecevables « si leur adoption porte atteinte à l'équilibre financier de l'État tel qu'établi par les lois de finances[10] ». Il faut que les propositions des lois respectent

---

1 Article 98 de la Constitution tunisienne de 2014.
2 Article 122 de la Constitution égyptienne de 2014.
3 Article 62 de la Constitution tunisienne de 2014.
4 Article 70 de la Constitution tunisienne de 2014.
5 Arnaud de Daulin, « Egypte-Révolution ou contre-révolution en Egypte », *Revue juridique et politique des Etats francophones : Spécial Printemps arabe*, n° 3-4, 2011, p. 290.
6 Article 28 de la Constitution tunisienne de 1959.
7 *JORT*, n° 10, 10 février 2011, p. 171-172.
8 Article 70 de la Constitution tunisienne de 2014.
9 Geoffrey Weichselbaum et Xavier Philippe, « Le processus constituant et la Constitution tunisienne du 27 janvier 2014 : un modèle à suivre », *Maghreb-Machrek, Constitutionnalisme*, n° 223, 2015, p. 66.
10 Article 63 de la Constitution tunisienne de 2014.

l'équilibre du budget de l'État voté dans la loi de finances pour être recevable. En Tunisie, concernant le projet de loi de finances, le président de la République dispose d'un droit de veto qui va conduire les députés à procéder à une nouvelle délibération dans un délai de trois jours[1].

En Égypte, les lois ordinaires sont adoptées « à la majorité absolue des membres présents[2] ». La Constitution égyptienne de 2014 énonce que « les lois complétant la Constitution sont votées aux deux tiers des membres de la Chambre. Les lois qui organisent les élections présidentielles, parlementaires, locales, les partis politiques et le pouvoir judiciaire, et celles qui mettent en œuvre les droits et les libertés énoncés dans la Constitution sont considérées comme complétant la Constitution[3] ». En Tunisie, les lois organiques sont adoptées à la majorité absolue des membres de l'Assemblée des représentants alors que les lois ordinaires sont adoptées à la majorité des tiers au moins des membres de l'Assemblée des représentants[4]. La loi de Finances est adoptée par les députés « conformément aux dispositions prévues par la loi organique du budget[5] ». Les domaines des lois organiques et des lois ordinaires sont définis par la Constitution tunisienne de 2014. Relèvent, en vertu de la Constitution tunisienne de 2014, du domaine de la loi ordinaire, entre autres,

> la création des catégories d'établissements et d'entreprises publics et les procédures organisant leur cession, la nationalité, les procédures devant les différentes catégories de tribunaux, la détermination des crimes et délits et des peines qui leur sont applicables, de même que les infractions lorsqu'elles sont sanctionnées par une peine privative de liberté ; l'amnistie générale ; la délimitation de l'assiette de l'impôt, de ses taux et de ses procédures de recouvrement ; le régime d'émission de la monnaie ; les emprunts et les engagements financiers de l'État, le régime de la ratification des traités, les lois de finances, la clôture du budget et la ratification des plans de développement…[6]

Les domaines qui relèvent de lois organiques sont notamment :

> la ratification des traités ; l'organisation de la justice et de la magistrature ; l'organisation de l'information, de la presse et de l'édition ; l'organisation des partis, des syndicats, des associations, des organisations et ordres professionnels et leur financement ; l'organisation de l'armée nationale ; l'organisation des forces de sécurité intérieure et de la douane ; la loi électorale ; la prorogation de la législature conformément aux dispositions de l'article 56 ; la prorogation du mandat présidentiel conformément aux

---

[1] Article 66 de la Constitution tunisienne de 2014.
[2] Article 121 de la Constitution égyptienne de 2014.
[3] Article 121 de la Constitution égyptienne de 2014.
[4] Article 64 de la Constitution tunisienne de 2014.
[5] Article 66 de la Constitution tunisienne de 2014.
[6] Article 65 de la Constitution tunisienne de 2014.

dispositions de l'article 75 ; les libertés et les droits de l'homme ; le statut personnel ; les devoirs fondamentaux de la citoyenneté ; le pouvoir local ; l'organisation des autorités constitutionnelles indépendantes ; la loi organique du budget[1].

Concernant les engagements internationaux de la Tunisie, la ratification des traités relève de la loi organique, mais le régime de la ratification est du domaine de la loi ordinaire. Les traités internationaux sont soumis aux députés tunisiens pour être approuvés et ratifiés. Selon la Constitution tunisienne de 2014,

> les traités commerciaux et ceux relatifs à l'organisation internationale ou aux frontières de l'État, les traités portant engagement financier de l'État ou concernant le statut des personnes, ou portant modification des dispositions à caractère législatif, sont soumis à l'approbation de l'Assemblée des représentants du peuple. Les traités n'entrent en vigueur qu'après ratification[2].

En Égypte, les lois adoptées sont transmises au chef de l'État qui peut accepter ou refuser de les promulguer[3]. Lorsque le président de la République refuse de promulguer la loi, il doit la renvoyer devant les députés « dans les trente jours suivant sa réception par le Président[4] » et si de nouveau le texte a été adopté « par une majorité des deux tiers, le texte a valeur législative et est promulgué[5] ». En Tunisie, également, les textes législatifs adoptés sont transmis au chef de l'État pour la promulgation. Le président de la République, soit promulgue la loi, soit renvoie le projet devant les députés pour une deuxième lecture[6]. Avant la promulgation de la loi par le chef de l'État, ce dernier, le chef du gouvernement ou trente députés peuvent saisir la Cour constitutionnelle pour contrôler la conformité du projet de loi à la Constitution[7].

Dans le cadre de leurs missions, les membres de la Chambre des représentants peuvent interpeller et poser des questions aux membres du gouvernement[8]. Un député égyptien peut interpeller les membres du gouvernement « sur des questions qui relèvent de leurs compétences[9] ». Les parlementaires égyptiens ont plusieurs moyens de se tenir informés de la politique du gouvernement. Si les députés souhaitent des clarifications sur certaines actions du gouvernement, au moins vingt députés peuvent

---

[1] *Idem.*
[2] Article 67 de la Constitution tunisienne de 2014.
[3] Article 123 de la Constitution égyptienne de 2014.
[4] *Idem.*
[5] *Idem.*
[6] Article 67 de la Constitution tunisienne de 2014.
[7] Article 120 de la Constitution tunisienne de 2014.
[8] Article 129 de la Constitution égyptienne de 2014.
[9] Article 130 de la Constitution égyptienne de 2014.

« demander l'ouverture d'une discussion pour clarifier la politique du gouvernement sur une question donnée[1] ». Les députés égyptiens peuvent également « soumettre une demande d'information ou une déclaration d'urgence au gouvernement au sujet de questions urgentes d'importance publique[2] ». Si elle est exigée par la Chambre des représentants, selon l'article 136 de la Constitution, la présence des membres du gouvernement « est obligatoire et ils peuvent être assistés en cela par les hauts fonctionnaires de leur choix[3] ». Les députés peuvent interpeller le gouvernement sur demande d'un citoyen. Selon la Constitution égyptienne de 2014, tout citoyen a le droit de faire « des propositions écrites à la Chambre des représentants sur les questions d'ordre public » et « d'adresser une plainte que la Chambre défère aux ministères concernés[4] ». Le ministre concerné répond à la Chambre des représentants qui transmet la réponse au citoyen intéressé. En outre, la Constitution égyptienne de 2014 affirme que « dans tous les cas, tout membre de la Chambre des représentants a le droit d'accéder aux données ou informations du pouvoir exécutif liées à l'accomplissement de son travail au sein de la Chambre des représentants[5] ».

En Égypte, la Chambre des représentants peut également former une mission d'enquête en désignant une commission *ad hoc* ou en confiant cette mission à l'une de ses commissions permanentes. La commission d'enquête parlementaire est dotée d'importants pouvoirs parce qu'elle peut « recueillir les preuves qu'elle juge nécessaires, auditionner des personnes de son choix et toutes les instances doivent répondre à ses demandes et mettre à disposition les preuves, les documents ou autre[6] ». En Tunisie, la Constitution de 2014 énonce que « l'Assemblée des représentants du peuple peut créer des commissions d'enquête, que toutes les autorités doivent assister dans l'exercice de leurs fonctions[7] ». Elle n'explique pas en détail les compétences et les moyens mis à la disposition de ladite commission. En outre, les députés tunisiens sont habilités à saisir « la Cour constitutionnelle pour statuer sur la continuité ou la fin de la situation exceptionnelle pour laquelle le président de la République a pris des mesures exceptionnelles[8] ». Ils peuvent voter une motion motivée à la majorité des deux tiers des membres de l'Assemblée des représentants du peuple « pour mettre fin au mandat du président de la République pour une violation manifeste de la

---

[1] Article 132 de la Constitution égyptienne de 2014.
[2] Article 134 de la Constitution égyptienne de 2014.
[3] Article 136 de la Constitution égyptienne de 2014.
[4] Article 138 de la Constitution égyptienne de 2014.
[5] Article 135 de la Constitution égyptienne de 2014.
[6] *Idem.*
[7] Article 59 de la Constitution tunisienne de 2014.
[8] Rafaâ Ben Achour, « La Constitution tunisienne du 27 janvier 2014 », *RFDC*, n° 100, 2014, p. 796.

Constitution[1] ». En Égypte, pour la première fois dans l'histoire constitutionnelle de ce pays, les députés peuvent « destituer le président de la République[2] ». En effet, la Constitution égyptienne de 2014 précise :

> La Chambre des représentants peut proposer de retirer la confiance au président de la République et d'organiser des élections présidentielles anticipées à la suite d'une demande signée par au moins la majorité de ses membres et approuvée par les deux tiers. Une telle demande ne peut être faite pour la même raison qu'une seule fois pendant la durée du mandat présidentiel[3].

La spécificité de la Constitution tunisienne de 2014, par rapport à son homologue égyptienne, réside dans la constitutionnalisation des droits de l'opposition parlementaire. En Tunisie, « l'opposition est une composante essentielle de l'Assemblée des représentants du peuple[4] ». Ainsi, la Constitution tunisienne de 2014 assure que l'opposition parlementaire doit occuper la présidence de la commission de finances, le poste de rapporteur au sein de la commission des relations extérieures, la présidence d'une commission d'enquête par an[5]. La Constitution tunisienne de 2014 confie des postes importants à l'opposition parlementaire qu'elle souhaite active et constructive au sein de l'Assemblée des représentants. Si on rajoute à cela le nombre réduit des députés qui peuvent saisir la justice constitutionnelle[6] et l'initiative législative accordée aux dix députés[7], l'opposition pourra réellement peser sur la politique du gouvernement et son inscription dans la Constitution n'est pas « éminemment symbolique[8] ». Le constituant tunisien a ainsi renforcé « particulièrement le rôle et les droits de l'opposition, et des représentants du peuple d'une manière générale[9] ». Le problème est que la Constitution tunisienne de 2014 ne permet pas d'identifier l'opposition parlementaire qui, dans le fait, « renvoie à un positionnement politique, et non plus à un simple constat arithmétique[10] ».

---

[1] *Idem.*
[2] Ayman Mohamed-Afify, *op. cit.*, p. 132.
[3] Article 161 de la Constitution égyptienne de 2014.
[4] Article 60 de la Constitution tunisienne de 2014.
[5] *Idem.*
[6] Article 120 de la Constitution tunisienne de 2014 reconnait à trente députés le droit de saisir le Tribunal constitutionnel.
[7] Article 62 de la Constitution tunisienne de 2014.
[8] Ariane Vidal-Naquet, » L'institutionnalisation de l'opposition », *RFDC*, n° 77, 2009, p. 155.
[9] Mouldi Riahi, « La Constitution : Elaboration et contenu », *Pouvoirs : La Tunisie*, n° 156, 2016, p. 48.
[10] Éric Thiers, « La majorité contrôlée par l'opposition : pierre philosophale de la nouvelle répartition des pouvoirs ? », *Pouvoirs : La séparation des pouvoirs*, n° 143, 2012, p. 63.

CONCLUSION DU CHAPITRE II

L'analyse des Constitutions des pays faisant l'objet de notre étude permet d'observer trois tendances.

Le rapport au sein du pouvoir exécutif est différent d'un pays à l'autre. En Égypte et en Pologne, le président de la République est très clairement le véritable chef du pouvoir exécutif. En Égypte, il peut « assurer le gouvernement[1] ». En Roumanie, si le président de la République dispose de pouvoirs importants, depuis la révision constitutionnelle de 2003, il ne peut plus révoquer le Premier ministre. Dans ce cas, un Premier ministre disposant d'une majorité parlementaire est plus fort que le président de la République. Néanmoins, principalement les présidents de la République des pays postsoviétiques sont dotés de « très importantes prérogatives leur permettant d'imposer leurs propres décisions aux autres acteurs institutionnels[2] ». En Tunisie, nous sommes en présence d'un véritable régime parlementaire dans lequel le président de la République préside et le gouvernement gouverne. La relation est plus équilibrée entre les deux têtes du pouvoir exécutif.

Concernant le pouvoir législatif, il existe une différence structurelle entre les deux États arabes et ceux de l'Europe de l'Est. En Tunisie et en Égypte, le Parlement est monocaméral alors qu'en Pologne et en Roumanie, il est bicaméral. L'organisation du Parlement a des incidences sur les attributions de ce dernier, car le bicaméralisme implique qu'on s'interroge sur l'équilibre qu'on doit instaurer entre les deux Chambres. Deux réponses distinctes ont été apportées à cette question par la Pologne et la Roumanie. En Pologne, la Diète est la Chambre principale par rapport au Sénat. En Roumanie, le constituant de 1991 a souhaité instaurer deux Chambres qui disposent des attributions similaires. Il existe entre le Sénat et la Chambre des députés une relation équilibrée. En Pologne, « la jurisprudence du Tribunal constitutionnel relative à la définition de la nature, du caractère et de l'étendue des amendements du Sénat, a considérablement contribué à limiter le rôle du Sénat dans la procédure législative[3] ».

---

[1] Article 147 de la Constitution égyptienne de 2014.

[2] Natasa Danelciuc-Colodrovschi, *La justice constitutionnelle dans les pays de la CEI : évolutions et perspectives*, Clermont-Ferrand, Fondation Varenne, 2012, p. 431.

[3] Adam Jamroz, « Le rôle du Sénat de la République de Pologne dans la procédure législative. Quelques remarques », *in L'Etat et le Droit d'Est en Ouest : mélanges offerts au professeur Michel Lesage*, Paris, Société de Législation Comparée, 2006, p. 154.

En Égypte, les députés disposent des attributions constitutionnelles leur permettant « d'exercer un contre-pouvoir[1] ». Depuis le retour de l'armée au pouvoir, cet espoir s'éloigne de plus en plus. Comme le souligne Nathalie Bernard-Maugiron, « reflet de l'équilibre actuel des pouvoirs dans le pays, la Constitution ne réforme pas les dysfonctionnements de l'État et renforce le pouvoir, plutôt qu'elle ne l'encadre[2] ». En revanche, les députés tunisiens peuvent s'opposer au président de la République s'ils ne sont pas du même bord politique. En Tunisie, « en l'absence de différends entre, ou au sein, des pouvoirs exécutif et législatif, le système tunisien pourrait fonctionner sur le modèle d'un système parlementaire rationalisé[3] ».

---

[1] Jean-Yves Moisseron et Naima Bouras, « La Constitution égyptienne : Continuité ou rupture », *Maghreb-Machrek, Constitutionnalisme*, n° 223, 2015, p. 95.
[2] Nathalie Bernard-Maugiron, « La Constitution égyptienne de 2014 : Quelle réforme constitutionnelle pour l'Egypte ? », *RFDC*, n° 103, 2015, p. 537.
[3] Geoffrey Weichselbaum et Xavier Philippe, « Le processus constituant et la Constitution tunisienne du 27 janvier 2014 : un modèle à suivre », *Maghreb-Machrek, Constitutionnalisme*, n° 223, 2015, p. 66.

CONCLUSION DU TITRE SECOND

Dans les États arabes, les conséquences de la mention de « l'islam comme religion d'État » varient d'un pays à l'autre. Dans la plupart des cas, elle n'a pas d'effet concret sur l'organisation du pouvoir public qui fonctionne sur le modèle d'une séparation plus ou moins évidente de l'État et de la religion. Pour compenser cette identité religieuse de l'État, les Constitutions arabes de 2014 utilisent dans le même temps d'autres termes tels que « gouvernement civil[1] » en Égypte et « État à caractère civil[2] » en Tunisie. Pour Philippe Bras,

> L'apparition de la notion d'État civil dans le débat politico-institutionnel des Printemps arabes, puis son inscription dans les Constitutions égyptienne et tunisienne, constituent une innovation d'autant plus remarquable que l'appareil conceptuel du constitutionnalisme, largement élaboré au XVIIIe siècle, se caractérise par une très grande stabilité. Et les constitutions arabes ne démentent pas cette tendance, faisant preuve d'un grand classicisme rédactionnel[3].

L'Arabie Saoudite est le seul pays où le Roi affirme tirer son pouvoir du Coran. En Arabie Saoudite, le Coran et la Sunna font office de Constitution en vertu de la loi fondamentale adoptée par le Roi en 1993. La référence à l'islam sert incontestablement à renforcer le pouvoir et la légitimité du régime et à rassembler la majorité du peuple autour d'un élément identitaire. En réalité, c'est l'État qui organise et encadre la religion et son fonctionnement avec la mise en place d'un ministère des cultes. Dès lors, on pourrait plutôt parler de la religion de l'État, dans le sens où elle est au service de l'État, au lieu de parler de la religion d'État.

En Tunisie et en Égypte, l'absence des effets de la disposition constitutionnelle sur l'organisation des pouvoirs étatiques s'explique par au moins deux éléments. En premier lieu, dans ces États, c'est le pouvoir politique qui domine la religion en finançant la religion et en contrôlant ses prêches par l'intermédiaire d'un ministre chargé de la religion. Ainsi, pour

---

[1] Dans le Préambule de la Constitution égyptienne de 2014, le constituant affirme rédiger « une Constitution qui parachève la construction d'un État démocratique moderne et avec un gouvernement civil ». Dans le corps de la Constitution, il n'est pas fait référence au caractère civil du gouvernement égyptien.

[2] Article 2 de la Constitution tunisienne de 2014. Dans le préambule de la Constitution de 2014, l'expression « État civil » qui serait « gouverné par le droit » est aussi utilisée.

[3] Philippe Bras, « Un État « civil » peut-être religieux ? Débats tunisiens », *Pouvoirs*, n° 156, janvier 2016, p. 64.

reprendre l'idée développée par les auteurs de la fin du XVIe siècle, l'islam est dans l'État, l'État n'est pas dans l'islam[1]. En second lieu, cela s'explique par le fait, dans ces pays, il existait « un décalage flagrant entre la théorie et la pratique constitutionnelle[2] ». En revanche, aujourd'hui, si un parti islamiste arrive au pouvoir dans ces pays, il peut, comme le fait le Président Erdogan en Turquie, chercher à tirer toutes les conséquences de cet article qui affirme la religion de l'État. C'est pour cette raison que nous pensons qu'il faut éviter d'inscrire dans la Constitution la référence à la religion, car elle doit demeurer dans la sphère privée. Sinon, l'application effective de cette disposition pourra créer une disparité entre les citoyens croyants et ceux non croyants, entre les citoyens de confession musulmane et ceux d'une autre religion. Néanmoins, selon le professeur Yadh Ben Achour, « le droit est devenu le monopole de l'État, et […] les enseignements moraux, juridiques de l'Islam, ne peuvent plus pénétrer dans la société que dans la seule mesure où ils deviennent des lois, et donc, ce début d'étatisme, serait selon lui, un début de laïcité[3] ». Pour Franck Frégosi, « si elle n'infirme pas totalement la réalité de la sécularisation institutionnelle des États arabes, cette présence constitutionnelle de l'islam en limite l'ampleur et conforte le fait que cette sécularisation ne saurait déboucher sur une totale laïcisation, sur une pleine autonomie de l'État et de la souveraineté exclusive de son droit[4] ».

---

[1] La phrase est : « L'Église est dans l'État, l'État n'est pas dans l'Église » ; voir Marcel Gauchet, *La religion dans la démocratie : Parcours de la laïcité*, Paris, Gallimard, 2001, 192 p..

[2] Sabine Lavorel, *Les Constitutions arabes et l'islam. Les enjeux du pluralisme juridique*, Sainte-Foy (Québec), Presses de l'Université du Québec, 2005, p. 15.

[3] Yadh Ben Achour, « Débats », *in* Éric Canal-Forgues (dir.), *Les Constitutions des pays arabes*, Actes du colloque de Beyrouth de 1998, Bruxelles, Bruylant, 1999, p. 129.

[4] Franck Fregosi, « Une sécularisation problématique : la discussion contemporaine sur le rapport État-religion (Algérie-Tunisie) », cité *in* sabine Lavorel, *op. cit.*, p. 97.

Conclusion de la première partie

En Tunisie et en Égypte, la période transitoire a montré l'émergence des partis islamistes. Les élections libres organisées après la chute des dictateurs ont été remportées majoritairement par les partis islamistes. Elles étaient majoritaires dans les Assemblées constituantes démocratiquement élues. Néanmoins, leur forte présence dans le processus constituant n'a pas eu d'impact sur l'organisation constitutionnelle de ces États. Les régimes instaurés sont des républiques dont les différents pouvoirs politiques sont similaires à des démocraties occidentales laïques. Le fonctionnement et l'organisation des pouvoirs étatiques sont strictement régis par le droit positif de l'État.

En Pologne et en Roumanie, la période transitoire a été marquée par le compromis entre les opposants et les communistes. L'implication des communistes dans le processus constituant n'a pas empêché d'instaurer dans ces pays des régimes démocratiques radicalement opposés aux anciens régimes communistes. Cela a été facilité par le soutien des organisations régionales comme l'Union européenne et le Conseil de l'Europe. Du point de vue national, la volonté d'intégrer ces organisations régionales a incité les acteurs de la transition à conformer leurs futures Constitutions aux critères déterminés par ces institutions.

SECONDE PARTIE

DE LA CONSTITUTION À LA DÉMOCRATIE. L'IDÉE DE DÉMOCRATIE PAR LE DROIT DANS LE MONDE ARABE ET EN EUROPE DE L'EST

Nous allons analyser comment les constitutions postrévolutionnaires[1] essaient d'atteindre la démocratie. Selon Dominique Rousseau, le constitutionnalisme « pense la constitution comme moyen de la démocratie[2] ». Pendant longtemps, dans les pays du tiers-monde, « la Constitution n'est pas conçue comme un instrument destiné à limiter le pouvoir, mais à le fortifier[3] ». Aujourd'hui, la Constitution est entendue comme un instrument de limitation des pouvoirs. Les Constitutions qui font l'objet de notre étude garantissent la séparation des pouvoirs et les droits fondamentaux des individus.

---

[1] Il s'agit des Constitutions tunisienne 2014, roumaine de 1991, polonaise de 1997 et égyptienne de 2014.

[2] Dominique Rousseau, « Constitutionnalisme et Démocratie », *La Vie des idées*, 19 septembre 2008, http://www.laviedesidees.fr/Constitutionnalisme-et-democratie.html.

[3] Pierre-François Gonidec, *in* Tran Van Mihn, « Réflexion sur l'Etat de droit dans tiers monde », *in Mélanges Boutros Boutros-Ghali, Amicorum discipulorum que liber : Paix, développement, démocratie*, Bruxelles, Bruylant, 1998, vol. II, p. 275.

TITRE PREMIER

LES INSTRUMENTS CONSTITUTIONNELS DE LA DÉMOCRATIE : LA DÉMOCRATISATION PAR LA GARANTIE DE LA SÉPARATION DES POUVOIRS EN EUROPE DE L'EST ET DANS LE MONDE ARABE

Les constituants des pays qui font l'objet de notre étude ont prévu de limiter les pouvoirs à l'aide de deux moyens : la séparation des pouvoirs et le contrôle de son effectivité. La Constitution est « un texte qui organise la séparation des pouvoirs[1] ». Néanmoins, l'énoncé de la séparation des pouvoirs par la Constitution se révèle insuffisant pour protéger les individus contre la confusion des pouvoirs de fait, car « les pouvoirs législatif et exécutif sont, par la grâce de la logique électorale majoritaire, réunis entre les mains du chef de l'exécutif[2] ». Contre cette pratique qui conduit de fait à la confusion des pouvoirs, un contrôle de constitutionnalité des lois sera mis en place par le constituant pour veiller au respect des frontières que la Constitution a tracées entre le pouvoir exécutif et le pouvoir législatif. Dans les Constitutions qui font l'objet de notre analyse, cette mission de garantie de la séparation des pouvoirs sera confiée au juge constitutionnel.

---

[1] Dominique Rousseau, « Constitutionnalisme et Démocratie », *La Vie des idées*, 19 septembre 2008, http://www.laviedesidees.fr/Constitutionnalisme-et-democratie.html.
[2] *Idem.*

Chapitre premier

La séparation des pouvoirs dans les constitutions issues du « printemps arabe » et des révolutions est-européennes : la limitation du pouvoir par sa division

« Quelles que soient, donc, les critiques émises sur cette théorie dans les démocraties occidentales, la séparation des pouvoirs garde, malgré tout, une pertinence juridique et une signification politique, surtout dans les jeunes États démocratiques[1] ». La séparation des pouvoirs est définie comme étant « consubstantielle à la démocratie[2] ». Selon le professeur Élizabeth Zoller, elle serait même « l'antithèse du despotisme et à ce titre la condition de l'organisation des pouvoirs dans l'État constitutionnel[3] ».

Selon Mathieu Touzeil-Divina, « la théorie de la séparation des pouvoirs, dans son sens originel de non-concentration, semble retrouver une utilité théorique et pratique au cœur des printemps arabes[4] ». Le professeur Jean-Philippe Bras affirme que, durant les débats au sein de la Constituante tunisienne, d'importantes questions concernaient « la nature des relations entre l'assemblée et l'exécutif[5] ». Depuis, la Constitution tunisienne a été adoptée, en 2014, et elle affirme, dans son préambule, que les membres de l'Assemblée nationale constituante œuvrent « pour un régime républicain démocratique et participatif dans le cadre d'un État civil et gouverné par le droit, et dans lequel la souveraineté appartient au peuple qui l'exerce sur la base de l'alternance pacifique à travers des élections libres, et du principe de la séparation et de l'équilibre des pouvoirs[6] ». Moins clair que son

---

[1] Xavier Boissy, *La séparation des pouvoirs, œuvre jurisprudentielle : sur la construction de l'Etat de droit postcommuniste*, Bruxelles, Bruylant, 2003.

[2] Jean-Claude Colliard, « Séparation des pouvoirs », *in* O. Duhamel et Y. Mény (dir.), *Dictionnaire constitutionnel*, Paris, PUF, 1992, p. 972.

[3] Elisabeth Zoller, *Droit constitutionnel*, Paris, PUF, Coll. « Droit Fondamental », 1998, p. 279.

[4] Mathieu Touzeil-Divina, « Printemps et Révolutions arabes : un renouveau pour la séparation des pouvoirs ? », *Pouvoirs*, n° 143, 2012, p. 45.

[5] Jean-Philippe Bras, « Tunisie-Chronologie constitutionnelle d'une révolution », *Revue juridique et politique des Etats francophones*, « Spécial printemps arabe », n° 3-4, 2011, p. 317.

[6] Alinéa 4 du préambule de la Constitution tunisienne de 2014.

homologue tunisien, le pouvoir constituant égyptien assure, dans le préambule de la Constitution de 2014, rédiger « une Constitution qui ferme la porte à toute corruption et à toute tyrannie, et où nous traitons les blessures du passé, depuis l'époque du "Paysan Éloquent" jusqu'aux victimes de la négligence et aux martyrs de la révolution de notre époque et nous délivrons notre peuple d'une injustice dont il a beaucoup souffert[1] ». Il prétend avoir mis en place une Constitution qui lutte contre toute tyrannie.

Dans les pays de l'Europe de l'Est, si la séparation des pouvoirs était absente avant la chute de l'URSS,

> après la chute du communisme, l'ensemble de la classe politique a opéré une sorte de transition mentale vers les valeurs qui fondent la démocratie pluraliste, la séparation des pouvoirs devenant en quelque sorte un contre-discours en direction de l'ancien régime. Elle est considérée comme allant de soi, évidente, presque banale, tant il semble impossible d'envisager l'existence d'une Constitution sans séparation des pouvoirs[2].

Ainsi, selon Jean-Pierre Massias, en 1997, « le constituant polonais a souhaité introduire la règle de la séparation des pouvoirs dans sa version classique[3] », c'est-à-dire une séparation qui cherche l'équilibre et la collaboration entre les pouvoirs. En Pologne, conformément à l'article 10, « le régime politique de la République de Pologne a pour fondement la séparation et l'équilibre entre les pouvoirs législatif, exécutif et judiciaire[4] ». Concernant la Roumanie, l'auteur affirme que « la Constitution roumaine, adoptée par voie référendaire en 1991, se caractérise par un régime semi-présidentiel. L'État est organisé conformément au principe de l'équilibre et de la séparation des pouvoirs exécutif, législatif et judiciaire[5] ». Pourtant, en Roumanie,

> Le principe de la séparation des pouvoirs a été prévu d'une manière expresse dans l'acte institutionnel de la Révolution roumaine de décembre 1989, le Communiqué du Conseil de Front de salut national[6], et repris dans le Décret-loi pour l'élection du Parlement et du président de la Roumanie, à la base du fonctionnement de l'assemblée constituante. Le principe de la séparation des pouvoirs n'a pas été énoncé, par contre, dans la Constitution roumaine de 1991[7].

---

[1] Alinéa 21 du préambule de la Constitution égyptienne de 2014.

[2] Natasa Danelciuc-Colodrocschi, *op. cit.*, p. 425.

[3] Jean-Pierre Massias, *Droit constitutionnel des États d'Europe de l'Est*, Paris, PUF, coll. « Droit fondamental », 2e éd., 2008, p. 158.

[4] Article 10 de la Constitution polonaise de 1997.

[5] Jean-Pierre Massias, « Chronique constitutionnelle des États d'Europe de l'Est (2003) », *RDP*, 2004, p. 1703.

[6] Le parti politique roumain qui va remporter les premières élections libres du mai 1990.

[7] Jean-Pierre Massias, *Droit constitutionnel des Etats d'Europe de l'Est*, Paris, PUF, coll. « Droit fondamental », 2e éd. 2008, p. 323.

Ce principe, annoncé dans le projet du départ, n'avait pas été retenu dans le texte constitutionnel de 1991. C'est la révision constitutionnelle de 2003 qui a « institutionnalisé juridiquement[1] » le principe de la séparation des pouvoirs. En 2003, à la suite de la révision constitutionnelle, deux alinéas[2] ont été rajoutés à l'article 1er intitulé « L'État roumain ». L'alinéa 4 de l'article premier précise que « l'État est organisé conformément au principe de la séparation et de l'équilibre des pouvoirs – législatif, exécutif et judiciaire – dans le cadre de la démocratie constitutionnelle[3] ». En instaurant un régime dans lequel il existe un équilibre entre les différents pouvoirs, la Constitution révisée[4] évite « la possibilité que le régime politique qu'elle allait instituer soit fondé sur la prédominance d'un des pouvoirs par rapport aux autres[5] ».

L'organisation constitutionnelle des pouvoirs[6], adoptée dans les différentes Constitutions analysées, précise les attributions de chacun des pouvoirs. Celles-ci instaurent aussi une collaboration indispensable entre ces pouvoirs pour le bon fonctionnement de l'État. Selon Jean-Pierre Massias, le principe de la séparation des pouvoirs est « conçu comme un équilibre entre ces pouvoirs[7] ». La collaboration entre les différents pouvoirs impose certaines mesures pour éviter qu'un pouvoir en absorbe un autre. Les Constitutions tunisienne, égyptienne, roumaine et polonaise ont mis en place des moyens d'action réciproque qui permettent l'indépendance des pouvoirs et le bon fonctionnement institutionnel en évitant le blocage institutionnel.

Ces pays ont adopté des régimes parlementaires, ou semi-présidentiels, en accordant à chacun des pouvoirs politiques un moyen d'action sur l'autre. Selon Patrice Gélard, « toutes les Constitutions des pays d'Europe centrale et orientale ont mis en place des régimes parlementaires même si le président de la République est élu au suffrage universel direct[8] ». Notamment, le régime politique roumain est considéré comme un régime semi-présidentiel « atténué ou parlementarisé[9] ». Ainsi, le pouvoir législatif arrête le pouvoir exécutif et vice-versa. La séparation des pouvoirs instaure un système de poids et de contrepoids. Il cherche par cela un gouvernement modéré, un équilibre entre les pouvoirs. Mais, dans la réalité et la pratique du pouvoir, l'équilibre qui caractérise un régime de collaboration des pouvoirs n'est pas

---

[1] *Ibid.*, p. 324.
[2] Alinéas 4 et 5.
[3] Article 1er alinéa 4 de la Constitution roumaine de 1991 (alinéa rajouté depuis la révision constitutionnelle de 2003).
[4] S'agissant de la Constitution roumaine de 1991 révisée en 2003.
[5] Jean-Pierre Massias, *op. cit.*, p. 324.
[6] Voir notre chapitre 2 du titre second de la première partie.
[7] Jean-Pierre Massias, *op. cit.*, p. 324.
[8] Patrice Gelard, « Vingt-cinq ans depuis la chute du Mur », *RFDC*, 2014, p. 949.
[9] Antoine Iorgovan, *Traité de droit administratif*, 1er vol., Bucarest, Ed. All Beck, 2005, cité *in* Jean-Pierre Massias, *op. cit.*, p. 325.

toujours observé. L'équilibre souhaité par les textes constitutionnels est difficile à maintenir car, à la lecture des textes constitutionnels et à l'analyse de la pratique du pouvoir, on observe une faiblesse du Parlement. Le pouvoir titulaire du pouvoir législatif est affaibli du fait de l'intrusion de l'exécutif dans l'une de ses missions principales qui est de faire la loi.

Les rapports entre le pouvoir législatif et le pouvoir exécutif : les moyens d'action réciproque, un outil d'équilibre entre les différents pouvoirs politiques

L'objectif premier de la séparation des pouvoirs est la dénonciation de la confusion des pouvoirs. Pour cela, il faut que « par la disposition des choses le pouvoir arrête le pouvoir[1] ». La Constitution accorde les moyens d'action réciproque à chacun des pouvoirs politiques pour permettre une collaboration équilibrée entre eux. Il s'agit principalement du droit de dissolution et de la mise en jeu de la responsabilité politique du gouvernement par le Parlement. Ces moyens d'action permettent à chaque pouvoir d'exercer librement ses attributions. Ils servent également à éviter qu'un pouvoir bloque le fonctionnement nécessaire des autres institutions. Les Constitutions de ces pays ont instauré des régimes politiques qui sont caractérisés « par une procédure d'engagement de responsabilité d'une partie de l'exécutif et par une procédure de dissolution de l'une des assemblées en cas de bicaméralisme, c'est-à-dire lorsque le Parlement est composé de deux chambres, ou de l'Assemblée dans le cas contraire, ce qui correspond au monocaméralisme ou monocamérisme[2] ».

La dissolution dans les Constitutions du monde arabe et d'Europe de l'Est

Les Constitutions polonaise[3], roumaine[4], tunisienne[5] et égyptienne[6] ont toutes consacré le droit de dissolution. Ce droit est généralement accordé au pouvoir exécutif, mais la Constitution polonaise reconnaît également à l'Assemblée nationale le droit de s'auto-dissoudre.

---

[1] Montesquieu, *De l'Esprit des lois, 1748, livre XI*, chap. IV.

[2] Michel Verpeaux, *Droit constitutionnel français*, Paris, PUF, coll. « Droit fondamental », 2013, p. 112.

[3] Article 98 de la Constitution de 1997.

[4] Article 89 de la Constitution de 1991 et sa version depuis la révision constitutionnelle de 2003.

[5] Article 77 de la Constitution de 2014.

[6] Article 137 de la Constitution de 2014. Nous n'allons pas tenir compte de la Constitution adoptée en 2012 parce qu'elle ne régit plus les institutions actuelles de l'Égypte. La seule Constitution en vigueur est celle de 2014.

La dissolution de l'Assemblée nationale par le chef de l'État

Comme nous l'avons déjà signalé, les Constitutions des pays qui font l'objet de notre étude reconnaissent au pouvoir exécutif, au chef de l'État plus précisément, le droit de dissolution. Le droit de dissolution est l'une des caractéristiques principales d'un régime parlementaire, car un régime est dit parlementaire lorsque

> le gouvernement doit se retirer s'il fait l'objet d'une motion de défiance votée par les Communes ou du moins la majorité de celle-ci, ou s'il a engagé formellement sa responsabilité politique sur un texte qu'il juge essentiel et que ce texte n'est pas adopté. Mais, pour contourner cette difficulté, le Cabinet peut demander au roi de prononcer la dissolution pour que l'électeur puisse choisir entre la politique défendue par le gouvernement et celle proposée par les Communes, en cas d'opposition au gouvernement[1].

Le droit de dissolution constitue un moyen de pression dont dispose le pouvoir exécutif vis-à-vis du pouvoir législatif. Il est un moyen qui permet la stabilité des institutions.

Dans un régime parlementaire, la dissolution remplit en principe deux fonctions. Elle est d'abord dissuasive, c'est-à-dire qu'elle empêche le Parlement d'abuser de son droit de renverser le gouvernement. Elle sert notamment à résoudre une crise institutionnelle entre l'exécutif et le législatif. C'est alors un moyen qui équilibre les rapports entre les pouvoirs exécutif et législatif. La dissolution permet en temps de crise de régler le conflit entre les pouvoirs politiques. En définitive, il reviendra au peuple de partager les pouvoirs politiques par une élection qui mettra fin au conflit. Dans cette situation, le droit de dissolution « permet de recourir à l'arbitrage du peuple en cas de litige entre les pouvoirs publics constitutionnels […], bien qu'elle ne soit plus subordonnée à l'existence d'une "crise ministérielle" en bonne et due forme[2] ».

Selon Rafaâ Ben Achour, le régime politique tunisien issu de la Constitution de 2014 est « un régime parlementaire[3] ». En Tunisie, le président de la République peut prononcer « la dissolution de l'Assemblée des représentants du peuple dans les cas énoncés par la Constitution[4] ». Le droit de dissolution de l'Assemblée est « cantonné au seul cas de l'incapacité de l'Assemblée à désigner un nouveau chef du gouvernement[5] ». Ce droit accordé au chef de l'État par le texte constitutionnel est discrétionnaire[6]. La

---

[1] Michel Verpeaux, *op. cit.*, p. 115.
[2] Dominique Turpin, *op. cit.*, p. 537.
[3] Rafaâ Ben Achour, « La Constitution tunisienne du 27 janvier 2014 », *RFDC*, n° 100, 2014, p. 793.
[4] Article 77 de la Constitution tunisienne de 2014.
[5] Rafaâ Ben Achour, *ibid.*.
[6] Parce que la Constitution affirme qu'il « peut prononcer », en n'émettant aucune imposition.

Constitution tunisienne de 2014 impose des limites claires au droit de dissolution. En Tunisie, le président de la République peut dissoudre l'Assemblée nationale si elle refuse de voter la confiance au gouvernement. Plus précisément, l'alinéa 4 de l'article 89 de la Constitution tunisienne de 2014 dispose :

> Si, dans les quatre mois suivants la première désignation, les membres de l'Assemblée des représentants du peuple n'ont pas accordé la confiance au gouvernement, le président de la République peut décider la dissolution de l'Assemblée des représentants du peuple et l'organisation de nouvelles élections législatives dans un délai d'au moins quarante-cinq jours et d'au plus quatre-vingt-dix jours.

Le choix de renvoyer les députés devant les électeurs appartient donc discrétionnairement au chef de l'État. Si l'utilisation de la dissolution n'est pas automatique à la suite du refus du vote de confiance, elle permet de mettre la pression sur l'Assemblée nationale.

La Constitution égyptienne de 2014 est celle qui a le plus encadré le droit de dissolution présidentiel. Le chef de l'État doit respecter certaines conditions préalables avant d'user du droit de dissolution[1]. Selon l'article 137 de la Constitution égyptienne de 2014,

> Le président de la République ne peut dissoudre la Chambre des représentants que par un décret motivé pris à la suite d'un referendum populaire. Une Chambre des représentants ne peut être dissoute pour le même motif de dissolution que la précédente. Le président de la République doit prendre une ordonnance de suspension des réunions de la Chambre et organiser un referendum sur la dissolution dans un délai maximal de vingt jours. Si les participants au referendum approuvent cette dissolution, à la majorité des suffrages exprimés, le président de la République prend une ordonnance prononçant la dissolution et appelle à des élections législatives anticipées dans les trente jours au plus à compter de la date de l'ordonnance. La nouvelle Chambre se réunit dans les dix jours suivants l'annonce des résultats finaux[2].

Il faut d'abord qu'il y ait un « cas de nécessité ». Ensuite, le Président égyptien doit d'abord suspendre la Chambre des représentants par ordonnance et engager un referendum populaire sur la question de la dissolution. La Constitution égyptienne de 2014 exige que la décision de la dissolution soit motivée. Enfin, en Égypte, contrairement aux autres pays, la dissolution ne peut être prononcée qu'après un referendum populaire la validant. Cela signifie que le Président est tenu par l'avis du peuple. Si le peuple rejette son referendum, il ne peut dissoudre la Chambre des députés. Le peuple égyptien intervient alors deux fois : d'abord pour autoriser le

---

[1] Article 137 de la Constitution égyptienne de 2014.

[2] *Idem..*

Président à dissoudre, ensuite pour élire la nouvelle Chambre. Également, il est important de relever que l'article 137 précise que la nouvelle chambre élue après la dissolution « ne peut être dissoute pour la même raison » que l'ancienne chambre sanctionnée. Les motifs de la première décision sont précisés dans le décret de la dissolution que prend le Président avant d'engager la procédure. Cela permet d'empêcher une seconde dissolution « de la Chambre des représentants pour le même motif ».

L'intervention du peuple dans la procédure de dissolution dès le début fait perdre à ce droit son caractère discrétionnaire, car il ne dépend pas en définitive du président de la République, mais du résultat du referendum populaire. La nouvelle Constitution égyptienne de 2014 encadre le droit de dissolution de manière rigide en associant un acteur important qui ne figure pas dans les autres Constitutions. Le peuple devient alors un acteur essentiel dans la procédure de la dissolution, en ayant presque le dernier mot, dans la mesure où il lui revient d'autoriser ou d'empêcher la procédure de la dissolution en votant au référendum.

En plus de la dissolution classique accordée au chef de l'État, la Constitution égyptienne de 2014 a instauré une seconde forme de dissolution qu'on pourrait qualifier de systématique. Selon l'article 161 de la Constitution égyptienne de 2014, si la motion de censure proposée par les députés à l'encontre du président de la République échoue « la Chambre des représentants est considérée dissoute et le Président appelle à élire une nouvelle Chambre dans trente jours à compter de la date de la dissolution ».

La Constitution roumaine de 1991 énonce :

> Après consultation des présidents des deux chambres et des leaders des groupes parlementaires, le Président de la Roumanie peut dissoudre le Parlement, si celui-ci n'a pas accordé le vote de confiance pour la formation du gouvernement dans un délai de soixante jours à compter du premier vote et uniquement s'il y a eu moins deux votes de refus de la confiance[1].

En Roumanie, le droit du Président de dissoudre le Parlement est encadré par la Constitution, mais il n'est pas soumis aux mêmes contraintes que le chef de l'État égyptien. La dissolution du Parlement roumain est prononcée, selon l'article 89 de la Constitution de 1991, que « si celui-ci n'a pas accordé le vote de confiance pour la formation du gouvernement dans un délai de soixante jours à compter du premier vote et uniquement s'il y a eu moins deux votes de refus de la confiance[2] ». En dehors de l'hypothèse de deux refus de vote de confiance au moins, le Président roumain ne peut pas dissoudre le Parlement. Concernant la procédure à respecter, la Constitution roumaine de 1991 précise que le chef de l'État, avant de prononcer la

---

[1] Article 89 alinéa 1er de la Constitution roumaine de 1991.

[2] Article 89 de la Constitution roumaine de 1991

dissolution, « est tenu de rencontrer, non seulement les présidents des Chambres, mais également les dirigeants des groupes parlementaires[1] ».

Si elle permet de régler un conflit institutionnel, la dissolution peut être utilisée aussi pour des raisons stratégiques et purement politiques par le chef de l'État qui cherche alors à obtenir une majorité ou réconforter sa majorité. Selon Jean Gicquel et Jean-Éric Gicquel, « la dissolution s'analyse à titre principal en un mode de régulation d'une crise institutionnelle. Cependant, une utilisation tactique, selon la démarche britannique, pour la promotion de la majorité parlementaire s'est présentée[2] ». Elle peut bien évidemment aboutir à un résultat contraire à celui escompté par son utilisateur. Ainsi, en 1997, le président Jacques Chirac a usé de la dissolution dans le but de conforter sa majorité, mais il a fait élire une majorité hostile à sa politique et a provoqué une cohabitation. La dissolution a ainsi été utilisée à des fins politiques tactiques et stratégiques.

Cependant, à certaines périodes, la dissolution est proscrite. En effet, la Constitution roumaine de 1991 interdit la dissolution du Parlement à certains moments bien définis. L'alinéa 3 de l'article 89 déclare que « le Parlement ne peut pas être dissous pendant les six derniers mois du mandat du président de la Roumanie ni pendant l'état de siège ou l'état d'urgence ». De même, concernant le moment de la dissolution, par exemple, l'article 77 de la Constitution tunisienne de 2014 mentionne que « l'Assemblée ne peut être dissoute au cours des six mois suivant l'obtention de la confiance de l'Assemblée par le premier gouvernement après les élections législatives, ou durant les six derniers mois du mandat présidentiel ou de la législature ». Dans ce cas, pendant six mois, le Président tunisien ne peut pas dissoudre l'Assemblée nationale nouvellement élue qui a accordé sa confiance au nouveau gouvernement.

Ainsi, si la Constitution roumaine de 1991 n'interdit pas de dissoudre l'Assemblée nationale nouvelle qui vote la confiance au nouveau gouvernement, elle interdit la dissolution dans certaines circonstances bien précises telles que l'état de siège ou l'état d'urgence. L'alinéa 2 de l'article 89 de la Constitution roumaine de 1991 dispose qu'« au cours d'une année, le Parlement peut être dissous une seule fois ». Selon Jean-Pierre Massias,

> Le droit du président de dissoudre le Parlement est conditionné par le respect de certaines règles (art. 89) : consultation obligatoire des présidents des deux Chambres ; il faut que le Parlement n'ait pas accordé le vote de confiance pour la formation du gouvernement dans un délai de soixante jours à compter de la première demande d'investiture ; au moins deux votes de refus

---

[1] François Frison-Roche, « Les chefs d'État dans les PECO. Pouvoirs constitutionnels et poids politique », *Le Courrier des pays de l'Est*, n° 1043, 2004, p. 62.

[2] Jean Gicquel et Jean-Éric Gicquel, *Droit constitutionnel et institutions politiques*, Paris, LGDJ, 28e éd. 2014, p. 585.

d'investiture doivent intervenir dans le délai de soixante jours ; au cours d'une année, le Parlement peut être dissous une seule fois ; la dissolution ne peut être demandée au cours des six derniers mois du mandat présidentiel[1].

En Roumanie, en Tunisie et en Égypte, le droit de dissolution est également interdit en période d'intérim présidentiel. Dans ces pays, le Président intérimaire ne peut pas dissoudre l'Assemblée nationale. La Constitution tunisienne de 2014 explique dans son article 86 que durant la période de l'intérim, le Président intérimaire « ne peut prendre l'initiative d'une révision de la Constitution, appeler au référendum, ni dissoudre l'Assemblée des représentants du peuple ». En Roumanie, selon l'alinéa 2 de l'article 97 de la Constitution, « les attributions prévues aux articles 88 à 90 ne peuvent pas être exercées pendant la durée de l'intérim de la présidence ». Dans cette situation, le Président intérimaire ne peut pas utiliser le droit de dissolution prévu à l'article 89. La Constitution égyptienne de 2014 énonce que « le Président par intérim ne peut concourir à l'élection présidentielle, demander l'amendement de la Constitution, dissoudre la Chambre des représentants ou révoquer le gouvernement[2] ».

La Constitution polonaise de 1997, concernant le droit de dissolution, est plus souple que les autres Constitutions. Elle impose moins de limites que celles de l'Égypte, de la Tunisie et de la Roumanie, à l'exercice du droit de dissolution présidentiel. En vertu de la Constitution polonaise de 1991, « le président de la République peut, dans les cas prévus par la Constitution, prononcer la dissolution de la Diète, sur avis du président de la Diète et du président du Sénat. La dissolution de la Diète entraîne la dissolution du Sénat[3] ». Il revient au président de la République de prononcer ou non la dissolution. En Pologne, la Constitution ne délimite pas véritablement le droit de dissolution. En Pologne, l'alinéa 2 de l'article 155 indique également que « si le vote de confiance n'est pas accordé au Conseil des ministres suivant la procédure prévue au premier alinéa, le président de la République prononce la dissolution de la Diète et ordonne les élections ». Dans le cas de la Pologne, en vertu de cet article[4], la dissolution semble être une suite logique du rejet de vote de confiance au gouvernement. Le président polonais prononce la dissolution sur avis du président de la Diète et du président du Sénat[5]. Il semblerait qu'il ne s'agisse que d'une consultation qui ne limite pas le Président dans sa décision de dissolution. Le président de la République doit simplement ordonner les élections des députés et des sénateurs et fixer la date et le jour des élections lorsqu'il

[1] Jean-Pierre Massias, *op. cit.*, p. 327.
[2] Article 160 de la Constitution égyptienne de 2014.
[3] Alinéa 4 de l'article 98 de la Constitution polonaise de 1997.
[4] Alinéa 2 de l'article 155 de la Constitution polonaise de 1997.
[5] Alinéa 4 de l'article 98 de la Constitution polonaise de 1997.

prononce la dissolution[1]. En Pologne, contrairement aux autres pays d'Europe à l'exception de l'Italie et de la Hollande, la dissolution de la Diète implique celle du Sénat et, par conséquent, sa réélection ordonnée par le Président. Pourtant, souvent, le droit de dissolution est présenté comme une contrepartie au pouvoir de renverser le gouvernement reconnu aux députés pour instaurer un certain équilibre entre les pouvoirs. Par conséquent, le Sénat échappe justement à la dissolution parce qu'il ne peut pas renverser le gouvernement. Comme le soulignent Constance Grewe et Hélène Ruiz-Fabri, c'est ce caractère de contrepartie qui « explique d'ailleurs qu'en principe, seules les chambres qui peuvent renverser le gouvernement peuvent être dissoutes, ce qui n'est généralement pas le cas de la deuxième chambre sauf en Italie (et théoriquement en Pays-Bas)[2] ». Mais la singularité du droit de dissolution polonais est relative à l'autodissolution reconnue aux députés par la Constitution.

L'autodissolution de l'Assemblée nationale par elle-même : la spécificité polonaise

Dans un régime parlementaire, la dissolution est un des éléments essentiels qui le caractérisent. Selon tous les ouvrages classiques de droit constitutionnel, elle permet, avec la mise en jeu de la responsabilité politique du gouvernement, d'assurer la stabilité et l'efficacité d'un régime parlementaire. Le droit de dissolution accordé au pouvoir exécutif, plus précisément au chef de l'État, est considéré comme un instrument fondamental d'équilibre entre les pouvoirs. Par exemple, Maurice Hauriou et Léon Duguit ont défini le droit de dissolution « comme un élément essentiel du fonctionnement équilibré du régime parlementaire[3] ».

Dans un régime parlementaire, la dissolution est un pouvoir discrétionnaire reconnu au chef de l'État. Comme le constate Philippe Lauvaux, dans un régime parlementaire comme

> en Grande-Bretagne, le Parlement, détenteur de la puissance législative, c'est historiquement la réunion du monarque, de la Chambre des lords et de la Chambre des communes. Une loi adoptée par les deux chambres doit recevoir l'assentiment royal. Par ailleurs, le droit de dissolution est une prérogative de la Couronne reconnue par de nombreux *statuts*. La concurrence entre cette prérogative et un droit d'autodissolution législative, de l'initiative de la Chambre des Communes, mais soumise à l'accord de la

[1] Alinéa 5 de l'article 98 de la Constitution polonaise de 1997.
[2] Constance Grewe et Hélène Ruiz-Fabri, *Droits constitutionnels européens*, Paris, PUF, 1995, p. 545.
[3] Philippe Lauvaux, *La dissolution des Assemblées parlementaires*, Paris, Economica, 1983, p. 1.

Chambre des lords et à l'assentiment de la Couronne, n'avait pas de raison d'apparaître[1].

Les pays qui font l'objet de notre étude consacrent tous le droit de la dissolution comme le droit accordé au chef de l'État pour résoudre une éventuelle crise institutionnelle. Comme souvent dans les régimes parlementaires contemporains, la Tunisie, la Roumanie, l'Égypte et la Pologne reconnaissent ce droit constitutionnel exclusivement au chef de l'État. Ailleurs, comme le souligne Philippe Lauvaux,

> La pratique anglaise a évidemment influencé celle des autres monarchies constitutionnelles instaurées sur ce modèle. En Belgique, par exemple, ni la Chambre ni le Sénat n'ont un droit d'autodissolution, mais il faut admettre que la chambre peut adopter une adresse ou un ordre du jour demandant sa propre dissolution ou celle du Parlement[2].

Elle a également influencé tous les régimes parlementaires. Le Premier ministre demande donc au chef de l'État ou au Roi de mettre en œuvre son pouvoir de dissolution.

Mais il existe une autre forme de dissolution plus rare : il s'agit de l'autodissolution. Cette forme de dissolution existe notamment en Autriche, en Israël, en Turquie et en Allemagne. Selon Philippe Lauvaux, en Autriche « le droit d'autodissolution est explicitement reconnu au Conseil national et s'exerce dans la forme législative ordinaire ». En Israël, « la Loi fondamentale sur la Knesset interdit l'autodissolution sauf par la voie d'une procédure législative normale ». Enfin, en Turquie, « la Constitution ne définit pas la procédure selon laquelle l'Assemblée nationale peut décider de nouvelles élections avant le terme légal[3] ». En Autriche, la Constitution dispose qu'« avant la fin de la législature, le Conseil national peut décider sa dissolution par une loi ordinaire[4] ». Israël ne dispose pas d'une constitution formelle, mais il existe onze lois fondamentales de nature constitutionnelle. L'article 34 de la loi fondamentale du 12 février 1958 concernant la Knesset dispose que « la Knesset ne décidera pas de se dissoudre avant l'expiration de son mandat sauf en adoptant une loi à cette fin[5] ». En Turquie, la Constitution dispose que « l'Assemblée peut décider de faire de nouvelles élections avant l'expiration de ce délai[6] ». En Allemagne, ce sont les *länder* qui prévoient l'autodissolution sous certaines conditions. Certaines Constitutions des *länder* allemands exigent « une majorité

---

[1] *Ibid., p.* 198.
[2] *Idem..*
[3] *Ibid.*, p. 200.
[4] Alinéa 2 de l'article 29 de la Constitution autrichienne du 1er octobre 1920
[5] Article 34, cité par Philippe Lauvaux, *ibid.*, p. 209.
[6] Alinéa 2 de l'article 77 de la Constitution turque du 7 novembre 1987

renforcée » pour que l'autodissolution soit acquise[1]. Comme le rappelle Philippe Lauvaux, « c'était aussi le cas de l'article 83 du projet constitutionnel français du 19 avril 1946, selon lequel l'Assemblée nationale avait le droit de prononcer sa dissolution par une résolution votée à la majorité des deux tiers des députés[2] ».

Parmi les États qui font l'objet de notre étude, seule la Pologne reconnaît l'autodissolution dans sa constitution. Comme son nom l'indique, l'autodissolution est accordée par les textes constitutionnels aux députés qui en sont les auteurs et les destinateurs. L'autodissolution est un pouvoir de se dissoudre que la Constitution attribue aux membres d'une assemblée élue.

Selon Philippe Lauvaux, « la pratique de l'autodissolution n'existe que dans les régimes où elle est consacrée par la Constitution même[3] ». C'est notamment le cas de l'Allemagne, dans lequel, « les Constitutions des *länder* allemands, à l'exception de celles de Bade-Wurtemberg et de Brême, consacrent un droit d'autodissolution pour la diète d'État[4] ». Effectivement, en Pologne, l'autodissolution est expressément prévue par la Constitution de 1997. Cette dernière affirme expressément que « la Diète peut mettre fin à sa législature par une résolution votée à la majorité des deux tiers des voix au moins du nombre constitutionnel des députés[5] ». L'autodissolution doit donc être votée par au moins 307 des 460 députés qui composent la Diète polonaise. Si la majorité requise n'est pas atteinte, l'autodissolution est rejetée. L'autodissolution de la Diète entraîne celle du Sénat. Et par conséquent, le chef de l'État polonais « ordonne en même temps les élections à la Diète et au Sénat, fixant le jour des élections dans les quarante-cinq jours à compter de la date à laquelle la dissolution a été prononcée[6] ». En 2007, la Pologne a été secouée par une crise politique qui a duré plusieurs mois, déclenchée par l'incapacité du Premier ministre Jaroslaw Kaczynski à former un gouvernement stable. Les députés issus de plusieurs partis politiques[7] ont alors déposé une résolution en vue de la dissolution du Parlement. Cette résolution a été votée le vendredi 7 septembre 2007[8]. Elle a obtenu 377 voix favorables à l'autodissolution contre 54. La majorité requise, c'est-à-dire la majorité des deux tiers, qui correspond concrètement

---

[1] Voir Philippe Lauvaux, *ibid.*, p. 200.

[2] *Idem.*.

[3] *Ibid.*, p. 209 et 197.

[4] *Ibid.*, p. 209.

[5] Alinéa 3 de l'article 98 de la Constitution polonaise de 1997.

[6] Alinéa 5 de l'article 98 de la Constitution polonaise de 1997.

[7] Il s'agit du Parti de Droit et Justice, de la Plate-forme civique, du Parti Social-démocrate et du Parti paysan.

[8] Patrice Gelard, « L'actualité constitutionnelle en Russie, dans les États de la CEI et de l'Europe centrale et orientale et dans les pays toujours ou anciennement communistes (Russie : juillet 2006-décembre 2008 - Autres pays : juillet 2007-décembre 2008) », *RFDC*, 2009, p. 413.

à 307 députés, a été largement dépassée. Le président polonais Lech Kaczynski a fixé les élections législatives, comme le lui impose l'alinéa 5 de l'article 98 de la Constitution, le 21 octobre 2007[1], c'est-à-dire « dans les quarante-cinq jours à compter de la date à laquelle la dissolution a été prononcée[2] ».

L'autodissolution ne joue pas forcément le même rôle que la dissolution « classique ». Cette dernière sert uniquement à trancher un conflit entre deux pouvoirs majeurs dans un régime parlementaire, à savoir le pouvoir exécutif et le pouvoir législatif. De cette manière, l'un des pouvoirs se débarrasse du second. Comme le soulignent Constance Grewe et Hélène Ruiz-Fabri, la dissolution « existait avant l'émergence de la responsabilité politique, comme moyen pour le roi d'évincer un Parlement devenu inutile ou encombrant, même si elle lui a ensuite été liée au titre de contrepartie[3] ».

L'autodissolution échappe à cette mission parce qu'elle ne constitue pas une riposte d'un pouvoir exécutif qui sanctionne une assemblée non conciliante. Il s'agit d'une procédure dont l'initiative et le résultat dépendent exclusivement des parlementaires eux-mêmes. Si, classiquement, il faut s'adresser au chef de l'État[4] pour prononcer la dissolution traditionnelle, dans le cas de l'autodissolution, cette responsabilité incombe aux députés eux-mêmes. Le pouvoir exécutif peut l'inciter, mais l'engagement et le vote de cette procédure dépendent uniquement des députés. Ces derniers choisissent eux-mêmes de retourner devant leurs électeurs. L'autodissolution ne correspond pas non plus à la définition classique de la dissolution. En principe, dans un régime parlementaire, la compétence de la dissolution appartient formellement et exclusivement au chef de l'État, alors que la compétence de l'autodissolution appartient exclusivement et formellement aux députés.

On pourrait estimer que la dissolution prévue par l'article 161 de la Constitution égyptienne de 2014 est indirectement une autodissolution. En se prononçant sur la motion de censure présentée par leurs collègues à l'encontre du président de la République, les députés vont, soit sacrifier le chef de l'État, soit s'auto-sacrifier. Si la motion de censure à l'encontre du président de la République échoue, « la Chambre des représentants est considérée comme dissoute[5] ». Les députés ont alors agi en connaissance de cause, et ils ont décidé de se sacrifier.

---

[1] *Idem..*
[2] Alinéa 5 de l'article 98 de la Constitution polonaise de 1991.
[3] Constance Grewe et Hélène Ruiz-Fabri, *op. cit.*, p. 545.
[4] Par exemple, le Premier ministre ou les Présidents des Assemblées peuvent demander au président de la République d'engager cette procédure.
[5] Article 161 de la Constitution égyptienne de 2014.

La mise en jeu de la responsabilité politique par l'Assemblée nationale

« La responsabilité est le corollaire de l'autorité en démocratie. Le gouvernement est comptable de ses actes devant les députés suivant les procédures rationalisées de la question de confiance et de la motion de censure[1]. » Dans tous les régimes parlementaires, pour engager la responsabilité politique du gouvernement devant l'Assemblée nationale, il est utilisé soit la procédure de la question de confiance, soit celle de la motion de censure.

La question de confiance dans les constitutions de l'Europe de l'Est et du monde arabe

La responsabilité gouvernementale peut être civile, pénale ou politique. Selon Michel Verpeaux, la responsabilité politique du gouvernement

> conduit à un vote qui peut mettre fin aux fonctions d'un organe par l'interruption anticipée des fonctions. La sanction est l'obligation de démissionner, ce qui équivaut à un pouvoir de révocation. Cette responsabilité, estime l'auteur, peut-être individuelle et s'exercer contre un des membres du gouvernement (ou ministre), ou collective, et elle s'exerce alors contre l'ensemble du gouvernement[2].

Par exemple, la Constitution roumaine dispose que « le gouvernement est responsable politiquement pour toute son activité uniquement devant le Parlement. Chaque membre du gouvernement est solidairement responsable sur le plan politique des autres membres pour l'activité du gouvernement et pour les actes de celui-ci[3] ». De même, la Constitution polonaise déclare que les membres du gouvernement sont « solidairement[4] » ou « individuellement[5] » responsables devant la Diète. En Tunisie, « en plus de la responsabilité collective du gouvernement, la responsabilité individuelle d'un ou de plusieurs membres du gouvernement peut être déclenchée[6] » par les députés. La Constitution tunisienne précise que « l'Assemblée des représentants du peuple peut retirer sa confiance à l'un des membres du gouvernement, suite à une demande motivée à cet effet, présentée au président de l'Assemblée par un tiers des membres au moins, le vote de défiance a lieu à la majorité absolue[7] ».

La question de confiance est posée par le pouvoir exécutif. Ce dernier engage devant l'Assemblée nationale la responsabilité politique du

---

[1] Jean Gicquel et Jean-Éric Gicquel, *op. cit.*, p. 698.
[2] Michel Verpeaux, *op. cit.*, p. 120.
[3] Article 108 alinéa 1er de la Constitution roumaine de 1991.
[4] Article 157 alinéa 1er de la Constitution polonaise de 1997.
[5] Article 157 alinéa 2 de la Constitution polonaise de 1997.
[6] Rafaâ Ben Achour, « La Constitution tunisienne du 27 janvier 2014 », *RFDC*, 2014, p. 795.
[7] Article 97 alinéa 2 de la Constitution tunisienne de 2014.

gouvernement sur un programme, un texte ou une déclaration de politique générale. Parfois, la responsabilité du gouvernement est engagée sur un projet de loi, et, dans ce cas, il y a une mise en œuvre conjuguée de la question de confiance et de la motion de censure. Cette situation est prévue par exemple par l'article 49, alinéa 3 de la Constitution française de 1958[1]. Selon Jean Gicquel et Jean-Éric Gicquel,

> Cette disposition, aussi performante que tentante, s'analyse en une technique spécifique d'adoption de la loi à l'Assemblée nationale (à l'exclusion du Sénat, il importe de le noter), lorsque les moyens ordinaires dont dispose le gouvernement se sont révélés inopérants, face à une majorité rétive ou une opposition combative. En substance, le Premier ministre peut, après délibération du conseil des ministres, engager la responsabilité du gouvernement devant l'Assemblée nationale sur le vote de certains textes. Dans ce cas, ceux-ci sont considérés comme adoptés, sauf si une motion de censure, déposée dans les vingt-quatre heures qui suivent, est votée dans les conditions prévues à l'alinéa précédent[2].

Grâce à cette technique, le gouvernement fait passer en force un texte face à une majorité parlementaire qui n'appartient pas forcément à l'opposition, mais qui est réticente et clairement hostile au texte présenté[3].

La procédure de la question de confiance existe en Égypte, en Tunisie, en Roumanie et en Pologne. La Constitution tunisienne énonce que « le gouvernement est responsable devant l'Assemblée des représentants du peuple[4] ». En Tunisie, « elle peut être posée, soit par le chef du gouvernement, soit par le président de la République[5] ». En effet, l'article 99 de la Constitution tunisienne de 2014 énonce que « le président de la République peut demander à l'Assemblée des représentants du peuple de procéder à un vote de confiance au gouvernement, au maximum deux fois pendant le mandat présidentiel[6] ». Et l'article 98 dispose :

> Le chef du gouvernement peut solliciter de l'Assemblée des représentants du peuple un vote de confiance quant à la poursuite par le gouvernement de ses activités, le vote se faisant à la majorité absolue des membres de l'Assemblée

---

[1] Le Premier ministre Manuel Valls a eu recours plusieurs fois à cette procédure pour faire adopter les lois controversées (par exemple trois fois pour le projet de loi Macron sur l'économie et la croissance en 2015 et pour la loi Travail en 2016).

[2] Jean Gicquel et Jean-Éric Gicquel, *op. cit.*, p. 702.

[3] En France, les députés frondeurs du Parti Socialiste appartiennent au même parti politique que le gouvernement mais ils étaient clairement opposés au texte présenté pour les ministres Macron et Mme El Khomri.

[4] Article 95 de la Constitution tunisienne de 2014.

[5] Rafaâ Ben Achour, *ibid.*.

[6] Alinéa 1 de l'article 99 de la Constitution de 2014.

des représentants du peuple. Si l'Assemblée ne renouvelle pas la confiance accordée au gouvernement, celui-ci est réputé démissionnaire[1].

Si le Président ne peut solliciter le vote de confiance que deux fois pendant un mandat, le gouvernement ne semble pas être limité dans cette démarche par le constituant tunisien. Deux issues sont envisagées par les dispositions constitutionnelles tunisiennes[2] : soit le vote de confiance est accordé au gouvernement, et ce dernier reste en place, soit la confiance lui est refusée et, par conséquent, il se doit de démissionner. Selon Rafaâ Ben Achour,

> Le vote de défiance est conditionné par l'approbation de la majorité absolue des membres de l'Assemblée, et à la présentation d'un candidat de remplacement au chef du gouvernement, dont la candidature devra être approuvée lors du même vote. Auquel cas, le candidat de remplacement sera chargé par le président de la République de former le gouvernement[3].

En effet, la Constitution tunisienne précise que « le président de la République se charge de désigner la personnalité la plus apte à former un gouvernement dans un délai de trente jours[4] ».

Si les députés tunisiens refusent de voter la confiance au nouveau gouvernement proposé par le président de la République, ce dernier peut dissoudre l'Assemblée et provoquer une élection législative anticipée[5]. Mais cette prérogative accordée au président de la République tunisien n'est pas exempte de risque car, « en cas de vote de confiance au gouvernement par deux fois, le président de la République est réputé démissionnaire[6] ».

En Pologne, la Constitution de 1997 précise que « le président du Conseil des ministres, dans les quatorze jours à dater de sa nomination par le président de la République, présente devant la Diète le programme de l'activité du Conseil des ministres et pose la question de confiance[7] ». Cette possibilité est également prévue par l'article 160 de la Constitution polonaise de 1997 qui affirme que « le président du Conseil des ministres peut poser la question de confiance devant la Diète. La Diète accorde le vote de confiance au Conseil des ministres à la majorité des voix, la moitié au moins du nombre constitutionnel des députés étant présents ».

En Roumanie, la Constitution dispose que « le candidat à la fonction de Premier ministre demande, dans un délai de dix jours à compter de sa désignation, le vote de confiance du Parlement sur le programme et la liste

---

[1] Alinéa 2 de l'article 98 de la Constitution tunisienne de 2014.

[2] Article 98 et 99 précitées.

[3] Rafaâ Ben Achour, « La Constitution tunisienne du 27 janvier 2014 », *RFDC*, n° 100, 2014, p. 795.

[4] Alinéa 1 de l'article 99 de la Constitution tunisienne de 2014.

[5] Alinéa 2 de l'article 99 de la Constitution tunisienne de 2014.

[6] Alinéa 3 de l'article 99 de la Constitution tunisienne de 2014.

[7] Alinéa 2 de l'article 154 de la Constitution polonaise de 1997.

complète du gouvernement[1] ». Contrairement en Pologne et en Tunisie, en Roumanie, ce sont les sénateurs et les députés réunis en Parlement qui votent la confiance au gouvernement. À ce titre, la Constitution roumaine de 1991 affirme que « le gouvernement peut engager sa responsabilité devant la Chambre des députés et le Sénat, en séance commune, sur son programme, une déclaration de politique générale ou un projet de loi[2] ».

En Égypte, l'alinéa 1er de l'article 146 de la Constitution égyptienne de 2014 prévoit :

> Le président charge un Premier ministre de former un gouvernement et de présenter son programme à la Chambre des représentants. Si le gouvernement n'obtient pas la confiance de la majorité dans les trente jours suivants, le Président nomme un Premier ministre proposé par le parti ou la coalition majoritaire au sein de la Chambre des représentants.

En Tunisie, le président de la République charge le parti politique vainqueur de l'élection législative de former un gouvernement « dans un délai d'un mois, renouvelable une seule fois[3] ». En Roumanie, en vertu de la Constitution de 1991, « le Président de la Roumanie désigne un candidat à la fonction de Premier ministre, à la suite de la consultation du parti ayant la majorité absolue dans le Parlement ou, si cette majorité n'existe pas, des partis représentés au Parlement[4] ». En Pologne, également, selon la Constitution de 1997,

> Le président de la République désigne le président du Conseil des ministres qui propose les membres du Conseil des ministres. Le président de la République nomme le président du Conseil des ministres et les autres membres du Conseil dans un délai de quatorze jours à dater de la première séance de la Diète ou de l'acceptation de la démission du précédent Conseil et il reçoit le serment des membres du Conseil des ministres nouvellement nommés[5].

Qu'il soit formé dès la première tentative ou après consultation des acteurs politiques par le président de la République, le système politique tunisien impose à son gouvernement d'obtenir la confiance de l'Assemblée nationale pour entrer en fonction. Selon l'alinéa 5 de l'article 89 de la Constitution tunisienne de 2014, « le gouvernement fait un bref exposé de son programme devant l'Assemblée des représentants du peuple afin d'obtenir la confiance de la majorité absolue de ses membres. Dans le cas où le gouvernement obtient la confiance de l'Assemblée, le président de la République nomme le chef et les membres du gouvernement ». La

---

[1] Alinéa 2 de l'article 102 de la Constitution roumaine de 1991

[2] Alinéa 1er de l'article 113 de la Constitution roumaine de 1991.

[3] Alinéa 2 de l'article 89 de la Constitution tunisienne de 2014.

[4] Article 102 de la Constitution roumaine de 1991.

[5] Alinéa 1er de l'article 154 de la Constitution polonaise de 1997.

Constitution tunisienne de 2014 oblige le gouvernement à obtenir la confiance des députés à la majorité absolue des membres de l'Assemblée des représentants. En Pologne également, la Constitution exige la majorité absolue, car elle prévoit que « la Diète accorde le vote de confiance à la majorité absolue des voix, la moitié au moins du nombre constitutionnel des députés étant présents[1] ». En Roumanie, la Constitution précise que « le Parlement accorde la confiance au gouvernement à la majorité des voix des députés et des sénateurs[2] ». La Constitution roumaine demande simplement la majorité des voix, sans préciser s'il s'agit de celles des parlementaires présents ou celles de l'ensemble des députés et des sénateurs du Parlement.

Dans toutes ces Constitutions, le président de la République charge le chef de la majorité parlementaire de former un gouvernement. Mais parfois, la formation d'un gouvernement peut échouer. En Tunisie, la Constitution prévoit différentes solutions pour remédier à cette situation. Si les vainqueurs de l'élection législative tunisienne ne réussissent pas à former un gouvernement dans les temps impartis, ou si les députés refusent d'accorder la confiance au gouvernement formé, le président de la République consulte tous les acteurs politiques de la majorité et de l'opposition « afin de désigner la personnalité jugée la plus apte pour former un gouvernement, dans un délai maximum d'un mois » (alinéa 3 de l'article 89 de la Constitution). Si cette tentative de consensus échoue et que l'Assemblée nationale, quatre mois après son élection, refuse toujours d'accorder sa confiance au gouvernement, le président de la République tunisienne « peut décider la dissolution de l'Assemblée des représentants du peuple et l'organisation de nouvelles élections législatives dans un délai d'au moins quarante-cinq jours et d'au plus quatre-vingt-dix jours » (alinéa 4 de l'article 89 de la Constitution tunisienne). La dissolution permet alors au chef de l'État de résoudre la crise institutionnelle qui empêche la formation d'un gouvernement. Les députés retournent alors devant les électeurs, quatre mois après leurs élections. La menace de la dissolution peut, de fait, inciter les membres de l'Assemblée nationale à voter la confiance au gouvernement. Le président de la République tunisienne peut aussi dissoudre l'Assemblée nationale si elle ne vote pas la confiance au nouveau gouvernement qui a été formé après un vote de défiance à l'égard de l'ancien (alinéa 2 de l'article 99 de la Constitution tunisienne de 2014). Cet alinéa mentionne que « si l'Assemblée n'accorde pas sa confiance au nouveau gouvernement, le président de la République a le droit de dissoudre l'Assemblée et d'appeler à la tenue d'une élection législative anticipée dans un délai minimum de quarante-cinq jours et maximum de quatre-vingt-dix jours ».

[1] Alinéa 2 de l'article 154 de la Constitution polonaise de 1997.
[2] Alinéa 3 de l'article 102 de la Constitution roumaine de 1991.

En Pologne, la Constitution de 1997 a également mis en place deux procédés complémentaires incluant la dissolution de la Diète. En premier lieu, il revient aux membres de la Diète d'élire les membres du gouvernement que le Président nommera par la suite. Selon l'alinéa 3 de l'article 154 de la Constitution polonaise,

> Si la nomination du Conseil des ministres n'a pas lieu suivant la procédure prévue au premier alinéa ou si la confiance ne lui est pas accordée suivant la procédure prévue au deuxième alinéa, la Diète élit, dans les quatorze jours à compter de l'expiration des délais fixés au premier ou au deuxième alinéa, à la majorité absolue des voix, la moitié au moins du nombre constitutionnel des députés étant présents, le président du Conseil des ministres et les membres du Conseil des ministres qu'il a proposés. Le président de la République nomme le Conseil des ministres ainsi élu et reçoit le serment des membres de celui-ci.

Les députés polonais vont donc élire les membres du gouvernement « à la majorité absolue des voix, la moitié au moins du nombre constitutionnel des députés étant présents », précise la Constitution. En second lieu, la Constitution accorde au président la possibilité de dissoudre la Diète si cette dernière n'a pas accordé la confiance au gouvernement qu'elle a élu, probablement par insuffisance de la majorité exigée (alinéa 3 de l'article 154), ou par défaut au gouvernement que le Président propose à la suite de cet échec (alinéa 1 de l'art 155). Selon l'alinéa 2 de l'article 155 de la Constitution polonaise de 1997, « si le vote de confiance n'est pas accordé au Conseil des ministres suivant la procédure prévue au premier alinéa 1 de l'article 155, le président de la République prononce la dissolution de la Diète et ordonne les élections ».

Dans la même perspective, l'article 146 de la Constitution égyptienne de 2014 énonce :

> Le président charge un Premier ministre de former un gouvernement et de présenter son programme à la Chambre des représentants. Si le gouvernement n'obtient pas la confiance de la majorité dans les trente jours suivants, le Président nomme un Premier ministre proposé par le parti ou la coalition majoritaire au sein de la Chambre des représentants. Si ce gouvernement n'obtient pas la confiance de la majorité dans les mêmes délais, la Chambre des représentants est dissoute et le Président appelle à élire une nouvelle Chambre, dans les soixante jours qui suivent la dissolution.

La Constitution égyptienne 2014 cherche elle aussi en premier lieu une alternative pour éviter la dissolution qu'elle autorise en dernier recours.

Les effets de la mise en jeu de la responsabilité gouvernementale sont doubles : la démission collective du gouvernement, d'une part, et la dissolution éventuelle de l'Assemblée nationale, d'autre part. Mais, vis-à-vis du gouvernement, son effet est unique : le refus de vote de confiance par les députés (en Tunisie et en Pologne) et par le Parlement (en Roumanie) entraîne obligatoirement la démission du gouvernement. Le vote de confiance a lieu, soit avant l'entrée en fonction du gouvernement – il s'agit d'une demande de confiance, soit pendant l'exercice de la fonction gouvernementale – il s'agit d'un renouvellement de confiance. Le vote de confiance provoque les mêmes conséquences politiques pour le gouvernement, quel que soit le moment où il a lieu. Selon l'article 98 de la Constitution tunisienne de 2014,

> La démission du chef du gouvernement est considérée comme la démission du gouvernement tout entier. La démission est présentée par écrit au président de la République qui en informe le président de l'Assemblée des représentants du peuple. Le chef du gouvernement peut solliciter de l'Assemblée des représentants du peuple un vote de confiance quant à la poursuite par le gouvernement de ses activités, le vote se faisant à la majorité absolue des membres de l'Assemblée des représentants du peuple. Si l'Assemblée ne renouvelle pas la confiance accordée au gouvernement, celui-ci est réputé démissionnaire.

L'article 99 de la Constitution tunisienne énonce également dans son alinéa 2 que « si cette dernière ne renouvelle pas sa confiance au gouvernement, il est réputé démissionnaire, et le président de la République se charge de désigner la personnalité la plus apte à former un gouvernement dans un délai de trente jours, conformément aux alinéas 1, 5 et 6 de l'article 89 ». En Roumanie, l'alinéa 2 de l'article 109 de la Constitution roumaine de 1991 précise que « le gouvernement est démis à la date où le Parlement lui retire la confiance ou si le Premier ministre se trouve dans l'une des situations prévues à l'article 105, ou s'il est dans l'impossibilité d'exercer ses attributions pendant plus de quarante-cinq jours ». Le retrait de confiance du Parlement au gouvernement entraîne automatiquement sa démission. En Pologne, selon l'alinéa 2 de l'article 162, « le président du Conseil des ministres présente la démission du Conseil des ministres également au cas où la Diète n'accorde pas le vote de confiance au Conseil des ministres ». En Égypte, la Constitution précise également dans l'alinéa 4 de l'article 131 :

> Si la Chambre décide le retrait de confiance au Premier ministre, à l'un de ses vice-ministres, à un ministre ou l'un de ses vice-ministres et si le gouvernement a déclaré sa solidarité avec celui-ci avant le vote, le gouvernement doit présenter sa démission. Si le retrait de confiance concerne l'un des membres du gouvernement, il est contraint de démissionner.

Parallèlement au vote de confiance, la responsabilité du gouvernement peut être engagée par les députés avec la motion de censure.

La motion de censure

La motion de censure, comme la question de confiance, est prévue par les différentes constitutions en Roumanie, en Tunisie, en Pologne et en Égypte.

Elle permet aux députés d'engager la responsabilité politique du gouvernement. Elle intervient à l'initiative des députés (motion de censure spontanée) ou à l'initiative du gouvernement (motion de censure provoquée).

En Tunisie, en vertu de la Constitution, « une motion de censure peut être votée à l'encontre du gouvernement, suite à une demande motivée présentée au président de l'Assemblée des représentants du peuple par le tiers de ses membres au moins[1] ». Les députés tunisiens peuvent également déposer une motion de censure contre le président de la République s'ils constatent « une violation manifeste de la Constitution[2] ». Selon Rafaâ Ben Achour, la Constitution tunisienne de 2014 accorde « la possibilité pour la majorité des membres de l'ARP de présenter une motion motivée pour mettre fin au mandat du président de la République pour une violation manifeste de la Constitution. Cette motion doit être votée à la majorité des deux tiers des membres pour qu'elle soit soumise à la Cour constitutionnelle[3] ». Cette motion doit être présentée « à l'initiative de la majorité de ses membres », et être « motivée », et être « approuvée par les deux tiers des membres de l'Assemblée[4] ». En vertu de l'article 88 de la Constitution tunisienne de 2014, les juges constitutionnels « statuent sur la question à la majorité des deux tiers. En cas de condamnation, la décision de la Cour constitutionnelle se limite à la révocation, sans exclure d'éventuelles poursuites pénales si nécessaire. La décision de révocation prive le président de la République du droit de se porter candidat à toute autre élection ».

En Roumanie, comme pour la question de confiance, c'est ensemble que les sénateurs et les députés adoptent la motion de censure[5]. Selon l'alinéa 1 de l'article 112 de la Constitution roumaine de 1991, « la Chambre des députés et le Sénat, en séance commune, peuvent retirer la confiance accordée au gouvernement par l'adoption d'une motion de censure, à la majorité des voix des députés et des sénateurs ». Une motion de censure peut également être déposée par les députés contre le président de la République. Selon l'article 95 de la Constitution roumaine de 1991, « s'il commet des faits graves violant les dispositions de la Constitution, le Président de la Roumanie peut être suspendu de ses fonctions par la Chambre des députés et le Sénat réunis en séance commune, à la majorité des voix des députés et des sénateurs, après consultation de la Cour constitutionnelle ». Cette procédure peut être engagée « par au moins un tiers des députés et des sénateurs et elle est communiquée immédiatement au président[6] ». La procédure de

[1] Article 97 de la Constitution tunisienne de 2014.
[2] Article 88 de la Constitution tunisienne de 2014.
[3] Rafaâ Ben Achour, *op. cit.*, p. 796.
[4] Article 88 de la Constitution tunisienne de 2014.
[5] Par exemple, le 4 juin 2007, une mention de censure a été déposée contre le gouvernement de Tariceau.
[6] Alinéa 2 de l'article 95 de la Constitution roumaine de 1991.

l'article 95 a déjà été utilisée contre le président Iliescu, mais elle n'a pas abouti, car l'avis consultatif n° 1 du 5 juillet 1994[1] de la Cour constitutionnelle relatif à la proposition de suspension de la fonction du président Ion Iliescu était négatif. Mais, depuis la révision constitutionnelle de 2003, la responsabilité du Président devant le Parlement a été particulièrement renforcée. Un article supplémentaire portant sur la mise en accusation du Président a été rajouté à la Constitution. En effet, cet article dispose :

> La Chambre des députés et le Sénat, réunis en séance commune, peuvent décider, à la voix d'au moins deux tiers du nombre des députés et des sénateurs, de mettre le Président de la Roumanie en accusation pour haute trahison. La proposition de mise en accusation peut être commencée par la majorité des députés et des sénateurs et doit être immédiatement portée à la connaissance du président de la Roumanie afin qu'il puisse donner des explications sur les faits qui lui sont imputés. À partir de la date de mise en accusation et jusqu'à la date de la démission, le Président est suspendu de droit. La compétence de jugement incombe à la Haute Cour de cassation et de justice. Le président est démis de droit à la date où la décision de condamnation demeure définitive[2].

Avant la révision constitutionnelle de 2003, la mise en accusation n'était pas envisagées par les dispositions constitutionnelles, celles-ci n'évoquant que la suspension et la vacance de la fonction présidentielle[3].

En Pologne,

> La Diète vote la motion de censure à l'égard du Conseil des ministres à la majorité du nombre constitutionnel des députés, sur la demande de quarante-six députés au moins, la motion indiquant le nom du candidat aux fonctions de président du Conseil des ministres. Si la motion de censure est adoptée par la Diète, le président de la République accepte la démission du Conseil des ministres et nomme le président du Conseil des ministres nouvellement élu par la Diète. Il nomme les autres membres du Conseil sur proposition du président du Conseil des ministres et reçoit leur serment[4].

La motion de censure doit donc obéir à plusieurs conditions fixées par la Constitution. Il faut qu'elle soit déposée par au moins quarante-six députés et elle doit être approuvée à « la majorité du nombre constitutionnel des députés ». La motion de censure de la Pologne s'inspire de celle de l'Allemagne. Elle est constructive, car « elle doit indiquer le nom du nouveau candidat aux fonctions de président du Conseil des ministres. Si la

---

[1] Avis consultatif n° 1 du 5 juillet 1994 relatif à la proposition de suspension de fonction du président de la Roumanie, publié au *Moniteur Officiel* n° 166 du 16 juillet 1994.

[2] Article 96 rajouté à la Constitution roumaine depuis la révision constitutionnelle de 2003.

[3] Voir les articles 95 et 96 de la Constitution roumaine de 1991 avant la révision constitutionnelle de 2003.

[4] Alinéa 1 de l'article 158 de la Constitution polonaise de 1997.

motion de censure est adoptée par la Diète, le Président accepte la démission du Conseil des ministres et nomme le président du Conseil des ministres nouvellement élu par la Diète[1] ». Et sur sa proposition, le président de la République nomme les autres membres du gouvernement. La motion de censure ne vise pas exclusivement le gouvernement de l'opposition ; elle peut parfois concerner le gouvernement issu du même bord politique que les parlementaires votants la motion de censure. En Pologne, cette situation a été observée c'est-à-dire que les parlementaires polonais ont voté la motion de censure « à l'égard de son propre gouvernement (c'est le cas par exemple de la motion de censure contre le gouvernement de W. Pawlak, en désignant à sa place J. Oleksy qui représentait la même coalition)[2] ». En 1993, en Pologne, une situation inédite est arrivée. Une motion de censure a été déposée par le groupe parlementaire du syndicat Solidarité contre le gouvernement de Hanna Suchocka. Le 28 mai 1993, le Parlement polonais l'a adopté à la majorité requise[3]. Mais, le 29 mai 1993, le président Lech Walęsa a refusé la démission du Premier ministre. En revanche, il a préféré dissoudre les deux chambres du Parlement et provoquer ainsi des élections législatives anticipées. Cela montre que la motion de censure même aboutie peut parfois être rejetée par le président de la République qui décide de dissoudre le Parlement.

En Égypte, la Chambre des représentants peut voter la motion de censure, non seulement contre le gouvernement,[4] mais aussi contre le président de la République[5]. Selon l'article 131 de la Constitution égyptienne de 2014, « la Chambre des représentants peut décider de retirer sa confiance au Premier ministre, ses vice-ministres, un ministre, ou l'un de ses vice-ministres. La motion de censure ne peut être présentée qu'à la suite d'une interpellation et à la suggestion du dixième au moins des membres de la Chambre des représentants ». En Égypte, contrairement aux autres pays, la motion de censure est possible « qu'à la suite d'une interpellation » et si elle est déposée par « un dixième au moins des membres de la Chambre des représentants ». Aucune des Constitutions étudiées n'impose cette condition. La Constitution égyptienne précise que « la Chambre rend sa décision après avoir débattu de l'interpellation[6] », et elle est votée « à la majorité des membres ».

Concernant la motion de censure contre le président de la République, l'article 161 de la Constitution égyptienne de 2014 énonce :

---

[1] Jean-Pierre Massias, *Droit constitutionnel des États d'Europe de l'Est*, Paris, PUF, coll. « Droit fondamental », 2e éd. 2008, p. 165.
[2] *Ibid.*, p. 179.
[3] Soit 223 voix pour, 98 voix contre et 24 abstentions.
[4] Article 131 de la Constitution égyptienne de 2014.
[5] Article 161 de la Constitution égyptienne de 2014.
[6] Article 131 de la Constitution égyptienne de 2014.

> La Chambre des représentants peut proposer un retrait de confiance au président et la tenue d'une élection présidentielle anticipée, à la demande écrite et motivée de la majorité des membres de la Chambre des représentants au moins et l'approbation des deux tiers de ses membres. La motion de censure pour les mêmes motifs ne peut être présentée plus d'une fois au cours du mandat présidentiel.

Les conditions de cette motion présidentielle sont différentes et plus difficiles à mettre en œuvre que la motion de censure contre le gouvernement. D'abord, la motion de censure contre le gouvernement est directement appliquée par la Chambre des représentants. En revanche, concernant la motion de censure contre le Président, les députés ne font que la proposition. Cette demande doit être faite par la majorité des députés, comme en Tunisie, et elle doit être écrite et motivée. Surtout, elle doit être approuvée par deux tiers de ses membres. Il ne s'agit non pas de deux tiers des membres présents, mais de deux tiers des membres de la Chambre des représentants. Ensuite, une fois que les députes approuvent la motion de censure, le Premier ministre soumet cette question au référendum populaire[1]. Son résultat dépend du référendum populaire qui va également déterminer la tenue d'élection présidentielle anticipée alors que la Constitution tunisienne de 2014 accorde cette compétence aux juges constitutionnels[2]. L'article 161 de la Constitution égyptienne de 2014 précise que « si une majorité approuve le retrait de la confiance, le président de la République est relevé de ses fonctions, son poste est réputé vacant et des élections présidentielles anticipées doivent avoir lieu dans les soixante jours à compter de la date de l'annonce des résultats du référendum ». Lors de cette procédure, la Chambre des députés met en jeu sa propre existence parce qu'elle est déclarée dissoute si le référendum populaire rejette sa proposition de retrait de confiance du président de la République et une nouvelle élection aura lieu dans les trente jours à compter de la date de dissolution[3]. Si l'initiative de cette motion à l'encontre du chef de l'État appartient uniquement aux députés, son issu dépend du vote populaire. Il s'agit alors en définitive d'une motion de censure populaire. Si en général « la motion de censure peut constituer un moyen pour sanctionner indirectement le chef de l'État[4] », en Égypte, elle le sanctionne directement.

La motion de censure est reconnue aux députés pour approuver ou désapprouver le gouvernement et sa politique. Elle est interprétée comme un contrepoids au droit de dissolution accordé à l'exécutif. Elle reste néanmoins soumise, dans toutes ces constitutions, à des conditions et à des limites précises. Sa mise en œuvre est strictement encadrée.

---

[1] Article 161 de la Constitution égyptienne de 2014.
[2] Voir Article 88 de la Constitution tunisienne de 2014.
[3] Article 161 de la Constitution égyptienne de 2014.
[4] Dominique Turpin, *op. cit, p.* 256.

Il y a avant tout une condition de recevabilité qui concerne le nombre des auteurs de la motion de censure. La Constitution tunisienne de 2014 précise dans son article 97 que les auteurs de la motion de censure doivent être au moins un tiers des membres de l'Assemblée des représentants du peuple[1]. Ils doivent non seulement présenter, selon les termes de l'article 97 de la Constitution[2], « une demande motivée au président de l'Assemblée des représentants du peuple », mais ils doivent également désigner conjointement le nom du candidat au poste de Premier ministre. Ils sont alors obligés d'exposer au président de l'Assemblée les raisons de leur décision. Comme l'explique Rafaâ Ben Achour, « concernant la motion de censure, elle est votée suite à une demande motivée présentée par le tiers de ses membres de l'Assemblée des représentants du peuple au moins[3] ».

En Pologne, la Constitution précise que « la Diète vote la motion de censure à l'égard du Conseil des ministres à la majorité du nombre constitutionnel des députés, à la demande de quarante-six députés au moins, la motion indiquant le nom du candidat aux fonctions de président du Conseil des ministres[4] ». Il faut donc que la motion de censure soit présentée par un dixième des membres de la Diète polonaise[5]. Mais, si la motion de censure vise un seul ministre, elle doit être présentée par soixante-neuf députés au moins[6]. En Pologne comme en Tunisie, les auteurs de la motion de censure doivent déclarer dans leur demande le nom du candidat au poste de Chef du futur gouvernement. C'est pour cette raison qu'elle est considérée comme une motion de censure constructive.

En Roumanie, la motion de censure est présentée « par un quart au moins du nombre total des députés et des sénateurs[7] ». Contrairement aux Constitutions précédentes, la Constitution roumaine de 1991 fixe le quota, soit au moins un quart des parlementaires roumains. Enfin, en Égypte, elle est présentée « à la suggestion du dixième au moins des membres de la Chambre des représentants[8] ». Comme en Pologne, la Constitution égyptienne de 2014 impose un quota d'un dixième des membres de la

[1] Depuis les élections législatives tunisiennes du 26 octobre 2014, l'Assemblée des représentants du peuple est composée de 217 députés. Par conséquent, la motion de censure doit être présentée, selon la Constitution, par au moins 72 ou 73 députés.

[2] Constitution tunisienne de 2014.

[3] Rafaâ Ben Achour, *ibid.*, p. 795.

[4] Alinéa 1er de l'article 158 de la Constitution polonaise de 1997.

[5] En vertu, de l'article 96 de la Constitution polonaise de 1997, « la Diète est composée de 460 députés ». Le chiffre de 46 députés correspond donc à un dixième du nombre total des députés polonais.

[6] Alinéa 1 de l'article 159 de la Constitution polonaise de 1997.

[7] Alinéa 2 de l'article 112 de la Constitution roumaine de 1991.

[8] Article 131 de la Constitution égyptienne de 2014.

Chambre des représentants pour pouvoir présenter une motion de censure[1]. Il faut donc au moins quarante-cinq députés pour que la motion de censure soit déposée. En revanche, la motion de censure déposée à l'encontre du président de la République arabe d'Égypte ne peut être présentée qu'« à la demande écrite et motivée de la majorité des membres de la Chambre des représentants au moins et l'approbation des deux tiers de ses membres » est exigée[2]. Contrairement à la motion de censure contre le gouvernement, la demande de la motion de censure à l'encontre du président doit être présentée par la majorité des députés égyptiens. Il faut souligner que les constitutions égyptienne et roumaine n'imposent pas aux auteurs de la mention de censure de déclarer dans leur demande le nom du futur Premier ministre ou du candidat à la présidence (concernant l'Égypte).

En second lieu, ces Constitutions définissent le déroulement du vote de la motion de censure. Elles encadrent d'abord le délai du vote. En Tunisie, concernant la tenue du vote, l'article 97 de la Constitution explique que la motion de censure ne sera votée qu'après « l'expiration d'un délai de quinze jours après son dépôt auprès de la présidence de l'Assemblée ». En Égypte, les députés ne peuvent présenter la motion de censure « qu'à la suite d'une interpellation[3] » et « il ne peut y avoir de vote d'une motion de censure sur une question déjà débattue durant la même session[4] ». En Roumanie, « la motion de censure est discutée après un délai de trois jours à compter de la date où elle a été présentée à la séance commune des deux chambres[5] ». En Pologne, la motion de censure à l'égard du Conseil des ministres est votée « au plus tôt après l'expiration d'un délai de sept jours à compter de la date de son dépôt[6] ».

Ensuite, elles déterminent la procédure d'adoption de la motion de censure. En Tunisie, pour pouvoir aboutir, la motion de censure doit être votée « à la majorité absolue des membres des députés » qui approuve en même temps le candidat au poste de chef du gouvernement. Si la Constitution tunisienne de 2014 fait abstraction de la situation des abstentionnistes lors de ce vote, elle précise clairement que la majorité absolue des députés doit approuver la motion et le futur Premier ministre qu'elle propose. Dans le cas contraire, l'article 97 de la Constitution tunisienne de 2014 affirme clairement qu'« une motion de censure contre le gouvernement ne peut être à nouveau présentée avant six mois[7] ». En

[1] Selon l'article 102 de la Constitution égyptienne de 2014, le nombre des députés égyptiens est de 450.
[2] Article 161 de la Constitution égyptienne de 2014.
[3] Article 131 de la Constitution égyptienne de 2014.
[4] *Idem*..
[5] Alinéa 3 de l'article 112 de la Constitution roumaine de 1991.
[6] Alinéa 2 de l'article 158 de la Constitution polonaise de 1997.
[7] Article 97 de la Constitution égyptienne de 2014.

France, pendant les votes de la motion de censure « sont seuls recensés les votes favorables à la censure, repoussant les abstentionnistes parmi les soutiens objectifs du gouvernement[1] ». En Égypte, selon l'article 161 de la Constitution égyptienne de 2014, la motion de censure à l'encontre du président de la République est adoptée à « l'approbation des deux tiers de ses membres ». En revanche, la Chambre des représentants égyptienne vote la motion de censure à l'encontre du gouvernement « à la majorité de ses membres[2] ». En Roumanie, elle est votée par le Parlement « à la majorité des voix des députés et des sénateurs[3] ». En Pologne, la motion de censure est votée par la Diète à la majorité du nombre constitutionnel des députés, qu'elle soit à l'encontre de l'ensemble du gouvernement comme d'un seul ministre[4].

Si la motion de censure aboutit, elle entraîne obligatoirement la démission du gouvernement ou du ministre si ce dernier a été visé seul par la procédure et si le gouvernement ne s'est pas montré solidaire à son égard. Mais elle peut aussi échouer et, dans ce cas, la Constitution qui l'a prévue encadre également cette situation. Les Constitutions tunisienne de 2014, égyptienne de 2014, roumaine de 1991 et polonaise de 1997 ont également prévu des mesures à adopter en cas d'échec de la motion de censure.

En Tunisie, en cas d'échec de la motion, les députés ne peuvent plus présenter une nouvelle motion de censure pendant six mois[5] (article 97 de la Constitution). En Pologne, le délai est moins court et peut même être abrégé davantage. Selon l'alinéa 2 de l'article 158 de la Constitution polonaise de 1997, les membres de la Diète peuvent déposer une nouvelle motion de censure « au plus tôt après l'expiration d'un délai de trois mois à compter de la date de dépôt de la première motion ». Ce délai peut être écourté si la motion de censure « est formée par cent quinze députés au moins[6] ». En Roumanie, « si la motion de censure a été rejetée, les députés et les sénateurs signataires ne peuvent plus avoir l'initiative, au cours de la même session, d'une nouvelle motion de censure, hormis le cas où le gouvernement engage sa responsabilité conformément à l'article 113[7] ». Il faut donc attendre la prochaine session[8] pour pouvoir déposer une nouvelle motion de censure spontanée. En revanche, si le gouvernement engage sa responsabilité sur son

---

[1] Dominique Turpin, *op. cit., p.* 757.
[2] Article 131 de la Constitution égyptienne de 2014.
[3] Alinéa 1er de l'article 112 de la Constitution roumaine de 1991.
[4] Articles 158 et 159 de la Constitution polonaise de 1997.
[5] Article 97 de la Constitution tunisienne de 2014.
[6] Alinéa 2 de l'article 158 de la Constitution polonaise de 1997.
[7] Alinéa 4 de l'article 112 de la Constitution roumaine de 1991.
[8] Selon l'article 63 de la Constitution roumaine de 1991, il existe deux sessions ordinaires par an et une session extraordinaire qui peut être convoquée par le président de la République, par le bureau permanent du Sénat ou de la Diète ou encore à la demande d'un tiers au moins des députés ou des sénateurs.

programme, sur une déclaration des politiques générales ou sur un projet de loi[1], les sénateurs et les députés peuvent voter une nouvelle motion de censure. Il s'agit dans ce cas d'une motion de censure provoquée. En Égypte, la Constitution interdit, lors de la même session, le dépôt d'une deuxième motion de censure[2].

Un rapport déséquilibré en faveur du pouvoir exécutif

Il devait résulter de la séparation des pouvoirs un équilibre entre ces derniers. À chaque pouvoir devait correspondre un contre-pouvoir. Pourtant, on constate que

> Dans la plupart des cas, c'est le Président qui a réussi à s'imposer face aux parlementaires. Cette victoire va donner au texte constitutionnel un certain nombre de spécificités. Les présidents postsoviétiques disposent non seulement de très nombreuses compétences, mais surtout d'une liberté d'action quasi discrétionnaire leur permettant de dominer et de réduire l'étendue des pouvoirs du Parlement. Les crises politiques successives montrent que dans l'ensemble des pays postsoviétiques, même si les pratiques politiques sont bien différentes, le débat concernant le choix de la forme de gouvernement n'est pas définitivement clos[3].

Dans le monde arabe, la situation n'est pas différente. En Tunisie, « le régime politique prévu par la constitution de 2014 est caractérisé par un déséquilibre flagrant entre, d'une part, le président de la République et le chef du gouvernement et, d'autre part, entre le gouvernement et l'Assemblée des représentants des peuples[4] ». De même, en Égypte, la Constitution de 2014 « a redonné une place centrale au Président au sein du pouvoir de l'État, alors que la Constitution de 2012 avait renforcé les attributions du gouvernement et du Parlement[5] ». Comme le souligne Xavier Boissy, pour les pays de l'Europe, « la tendance générale constatée est celle de la monopolisation et de la maîtrise de la compétence législative par l'exécutif[6] ». Le pouvoir exécutif, considéré comme celui qui exécute simplement la loi, participe de plus en plus à son adoption. Cela entraîne forcément le recul du pouvoir législatif qui avait le pouvoir de faire la loi.

---

[1] Alinéa 1 de l'article 113 de la Constitution roumaine de 1991.

[2] Article 131 de la Constitution égyptienne de 2014.

[3] Natasa Danelciuc-Colodrovschi, *La justice constitutionnelle dans les pays de la CEI : évolutions et perspectives*, Clermont-Ferrand : Fondation Varenne, coll. « collection des thèses », 2012, p. 431.

[4] Rafaâ Ben Achour, *op. cit.*, p. 793.

[5] Nathalie Bernard-Maugiron, « La Constitution égyptienne de 2014 est-elle révolutionnaire ? », *in* Véronique Champeil-Desplats (dir.), *Révolutions et droits de l'homme, Aspects politiques : le cas des révolutions arabes et moyen-orientales*, Clermont-Ferrand, Institut Universitaire Varenne, coll. « Transition et Justice », 2015, p. 205.

[6] Xavier Boissy, *La séparation des pouvoirs, œuvre jurisprudentielle : sur la construction de l'Etat de droit postcommuniste*, Bruxelles, Bruylant, 2003, p. 244.

Le pouvoir exécutif : un acteur de l'adoption de la loi

Si « le gouvernement et le Parlement doivent nécessairement aller de concert, pour des raisons opérationnelles, afin de satisfaire les exigences de la légalité et, plus largement, les impératifs de l'État de droit démocratique[1] », il arrive que le pouvoir exécutif intervienne tantôt dans le domaine de la loi tantôt dans la procédure législative. En effet, grâce à son veto, le président de la République peut bloquer la procédure législative. De même, l'initiative législative permet au pouvoir exécutif d'exercer le pouvoir législatif.

L'intervention du pouvoir exécutif dans le domaine législatif

L'initiative législative et la délégation législative sont prévues par toutes les Constitutions qui font l'objet de notre étude. Outre la Roumanie et la Pologne,

> dans tous les pays postcommunistes, le gouvernement dispose de l'initiative législative. Maîtrisant l'information nécessaire à l'élaboration des lois, ce sont ses projets qui aboutissent le plus souvent à l'adoption des nouvelles législations. Cependant, l'immensité des réformes à entreprendre dans tous les domaines et la lenteur de la procédure législative ont permis au gouvernement de s'imposer comme le nouveau moteur de la transition, en outrepassant ses pouvoirs par l'utilisation abusive de la possibilité de légiférer par décrets et arrêtés[2].

À la suite des transitions constitutionnelles, en Europe de l'Est, le pouvoir exécutif intervenait dans le domaine législatif à cause de l'urgence des problèmes à régler. Pour cela, « certains présidents[3] n'ont pas hésité à recourir à leur pouvoir constitutionnel de publier des décrets et des directives, faute de nouvelles législations adoptées par le Parlement[4] ». Évidemment, cette pratique remet en cause le principe de la séparation des pouvoirs et elle crée un déséquilibre dans le rapport entre les pouvoirs, car elle permet au pouvoir exécutif « de participer activement aux travaux du législatif, qu'une technique valable de certification constitutionnelle des projets de loi[5] ». Selon la Constitution roumaine, « l'initiative législative appartient au gouvernement, aux députés, aux sénateurs, ainsi qu'à un nombre d'au moins 250 000 citoyens ayant le droit de vote[6] ». En Roumanie, contrairement en Pologne, en Tunisie et en Égypte, le chef de l'État n'a pas

---

[1] Natasa Danelciuc-Colodrovschi, *op. cit.*, p. 459.
[2] *Ibid.*, p. 458.
[3] Voir Michel Lesage, « La Constitution russe du 12 décembre 1993 et les six premiers mois du système politique », *RDP*, 1994, p. 1746.
[4] Natasa Danelciuc-Colodrovschi, *op. cit.*, p. 442.
[5] *Idem.*.
[6] Article 73 de la Constitution roumaine de 1991.

l'initiative législative. Au sein du couple exécutif, seul le gouvernement « exerce son initiative législative par le fait de transmettre le projet de loi à l'une des chambres[1] ». En Roumanie, « dans l'exercice de sa fonction législative, le Parlement est amené à collaborer avec le pouvoir exécutif et avec les citoyens, certains auteurs parlant même d'un partage de la fonction avec ces sujets. Les modalités de collaborations ou de partage concernant l'initiative législative, la promulgation des lois, le droit de veto, la législation déléguée et le référendum[2] ». La Constitution roumaine de 1991 ne définit pas un domaine exclusif de la loi, elle précise

> seulement les trois catégories de lois qui peuvent être adoptées par le Parlement : les lois constitutionnelles, les lois organiques et les lois ordinaires[3]. Il existe par contre différentes dispositions établissant que certains aspects ne peuvent être réglementés que par l'intermédiaire des lois, comme les incompatibilités de la qualité de parlementaire[4], l'organisation et le fonctionnement de l'institution de l'Avocat du peuple[5], la responsabilité ministérielle[6], les conditions d'élection et de fonctionnement du Conseil départemental (art. 122)[7].

En Pologne, « l'initiative législative appartient aux députés, au Sénat, au président de la République et au Conseil des ministres. L'initiative législative appartient également à un groupe de cent mille citoyens au moins jouissant du droit de vote pour la Diète[8] ». En plus, l'exécutif polonais peut faire passer un projet de loi devant le Parlement plus rapidement en contournant la procédure législative classique. Pour cela, il suffit qu'il déclare « l'urgence sur un projet de loi qu'il a introduit[9] », mais certains projets de loi tels que « des projets de loi fiscale, des projets de loi relatifs à l'élection du président de la République, de la Diète, du Sénat et des organes des collectivités territoriales, des projets de loi sur l'organisation et la compétence des pouvoirs publics, ainsi que des codes[10] » sont exclus de cette procédure.

Selon Natasa Danelciuc-Colodrovschi,

> La croissance abyssale de l'interventionnisme présidentiel a provoqué des transferts de compétences du Parlement au président, considéré comme mieux à même d'agir dans l'urgence et de remplir des tâches de plus en plus

---

1 *Idem.*
2 Jean-Pierre Massias, *op. cit.*, p. 335
3 Article 73 de la Constitution roumaine de 1991.
4 Article 71 de la Constitution roumaine de 1991.
5 Article 58 de la Constitution roumaine de 1991.
6 Article 109 de la Constitution roumaine de 1991.
7 Jean-Pierre Massias, *op. cit.*, p. 335.
8 Article 118 de la Constitution polonaise de 1997.
9 Article 123 de la Constitution polonaise de 1997.
10 *Idem..*

complexes. Ce « pouvoir d'action » permet aux présidents postsoviétiques non seulement de diriger l'État, mais également d'édicter les règles législatives indispensables à la mise en œuvre de leur politique. Bref, les Présidents « décident, administrent et légifèrent[1] ».

En Europe de l'Est, pourtant définie comme garante de l'équilibre entre le pouvoir législatif et le pouvoir exécutif, la justice constitutionnelle aurait « encouragé, pour le moins légitimé[2] » l'interventionnisme présidentiel dans le domaine législatif. Selon l'auteur,

> Forts de ce soutien des Cours constitutionnelles, certains résidents ont alors étendu au maximum le champ de leurs compétences en matière de nomination et, surtout, de mise en application de leur droit de veto, ce qui a nécessité l'intervention des juridictions constitutionnelles, cette fois pour encadrer les dérives présidentielles[3].

En Roumanie, par exemple, « parce que le processus législatif a été lent, durant toutes ces années, les gouvernements successifs ont eu tendance à multiplier les ordonnances d'urgence, qui ont été presque toujours avalisées par le Parlement[4] ».

En Égypte et en Tunisie, la situation est différente parce que les textes constitutionnels ont été adoptés récemment. Il est encore tôt pour une analyse pertinente qui permettrait de savoir si effectivement l'exécutif domine le Parlement. Mais on peut en revanche étudier les textes constitutionnels adoptés et surtout le rapport entre les deux pouvoirs durant la période transitoire.

En Égypte, durant la période transitoire, « en l'absence de Parlement, c'est le président de la République qui exerce le pouvoir législatif[5] ». Ainsi, notamment, il a été amené à « décider l'ordre dans lequel allaient se dérouler les élections[6] ». Il a donc déterminé, en exerçant le pouvoir législatif, le calendrier des élections législatives et présidentielles[7]. En attendant l'adoption définitive des Constitutions égyptiennes de 2012 et de 2014, la période transitoire était régie par deux déclarations constitutionnelles

---

[1] Natasa Danelciuc-Colodrovschi, *op. cit.*, p. 441.
[2] *Idem.*.
[3] *Idem.*.
[4] Livius Ciocârlie, « L'État roumain actuel », *in* Slobodan Milacic (dir.), *La réinvention de l'Etat : démocratie politique et ordre juridique en Europe centrale et orientale*, Bruxelles, Bruylant, 2003, p. 275.
[5] Nathalie Bernard-Maugiron, « La Constitution égyptienne de 2014 est-elle révolutionnaire ? », *in* Véronique Champeil-Desplats (dir.), *Révolutions et droits de l'homme, Aspects politiques : le cas des révolutions arabes et moyen-orientales*, Clermont-Ferrand, Institut Universitaire Varenne, coll. « Transition et Justice », 2015, p. 204.
[6] *Idem.*.
[7] L'élection présidentielle a eu lieu en mai 2014.

provisoires[1]. Le Conseil suprême des forces armées, qui était en charge de l'État durant cette période, a souhaité vite clôturer « une transition constitutionnelle particulièrement chaotique[2] ». Elle a accéléré la procédure afin de mettre fin à la révolution et passer à l'adoption de la Loi fondamentale. La première Constitution a été très vite adoptée en 2012. La Constitution de 2012 est restée « en vigueur que six mois avant d'être suspendue le 3 juillet 2013 puis remplacée en janvier 2014[3] ». Le constituant égyptien, en 2014, a accordé au chef de l'État l'initiative législative. La nouvelle constitution de 2014 affirme que « le président de la République, le Conseil des ministres et tout membre de la Chambre des représentants peuvent proposer des lois[4] ».

En Tunisie, durant la période transitoire, par la loi n° 2011-05 du 9 février, « le président de la République par intérim recevait une délégation quasi générale du pouvoir législatif[5] ». Il a, en ce sens, pris plusieurs décrets-lois, notamment celui qui a créé l'Instance supérieure pour la réalisation des objectifs de la révolution, des réformes politiques et de la transition démocratique[6] (ISROR). L'acte majeur encadrant les pouvoirs publics sera « la promulgation du décret-loi portant sur l'organisation provisoire des pouvoirs publics et l'adoption par le gouvernement, sur proposition de l'ISROR d'une série de textes en rapport avec l'organisation des élections[7] ». L'organisation provisoire des pouvoirs publics sera édictée par le décret-loi n° 14-2011 du 23 mars 2011[8]. C'est un acte important parce qu'il détermine et régit les missions et le fonctionnement de chaque organe de l'État. Il définit ainsi le domaine des compétences de chaque pouvoir de l'État. L'autre acte majeur est le décret-loi n° 35 du 10 mai 2011 relatif à l'élection de l'Assemblée nationale constituante[9]. Enfin, le pouvoir exécutif va édicter le décret-loi n° 27 du 18 avril 2011 qui porte sur l'instance supérieure indépendante pour les élections[10]. Deux autres décrets-lois

---

[1] Il s'agit en fait des deux déclarations constitutionnelles provisoires, l'une du 30 mars 2011 par le Conseil suprême de l'armée qui suspend Moubarak et confie l'intérim à la Haute Cour constitutionnelle, et l'autre du 8 juillet 2013 qui a été promulguée par Mohamed Morsi pour accroitre son pouvoir et diminuer celui de l'armée.

[2] Nathalie Bernard-Maugiron, *op. cit.*.

[3] *Idem.*.

[4] Article 122 de la Constitution égyptienne de 2014.

[5] Rafaâ Ben Achour et Sana Ben Achour, *op. cit.*, p. 720.

[6] Le décret-loi n° 6 du 18 février 2011. La loi d'habilitation n° 2011-05 du 9 février 2011 autorise le chef de l'État à intervenir dans plusieurs domaines tels que l'amnistie générale, les droits de l'homme et les libertés fondamentales, le système électoral, la presse, l'organisation des partis politiques, le développement économique, la promotion sociale, les finances et la fiscalité, *etc.*.

[7] Rafaâ Ben Achour et Sana Ben Achour, *op. cit.*, p. 722.

[8] *JORT*, n° 20 du 25 mars 2011, p. 363.

[9] *JORT*, n° 33, p. 647-656.

[10] *JORT*, n° 27 du 19 avril 2011, p. 488-490.

importants vont être énoncés : le décret-loi n° 87 du 24 septembre 2011 concernant les partis politiques[1] et le décret-loi n° 88 du 24 septembre 2011 concernant les associations[2].

En Europe de l'Est, l'intervention du pouvoir exécutif dans le domaine législatif a été nécessaire du fait de l'urgence des situations à traiter que le conflit politique, entre parlementaires, mais également entre le Parlement et le Président, ralentissait. Selon Danelciuc-Colodrovschi,

> Le multipartisme déraisonnable qui s'est installé dans les assemblées, ainsi que les conflits incessants avec l'institution présidentielle ont définitivement grippé la machine législative. Dans un tel cadre, il était nécessaire de prendre des mesures impératives et rapidement opérationnelles. Ce fut donc, paradoxalement, à l'exécutif de s'imposer dans ce domaine comme le nouveau moteur de la transition, en réclamant, le plus souvent possible, la possibilité de légiférer par décrets, ou encore en tentant de réunir les conditions, ou le climat, nécessaires à la mise en œuvre des pouvoirs d'urgence[3].

En Égypte et en Tunisie, la situation est différente. En Égypte, la transition et même la période post-transitionnelle se déroulaient sous l'étroite surveillance de l'armée. En Tunisie, l'assemblée constituante et les institutions qui ont été mises en place pour travailler durant la transition ont mené leurs missions librement vis-à-vis des anciennes institutions. La seule pression venait de la rue. Les textes constitutionnels ayant été adoptés, en Égypte, le pouvoir exécutif devait en tenir compte en acceptant l'organisation et les compétences de chaque organe que la Constitution a défini. En Tunisie, la période transitoire s'est prolongée et par conséquent, le pouvoir exécutif était obligé d'agir par décret-loi pour assurer le fonctionnement des institutions étatiques. Une fois que la Constitution de 2014 a été adoptée, ces décrets-lois ne sont plus en vigueur. La nouvelle Constitution reconnaîtra, dans certaines conditions, au pouvoir exécutif d'édicter des décrets-lois.

À la fin de la période de la transition constitutionnelle, la nouvelle constitution tunisienne de 2014 reconnaît clairement cette prérogative aux deux têtes du pouvoir exécutif dans deux situations. D'abord, de façon classique, elle affirme :

> L'initiative des lois est exercée par des propositions de loi émanant de dix députés au moins ou par des projets de loi émanant du président de la République ou du chef du gouvernement. Le chef du gouvernement est

---

[1] *JORT*, n° 74 du 30 septembre 2011, p. 1993-1996.
[2] *Idem.*
[3] Natasa Danelciuc-Colodrovschi, *op. cit.*, p. 461.

compétent pour présenter les projets de loi d'approbation des traités et les projets de loi de finances. Les projets de loi sont examinés en priorité[1].

Ensuite, en cas de dissolution, le chef de l'État, en collaboration avec le chef du gouvernement, « peut émettre des décrets-lois[2] ». Dans ce cas, en attendant les élections de la nouvelle assemblée des députés, le président de la République exerce le pouvoir législatif.

Il peut y avoir également une délégation du pouvoir législatif au pouvoir exécutif. Une loi d'habilitation peut déléguer au chef du gouvernement le pouvoir législatif pour une certaine durée. En vertu de la Constitution tunisienne, mis à part le régime électoral,

> L'Assemblée des représentants du peuple peut, à la majorité des trois cinquièmes de ses membres, en vertu d'une loi et pour un motif déterminé, déléguer au chef du gouvernement, pour une durée déterminée qui ne dépasse pas les deux mois, le pouvoir de prendre des décrets-lois dans le domaine de la loi. Ces décrets-lois sont soumis à l'approbation de l'Assemblée à la fin de la période en question[3].

En Roumanie, la Constitution précise :

> Le Parlement peut adopter une loi spéciale d'habilitation du gouvernement à émettre des ordonnances dans des domaines ne faisant pas l'objet des lois organiques. La loi d'habilitation détermine, nécessairement, le domaine des ordonnances et la date jusqu'à laquelle elles peuvent être émises. Si la loi d'habilitation le requiert, les ordonnances sont soumises à l'approbation du Parlement, conformément à la procédure législative, avant l'expiration de la durée de l'habilitation. L'inobservation de ce délai entraîne la cessation des effets de l'ordonnance. Dans des cas exceptionnels, le gouvernement peut adopter des ordonnances d'urgence. Celles-ci entrent en vigueur seulement après leur dépôt, en vue de leur approbation par le Parlement. Si le Parlement n'est pas en session, il est convoqué de droit. L'approbation ou le rejet des ordonnances s'effectue par une loi qui inclut aussi les ordonnances dont les effets ont cessé conformément à l'alinéa[4].

La loi d'habilitation définit les domaines d'interventions, mais aussi la durée de l'habilitation et, comme le souligne l'article 114, « dans des cas exceptionnels, le gouvernement peut adopter des ordonnances d'urgence ». Le constituant roumain ne précise pas ce qu'il entend par « des cas exceptionnels », d'autant plus que « cette faculté de prendre des ordonnances (d'urgence ou "ordinaires") est largement utilisée par le gouvernement roumain[5] ». Cette situation perturbe l'équilibre entre les pouvoirs que les

---

[1] Article 62 de la Constitution tunisienne de 2014.
[2] Article 70 de la Constitution égyptienne de 2014.
[3] *Idem..*
[4] Article 114 de la Constitution roumaine de 1991.
[5] Anne Gazier, « Une démocratie parlementaire à l'européenne ? », *Pouvoirs*, n° 106, 2003, p. 80.

Constitutions postcommunistes ont souhaité instaurer. De son côté, la Commission européenne a critiqué « le recours abusif, par le gouvernement, aux ordonnances pour légiférer[1] ». Ainsi, elle a relevé, dans son rapport sur la Roumanie, que « la majorité des actes législatifs examinés par le Parlement étaient en fait des ordonnances d'urgence et des ordonnances ordinaires, c'est-à-dire des actes législatifs déjà en vigueur émanant du pouvoir exécutif[2] ». En Tunisie, la loi d'habilitation va expliquer les motifs et fixer la durée de l'habilitation qui ne doit pas dépasser deux mois. Les décrets-lois édictés par le chef de l'État, durant la période de la dissolution, ou par le chef du gouvernement, pendant l'habilitation législative, seront soumis à l'approbation de l'Assemblée à la fin de chaque période[3] alors qu'en Roumanie, il faut que la loi d'habilitation l'exige[4].

Dans les pays étudiés, l'intervention du pouvoir exécutif dans le domaine législatif peut paraître encadrée ; toutefois « ce droit pose de nombreux problèmes en ce qui concerne la répartition des compétences entre le Président et le Parlement[5] », surtout en période transitoire et post-transitoire. Durant ces périodes, les institutions et le droit sont fragiles et encore instables et, par conséquent, le déséquilibre entre le pouvoir législatif et le pouvoir exécutif fausse la consolidation de la démocratie qui est l'intérêt de toutes ces Constitutions.

L'intervention du pouvoir exécutif dans la procédure législative : le droit de veto présidentiel

La procédure législative comprend trois phases principales : le dépôt du texte, son examen par le Parlement, et sa promulgation par le président de la République (après une éventuelle saisine du Conseil constitutionnel pour examen de la conformité du texte à la Constitution). Mais certaines Constitutions[6] reconnaissent également au président de la République le droit de veto qui autorise une ingérence directe dans la procédure législative. Selon Pierre Pactet, le droit de veto du président[7] est défini comme « une

---

[1] *Ibid.*, p. 79.

[2] Voir Commission des Communautés européennes, *Rapport régulier 2002 sur les progrès réalisés par la Roumanie sur la voie de l'adhésion*, 9 octobre 2002, SEC (2002), 1409, p. 22.

[3] Article 70 de la Constitution tunisienne de 2014.

[4] Article 114 de la Constitution roumaine de 1991.

[5] Natasa Danelciuc-Colodrovschi, *op. cit.*, p. 443.

[6] La Section 7 de l'article 1er de la Constitution américaine de 1787 reconnait le droit de veto au président de la République. Ce droit constitue une attribution importante parmi les pouvoirs du chef de l'État américain parce qu'il lui permet de rejeter une loi adoptée par le congrès avec laquelle il n'est pas d'accord.

[7] Cependant, il faut également préciser que le droit de veto n'est pas absolu parce que si le projet requiert deux tiers de vote après avoir été renvoyé, le chef de l'État sera tenu de le promulguer.

prérogative négative[1] », car elle sert surtout à refuser de promulguer une loi adoptée par les députés. Le droit de veto permet au pouvoir exécutif de bloquer la procédure législative. En Europe de l'Est et dans le monde arabe, les Constitutions reconnaissent le droit de veto au président de la République.

Le droit de veto est différent de la promulgation qui fait du président de la République un outil de confirmation du travail fait en amont par le Parlementaire. Durant la promulgation, le chef de l'État promulgue, sans consulter personne, le texte de la loi. En Europe de l'Est[2], si, comme le souligne l'auteur, « l'ensemble des présidents postsoviétiques signent et promulguent les lois votées par les Parlements, ce qui leur permet d'intervenir, une fois de plus, dans le processus législatif, dans la mesure où leur consentement est nécessaire à la formation de la loi[3] », la promulgation de la loi fait simplement du président un élément passif de la procédure législative. Son intervention dans la procédure législative est sollicitée uniquement pour approuver le travail des parlementaires. La promulgation ne permet pas au pouvoir exécutif d'agir réellement sur l'objet de la procédure législative. Elle est une phase finale de la procédure législative.

Pour influer effectivement sur le texte, il ne peut agir qu'avant la promulgation, soit en saisissant la justice constitutionnelle, soit en usant de son droit de veto. Lors de la saisine des juges constitutionnels, le chef de l'État est également étranger au sort du texte. Il sera tenu par la décision de la justice constitutionnelle. Il en est autrement concernant le droit de veto.

Le droit de veto permet au président de la République de stopper la procédure législative. Il devient ainsi un acteur important de la procédure législative. Contrairement à la promulgation, le droit de veto constitue une réelle ingérence dans la procédure législative dans la mesure où il oblige le Parlementaire à modifier le fond d'une disposition législative. Le droit de veto permet à son titulaire de contester le fond d'une loi ayant été votée ainsi « le Président dispose du pouvoir considérable d'endiguer, de modérer, de freiner, voire de contrebalancer la toute-puissance législative du Parlement[4] ». Il affecte donc nécessairement, contrairement à la promulgation, la liberté de décision du Parlement.

En Pologne, selon la Constitution de 1997,

> En motivant sa décision, le président de la République peut renvoyer la loi à la Diète, pour nouvel examen s'il ne saisit pas la Cour constitutionnelle suivant la procédure prévue au troisième alinéa. Le président de la

---

[1] Pierre Pactet, *Institutions politiques et droit constitutionnel*, Paris, Armand Colin, coll. U, 21e éd., 2002, p. 236.

[2] Il en est de même pour les Présidents égyptien et tunisien.

[3] Natasa Danelciuc-Colodrovschi, *op. cit.*, p. 448.

[4] François Frison-Roche, « Les chefs d'État dans les PECO. Pouvoirs constitutionnels et poids politique », *Le Courrier des pays de l'Est*, n° 1043, 2004, p. 63.

> République signe, dans un délai de sept jours, la loi une nouvelle fois votée par la Diète à la majorité des trois cinquièmes des voix, la moitié au moins du nombre constitutionnel des députés étant présents, et en ordonne la publication au *Journal des lois de la République de Pologne.* Si la Diète vote la loi une nouvelle fois, le président de la République n'a plus le droit de saisir la Cour constitutionnelle suivant la procédure prévue au troisième alinéa[1].

La Constitution polonaise reconnaît donc un droit de veto suspensif au chef de l'État. Pour contourner ce veto, la loi doit être adoptée une nouvelle fois, en vertu de l'article 122 de la Constitution polonaise, « à la majorité des trois cinquièmes des voix » et en présence d'au moitié des membres de la Diète. Si le texte a été adopté en respectant la procédure prévue par la Constitution, « le président de la République n'a plus le droit de saisir la Cour constitutionnelle[2] ». Il doit ordonner la publication de la loi au *Journal officiel de la République polonaise.*

Selon Jean-Pierre Massias,

> Il se peut que le président de la République ait des doutes quant au contenu de la loi votée par la Diète et le Sénat, mais ces doutes n'ont pas un caractère juridique (ainsi il ne procède pas à une saisine du Tribunal constitutionnel), mais une nature politique. Dans ce cas, le Président peut utiliser le droit de veto, dit « veto présidentiel », qui a un caractère suspensif. Il renvoie la loi à la Diète pour un nouvel examen. La Diète, pour sa part, peut soit accepter le veto présidentiel et apporter des modifications, soit le rejeter à la majorité des trois cinquièmes des voix (la moitié au moins du nombre constitutionnel des députés étant présents). Le rejet du veto présidentiel impose au président de la République de signer la loi et d'ordonner sa publication dans un délai de sept jours[3].

Le président de la République polonais Andrzej Duda[4] a opposé, le 7 août 2015, son veto à la loi sur le changement d'état civil pour les transgenres[5]. Ce veto aurait pu être contourné si le projet de loi avait réussi à regrouper en sa faveur 276[6] voix qui correspondent en effet à « la majorité des trois cinquièmes des députés » que la Constitution exige. Mais malheureusement, le texte n'a pas pu recueillir les votes nécessaires pour passer outre le veto présidentiel[7]. Outre le débat que suscite le veto du chef de l'État polonais contre un texte qui accorde un droit à certains citoyens sans pénaliser les

---

[1] Article 122 de la Constitution polonaise de 1997.

[2] *Idem..*

[3] Jean-Pierre Massias, *Droit constitutionnel des Etats d'Europe de l'Est*, Paris, PUF, coll. « Droit fondamental », 2e éd. 2008, p. 175.

[4] Catholique conservateur et membre du parti Droit et Justice, devenu président le 24 mai 2015.

[5] La loi a été votée à la Diète (le 23 juillet 2015) et au Sénat (le 7 août 2015).

[6] La Diète étant composée de 460 députés, un cinquième correspond à 276 voix.

[7] Il y a 256 voix pour et 158 contre.

autres, on observe qu'il est difficile de réunir la majorité des voix nécessaire, qui incite à dépasser le clivage partisan au sein des parlementaires, pour contourner le veto présidentiel même si les députés et les sénateurs sont favorables au texte de loi. Le chef de l'exécutif polonais « dispose donc d'un véritable droit de veto suspensif. En cas de loi politiquement controversée ou de majorité parlementaire fragile ou divisée, le chef d'État peut utiliser cette procédure pour montrer publiquement son opposition au gouvernement, étendre son champ d'influence ou, tout simplement, prendre date vis-à-vis de l'opinion publique[1] ».

Le président roumain n'est pas dans la même situation que son homologue polonais. Contrairement à la Pologne, en Roumanie, « lors de cette seconde délibération, le Parlement doit statuer soit à la majorité simple[2] ». La Constitution roumaine de 1991 qui énonce que les lois ordinaires peuvent être adoptées « à la majorité simple des voix des membres présents de chaque Chambre[3] ». Le président roumain ne peut utiliser son droit de veto qu'une fois. Selon la Constitution roumaine de 1991,

> Avant la promulgation, le Président peut demander au Parlement, une seule fois, le réexamen de la loi. Si le Président a demandé le réexamen de la loi ou si la vérification de sa constitutionnalité a été demandée, la loi sera promulguée dans un délai maximum de dix jours à compter de la date de réception de la loi adoptée après son réexamen ou de la décision de la Cour constitutionnelle, par laquelle on a confirmé sa constitutionnalité[4].

En Tunisie, la Constitution de 2014 dispose qu'« à l'exception des projets de loi constitutionnelle, le président de la République peut, en motivant sa décision, renvoyer le projet pour une deuxième lecture[5] ». Le droit de veto législatif reconnu par la Constitution au président de la République signifie « la possibilité de renvoi de la loi pour une deuxième lecture, le vote devant se faire dans ce cas à la majorité absolue pour la loi ordinaire et à la majorité de trois cinquième pour les lois organiques[6] ». L'adoption de la loi ordinaire en second lecture se fait « à la majorité absolue des membres de l'Assemblée et à la majorité des trois cinquièmes de ses membres sur les projets de loi organique[7] ».

---

[1] François Frison-Roche, *op. cit.*, p. 62.
[2] Anne Gazier, « Une démocratie parlementaire à l'européenne ? », *Pouvoirs*, n° 106, 2003, p. 74.
[3] Article 74 de la Constitution roumaine de 1991.
[4] Article 77 de la Constitution roumaine de 1991.
[5] Article 81 de la Constitution tunisienne de 2014.
[6] Rafaâ Ben Achour, « La Constitution tunisienne du 27 janvier 2014 », *RFDC*, n° 100, 2014, p. 796.
[7] Article 81 de la Constitution tunisienne de 2014.

Le président de la République tunisienne peut également renvoyer la loi de Finances pour une seconde lecture. À ce titre, la Constitution tunisienne de 2014 affirme que, concernant le projet de loi des finances, « le président de la République peut renvoyer le projet à l'Assemblée pour une deuxième lecture, dans les deux jours qui suivent l'adoption de la loi. Si le projet est renvoyé, l'Assemblée se réunit pour un deuxième débat dans les trois jours suivant ce renvoi[1] ». Le professeur Rafaâ Ben Achour souligne que dans ce cas, « l'Assemblée dispose d'un délai de trois jours pour procéder à une nouvelle délibération[2] ». Contrairement à la procédure relative à l'adoption de la loi ordinaire après renvoi, l'article 66 de la Constitution ne précise pas la majorité requise lors de la nouvelle délibération concernant le projet de loi des finances. Cependant, il est mentionné dès les premières lignes de l'article[3] en question que « l'Assemblée des représentants du peuple adopte les projets de loi de Finances et la clôture du budget conformément aux dispositions prévues par la loi organique du budget ». Par conséquent, on peut estimer que puisqu'en première lecture la loi des finances est adoptée de la même façon que la loi organique, en seconde lecture, est requise la même majorité que celle exigée en seconde lecture pour une loi organique. Cela signifie que la loi des finances sera adoptée en seconde lecture selon la même procédure que la loi organique en deuxième lecture.

En Égypte, la Constitution affirme clairement que le Président peut s'opposer à une loi. En effet, elle précise que le Raïs égyptien « a le droit de promulguer des lois ou de s'y opposer[4] ». Contrairement aux Constitutions[5] qui exigent de motiver sa décision au chef de l'État, la Constitution égyptienne de 2014 l'énonce sans condition préalable. Mais, s'il ne renvoie pas la loi à la Chambre, après avoir déclaré son opposition au texte, « dans les trente jours suivant sa réception[6] », elle est promulguée. La seule contrainte à laquelle est soumis le chef de l'État égyptien est une contrainte de délai. Si le délai est respecté, la loi est votée, après renvoi à la Chambre à la « majorité des deux tiers[7] ».

Dans ces pays, « en confiant, pour partie, cette fonction régulatrice à des chefs d'État élus au suffrage universel direct, les constituants ont ainsi contribué à établir un certain équilibre[8] » qui, au contraire, se traduit dans la réalité à un déséquilibre qui profite au pouvoir exécutif en général et au président de la République en particulier.

---

[1] Alinéa 4 de l'article 66 de la Constitution tunisienne de 2014.
[2] Rafaâ Ben Achour, *ibid.*.
[3] Alinéa 2 de l'article 66 de la Constitution tunisienne de 2014.
[4] Article 123 de la Constitution égyptienne de 2014.
[5] Notamment, la Constitution tunisienne de 2014 et la Constitution polonaise de 1997.
[6] Article 123 de la Constitution égyptienne de 2014.
[7] Article 123 de la Constitution égyptienne de 2014.
[8] François Frison-Roche, *op. cit.*, p. 63.

Le pouvoir exécutif, un acteur du fonctionnement de Parlement

Le pouvoir exécutif participe au fonctionnement du Parlement, soit en définissant les calendriers électoraux ou de ses sessions, soit en intervenant dans sa composition, en nommant directement quelques-uns de ses membres.

La participation du pouvoir exécutif au fonctionnement du Parlement

Dans toutes les Constitutions analysées, le président de la République est chargé de convoquer les sessions (ordinaires et extraordinaires) et les élections des députés. Par conséquent, il participe, même s'il n'assiste pas aux différentes sessions, au fonctionnement du Parlement. La participation du pouvoir exécutif au fonctionnement du Parlement peut être observée : d'abord quand il convoque les sessions parlementaires, ensuite quand il est porté au pouvoir par une majorité parlementaire, une situation presque inhérente à la nature du régime parlementaire, et enfin lorsqu'il fixe le calendrier des élections législatives.

Les Constitutions de ces pays ont toutes prévu des sessions ordinaires ou extraordinaires. Néanmoins, certaines reconnaissent au Président le droit de convoquer uniquement les sessions extraordinaires tandis que d'autres lui reconnaissent le pouvoir de convoquer les deux sessions. Notamment, en Pologne, « le président de la République convoque la première séance de la Diète nouvellement élue au plus tard le quinzième jour après la date des élections[1] ». En dehors de la situation déjà prévue par l'article 98, la Constitution polonaise de 1997 énonce, dans son article 109, que « les premières séances de la Diète et du Sénat sont convoquées par le président de la République, dans les trente jours qui suivent la date des élections[2] ». Le parlement polonais se réunit en deux sessions ordinaires par an. La première session ordinaire s'ouvre au mois de février et peut durer jusqu'à la fin du mois de juin. La seconde session s'ouvre au mois de septembre et ne peut pas se poursuivre au-delà de la fin du mois de décembre.

En Roumanie, les sessions ordinaires se tiennent sans l'intervention du président telle qu'elles sont définies par la Constitution. La première session ordinaire se tient entre février et juin et la seconde session ordinaire commence en septembre jusqu'en décembre[3]. En revanche, le Parlement roumain tient ses sessions extraordinaires « à la demande du président de la Roumanie, du bureau permanent de chaque chambre ou d'un tiers au moins du nombre des députés ou des sénateurs[4] ». En Tunisie, comme en Roumanie, l'article 57 de la Constitution de 2014 a défini précisément les

---

[1] Article 98 de la Constitution polonaise de 1997.
[2] Article 109 de la Constitution polonaise de 1997.
[3] Voir alinéa 1er de l'article 63 de la Constitution roumaine de 1991.
[4] Alinéa 2 de l'article 63 de la Constitution roumaine de 1991.

dates des sessions ordinaires, en effet, « celle-ci débute au cours du mois d'octobre et se termine au cours du mois de juillet[1] ». La Constitution tunisienne de 2014 précise que c'est le président de l'Assemblée sortante qui convoque « la première session de la législature de l'Assemblée des représentants du peuple… dans les quinze jours qui suivent la proclamation des résultats définitifs des élections[2] ». Si le président de la République reste exclu de la convocation des sessions ordinaires, il en est autrement de la session extraordinaire. Comme en Roumanie, les députés tunisiens se réunissent « en session extraordinaire à la demande du président de la République ou du chef du gouvernement, ou à la demande du tiers de ses membres, pour examiner un ordre du jour déterminé[3] ».

En Égypte, la situation est différente par rapport aux autres pays parce que le chef de l'État convoque les sessions ordinaires et extraordinaires. Selon l'article 115 de la Constitution égyptienne de 2014,

> Le président de la République convoque la Chambre des représentants à la session ordinaire annuelle avant le premier jeudi du mois d'octobre. Si la convocation n'a pas lieu, la Chambre se réunit en vertu de la Constitution à cette même date. La session ordinaire dure neuf mois au moins, le président de la République clôt la session après l'accord de la Chambre des représentants, mais il ne peut le faire avant l'approbation du budget de l'État[4].

Mais les députés peuvent tenir leur session ordinaire à condition que le Président ne les convoque pas. Le président égyptien convoque les sessions ordinaires, mais également il les clôt. Il est un acteur majeur du fonctionnement de la Chambre des représentants. La Constitution égyptienne de 2014 affirme ensuite qu'en situation d'urgences, « la Chambre des représentants peut tenir une réunion exceptionnelle à la demande du président de la République ou une demande signée par un dixième au moins des députés[5] ». Il peut également demander aux députés de tenir une séance à huis clos, mais il revient en définitive aux membres de la Chambre des représentants d'en décider[6].

Ensuite, la participation du pouvoir exécutif au fonctionnement de l'organe parlementaire est également perceptible dans son rapport avec les partis politiques. Mais là, l'acteur majeur de cette influence varie entre deux têtes de l'exécutif en fonction de la situation politique. Si l'on est en période de cohabitation, c'est le Premier ministre qui l'exerce alors qu'en dehors de la cohabitation, c'est le Président qui exerce une influence considérable sur

[1] Article 57 de la Constitution tunisienne de 2014.
[2] *Idem..*
[3] *Idem..*
[4] Article 115 de la Constitution égyptienne de 2014.
[5] Article 116 de la Constitution égyptienne de 2014.
[6] Article 120 de la Constitution égyptienne de 2014.

le Parlement et sur le gouvernement. Souvent dans un régime parlementaire, le gouvernement est issu de la majorité parlementaire, donc il est du même bord politique que les députés[1]. C'est le chef du parti ou son homme de confiance qui dirige le gouvernement. C'est précisément ce que souligne la Constitution tunisienne de 2014 lorsqu'elle affirme que « dans un délai d'une semaine après la proclamation des résultats définitifs des élections, le président de la République charge le candidat du parti politique ou de la coalition électorale ayant obtenu le plus grand nombre de sièges au sein de l'Assemblée des représentants du peuple, de former le gouvernement, dans un délai d'un mois, renouvelable une seule fois[2] ». Il est donc évidemment qu'une connivence s'instaure entre les députés du parti et le gouvernement, au moins pour des raisons de discipline partisane. Comme le souligne le professeur Michel Verpeaux, dans un régime parlementaire,

> Le gouvernement dispose, par le jeu du mode de scrutin et par le fonctionnement des partis politiques, d'une majorité forte, soit disciplinée au sein de l'Assemblée. Le gouvernement et l'Assemblée sont alors liés entre eux et le gouvernement domine en réalité l'Assemblée. La collaboration des pouvoirs devient une forme de confusion des pouvoirs au profit de l'Exécutif gouvernemental. Cette confusion exige une discipline des partis et des députés, comme exercée par les « whips » ou « fouets », à la Chambre des Communes britanniques qui sont des députés chargés de mobiliser les députés pour voter dans le "bon sens" voulu par le gouvernement[3].

En Roumanie, selon Jean-Pierre Massias,

> bénéficiant de pouvoirs constitutionnels limités, l'influence du président de la Roumanie s'explique par sa position dans ses rapports avec les principaux acteurs politiques, avec les partis. Il aura une importante influence tant que la fonction présidentielle intéressera les chefs des partis politiques. L'orientation des leaders de parti vers la fonction de président ou de Premier ministre a des conséquences sur le rôle des institutions[4].

En Égypte, selon la Constitution, si le Premier ministre choisit librement par le chef de l'État « n'obtient pas la confiance de la majorité dans les

---

[1] En Tunisie, le gouvernement est issu de la Coalition stratégique entre le Parti présidentiel, Nidaa Tounes, en Egypte, l'Assemblée est dominée par une coalition (partis Amour pour l'Egypte, les Égyptiens libre et le Wafd) très favorable au président Al Sissi depuis que l'opposition islamiste est déclarée « organisation terroriste » à la suite de la déchéance du Président Morsi. En Pologne, c'est le parti Droit et Justice qui a remporté les élections législatives de 2015 domine le gouvernement et la Diète et en Roumanie, c'est le Parti social-démocrate du premier ministre qui contrôle l'Assemblée parlementaire jusqu'à sa démission le 4 novembre 2015.

[2] Article 89 de la Constitution tunisienne de 2014.

[3] Michel Verpeaux, *Droit constitutionnel français*, PUF, coll. « Droit fondamental », 2e éd. 2013, p. 128.

[4] Jean-Pierre Massias, *Droit constitutionnel des États d'Europe de l'Est*, Paris, PUF, coll. « Droit fondamental », 2e éd. 2008, p. 326.

trente jours suivants, le Président nomme un Premier ministre proposé par le parti ou la coalition majoritaire au sein de la Chambre des représentants[1] ». Dans ce cas, le président de la République nomme, en accord avec le Premier ministre, les ministres régaliens, c'est-à-dire « les ministres de la Défense, de l'Intérieur, des Affaires étrangères et de la Justice[2] ». En dehors de la session ordinaire, si nécessaire, le Président peut convoquer une session extraordinaire[3]. De même, en l'absence du Parlement, le Président exerce seul le pouvoir législatif, car il « peut émettre des décisions ayant force de loi, sous réserve de les soumettre pour discussion et approbation à la nouvelle Chambre, quinze jours au plus tard après sa mise en place[4] ». Jusqu'à ce que la Chambre des représentants se réunisse, ses décisions ont force de loi. Mais si ces décisions ne sont pas approuvées par la Chambre des représentants, soit « elles perdent rétroactivement le statut de lois et leurs effets sont annulés sans qu'une décision soit nécessaire », soit les députés peuvent « décider autrement en conservant la validité des effets pour la période antérieure ou en intervenant sur ces effets[5] ». Même si la Constitution de 2014 interdit formellement au président « d'occuper de position dans un parti pour la durée de son mandat[6] », il est difficile de contester, depuis le renversement du Président Morsi en 2013 par l'armée, la domination de cette dernière sur la vie politique et plus particulièrement celle du président Al Sissi.

Enfin, c'est quand il exerce son droit constitutionnel d'ordonner les élections des députés que le président de la République intervient dans le fonctionnement du Parlement. Notamment en Pologne, « la Constitution confie au président de la République le droit d'ordonner les élections à la Diète et au Sénat et de fixer les dates[7] ». Ainsi, il détermine le calendrier électoral. La Constitution polonaise affirme que « le président de la République ordonne les élections à la Diète et au Sénat au plus tard quatre-vingt-dix jours avant l'expiration des quatre ans de législature de la Diète et du Sénat, fixant la date des élections à un jour férié dans les trente jours précédant l'expiration des quatre ans de législature de la Diète et du Sénat[8] ». En Égypte, également, la Constitution reconnaît cette faculté au chef de l'État. Elle souligne que dès que la dissolution de la Chambre des représentants est prononcée, « le Président appelle à élire une nouvelle Chambre, dans les soixante jours qui suivent la dissolution. La durée totale

[1] Article 146 de la Constitution égyptienne de 2014.
[2] *Idem*..
[3] Article 156 de la Constitution égyptienne de 2014.
[4] *Idem*..
[5] *Idem*..
[6] Article 140 de la Constitution égyptienne de 2014.
[7] Jean-Pierre Massias, *Droit constitutionnel des Etats d'Europe de l'Est*, PUF, coll. « Droit fondamental », 2ème éd. 2008, p. 175.
[8] Article 98 de la Constitution polonaise de 1997.

des délais ne doit pas dépasser soixante jours[1] ». Si le gouvernement polonais n'obtient pas le vote de confiance, en même temps qu'il prononce la dissolution de la Diète, le président de la République « ordonne les élections[2] ». En Égypte, vers la fin de la transition constitutionnelle, en l'absence du Parlement, c'est le Président par intérim qui a fixé le calendrier électoral. Ainsi, « il a choisi d'organiser d'abord les élections présidentielles, puis les législatives[3] ».

En revanche, la Constitution roumaine de 1991 ne précise pas l'autorité compétente pour convoquer les élections législatives. Elle énonce simplement que « les élections à la Chambre des députés et au Sénat ont lieu au plus tard trois mois après l'expiration de leur mandat ou après la dissolution du Parlement[4] ». Elle définit elle-même le calendrier des élections parlementaires en précisant qu'elles auront lieu « au plus tard trois après mois » leur mandat ou après la prononciation de la dissolution par le chef de l'État. En revanche, en Pologne, il revient au président de la République de fixer « le jour des élections dans les quarante-cinq jours à compter de la date à laquelle la dissolution a été prononcée[5] ».

Toutes les Constitutions analysées permettent au pouvoir exécutif de participer au fonctionnement du parlement. Mais les députés restent maîtres du fonctionnement et de l'organisation de leur institution grâce au règlement intérieur des Assemblées et autres procédures. Pourtant, malgré le principe de la Séparation des pouvoirs qu'elle défend, la Constitution égyptienne de 2014 accorde au président le droit de nommer un nombre bien précis des députés.

La nomination des députés par le Président : la singularité égyptienne

L'article 102 de la nouvelle Constitution égyptienne de 2014 énonce que « le président de la République peut nommer un nombre de députés, dans la limite de cinq pour cent des députés ». Cette disposition instaure deux catégories des députés : certains sont élus au suffrage universel direct, alors que d'autres sont nommés par le chef de l'État. En vertu de cette disposition, lors des élections législatives de 2015, le Président Al Sissi a nommé, par décret[6], 28 députés sur 596 membres de la Chambre des représentants[7].

---

[1] Article 146 de la Constitution égyptienne de 2014.

[2] Article 155 de la Constitution polonaise de 1997.

[3] Nathalie Bernard-Maugiron, « La Constitution égyptienne de 2014 est-elle révolutionnaire ? », *in* Véronique Champeil-Desplats (dir.), *Révolutions et droits de l'homme, Aspects politiques : le cas des révolutions arabes et moyen-orientales*, Clermont-Ferrand, Institut Universitaire Varenne, coll. « Transition et Justice », 2015, p. 205.

[4] Article 60 de la Constitution roumaine de 1991.

[5] Article 98 de la Constitution polonaise de1997.

[6] Décret présidentiel n° 560 du 31 décembre 2015.

[7] Voir l'article de Hélène Sallon, « Égypte : le Parlement dominé par les soutiens du président Sissi », dans le Journal *Le Monde.fr* du 8 décembre 2015.

De toutes les conditions énumérées dans l'article 102[1], la dernière est la plus surprenante dans une Constitution postrévolutionnaire. *A priori*, rien ne semble justifier une telle mesure surtout à la suite d'une révolution contre la confusion des pouvoirs et la tyrannie. Elle n'est inscrite ni dans la Constitution tunisienne de 2014, ni dans la Constitution roumaine de 1991, ni dans celle de 1997 de la Pologne et dans aucune autre Constitution ailleurs. Cette nomination, de cinq pour cent des députés[2], accorde un pouvoir certain au président de la République sur les députés concernés. Cette situation est inédite et mérite d'être soulignée, d'autant plus que le constituant égyptien affirme dans le préambule que seul le peuple « est la source de toute autorité[3] ».

Elle pose principalement deux problèmes majeurs dans un État qui souhaite instaurer « un système démocratique[4] ». Elle est d'abord incompatible avec le principe de la séparation des pouvoirs que la Constitution égyptienne de 2014 entend instaurer. Ensuite, elle est tout simplement antidémocratique dans le sens où elle nie le pouvoir du peuple de choisir librement ses représentants.

Le principe de la séparation des pouvoirs est le fondement du système politique que la Constitution égyptienne de 2014 a mis en place. Elle l'affirme clairement dans son préambule et dans son article 5. D'abord, dans son préambule, elle entend lutter contre la tyrannie et par conséquent instaurer la séparation des pouvoirs, car le constituant égyptien assure fermer « la porte à toute corruption et toute tyrannie[5] ». Pour lutter contre la tyrannie effectivement, il faut instaurer une séparation et un équilibre des pouvoirs. La nomination des députés par le chef de l'État remet sérieusement en question l'équilibre que le principe de la séparation des pouvoirs entend instaurer entre ces dernier.

Ensuite, l'article 5 énonce qu'en Égypte, « le système politique est fondé sur le pluralisme politique et le multipartisme, l'alternance pacifique du

---

[1] Article 102 de la Constitution égyptienne de 2014 : « La Chambre des représentants est constituée de quatre cent cinquante membres, élus au suffrage universel direct et secret. Le candidat à la Chambre des représentants doit être égyptien, jouir de ses droits civils et politiques, titulaire d'un certificat de fin d'études de base au moins et âgé de vingt-cinq ans au moins, au jour de l'ouverture des candidatures. La loi détermine les autres conditions d'éligibilité, le système électoral, le découpage des circonscriptions, tenant compte de la représentation équitable de la population, des gouvernorats et des électeurs. Il est possible d'adopter un scrutin individuel, de liste ou un scrutin mixte quelles qu'en soient les proportions. Le président de la République peut nommer un nombre de députés, dans la limite de cinq pour cent des députés, selon les modalités déterminées par la loi. »

[2] Concrètement, c'est 28 ou 29 députés sur 596 membres de la Chambre des représentants.

[3] Préambule de la Constitution égyptienne de 2014.

[4] Article Premier de la Constitution égyptienne de 2014. Voir également le préambule, les articles 4 et 5 de la Constitution égyptienne de 2014.

[5] Préambule de la Constitution égyptienne de 2014.

pouvoir, la séparation et l'équilibre entre les pouvoirs[1] ». Or, ce droit constitutionnel reconnu au président de la République, sans réciprocité, déséquilibre clairement le rapport entre les pouvoirs puisque la nomination des députés contribue à instaurer la présence indirecte du Président dans l'hémicycle parlementaire. Par le hasard des choses, si l'un de ces députés devient président de la Chambre, le Président détiendrait alors la clé de tous les pouvoirs politiques, celui qui fait la loi et qui contrôle son exécution et celui qui exécute la loi. C'est une situation probable quand la majorité parlementaire et le Président sont issus d'un même bord politique. C'est effectivement le cas actuellement. Le président Al Sissi bénéficie d'un large soutien au sein de la Chambre des représentants. Cette possibilité au président de la République est une intrusion directe du pouvoir exécutif, dans le pouvoir législatif qui est détenu, en vertu de l'article 101 de la Constitution, par les députés. Elle ne respecte ni la séparation ni l'équilibre des pouvoirs énoncés par l'article 5.

En plus de tous les pouvoirs constitutionnels[2] dont il dispose, le pouvoir exécutif est, grâce aux députés nommés, représenté et donc présent au sein du parlement. Durant les sessions parlementaires qui servent aux députés de contrôler les actions du gouvernement, le pouvoir exécutif est directement représenté par le gouvernement, mais aussi indirectement par les vingt-huit députés qu'il a nommés. Leurs missions en tant que parlementaires sont d'exercer « le contrôle les actions du pouvoir exécutif[3] ». Pourront-ils être indépendants et impartiaux dans leur mission d'institution de contrôle ? La question est inévitable parce que comment pourront-ils contrôler en toute liberté le pouvoir qui les a nommés et dont dépend leur futur mandat ? Il faut aussi rappeler que la nomination de ces députés se fait sur des critères d'affinité politique, de loyauté ou simplement familiaux (rien ne l'interdit)[4]. Dans ce cas, il est logique de douter de l'impartialité de ces parlementaires, lesquels peuvent influencer les autres parlementaires en faveur du pouvoir exécutif.

---

[1] Article 5 de la Constitution égyptienne de 2014.

[2] Concernant les pouvoirs du président de la République, voir les articles 139, 146, 147, 148, 149, 150, 151, 152, 153, 154, 155, 156, 157 de la Constitution égyptienne de 2014. Concernant les pouvoirs du gouvernement, voir les articles 163, 167, 168, 169, 170, 171, 172 de la Constitution égyptienne de 2014.

[3] Article 101 de la Constitution égyptienne de 2014.

[4] Voir par ex. L'article de Juliette Deborde, « les maris, les femmes et leurs émoluments », dans le journal *Libération* du 23 juillet 2014, qui affirme que 20 % des collaborateurs des parlementaires français, dont Claude Bartolone, Jean-François Copé, Bruno Le Maire, étaient des proches. Voir également, l'article de Mathilde Mathieu dans Médiapart du 27 juillet 2014 qui affirmait qu'en France, « l'Assemblée a rémunéré 52 épouses, 28 fils et 32 filles des députés en 2014 ». En Égypte, puisque ni la Constitution ni la loi imposent des restrictions au président de la République égyptien quant à la nomination des députés, dans ce cas, il pourra nommer une personne de son choix et elle pourra être un membre de sa famille.

La nomination de certains titulaires du pouvoir législatif[1] par le chef du pouvoir exécutif[2] est aussi antidémocratique dans la mesure où elle ne respecte pas la souveraineté du peuple. La démocratie implique que le peuple soit à l'origine de tous les pouvoirs dans un État. Cette possibilité reconnue par la Constitution au chef de l'État n'est pas conforme à cette idée de la démocratie qui voit exclusivement dans le peuple l'origine de tous les pouvoirs. Cette définition de la démocratie est adoptée par la Constitution égyptienne de 2014 dans son article 4. De ce fait, la nomination des députés par le chef de l'État est contraire à cette disposition constitutionnelle qui affirme que « la souveraineté appartient au peuple, qui l'exerce et la protège. Il est la source de toute autorité et sauvegarde l'unité nationale, fondée sur les principes de l'égalité, la justice et l'équité des chances pour tous les citoyens, dans les conditions prévues par la Constitution[3] ».

Pour le constituant égyptien, le peuple est le seul titulaire de la souveraineté et le Président, comme les députés, n'est que son représentant. Le président et les députés sont tous les représentants du peuple et doivent exister tous les deux par la volonté du peuple.

Paradoxalement, la Constitution égyptienne qui affirme le principe de la souveraineté du peuple[4] permet au président de la République élu par le peuple de nommer des députés qui ont pour mission de représenter le peuple. Cela pose alors le problème de la légitimité de ces députés qui ne sont pas élus au suffrage universel direct comme la majorité de leurs collègues. Ils ne bénéficient pas de la légitimité populaire. Comment peuvent-ils prétendre à la même légitimité qu'un député élu au suffrage universel direct, c'est-à-dire choisi directement par le peuple ? Si la démocratie ne se résume pas à l'élection, celle-ci est un des moyens qui permettent au peuple de l'exercer directement ou indirectement[5]. Les vingt-huit députés nommés par le Président ne bénéficient certainement pas de la légitimité populaire. Ils seront reconduits s'ils bénéficient de la confiance d'un autre homme politique qui est le Président, et non grâce au peuple. Dans ce cas, il est légitime de se demander quels intérêts ils vont défendre. Celui du peuple ou du président ? Parce que la prolongation de leurs mandats dépend du président, il est certain qu'ils seront fidèles à la personne qui les a nommés. Ils sont certains d'avoir un second mandat à condition de bénéficier de la confiance du président. Alors, comment défendre l'intérêt du peuple quand on est là uniquement par la volonté d'un seul homme ?

---

[1] Article 101 de la Constitution égyptienne de 2014.
[2] Article 139 de la Constitution égyptienne de 2014.
[3] Article 4 de la Constitution égyptienne de 2014.
[4] *Idem..*
[5] Directement, lorsqu'il répond à un référendum et indirectement par l'intermédiaire de ses représentants qu'il a élu.

De même, ce droit constitutionnel présidentiel de nommer un certain nombre des députés est contraire à l'idée de la démocratie, défendue dans le préambule, selon laquelle la source de toute autorité réside dans le peuple. L'autorité de ces députés ne vient pas du peuple, mais clairement du chef de l'État. Le constituant égyptien affirme dans le préambule que la Constitution « est conforme à la Déclaration universelle des droits de l'homme » que leur pays a ratifié. Pourtant l'article 21 de cette Déclaration affirme que « la volonté du peuple est le fondement de l'autorité des pouvoirs publics » et que « cette volonté doit s'exprimer par des élections honnêtes qui doivent avoir lieu périodiquement, au suffrage universel égal et au vote secret ou suivant une procédure équivalente assurant la liberté du vote[1] ». Or, la nomination des députés par le Président ne respecte ni l'idée selon laquelle le peuple est le fondement des pouvoirs, ni le fait que cette volonté s'exprime par les élections. Au contraire, elle nie au peuple le droit de choisir entièrement ses représentants. Normalement, le respect de la Déclaration universelle des droits de l'homme de 1948 s'impose aux pouvoirs publics, dont le Président, car la Constitution égyptienne affirme que « l'État s'engage à respecter les traités, accords et conventions internationales relatifs aux droits de l'homme ratifiés par l'Égypte[2] ».

Cette possibilité lui permet, non seulement d'avoir une influence, même si elle est minime, au sein de l'Assemblée, mais également de mettre en danger le gouvernement s'ils sont en conflit. Le chiffre de 5 % n'est pas négligeable car il suffit d'un dixième[3] des députés pour présenter la motion de censure pour mettre en cause la responsabilité politique du gouvernement[4]. Les députés nommés par le Président représentent plus de la moitié[5] d'un dixième nécessaire pour déposer la motion de censure contre le gouvernement.

Ces députés n'ont ni la légitimité démocratique ni la liberté et l'indépendance nécessaire pour exercer pleinement leur mission de contrôle inhérente à leurs mandats. Pour éviter toute influence considérable de l'exécutif sur la Chambre des représentants, soit il faut supprimer cette possibilité, soit interdire aux députés nommés d'occuper des fonctions importantes au sein de la Chambre.

---

[1] Article 21 de la Déclaration universelle des droits de l'homme du 10 décembre 1948.

[2] Article 93 de la Constitution égyptienne de 2014.

[3] Cela équivaut à 45 députés.

[4] Article 131 de la Constitution égyptienne de 2014.

[5] 28 députés. Il lui manquera que 17 députés pour que les députés déposent une motion contre le gouvernement.

CONCLUSION DU CHAPITRE PREMIER

La séparation des pouvoirs inscrite dans la Constitution constitue une garantie structurelle et formelle qui nécessite un organe sanctionnant sa violation pour être effectif. Ainsi, le juge constitutionnel impose le respect de la Constitution au pouvoir qui risque d'empiéter sur les compétences constitutionnelles d'un autre pouvoir. Dans les pays qui font l'objet de notre étude, la pratique du régime politique montre que la menace pour la séparation vient du pouvoir exécutif, qui déborde de son champ des compétences, et fait du parlement une chambre d'enregistrement. Le juge constitutionnel, gardien de la séparation des pouvoirs instaurée par la Constitution, doit s'adapter en fonction de la situation pour sanctionner les tentatives de débordement du pouvoir. Même si, dans certains pays[1], il est créé à l'origine pour surveiller le Parlement, maintenant que le rapport de force s'est inversé, sa mission doit également évoluer et protéger les compétences du pouvoir législatif vis-à-vis du pouvoir exécutif.

On observe que les Constitutions arabes de 2014 tombent parfois dans l'excès. En Tunisie, le constituant « a cherché à instaurer un régime politique qui évite les dérives autoritaires, mais il est tombé dans l'excès et a ouvert une voie aux conflits de compétences sur lesquelles devra se pencher la cour constitutionnelle[2] ». En Égypte, l'article 101 de la Constitution introduit le loup dans la bergerie avec la nomination des députés par le président de la République. Comme ce fut le cas en Europe de l'Est, l'intervention de la justice constitutionnelle, en Égypte et en Tunisie, pour réguler les compétences de chacun des pouvoirs sera indispensable. En Europe de l'Est, « les cours constitutionnelles développent une jurisprudence intéressante et ont su parfois s'opposer aux tendances autoritaires de certains gouvernements[3] ». Si l'ambition hégémonique du pouvoir exécutif peut être freinée par le juge constitutionnel, le problème de confiance du peuple vis-à-vis du parlement ne peut être résolu que par lui. La méfiance à l'égard du Parlement a été constatée en Europe de l'Est notamment en Roumanie[4].

---

[1] On pense ici notamment à la République française de 1958. Cette adaptation sera d'autant plus nécessaire que le Président Macron entend gouverner, « pour aller vite », avec les ordonnances.

[2] Rafaâ Ben Achour, « La Constitution tunisienne du 27 janvier 2014 », *RFDC*, n° 100, 2014, p. 796.

[3] Patrice Gelard, « Vingt-cinq ans depuis la chute du Mur », *RFDC*, n° 100, 2014, p. 950.

[4] En juin 2002, selon le rapport final du Forum constitutionnel, le Parlement roumain avait « le plus faible indice de confiance (27 %) » ; cité *in* Jean-Pierre Massias, *Droit*

Comme le souligne Jean-Pierre Massias, malgré « la définition du Parlement comme “organe représentatif suprême du peuple roumain[1]”, la population accorde généralement beaucoup plus de confiance au président et au gouvernement qu’au Parlement, censé les représenter[2] ».

---

constitutionnel des États d’Europe de l’Est, Paris, PUF, coll. « Droit fondamental », 2e éd. 2008, p. 326.

[1] Article 61 de la Constitution roumaine de 1991.

[2] Jean-Pierre Massias, *op. cit.*, p. 325.

Chapitre II

La limitation des pouvoirs par le contrôle de constitutionnalité : la justice constitutionnelle, garant de la séparation des pouvoirs[1]

Aujourd'hui, dans les Constitutions libérales, les missions dévolues au juge constitutionnel se ressemblent : il est le juge de la Constitution et ainsi contrôle la conformité des autres normes à celle-ci et sanctionne son non-respect si nécessaire. La Constitution a souvent deux missions : d'une part, elle détermine l'organisation et le fonctionnement des pouvoirs publics, d'autre part, elle énonce des droits et libertés fondamentaux des individus. Toutes les Constitutions[2] soumises à notre étude attribuent cette mission à la justice constitutionnelle qu'elles ont instaurée.

Nous allons nous intéresser ici uniquement à la place de la justice constitutionnelle dans le jeu politique, c'est-à-dire à sa fonction de garant de la séparation des pouvoirs. Cette dernière sera analysée sous le prisme du contrôle de constitutionnalité en général. L'idée est de montrer comment, grâce au contrôle de constitutionnalité, le juge constitutionnel assure la séparation des pouvoirs parce que désormais, « dans le droit public moderne, la primauté du Parlement n'existe plus, la loi n'exprime la volonté générale que dans le respect de la Constitution ; il n'est donc pas, ou plus, illégitime de voir une institution, le Conseil, soumettre le législateur à sa décision[3] ». Surtout, en période transitoire, cette mission du juge constitutionnel devient capitale pour la sauvegarde de l'État de droit, car tous les pouvoirs, et non seulement le législateur, doivent être soumis au contrôle de constitutionnalité pour protéger l'ensemble des droits garantis par la Constitution, mais également l'équilibre entre les pouvoirs.

Ainsi, il ne fait que protéger la volonté du peuple contre celle des représentants politiques, car cette dernière « n'exprime la volonté générale que dans le respect de la Constitution[4] ». Il veille au respect de la frontière

---

[1] Pologne, Roumanie, Egypte et Tunisie.

[2] Les Constitutions roumaine de 1991, polonaise de 1997, égyptienne de 2014 et tunisienne de 2014.

[3] Dominique Rousseau, *Droit du contentieux constitutionnel*, Paris, Montchrestien, 10e éd. Paris, 2013, p. 497.

[4] Décision n° 85-197 DC, *Évolution de la Nouvelle-Calédonie*, 23 août 1985.

tracée par la Constitution entre les pouvoirs exécutif et législatif. Face à l'hégémonie du pouvoir exécutif et à l'effacement du parlement – au point de devenir une chambre d'enregistrement –, le juge constitutionnel doit faire respecter la séparation des pouvoirs énoncée par la Constitution. Mais il est évident qu'il ne joue pas le même rôle que l'opposition parlementaire ou politique, car la réaction de cette dernière « implique une appréciation toute subjective du contenu des réformes engagées par la majorité[1] » alors que lui, en tant que juge constitutionnel, il « vérifie que les lois ainsi votées sont conformes aux règles juridiques dont le respect s'impose à chaque parti pour maintenir la démocratie[2] ». S'il est un meilleur allié de l'opposition politique, le juge constitutionnel s'oppose, au nom de la Constitution, à la majorité et à la minorité politique. Il devient ainsi un contrepoids nécessaire pour maintenir l'équilibre entre les pouvoirs parce qu'« il y a une sorte de logique institutionnelle qui aboutit à faire naître ou se développer une institution par réaction contre la trop grande puissance d'une autre institution[3] ». Il est ainsi « l'aiguilleur », non seulement du législateur, mais également du pouvoir exécutif.

Pour mieux comprendre la mission de garant de la séparation des pouvoirs du juge constitutionnel, nous allons d'abord expliquer l'importance de l'intervention du juge constitutionnel pour la sauvegarde de la séparation des pouvoirs, c'est-à-dire les raisons politiques et historiques dans un pays en transition et les moyens juridiques à sa disposition pour assumer cette mission c'est-à-dire le fondement et la portée de ces décisions. Nous allons examiner ensuite les mécanismes mis en place pour permettre au juge constitutionnel d'exercer le contrôle de constitutionnalité, c'est-à-dire les saisines et les garanties constitutionnelles accordées au juge constitutionnel pour qu'il assure librement sa mission de garant de la séparation des pouvoirs.

La justification de l'intérêt du contrôle de constitutionnalité pour garantir la séparation des pouvoirs en période post-transition politique

L'intervention des juges constitutionnels pour sauvegarder le principe de la séparation des pouvoirs est justifiée avant tout par le risque inhérent à la période transitoire pour les institutions du pays concerné. Ces pays sortent de la dictature et traversent des révolutions qui bouleversent et fragilisent ses institutions. Donc, en raison de leur histoire politique, ces États ont chargé le juge constitutionnel de veiller au respect de la Constitution qui instaure la

---

[1] Maurice Duverger, *La République des citoyens*, Paris, Ramsay, 1982, p. 213

[2] *Idem.*

[3] Louis Favoreu, « La légitimité du juge constitutionnel », *Revue internationale de droit comparé*, vol. 46 n° 2, avril-juin 1994. p. 559.

séparation des pouvoirs. Pour assurer cette mission de gardien de la séparation des pouvoirs, il dispose de divers moyens juridiques.

La justification politique du contrôle de constitutionnalité en Europe de l'Est et dans le monde arabe

En Europe de l'Est, « les tribunaux constitutionnels deviennent – après 1989 – une institution quasi universelle dans des régimes politiques[1] ». La justice constitutionnelle a un intérêt particulier dans un pays en période de transition constitutionnelle qui a traversé une révolution et qui sort d'une dictature non seulement pour protéger les droits et libertés des individus, mais aussi pour assurer le principe de la séparation des pouvoirs. Ce dernier est indispensable pour garantir les libertés des individus ; c'est même là son intérêt. On sépare les pouvoirs pour éviter leur confusion qui nuirait aux libertés des individus. La justice constitutionnelle est d'abord nécessaire du fait de la situation politique actuelle et passée du pays. Son instauration est un choix politique justifié par des raisons politiques. Ensuite, elle est instaurée pour assurer continuellement le respect du nouvel ordre constitutionnel instauré en assurant la suprématie de la Constitution, parce que la nature du régime politique instauré conduit à une situation de confusion de fait des pouvoirs. Selon Miroslaw Granat, « la généralisation des tribunaux constitutionnels marque une césure dans le développement du constitutionnalisme. Cela veut dire que la mission de garant fondamental de la Constitution passe définitivement à un tribunal constitutionnel indépendant[2] ». Cette mission est essentiellement juridique, et elle incombe aux juges constitutionnels, non seulement en période des crises, mais aussi en période normale.

La justice constitutionnelle contre le retour de la confusion des pouvoirs en période de transition

Dans les pays en transition politique et juridique, l'instauration de la justice constitutionnelle est due à la situation politique spécifique et particulière préalable qui précède les révolutions. Ces pays sortent d'un régime de confusion des pouvoirs qui a souvent duré des décennies. L'une des missions confiées à la justice constitutionnelle est de veiller au respect effectif de la séparation des pouvoirs, c'est-à-dire d'éviter qu'un pouvoir empiète sur les domaines de compétence des autres. En d'autres termes, il faut qu'elle évite la confusion des pouvoirs. L'intervention de la justice constitutionnelle dans la sauvegarde de la séparation des pouvoirs dans une

---

[1] Miroslaw Granat, « La réception de la justice constitutionnelle dans les pays d'Europe centrale et orientale », *in L'Etat et le Droit d'Est en Ouest, Mélanges offerts à Michel Lesage*, Paris, Société de Législation Comparée, 2006, p. 141.
[2] *Idem.*

période postrévolutionnaire est nécessaire pour au moins trois raisons : le passé dictatorial des institutions, le personnel politique, et la fragilité institutionnelle due à la période transitoire. Étant l'institution chargée de veiller au respect de la Constitution, donc aux attributions qu'elle accorde à chaque pouvoir, il lui revient de veiller, dans cette période transitoire trouble et incertaine, que chaque pouvoir joue librement et seulement son rôle.

En premier lieu, à la suite des dictatures qui ont duré parfois plusieurs décennies, comme le communisme dans les pays de l'Europe de l'Est[1], et celui de Moubarak[2] et Ben Ali[3] dans le monde arabe, on comprend que, pour les constituants de ces États, « il est apparu absolument nécessaire et évident d'instituer un contrôle juridictionnel des lois afin de mettre hors de portée des majorités les droits fondamentaux[4] ». Mais l'adoption de la justice constitutionnelle présente un intérêt spécifique pour les États qui sortent des régimes autoritaires. Selon le Doyen Louis Favoreu,

> L'Espagne, la Grèce et le Portugal, après les périodes de dictature qu'ont connues ces trois pays, ont opté, sans hésitation, pour un système de justice constitutionnelle incluant le contrôle juridictionnel des lois, afin de se prémunir contre le retour à de tels régimes, et pas seulement parce que les Constitutions modernes comportent désormais ce système ou ce mécanisme[5].

C'est également le but recherché par les États[6] qui font l'objet de notre étude.

Dans une période post-transition, le juge constitutionnel suscite un intérêt particulier pour veiller sur la séparation des pouvoirs, à cause du passé des hommes politiques qui ont collaboré avec l'ancien régime et qui souhaitent occuper des postes politiques ou l'occupent actuellement[7]. C'est une situation que certains pays de l'Europe de l'Est ont essayé de régler grâce aux lois de lustrations alors que, dans le monde arabe, cela ne semble préoccuper ni les constituants, ni le peuple. En Pologne, le 15 octobre 2006, « la loi élargissant la lustration applicable aux parlementaires, aux membres du gouvernement et de l'administration, aux cadres, aux recteurs et aux journalistes est adoptée. Dorénavant, les personnes visées par la loi devront

---

[1] Près de quarante ans de communisme de l'URSS qui a été mis en place en 1948 et qui s'est effondré finalement en 1991.

[2] Il est resté 30 ans au pouvoir, il a pris le pouvoir en 1981 et l'a quitté en 2011 à la suite du « printemps arabes ».

[3] Il a été pendant 24 ans au pouvoir, il est arrivé à la tête de l'Etat tunisien en 1987 et il a été chassé du pouvoir en 2011.

[4] Louis Favoreu, *op. cit.*, p. 558.

[5] *Idem.*.

[6] Pologne, Egypte, Roumanie et Tunisie.

[7] En Egypte, le Président Al Sissi est loin d'incarner le renouveau politique et le Président tunisien Béji Caïd Essebsi n'est pas un novice dans la vie politique tunisienne qui milite depuis Habib Bourguiba et a collaboré avec Ben Ali en tant que président de la Chambre des députés.

fournir une attestation qui mentionnerait qu'elles n'ont pas collaboré avec la police secrète au temps du régime communiste[1] » et ils répondent « à la question suivante : "Avez-vous collaboré secrètement et sciemment avec les anciens services de sécurité communiste ?"[2] ». L'armée et l'Église sont également soumises à cette chasse aux collaborateurs de l'ancien régime, car l'archevêque de Varsovie Mgr Stanislaw « renonce à sa nomination » après avoir reconnu avoir « collaboré avec l'ex-police politique » et « l'Église décide alors, le 12 janvier 2007, d'enquêter sur le passé de ses évêques[3] ». Concernant l'armée, à la suite de la démission, le 5 février 2007, du ministre de la Défense Radoslaw Sikorski, son remplaçant « annonce le lendemain sa volonté de purger l'armée[4] ». Mais malgré cette purge es collaborateurs de l'ancien régime, par exemple en Pologne, certains ont créé de nouveaux partis, comme « l'ancien Premier ministre, Leszek Miller, 61 ans, ancien communiste devenu social-démocrate, [qui] a fondé, le 15 janvier 2008, un nouveau parti politique, *La Gauche polonaise*[5] ». En Roumanie, les politiques sont décrédibilisés à cause de la corruption qui conduit à la démission des ministres, comme ce fut le cas quand « le 9 juin 2008, deux anciens ministres sont poursuivis devant la justice pour corruption[6] ». La justice constitutionnelle polonaise s'est prononcée sur la loi de lustration qu'elle « a partiellement invalidée [...] en annulant plus de 20 articles sur 42 » ; « ainsi sont exclus de l'obligation de signer le document de non-collaboration avec la police secrète les universitaires, les recteurs, les dirigeants d'entreprise cotée en bourses ou les journalistes. B. Geremek menacé de perdre son mandat d'eurodéputé peut dès lors le conserver[7] ». Ce n'est pas une situation propre à la Pologne. Selon le professeur Jean-Pierre Massias,

> Les États d'Europe de l'Est en 1999 sont des démocraties en formation, secouées par des soubresauts post-totalitaires et qui connaissent encore bien des difficultés de nature même à remettre en cause les acquis de 1989. Les manifestations du printemp 1997 en Bulgarie, en Serbie et en Albanie, toutes trois dirigées contre des pouvoirs pourtant élus au suffrage universel, révèlent bien la fragilité de la construction démocratique. Les Cours constitutionnelles, dans ce contexte particulier, sont donc encore très

---

[1] Patrice Gelard, « L'actualité constitutionnelle en Russie, dans les États de la CEI et de l'Europe centrale et orientale et dans les pays toujours ou anciennement communistes (juillet 2006-juillet 2007) », *RFDC*, n° 73, 2008, p. 176.

[2] *Idem.*

[3] *Idem.*

[4] *Idem.*

[5] *Ibid.*, p. 419.

[6] *Ibid.*, p. 418.

[7] Patrice Gelard, « L'actualité constitutionnelle en Russie, dans les États de la CEI et de l'Europe centrale et orientale et dans les pays toujours ou anciennement communistes (juillet 2006-juillet 2007) », *RFDC*, 2008, p. 176.

fortement marquées par ce concept de transition qui va nécessairement influencer leur jurisprudence et les amener à jouer un rôle important et spécifique[1].

Dans le cas où les hommes politiques actuels sont ceux qui ont participé à la vie politique sous l'ancien régime, ils ne sont plus crédibles et donc il revient aux juges constitutionnels d'assurer la tâche de la consolidation de la démocratie et de l'État de droit.

Notamment, en Europe de l'Est,

> La Cour constitutionnelle, depuis 1989, va entretenir une relation particulière avec l'État post-totalitaire. Elle va être pleinement associée au processus de transition jusqu'à en devenir un des acteurs sans qui celle-ci ne pourrait être totalement réalisée, mais aussi prise dans la tourmente de cette transition et face aux terribles difficultés rencontrées elle va parfois, par des décisions audacieuses, imposer sa propre vision de la transition jusqu'à se voir reprocher de devenir un obstacle à celle-ci[2].

En Pologne, selon le Président du tribunal constitutionnel de l'époque, la justice constitutionnelle « a sans doute contribué au renforcement de l'État de droit et a mis des freins aux tendances, particulièrement dans les année 1991-1992, à vouloir précipiter le processus de transformation du régime[3] ». Face aux pressions politiques, la justice constitutionnelle a notamment en Pologne réussi à assurer librement ses missions. En Pologne, comme l'affirme la journaliste Laure Mandeville,

> Malgré les pressions évidentes exercées par le pouvoir politique, pour tenter d'influencer le tribunal, la Cour ne s'est pas laissée démonter. Jeudi, les frères Kaczynski avaient tenté un forcing, en produisant, via un député de leur camp et l'Institut de la Mémoire (IPN), des révélations de dernière minute sur la collaboration de deux membres de la Cour avec l'ancienne police communiste (SB). Le tribunal avait été forcé d'écarter dans l'urgence les deux juges incriminés. Mais la Cour constitutionnelle n'en a pas moins décidé de créer un barrage à la révolution morale dont se réclament le Président Lech Kaczynski et son frère Jaroslaw, Premier ministre. Ces derniers ont d'ores et déjà annoncé qu'ils feraient voter une nouvelle loi en cas de rejet[4].

En second lieu, le manque de crédibilité des politiques et la période transitoire conduisent à la fragilité institutionnelle de nouveaux États. Pour contribuer aux renforcements des nouvelles institutions étatiques indispensables à son bon fonctionnement, la contribution de la justice

---

[1] Jean-Pierre Massias, *op. cit.*, p. 86

[2] *Idem.*.

[3] Miroslaw Wyrzykowski, « Entretien avec Andrzej Zoll, le Président du tribunal constitutionnel polonais », *Cahiers du Conseil constitutionnel,* n° 3, novembre 1997.

[4] Laure Mandeville, « Echec pour la loi d'épuration polonaise », *Le Figaro.fr* du 14 octobre 2007.

constitutionnelle est indispensable. Dans une instabilité institutionnelle qui caractérise la période transitoire ou post-transition, le juge constitutionnel veille au respect de la séparation des pouvoirs et à l'équilibre entre les différents pouvoirs. Les nouvelles Constitutions encore fragiles ont besoin d'une surveillance permanente et des institutions politiques et juridiques renforcées. Cette fragilité institutionnelle a été observée notamment en Pologne. Comme l'observe Patrice Gélard, « rien ne va plus à la diète polonaise où s'est implantée une atmosphère de fin de règne » :

> Le 13 janvier 2005, plusieurs personnalités sont accusées d'avoir travaillé avec les services secrets de l'époque communiste, notamment le président de la Diète et président du Parti social-démocrate, Josef Olesky, qui est ainsi contraint à la démission. Le Premier ministre Marek Belka a souhaité le 3 mars 2005 l'organisation d'élections anticipées et a envisagé sa démission (la date normale des élections est fixée au 25 septembre 2005)[1].

La mise en accusation des responsables politiques comme le président de la Diète, qui représente le Parlement, fragilise davantage l'institution parlementaire qui doit acquérir plus de confiance auprès des citoyens. Comme le souligne le Président du Tribunal constitutionnel polonais, les juges constitutionnels examinaient « des affaires qui étaient suscitées par des personnalités publiques et qui, le plus souvent, étaient liées à un conflit politique[2] ». Comme toutes nouvelles institutions, en période de la transition, le juge constitutionnel doit également affirmer sa place et ainsi gagner sa légitimité en assumant ses missions. Néanmoins, il doit également éviter de profiter de son rôle pour empiéter sur la fonction des autres pouvoirs.

La justice constitutionnelle contre la confusion de fait des pouvoirs en période normale

Les régimes parlementaires conduisent dans les faits à la confusion des pouvoirs entre les mains d'un parti politique ou d'une coalition de parti politiques, parce que le parti politique qui gouverne est celui qui a gagné les élections législatives. De ce fait, le pouvoir ou la coalition qui gouverne est celui qui possède la majorité au parlement. Donc, il n'y a aucune différence entre celui qui fait la loi et celui qui l'exécute. Toutes les constitutions qui ont adopté une justice constitutionnelle lui ont confié de régler le conflit des compétences entre le pouvoir exécutif et le pouvoir législatif. Dans ce cas, le juge constitutionnel doit assurer le respect des dispositions constitutionnelles qui énoncent la séparation des pouvoirs.

---

[1] Patrice Gelard, « L'actualité constitutionnelle en Russie, dans les États de la CEI et de l'Europe centrale et orientale et dans les États toujours ou anciennement communistes (janvier-juillet 2005) », *RFDC*, 2005, p. 841.

[2] Miroslaw Wyrzykowski, *op. cit.*.

Les nouvelles Constitutions arabes[1] et celles, plus anciennes, d'Europe de l'Est[2] ont instauré le principe de la séparation des pouvoirs. En Roumanie, « la Cour constitutionnelle de Roumanie statue sur les conflits juridiques de nature constitutionnelle entre les autorités publiques (article 146, point e)[3] ». De même, en Pologne,

> Le Tribunal constitutionnel tranche les conflits de compétence entre les pouvoirs publics. Le conflit positif a lieu lorsque deux ou plusieurs des pouvoirs publics constitutionnels se sont considérés comme compétents à résoudre une même question, ou ont chacun rendu une décision dans la même affaire. Le conflit négatif de compétence a lieu, à l'inverse, lorsque deux ou plusieurs pouvoirs publics constitutionnels se sont déclarés incompétents à résoudre une affaire. La requête en règlement du conflit de compétence doit indiquer l'action ou l'inaction contestée, ainsi que la disposition de la Constitution ou de la loi qui est violée. Cette requête peut être déposée par le président de la République, le président de la Diète, le Président du Sénat, le président du Conseil des ministres, le Premier président de la Cour suprême, le Président de la Haute Cour administrative et le président de la Chambre suprême de contrôle (art. 192 de la Constitution)[4].

En Égypte, l'article 192 de la Constitution de 2014 affirme que « la Haute Cour constitutionnelle a compétence exclusive pour statuer sur la constitutionnalité des lois et règlements, pour interpréter les textes législatifs ». L'article 120 de la Constitution tunisienne de 2014 énonce dans son article 120 que la Cour constitutionnelle est « exclusivement » compétente pour contrôler la constitutionnalité des lois, des traités et du règlement intérieur de l'Assemblée des représentants. La mission du juge constitutionnel, dans ces Constitutions, est de garantir le respect de la séparation des pouvoirs telle qu'elle l'a déterminé.

Le monde arabe et l'Europe de l'Est sortent d'une période de dictature et d'autoritarisme. Il est naturel et prudent de se méfier des pouvoirs exécutif et législatif, mais aussi des politiques en général. Avec les nouvelles Constitutions, l'Égypte et la Tunisie d'un côté et l'Europe de l'Est de l'autre (il y a déjà quelques décennies) se sont dotées d'un organe constitutionnel pour assurer le respect de la Constitution. Comme le souligne Philippe Ardant,

> La situation la plus intéressante est celle des Cours des pays qui, sortant d'un régime dictatorial ou autoritaire, se donnent des institutions démocratiques et veulent faire de la justice une institution forte : Allemagne en 1945, Pologne,

---

[1] Celles de 2014 en Egypte et en Tunisie.
[2] Celles de 1991 en Roumanie et de 1997 en Pologne.
[3] Augustin Zegrean et Tudorel Toader, « la cour constitutionnelle de Roumanie », *Nouveaux Cahiers du Conseil constitutionnel*, n° 38, janvier 2013.
[4] Miroslaw Wyrzykowski, « Présentation du Tribunal Constitutionnel », *Cahiers du Conseil constitutionnel*, n° 3, novembre 1997.

Espagne, Portugal, Afrique du Sud plus tard. La nouvelle conception de la justice rompt complètement avec la précédente : il s'agit de substituer une justice indépendante à une justice au service du pouvoir. On voit alors, en quelque sorte grandeur nature, *in vivo*, la démonstration du rôle que peut jouer une Cour constitutionnelle pour garantir une justice démocratique. En effet, la partie n'est pas jouée d'emblée, une culture de soumission, de crainte, de flatterie subsiste et le législateur – souvent fraîchement reconverti du régime précédent – a bien du mal à tirer les conséquences du bouleversement apporté par le constituant aux pratiques antérieures. Le juge constitutionnel le guidera alors dans les voies de la démocratie, remplissant un rôle pédagogique[1].

Son adoption n'est pas politiquement neutre parce qu'il incarne un choix et une vision politiques. Il veille à la séparation des pouvoirs grâce à des moyens constitutionnels précis. Après plusieurs années des dictatures et des pratiques de confusion des pouvoirs, il faut instaurer la culture qui soumet ces nouveaux États au droit. La première norme qui exprime la volonté du peuple et qui doit être imposée aux différents pouvoirs est la Constitution. Sans le juge constitutionnel, elle reste un simple texte de portée symbolique et déclaratoire. Dans ce cas, même si elle énonce le principe de la séparation des pouvoirs, s'il n'y a pas une autorité qui sanctionne sa violation, elle n'aura aucune utilité réelle.

La nature du régime institué par toutes ces Constitutions[2], c'est-à-dire le régime parlementaire, conduit à une confusion de fait des pouvoirs politiques parce que le gouvernement est issu de la majorité politique qui a gagné les élections législatives. Par conséquent, le gouvernement et le Parlement étant du même bord politique, et pour des raisons d'intérêts et de disciplines partisans, le Parlement peut arrêter de contrôler sérieusement l'action gouvernementale. Il s'installe ainsi une connivence entre le pouvoir contrôlé et le pouvoir-contrôleur. Par conséquent, il faut l'intervention d'une autre institution pour garder l'équilibre entre ces deux pouvoirs. Comme le rappelle le professeur Philippe Ardant, les juges constitutionnels « rééquilibrent les relations entre les pouvoirs, prenant la défense du plus faible, lui permettant de résister aux entreprises, inconsidérées plutôt que malveillantes, d'un législateur souvent peu conscient des limites que la Constitution impose à son pouvoir et trop ouvert aux suggestions, pas toujours innocentes, de l'exécutif[3] ».

Avec le système de partis politiques et les élections, dans un régime parlementaire, c'est-à-dire les régimes des pays qui font l'objet de notre

---

[1] Philippe Ardant, « Comment les Cours constitutionnelles peuvent-elles, par les garanties données à la justice, contribuer à la démocratie ? », *Colloque : Justice et Démocratie*, Limoges, PULIM, 2003, p. 103.

[2] Constitutions tunisienne et égyptienne de 2014, Constitution roumaine de 1993 et Constitution polonaise de 1997.

[3] Philippe Ardant, *op. cit.*, p. 115.

étude, il n'y a plus de séparation des pouvoirs entre l'exécutif et le législatif. D'une part, c'est celui qui gagne les élections législatives qui gouverne, donc qui a le pouvoir exécutif et le pouvoir législatif. Par ailleurs, il n'est plus réellement responsable politiquement devant le Parlement (non seulement par peur de dissolution, mais aussi par connivence partisane), mais devant le peuple à chaque échéance électorale. Enfin, il revient au juge (judiciaire, administratif et constitutionnel) de garantir les droits des individus, et particulièrement au juge constitutionnel de veiller à la séparation des pouvoirs. Dans ce contexte de système de parti dans lequel un parti peut concentrer tous les pouvoirs, seul le juge constitutionnel peut arrêter « par la disposition des choses » les pouvoirs politiques (législatif et exécutif). Grâce au contrôle de constitutionnalité, le juge constitutionnel arrête le pouvoir qui empiète sur le domaine des compétences d'un autre pouvoir, même si c'est avec son autorisation. Malgré la confusion des pouvoirs de fait due aux élections, il impose la Constitution qui est l'expression du peuple. Par conséquent, le risque d'inconstitutionnalité devient le garant de la séparation des pouvoirs parce que le Parlement ou le pouvoir exécutif confondu ne peuvent plus veiller sur l'équilibre des pouvoirs. Le juge constitutionnel instaure par le contrôle de constitutionnalité l'équilibre des pouvoirs.

Le juge constitutionnel devient également un allié objectif, dans le respect du droit et non par opportunisme politique, de l'opposition parlementaire. Contrairement aux députés de l'opposition, il n'agit pas par opportunisme politique, mais dans l'intérêt de faire respecter le droit. Comme le souligne Marie-Christine Steckel,

> Pour ne pas s'ériger en colégislateurs, les juges constitutionnels allemand, espagnol et français ne se reconnaissent pas « un pouvoir général d'appréciation » identique à celui du Parlement ni un pouvoir d'interprétation arbitraire. Par exemple, la Cour constitutionnelle allemande a affirmé, dès la décision du 8 août 1978 Kalkar I, qu'elle n'exerçait pas un contrôle arbitraire des lois. Le Tribunal constitutionnel espagnol a également indiqué dans la décision du 13 février 1981 qu'il contrôlait seulement l'adéquation des textes avec la constitution[1].

À l'instar de ces États, en Europe de l'Est et dans le monde arabe, l'intervention du juge constitutionnel est indispensable parce que « la majorité au pouvoir incarne seulement une majorité temporaire et partielle qui s'oppose à celle de la nation souveraine, entité abstraite englobant le passé, le présent et le futur. Or, le Conseil constitutionnel ne représente pas

---

[1] Marie-Christine Steckel, *Le Conseil constitutionnel et l'alternance*, Paris, LGDJ, 2002, p. 37.

la majorité au pouvoir, mais les droits du peuple souverain, il oppose la "volonté nationale" à la "volonté générale"[1]. »

Pourtant, la question de sa légitimité se pose dans un système démocratique dont tous les pouvoirs sont attribués par le peuple grâce à une élection. « Comment expliquer, interroge le doyen Vedel, ancien membre du Conseil constitutionnel, que des juges non élus, désignés par des détenteurs d'une partie du pouvoir politique, puissent s'opposer à ce qui est, dans la personne de ses représentants, la nation souveraine[2] ? » D'abord, c'est la Constitution, norme suprême et contenant de la volonté du peuple, qui a assigné cette mission au juge constitutionnel parce que, comme l'a souligné le juge constitutionnel français, et cela est vrai pour tout système qui a instauré un État constitutionnel, dans sa célèbre décision du 23 août 1985, *Nouvelle-Calédonie*, « la loi n'exprime la volonté générale que dans la mesure où elle respecte la Constitution et non plus du seul fait de son vote par les élus du peuple[3] ». Ensuite, comme le souligne Dominique Rousseau, depuis l'instauration de la justice constitutionnelle « la souveraineté populaire est en "position" de prévaloir, car elle dispose d'un moyen, le Conseil précisément, lui permettant d'exprimer, contre la représentation des représentants, sa volonté[4] ». Même si elle reste exposée aux reproches et aux critiques des hommes politiques qu'elle contredit, la justice constitutionnelle est, dans cette situation, une instance nécessaire à la démocratisation d'un régime politique. Il devient nécessaire de contrôler la majorité au pouvoir parce que les systèmes de partis politiques créent le fait majoritaire et surtout conduisent à un soutien inconditionnel pour des raisons uniquement partisanes. Comme le souligne le professeur Wanda Mastor,

> Cette nécessité est devenue impérieuse lorsque les régimes parlementaires ou semi-parlementaires ont évolué vers un système dans lequel s'exerce, sans limites, un pouvoir majoritaire composé de la majorité parlementaire soudée à un gouvernement stable et monolithique, parfois renforcé par un chef de l'État élu de même tendance. Face au bloc majoritaire, l'opposition a besoin de protection ; et la majorité elle-même a besoin d'un contrepoids. C'est le nerf du régime parlementaire[5].

Il arrive également que les intérêts électoraux orientent les législations et peuvent menacer l'intérêt général ou les libertés individuelles. Il revient alors au juge constitutionnel de veiller au respect des règles

---

[1] *Ibid.*, p. 33.

[2] Vedel Vedel, « Le Conseil constitutionnel, gardien du droit positif ou défenseur des droits de l'homme », *Pouvoirs*, 1988, n° 45, p. 149.

[3] CC 85-197 DC 23 août 1985, *Évolution de la Nouvelle Calédonie*.

[4] Dominique Rousseau, *Droit du contentieux constitutionnel*, Paris, Montchrestien, 7e éd., 2006, p. 493.

[5] Louis Favoreu, Wanda Mastor, *Les Cours constitutionnelles*, Paris, Dalloz, coll. « Connaissance du droit », 2011, p. 18.

constitutionnelles instaurées pour imposer la séparation des pouvoirs. Il devient ainsi un allié objectif de l'opposition parlementaire.

L'intervention du juge constitutionnel dans le conflit entre la majorité et l'opposition politique apaise la vie politique. Notamment, en Roumanie,

> Par la décision n° 1525 du 24 novembre 2010, la Cour constitutionnelle a constaté l'existence d'un conflit juridique de nature constitutionnelle entre le gouvernement et le Parlement, généré par le refus du Parlement de soumettre au débat la motion de censure déposée par l'opposition parlementaire, débat qui, une fois déclenché, compte tenu des dispositions de la Constitution, ne peut pas être arrêté[1].

Selon le doyen Louis Favoreu,

> Il y a pacification de la vie politique par le contrôle juridictionnel des lois parce que l'opposition a à sa disposition un moyen de s'assurer que la majorité ne franchit pas les limites fixées par la Constitution et donc que les règles fondamentales, sur lesquelles il y a eu consensus à un moment donné de l'histoire du pays, ne seront pas remises en cause du moins sans son accord[2].

Les moyens juridiques du juge constitutionnel pour assurer la séparation des pouvoirs

Les Constitutions adoptées à la suite des révolutions dans les pays étudiés ont confié au juge constitutionnel la mission de sauvegarde de la séparation des pouvoirs. Pour assurer effectivement cette mission, il dispose d'un moyen juridique déterminé et encadré qui a une portée et un effet concret.

Le contrôle de constitutionnalité des lois, un moyen de garantir la séparation des pouvoirs

Selon Michel Fromont,

> C'est, en effet, pour modérer ce pouvoir chaque jour plus menaçant de l'État que les constitutions définissent avec de plus en plus de précision les règles de fonctionnement des pouvoirs publics... C'est également pour que cette modération du pouvoir de l'État soit effectivement réalisée que les organes qui sont spécifiquement chargés de faire respecter le droit, à savoir les tribunaux, ont progressivement obtenu le pouvoir de faire respecter ces règles constitutionnelles. De fait, ce n'est pas le hasard si la chute des dictatures fascistes et communistes a entraîné la création ou le renforcement des organes de la justice constitutionnelle[3].

---

[1] Augustin Zegrean et Tudorel Toader, « La cour constitutionnelle de Roumanie », *Nouveaux Cahiers du Conseil constitutionnel*, n° 38, janvier 2013.

[2] Louis Favoreu, « La légitimité du juge constitutionnel », *Revue internationale de droit comparé*, vol. 46 n° 2, avril-juin 1994. p. 568.

[3] Michel Fromont, *La justice constitutionnelle comparée*, Paris, Dalloz, 2013, p. 6.

Comme le précise l'auteur pour les États postsoviétiques, les nouvelles Constitutions tunisienne et égyptienne de 2014 ont adopté la justice constitutionnelle afin de contrôler les pouvoirs publics. Ainsi, toutes ces Constitutions, arabes et est-européennes, reconnaissent au juge constitutionnel la mission de gardien de l'équilibre et de la séparation des pouvoirs. Néanmoins, cette mission est bien encadrée par la Constitution elle-même. Le juge constitutionnel est garant de la séparation des pouvoirs parce qu'il assure le respect de la Constitution qui l'énonce. Cela signifie que grâce au contrôle de constitutionnalité des actes juridiques en général, mais des lois en particulier, le juge constitutionnel fait respecter la séparation des pouvoirs. Cette attribution du juge constitutionnel est fixée par la Constitution elle-même. La mission d'une justice constitutionnelle est parfaitement encadrée par la norme fondamentale qui l'instaure. Il est chargé de faire respecter l'ensemble des dispositions constitutionnelles et donc celles qui régissent l'organisation et les compétences des pouvoirs exécutif et législatif. Selon Hans Kelsen, la justice constitutionnelle est la « garantie principale et la plus efficace de la Constitution[1] ». En assurant le respect de la Constitution, le juge constitutionnel fait respecter à chaque pouvoir politique la séparation des pouvoirs qu'elle détermine. Il garantit ainsi la liberté politique de chaque pouvoir.

Les nouvelles Constitutions de l'Égypte et de la Tunisie de 2014, mais aussi celles de l'Europe de l'Est disposent d'un juge constitutionnel afin de garantir le respect de la Constitution. En Roumanie, « la Constitution approuvée par le référendum du 8 décembre 1991 a imposé en Roumanie le modèle européen en matière de contrôle de constitutionnalité, confié à une cour constitutionnelle conçue comme autorité distincte et indépendante, ayant pour tâche de garantir la suprématie de la Constitution[2] ». La juridiction roumaine existe en dehors de l'architecture judiciaire. Elle est indépendante et elle est seule compétente concernant le procès relatif au contrôle de constitutionnalité. Selon Florin Bucur Vasilescu,

> Conformément à la Constitution et à sa loi d'organisation et de fonctionnent, la Cour constitutionnelle se prononce sur la constitutionnalité de trois catégories d'actes à valeur normative : les lois adoptées par le Parlement, les règlements parlementaires et les ordonnances adoptées par le gouvernement comme expression de la législation déléguée. De même, elle se prononce sur les initiatives de révision constitutionnelle[3].

---

[1] Hans Kelsen, « La garantie juridictionnelle de la Constitution (La justice constitutionnelle) », *RDP*, 1928, p. 197.

[2] Augustin Zegrean et Tudorel Toader, *op. cit.*.

[3] Florin Bucur Vasilescu, « La justice constitutionnelle en Roumanie », *in la justice constitutionnelle en Europe centrale*, Bruxelles, Bruylant, 1997, p. 132.

En Pologne, la Constitution de 1997 intègre le Tribunal constitutionnel dans un Titre VIII réservé aux Cours et tribunaux et cela montre qu'il est institué en dehors des autres tribunaux comme en Roumanie. Selon l'article 1er de la loi sur le Tribunal constitutionnel polonais, ce dernier « est un organe du pouvoir judiciaire, établi pour examiner la conformité à la Constitution des actes normatifs et des traités internationaux ainsi que pour exercer d'autres fonctions fixées par la Constitution[1] ». Selon Leszek Lech Garlicki, la Pologne a souhaité adopter une justice constitutionnelle spécifique et indépendante. Il souligne que pour cela,

> En premier lieu, il a été décidé d'appliquer l'idée kelsénienne d'une juridiction constitutionnelle distincte, repoussant par là le modèle américain, dont on sait qu'il met l'accent sur le rôle de la Cour suprême et donc sur l'exercice d'un contrôle incident. En second lieu, il a été décidé d'opter pour la version typiquement occidentale de la juridiction constitutionnelle indépendante[2].

La justice constitutionnelle tunisienne est également « une instance juridictionnelle indépendante[3] » qui est « exclusivement compétente pour contrôler la constitutionnalité[4] » des projets et propositions des lois, des traités et du règlement intérieur de la Chambre des représentants. Elle est également placée en dehors de la structure de la justice et elle est indépendante. En Égypte, la Haute Cour constitutionnelle est également « est un organe judiciaire indépendant[5] » qui

> a compétence exclusive pour statuer sur la constitutionnalité des lois et règlements, pour interpréter les textes législatifs, pour statuer sur les différends relatifs aux affaires de ses membres, sur les conflits de compétences entre les corps judiciaires et les entités qui se sont vu attribuer une compétence judiciaire, sur les litiges relatifs à la mise en œuvre de décisions contradictoires lorsque l'une vient d'une autorité judiciaire ou d'une entité s'étant vue attribuer une compétence judiciaire et l'autre d'un autre organe, et sur les litiges relatifs à la mise en œuvre de ses verdicts et décisions[6].

Les Constitutions des États qui font l'objet de notre étude ont toutes adopté un modèle européen de la justice constitutionnelle, c'est-à-dire un

---

[1] Voir Cahiers du Conseil constitutionnel n° 3 (Dossier : Pologne) - novembre 1997.

[2] Leszek Lech Garlicki, « La justice constitutionnelle en Pologne », *in La justice constitutionnelle en Europe centrale*, Bruxelles, Bruylant, 1997, p. 89.

[3] Article 188 de la Constitution tunisienne de 2014.

[4] Article 189 de la Constitution tunisienne de 2014.

[5] Article 191 de la Constitution égyptienne de 2014.

[6] Article 192 de la Constitution égyptienne de 2014.

système dans lequel le contrôle de constitutionnalité est « concentré aux mains d'un tribunal spécialisé[1] ».

Les dispositions juridiques qui permettent au juge constitutionnel d'assurer son rôle de garant de la séparation des pouvoirs sont définies dans les Constitutions des pays qui font l'objet de notre étude. Chacune de ces Constitutions[2] détermine les attributions du juge chargé de veiller à son respect. Les normes contrôlées par cet organe constitutionnel sont souvent identiques même si parfois, certaines constitutions étendent leurs domaines de compétences plus loin que d'autres (par exemple la Constitution roumaine de 1991 pour les lois de révisions constitutionnelles ou la Constitution polonaise de 1997 sur les conventions internationales). En Roumanie, l'article 146 de la Constitution de 1991 et la loi n° 47/1992 qui définissent les compétences de la justice constitutionnelle. Selon ces textes juridiques,

> La Cour constitutionnelle exerce le contrôle de constitutionnalité des lois organiques ou ordinaires – avant leur promulgation (article 146, point a), première partie de la phrase) ou après leur ratification par le Parlement (article 146, point b) de la Constitution et article 24 de la loi n° 47/1992) ou après leur ratification (article 146, point d) combinée avec l'article 147, alinéa 3 de la Constitution et article 26, alinéa 3 de la loi n° 47/1992) –, des règlements du Parlement (article 146 point c)), ainsi que des ordonnances du gouvernement (article 146, point d). En ce qui concerne la procédure de révision de la Constitution (y compris les lois constitutionnelles), la Cour constitutionnelle se prononce, d'office, sur les initiatives de révision de la Constitution (article 146 point a), deuxième partie de la phrase), ainsi que sur les lois constitutionnelles après leur adoption par le Parlement (article 146 point 1) de la Constitution combinée avec l'article 23 de la loi n° 47/1992)[3].

En Pologne, les compétences de la justice constitutionnelle sont définies par la Constitution de 1997 et la loi sur le tribunal constitutionnel du 1er août 1997. Elle statue sur

> la conformité à la Constitution des lois et traités (1), la conformité des lois aux traités ratifiés, dont la ratification exige une autorisation législative préalable (2), la conformité des normes juridiques édictées par les autorités centrales de l'État à la Constitution, aux traités ratifiés et aux lois (3), la conformité à la Constitution des objectifs ou de l'activité des partis politiques (4), la plainte constitutionnelle (5), les conflits de compétence entre les pouvoirs publics constitutionnels (6), la constatation d'un empêchement dans

---

[1] Francis Hamon, Céline Wiener, *La justice constitutionnelle en France et à l'étranger*, Paris, LGDJ, 2011, p. 22.

[2] Constitutions, tunisienne de 2014, égyptienne de 2014, polonaise de 1997 et roumaine de 1991.

[3] Hans Kelsen, « La garantie juridictionnelle de la Constitution (La justice constitutionnelle) », *RDP*, 1928, p. 197.

[3] Augustin Zegrean et Tudorel Toader, *op. cit.*.

l'exercice de la fonction de président de la République ainsi que la délégation au président du Sénat de l'exercice temporaire des obligations du président de la République (7)[1].

En Pologne, deux types des conflits peuvent être observés devant le tribunal constitutionnel, le conflit positif et le conflit négatif. Selon Miroslaw Wyrzykowski,

> Le conflit positif a lieu lorsque deux ou plusieurs pouvoirs publics constitutionnels se sont considérés comme compétents à résoudre une même question, ou ont chacun rendu une décision dans la même affaire. Le conflit négatif de compétence a lieu, à l'inverse, lorsque deux ou plusieurs pouvoirs publics constitutionnels se sont déclarés incompétents à résoudre une affaire. La requête en règlement du conflit de compétence doit indiquer l'action ou l'inaction contestée, ainsi que la disposition de la Constitution ou de la loi qui est violée[2].

Ainsi, le juge constitutionnel polonais est saisi « des affaires ayant une portée politique essentielle[3] », c'est-à-dire « des affaires qui étaient suscitées par des personnalités publiques et qui, le plus souvent, étaient liées à un conflit politique[4] ». En Tunisie, la nouvelle Constitution de 2014, dans son article 120, souligne que la Cour est exclusivement compétente pour contrôler la constitutionnalité « des projets de loi, des projets de loi constitutionnelle, des traités, des lois ordinaires que lui soumettent les tribunaux dans le cadre de l'exception d'inconstitutionnalité et enfin du règlement intérieur de l'Assemblée des représentants du peuple ». En Égypte, l'article 192 de la Constitution de 2014 évoque l'exclusivité de la compétence de la Haute Cour constitutionnelle en matière de contrôle de constitutionnalité des lois, des règlements et l'interprétation des textes législatifs. Ces États ont compris que l'effectivité des dispositions constitutionnelles dépend du juge constitutionnel. Selon Marc Verdussen,

> Les États d'Europe centrale ont su comprendre que l'évolution – le renouveau – du constitutionnalisme permet aujourd'hui au juge constitutionnel de jouer un rôle capital dans le respect de l'ordonnancement institutionnel et dans la préservation des droits fondamentaux. Ce faisant, le gardien de la Constitution est censé assumer une mission tout à la fois

---

[1] Miroslaw Wyrzykowski, « Présentation du Tribunal Constitutionnel », *Cahiers du Conseil constitutionnel,* n° 3 (Dossier : Pologne) – novembre 1997. En ligne.
[2] *Ibid.*
[3] Miroslaw Wyrzykowski, « Entretien avec Andrzej Zoll, le Président du tribunal constitutionnel polonais », *Cahiers du Conseil constitutionnel,* n° 3 (Dossier : Pologne) - novembre 1997.
[4] *Idem.*

régulatrice et protectrice. À lui de se montrer à la hauteur des espoirs qui sont mis en lui[1].

Le président du Tribunal constitutionnel pense, dans l'interview qu'il a accordée au professeur Miroslaw Wyrzykowski, avoue être satisfait d'entendre lors d'une session parlementaire des députés, par prévention « que telle ou telle solution pourrait être inconstitutionnelle et faire l'objet d'une requête devant le Tribunal[2] » et démontrer ainsi « l'influence préventive » importante de la justice constitutionnelle polonaise. Mais, il estime que la plus importante influence est que « le Tribunal polonais est apparu dans la conscience du citoyen ordinaire. Au début de son existence, le Tribunal constitutionnel n'avait pas une vraie signification et, en général, on ne savait pas vraiment pourquoi il existait[3] ». Il estime que le Tribunal constitutionnel polonais a réussi à s'imposer dans le paysage juridique, politique et social. C'est un constat que ne semble pas contester le professeur Miroslaw Wyrzykowski quand il souligne que « grâce à la jurisprudence du Tribunal, s'est opérée une juridicisation du politique notamment grâce aux résolutions définissant le champ de compétence des organes de l'État. "L'esprit" du Tribunal est présent partout : à la Diète, à la Cour suprême, dans la doctrine[4] ». Malgré les difficultés, l'auteur pense qu'en Pologne, « le Tribunal constitutionnel joue d'une certaine manière le rôle d'arbitre entre les forces politiques. Le Tribunal montre les feux rouges aux politiciens pour éviter qu'ils n'aillent trop loin[5] » et certaines fois, « malgré les pressions évidentes exercées par le pouvoir politique, pour tenter d'influencer le tribunal, la Cour ne s'est pas laissée démonter[6] ». Mais, si, la nouvelle loi sur le Tribunal constitutionnel du 25 juin 2015 souhaitée par les conservateurs, du parti Droit et Justice dirigé par Jaroslaw Kaczynski entre en vigueur, l'ancien président de la justice constitutionnelle polonaise estime qu'elle va paralyser le Tribunal parce que « le pouvoir législatif se dégage du contrôle qu'exerce sur lui le pouvoir judiciaire, donc on peut parler de la fin de l'État de droit démocratique[7] ». Le Tribunal constitutionnel polonais a déclaré « inconstitutionnelle dans son intégralité[8] » le 9 mars 2016 la loi controversée portant sur son fonctionnement.

---

[1] Marc Verdussen, « La justice constitutionnelle en Europe centrale. Essai de Synthèse », *in la justice constitutionnelle en Europe centrale*, Bruxelles, Bruylant, 1997, p. 230.
[2] Miroslaw Wyrzykowski, *op. cit.*.
[3] *Idem*..
[4] *Idem*..
[5] *Idem*..
[6] Laure Mandeville, « Echec pour la loi d'épuration polonaise », *Le Figaro.fr* du 14 octobre 2007.
[7] Voir « Pologne : la nouvelle loi sur le Tribunal constitutionnel », *Le Figaro.fr* avec AFP, 7 juillet 2016.
[8] Damien Simonart, « Pologne : le Tribunal constitutionnel invalide une loi très controversée », RFI, 9 mars -2016.

Malgré ses missions importantes pour la sauvegarde de la séparation des pouvoirs, l'exercice du pouvoir du juge constitutionnel reste, dans la majorité de la situation, soumis au droit de saisine accordé aux hommes politiques et aux citoyens. En Europe de l'Est, cette saisine est parfois obligatoire et parfois facultative. Mais dans les deux États arabes, il n'existe aucune précision pour savoir si certains contrôles de constitutionnalité sont obligatoires ou non. En Europe de l'Est, le juge constitutionnel bénéficie d'un droit d'autosaisine dans certaines circonstances que les Constitutions tunisienne et égyptienne de 2014 ignorent. En Égypte et en Tunisie, puisque le juge constitutionnel ne peut en aucun cas se saisir d'office d'une question d'inconstitutionnalité, l'exercice de ses missions dépend des autorités de saisine. Il n'y a que la saisine obligatoire qui rend le juge constitutionnel incontournable, mais elle est différente de l'opportunité de l'autosaisine qui aurait permis au juge constitutionnel d'être plus libre dans ses actions. Notamment, la Constitution roumaine de 1991 attribue au juge constitutionnel un pouvoir d'autosaisine pour les lois concernant la révision constitutionnelle. Selon Florin Bucur Vasilescu,

> La Cour constitutionnelle examine d'office toute initiative de révision de la Constitution, même avant qu'elle soit présentée au Parlement. Récemment, la Cour a eu l'occasion de mettre en œuvre cette attribution. Elle a examiné une proposition de révision de la Constitution visant à l'abrogation d'une garantie constitutionnelle relative au droit de propriété. Par la décision n° 85 du 3 septembre 1996, elle a constaté que cette proposition était inconstitutionnelle. Le Parlement a pris acte de la décision de la Cour et n'a pas adopté la proposition[1].

Mais en Roumanie, en dehors du cas de la procédure de révision constitutionnelle, « la Cour constitutionnelle se prononce seulement sur saisine dans des cas expressément et limitativement prévus par les dispositions de la Constitution et de la loi n° 47/1992[2] ». Également, la Constitution polonaise de 1991 reconnaît ce privilège à sa Cour constitutionnelle. Comme le souligne le professeur Dominique Rousseau,

> En Pologne, le Tribunal constitutionnel utilise souvent son pouvoir de se saisir d'office, ou au vu des plaintes adressées par les citoyens, pour inviter le Parlement à adopter une loi ou à modifier la législation existante ; de même, le rapport qu'il doit adresser chaque année à la Diète lui permet d'attirer l'attention des parlementaires sur les carences, lacunes et imperfections de telle ou telle législation[3].

---

[1] Florin Bucur Vasilescu, « La justice constitutionnelle en Roumanie », *in la justice constitutionnelle en Europe centrale*, Bruxelles, Bruxelles, 1997, p. 134.

[2] Augustin Zegrean et Tudorel Toader, *op. cit.*.

[3] Dominique Rousseau, *La justice constitutionnelle en Europe*, Paris, Montchrestien, coll. « Clefs politiques », 2e éd., 1996, p. 103.

La portée des décisions des Cours constitutionnelles est-européenne et du monde arabe

Selon Constance Grewe et Hélène Ruiz-Fabri, « en principe, les décisions rendues par les Cours constitutionnelles s'imposent avec un effet *erga omnes* aux pouvoirs publics et aux juridictions. Cela vaut évidemment surtout pour les décisions d'inconstitutionnalité[1] ». La nouvelle Constitution tunisienne de 2014 affirme que « la Cour constitutionnelle est une instance juridictionnelle indépendante composée de douze membres choisis parmi les personnes compétentes, ayant une expérience de vingt années au moins et dont les deux tiers sont spécialisés en droit[2] ». La justice constitutionnelle tunisienne est d'abord une juridiction indépendante comme une autre, mais la portée et l'effet de ses décisions sont différents de celles des autres juridictions. Elle est exclusivement compétente pour le contrôle de constitutionnalité et ses décisions s'imposent à tous les pouvoirs publics sans possibilité d'un recours devant une autre instance judiciaire ou administrative. Les membres du Tribunal constitutionnel tunisien sont pour deux tiers des juristes et en tout cas compétents et « ayant une expérience de vingt années au moins ». En Roumanie, la Constitution de 1991 exige aussi que les membres de la Cour constitutionnelle aient « une formation juridique supérieure, une haute compétence professionnelle et une ancienneté de dix-huit ans au moins dans l'activité juridique ou dans l'enseignement juridique supérieur[3] ». La Constitution égyptienne de 2014 ne détermine aucune condition en ce qui concerne les compétences ou les expériences à avoir alors que pourtant, les membres de la Haute Cour constitutionnelle sont inamovibles. La mise en valeur de la compétence et l'expérience des juges constitutionnels donnent une crédibilité à leurs décisions.

Selon la Constitution tunisienne de 2014, « la décision de la Cour énonce la constitutionnalité ou l'inconstitutionnalité des dispositions faisant l'objet du recours. La décision est motivée et s'impose à tous les pouvoirs ; elle est publiée au *Journal officiel de la République tunisienne*[4] ». La décision de la Cour constitutionnelle s'impose à tous les pouvoirs publics. Elle doit être publiée obligatoirement au *Journal officiel de la République tunisienne*, c'est-à-dire que le gouvernement a l'obligation d'assurer la publication. L'effet principal de la décision d'inconstitutionnalité de la loi est que cette dernière sera suspendue, mais c'est à la Cour de déterminer véritablement la portée de sa décision, par exemple, de savoir si elle est rétroactive ou non. Il revient à la Cour de décider librement de délimiter la portée et l'effet de sa

---

1 Constance Grewe et Hélène Ruiz-Fabri, *Droits constitutionnels européens*, Paris, PUF, coll. « Droit fondamental », 1995, p. 84.

2 Article 118 de la Constitution tunisienne de 2014

3 Article 141 de la Constitution roumaine de 1991.

4 Article 121 de la Constitution tunisienne de 2014.

décision. En Égypte, les membres de la Haute Cour constitutionnelle sont indépendants et inamovibles contrairement à la Tunisie, la Roumanie et la Pologne. En vertu de la nouvelle Constitution égyptienne de 2014, « le Président, les vice-présidents de la Haute Cour constitutionnelle, le Président et les membres du corps des commissaires sont indépendants et inamovibles[1] ». La seule limite à leurs indépendances dans l'exercice de leurs fonctions est la loi. De même, l'article 194 de la Constitution égyptienne de 2014 précise que « la loi définit les conditions auxquelles ils doivent répondre et les procédures disciplinaires qui les concernent sont appliquées par la Haute Cour conformément à la loi. Ils bénéficient de tous les droits, devoirs et garanties propres aux membres de la magistrature ». Les effets des décisions de la Haute Cour constitutionnelle sont identiques à ceux de la Cour constitutionnelle tunisienne, car « les arrêts et décisions de la Haute Cour constitutionnelle sont publiés dans le *Journal officiel*. Ils sont contraignants pour tous les citoyens et pour toutes les autorités de l'État et constituent l'ultime référence[2] ». La décision des juges constitutionnels est non seulement contraignante, mais est « l'ultime référence », c'est-à-dire sans aucun recours. C'est la caractéristique commune à toutes les décisions de juge constitutionnel, peu importe le pays.

En Roumanie, selon la Constitution de 1991,

> Dans les cas d'inconstitutionnalité constatés conformément à l'article 144 lettre a) et b), la loi ou le règlement est renvoyé pour être réexaminé. Si la loi est adoptée dans les mêmes termes à une majorité de deux tiers au moins du nombre des membres de chaque chambre, l'objection d'inconstitutionnalité est rejetée, et la promulgation devient obligatoire. Les décisions de la Cour constitutionnelle sont obligatoires et disposent uniquement pour l'avenir. Elles sont publiées au *Monitorul Oficial de la Roumanie*[3].

En mai 2012, selon Augustin Zegrean et Tudorel Toader,

> La Cour constitutionnelle de Roumanie a dû statuer, à la suite de 29 418 saisines : 231 saisines liées au contrôle de la constitutionnalité des lois avant leur promulgation, 6 examens d'initiatives de révision de la Constitution, 36 saisines pour le contrôle de la constitutionnalité des règlements du Parlement, 28 764 exceptions d'inconstitutionnalité, dont 28 728 exceptions soulevées devant les tribunaux et 36 exceptions soulevées directement par l'Avocat du peuple, 18 demandes de solution de conflits juridiques de nature constitutionnelle entre les autorités publiques, 336 contestations formulées dans le cadre de la procédure d'élection du président de la Roumanie, une demande visant à constater l'existence des circonstances qui justifient l'intérim dans l'exercice de la fonction de président de la Roumanie, 2 propositions de suspension du président de la Roumanie de sa fonction, 7

[1] Article 194 de la Constitution égyptienne de 2014.
[2] Article 195 de la Constitution égyptienne de 2014.
[3] Article 145 de la Constitution roumaine de 1991.

contestations concernant le respect de la procédure pour l'organisation et le déroulement du référendum, 6 saisines visant à vérifier si les conditions sont réunies pour l'exercice de l'initiative législative par les citoyens, une saisine concernant la constitutionnalité d'un parti politique, renvoyée, pour y attacher les preuves nécessaires et pour qu'elle soit analysée, à la Chambre des députés et au Sénat, 7 saisines concernant les autres attributions prévues par la loi organique relative à la Cour, en vertu de l'article 146, point l) de la Constitution, dans sa version répudiée. Dans la résolution des saisines, la Cour a prononcé 13 838 décisions, arrêts et avis, selon le cas[1].

En vertu de l'article 145 de la Constitution roumaine, les parlementaires roumains peuvent outre passer la décision d'inconstitutionnalité du juge constitutionnel, en adoptant le texte en conflit « à une majorité de deux tiers » par les députés et par les sénateurs. Cette loi ainsi adoptée sera obligatoirement promulguée c'est-à-dire que le chef de l'État ne pourra pas refuser sa promulgation. Cette situation est spécifique à la Roumanie parce qu'aucun des trois pays qui font l'objet de notre étude, l'Égypte, la Tunisie et la Pologne, n'admet cette hypothèse.

Contrairement aux autres Constitutions qui font l'objet de notre étude, la Constitution polonaise de 1997 accorde le droit de saisine de la justice constitutionnelle à des entités politiques, juridiques, syndicales et à des entités religieuses. Cet élargissement pourrait avoir des conséquences sur la qualité des décisions des juges constitutionnels, d'autant plus que leur nombre est de quinze et que leurs décisions sont obligatoires et dépourvues de tout recours. Le risque est, vu le faible nombre du Tribunal constitutionnel, qu'il soit trop débordé et que cela a des incidences sur la qualité et le fond de ses décisions. Selon la Constitution polonaise de 1997,

> Les décisions de la Cour constitutionnelle sont obligatoires "*erga omnes*" et définitives. Les décisions de la Cour constitutionnelle relatives aux affaires visées à l'article 188 sont publiées sans délai dans le journal officiel dans lequel l'acte normatif a été publié. Si l'acte n'a pas été publié, l'arrêt est publié au journal officiel de la République de Pologne Monitor Polski. La décision de la Cour constitutionnelle prend effet le jour de sa publication[2].

Comme le rappelle également le professeur Miroslaw Wyrzykowski,

> Les décisions du Tribunal sont généralement obligatoires, définitives et publiées sans délai par l'organe auteur de l'acte normatif contesté. L'arrêt du Tribunal entre en vigueur le jour de sa publication, ce qui veut dire que l'extinction de la force obligatoire de l'acte normatif a lieu au même moment. La Constitution autorise simultanément le Tribunal à fixer un autre délai d'extinction de la force obligatoire de l'acte normatif, qui ne peut dépasser dix-huit mois pour une loi et douze mois pour d'autres actes normatifs. Si

[1] Augustin Zegrean et Tudorel Toader, *op. cit.*.
[2] Article 190 de la Constitution polonaise 1997.

l'arrêt entraîne des charges financières non prévues par la loi budgétaire, le Tribunal fixera la date de la perte de la force obligatoire de l'acte normatif après avoir pris connaissance de l'avis du Conseil des ministres (art. 190 al. 3 de la Constitution)[1].

Malgré cette injonction constitutionnelle, lorsque le Tribunal constitutionnel a déclaré non conforme à la Constitution la loi du 22 décembre 2015 portant sur son fonctionnement, le Premier ministre Beata Szydlo a toutefois annoncé qu'elle ne respecterait pas le verdict, car elle jugeait ce tribunal illégitime[2]. Elle a précisé qu'elle n'avait pas l'intention de publier la décision au *Journal officiel*. Pourtant, la Constitution ne reconnaît pas aux pouvoirs publics un pouvoir d'appréciation sur les décisions de la justice constitutionnelle et impose sa publication au Journal officiel. Comme le souligne le juge rapporteur de la loi, controversée Stanislaw Biernat, « ni le Premier ministre ni un ministre, n'a le droit de juger les verdicts du Tribunal ou décider s'il s'agit d'un verdict ou non[3] ».

Seule la Cour constitutionnelle est compétente pour décider de l'effet et de la portée de ses décisions. Notamment, elle peut fixer une autre date de la perte de la force obligatoire de l'acte normatif. En Pologne[4], ce délai ne peut dépasser dix-huit mois pour une loi et douze mois pour les autres actes normatifs. Dans le cas de décisions entraînant des charges financières non prévues par la loi budgétaire, la Cour constitutionnelle fixe la date de la perte de force obligatoire de l'acte après avoir pris connaissance de l'avis du Conseil des ministres. La décision de la Cour constitutionnelle déclarant la non-conformité à la Constitution, au traité ou à la loi, de l'acte normatif en vertu duquel a été rendue une décision de justice définitive, une décision administrative définitive ou une décision portant sur une autre affaire, donne lieu à la reprise de la procédure, à l'annulation de la décision ou à une autre solution, suivant les principes et le mode prévus par les dispositions appropriées à la procédure engagée. Les décisions de la Cour constitutionnelle sont rendues à la majorité des voix. Par exemple, en Pologne, le 20 mai 2007, « un référendum local sur la construction d'un tronçon d'autoroute est annulé faute d'une participation suffisante des électeurs qui ne se sont déplacés qu'à raison de 21,5 % alors qu'il en fallait 30 %[5] ». Également, la Cour constitutionnelle polonaise a « partiellement

---

[1] Miroslaw Wyrzykowski, « Présentation du Tribunal Constitutionnel », *Cahiers du Conseil constitutionnel*, n° 3 (Dossier : Pologne), novembre 1997.

[2] Damien Simonart, « Pologne : le Tribunal constitutionnel invalide une loi très controversée », RFI, 10 mars 2016.

[3] « Pologne : le Tribunal constitutionnel entre en résistance », *L'Express*, 9 mars 2016.

[4] Voir l'article 190 de la Constitution polonaise de 1997.

[5] Patrice Gelard, « L'actualité constitutionnelle en Russie, dans les États de la CEI et de l'Europe centrale et orientale et dans les pays toujours ou anciennement communistes (juillet 2006-juillet 2007) », *RFDC*, n° 73, 2008, p. 177.

invalidé hier la nouvelle loi de décommunisation, défendue par les frères Kaczynski au pouvoir[1] ». En Pologne, la saisine du Tribunal constitutionnel a pour effet « la suspension de la procédure devant les autorités saisies[2] ». Et le Tribunal constitutionnel polonais

> peut prendre par ordonnance des mesures conservatoires, en particulier pour prononcer le sursis des actes exécutoires, si ceci est nécessaire pour empêcher des dommages irréparables, ou pour préserver un intérêt public particulièrement important. En matière de conflit de compétence, le Tribunal statue en assemblée plénière[3].

Les effets des décisions des juges constitutionnels varient bien évidemment d'un pays à l'autre. Mais généralement, les décisions du tribunal constitutionnel s'imposent aux pouvoirs publics et en particulier au pouvoir exécutif, législatif et judiciaire. Si la Pologne ouvre très largement la saisine de la Cour constitutionnelle, dans d'autres États, la saisine reste souvent largement réservée aux autorités politiques et très prudemment, avec des filtres, aux individus.

Le mécanisme du contrôle de constitutionnalité en Pologne, en Roumanie, en Tunisie et en Égypte

Nous allons examiner les mécanismes mis en place pour permettre au juge constitutionnel d'exercer le contrôle de constitutionnalité, c'est-à-dire la procédure des saisines et les garanties constitutionnelles accordées pour qu'il assure librement sa mission de garant de la séparation des pouvoirs.

Les procédures des saisines de la justice constitutionnelle dans ces États

Comme nous l'avons déjà souligné, en général, pour examiner le contrôle de constitutionnalité des textes juridiques et garantir ainsi l'équilibre et la séparation des pouvoirs, le juge constitutionnel doit être saisi, par soit les tribunaux, soit les autorités politiques, soit encore par d'autres organes habilités par la Constitution. Le juge constitutionnel ne peut assurer sa mission que s'il est saisi par ces autorités. Mais si la Constitution reconnaît le droit de l'autosaisine au juge constitutionnel, il pourra exercer sa fonction de garant de la séparation des pouvoirs sans dépendre des autorités politiques dont il contrôle les actes.

---

[1] Laure Mandeville, « Echec pour la loi d'épuration polonaise », *Le Figaro.fr*, 14 octobre 2007.
[2] Miroslaw Wyrzykowski, *op. cit.*
[3] *Idem.*

La saisine de la justice constitutionnelle par les autorités publiques

En règle générale, il existe deux saisines majeures : d'un côté, il y a les autorités constitutionnelles suprêmes, et de l'autre la minorité parlementaire. Pour la loi ordinaire, le contrôle est facultatif tandis que pour la loi organique et les règlements des Assemblées parlementaires le contrôle est obligatoire.

Selon les articles 191 et 192 de la Constitution polonaise de 1997, les acteurs politiques habilités à saisir la Cour constitutionnelle sont les mêmes que dans les autres États étudiés précédemment. En vertu de l'article 192, « la requête portant sur les questions visées à l'article 189 peut être déposée devant la Cour constitutionnelle par le président de la République, le président de la Diète, le Président du Sénat, le président du Conseil des ministres, cinquante députés et trente sénateurs[1] ». L'article 188 auquel fait référence l'article 192 indique que le juge constitutionnel polonais tranche « les conflits de compétence entre les autorités centrales constitutionnelles de l'État ». Contrairement aux autres Constitumtions[2], la Constitution de 1997 reconnaît exceptionnellement le droit de saisir la Cour constitutionnelle à « des organes délibérants des collectivités territoriales[3] ». L'alinéa 2 de l'article 191 de la Constitution de 1997 précise qu'ils sont autorisés « à déposer une telle requête si l'acte normatif concerne les questions relevant de leur domaine d'activité ». En Tunisie, les autorités politiques habilitées à saisir la Cour constitutionnelle dans le cadre d'un contrôle de constitutionnalité d'une loi sont le président de la République, le chef du gouvernement, le président de l'Assemblée des représentants du peuple et trente membres des représentants du peuple[4]. En Égypte, la Constitution de 2014 charge le pouvoir législatif, donc la loi, d'organiser « les procédures de saisine » de la Haute Cour constitutionnelle[5]. La Constitution égyptienne de 2014 ne précise pas elle-même les autorités habilitées à saisir la justice constitutionnelle égyptienne. Mais, elle définit ses compétences en matière du contrôle de constitutionnalité[6]. En Égypte, même si la procédure de saisine est définie par la loi, la Constitution prend soin de fixer elle-même l'exclusivité de compétence de la Haute Cour constitutionnelle et d'énumérer ses domaines de compétence. La Roumanie, comme ailleurs, accorde le droit de saisine aux mêmes autorités politiques. Selon la Constitution roumaine de 1991, la Cour constitutionnelle est saisie, avant la promulgation de la loi, par le Président de la Roumanie, le Président de l'une

---

[1] Article 192 de la Constitution polonaise de 1997.
[2] Les Constitutions tunisienne et égyptienne de 2014 et la Constitution roumaine de 1991.
[3] Article 191 de la Constitution polonaise de 1997.
[4] Article 120 de la Constitution tunisienne de 2014.
[5] Article 191 de la Constitution égyptienne de 2014.
[6] Article 192 de la Constitution égyptienne de 2014.

des chambres, du gouvernement et au moins de cinquante députes ou de vingt-cinq sénateurs[1].

Globalement les acteurs politiques habilités à saisir la justice constitutionnelle par la Constitution sont identiques. Étant chargée par la Constitution de régler les conflits politiques, la justice constitutionnelle est naturellement saisie par les autorités politiques s'estimant lésées ou souhaitant éviter une éventuelle sanction de sa part. Le contrôle de la conformité des lois à la Constitution permet ainsi de résoudre un conflit politique réel ou probable. Ce conflit politique concerne souvent les champs des compétences de ces mêmes autorités politiques. Ainsi, en sanctionnant l'autorité politique qui a empiété sur les compétences de l'autre, le juge constitutionnel, par la même occasion, assure le respect de la séparation des pouvoirs.

Un autre point commun à toutes ces Constitutions est que les acteurs politiques interviennent avant la promulgation de la loi. Les articles précités, sauf encore une fois concernant la Constitution égyptienne de 2014 qui reste silencieuse sur cette question, affirment clairement que ces acteurs politiques peuvent saisir le juge constitutionnel pour le contrôle de constitutionnalité de la loi avant la promulgation de celle-ci. Par exemple, l'article 144 de la Constitution roumaine de 1991 dispose que la Cour constitutionnelle « se prononce sur la constitutionnalité des lois, avant leur promulgation, sur saisine du président de la Roumanie, du président de l'une des Chambres, du gouvernement, de la Cour suprême de justice, de cinquante députés au moins ou de vingt-cinq sénateurs au moins, ainsi que d'office, sur les initiatives de révision de la Constitution ».

La Constitution tunisienne de 2014, dans son article 120, précise que « la Cour est saisie, à cet effet, dans un délai de sept jours à compter de la date de l'adoption d'un projet de loi ou de la date de l'adoption d'un projet de loi amendé après renvoi par le président de la République ». La doctrine constitutionnaliste qualifie ce contrôle d'un « contrôle *a priori* ». Selon Christine Maugüé et Jacques-Henri Stahl, « le contrôle *a priori* est un contrôle préventif, exercé avant l'entrée en vigueur de la norme. Il s'illustre dans le cadre du modèle européen de justice constitutionnelle. Il s'exerce principalement vis-à-vis des lois, mais peut aussi concerner des traités internationaux ou des règlements administratifs[2] ». Le contrôle de constitutionnalité dit *a priori* est né en Europe à partir d'une réflexion théorique d'un grand juriste autrichien Hans Kelsen. Comme le souligne le professeur Dominique Rousseau,

---

[1] Article 144 de la Constitution roumaine de 1991.

[2] Christine Maugüe et Jacques-Henri Stahl, *La question prioritaire de constitutionnalité*, Paris, Dalloz, coll. « Connaissance du droit », 2011, p. 6.

> Le contentieux constitutionnel étant spécial et indépendant de tout autre procès, l'objet direct et unique du contrôle est nécessairement la constitutionnalité de la loi. Sa contestation ne se fait pas par exception, à l'occasion d'un autre litige porté devant un juge ordinaire, mais par voie d'action, le requérant prenant l'initiative de porter directement la loi devant un tribunal spécial qui a pour mission exclusive de la juger. Dès lors, le juge statuant non pas à propos d'un cas particulier, mais sur la loi prise en elle-même, *in abstracto*, sa décision ne peut avoir qu'une autorité absolue, s'imposant *erga omnes*[1].

De plus, le contrôle exercé par les acteurs politiques est abstrait et par voie d'action. Un contrôle est par voie d'action lorsqu'il prend « la forme d'un recours direct exercé devant le juge constitutionnel contre la norme dont la constitutionnalité est contestée[2] ». La Pologne, la Roumanie, la Tunisie et l'Égypte ont adopté le modèle européen de justice constitutionnelle caractérisé par un contrôle de constitutionnalité exclusivement réalisé par un juge spécifique. Dans ce cas, le procès est fait à la loi pour contrôler sa conformité à la Constitution directement devant la juridiction créée spécifiquement pour cela. Ce dernier va exercer son contrôle avant l'entrée en vigueur de la norme législative. Le projet ou la proposition de loi est attaqué devant le juge constitutionnel de façon directe et *a priori*, c'est-à-dire avant sa promulgation. L'avantage de ce contrôle est qu'il permet d'empêcher l'entrée en vigueur d'une loi déclarée inconstitutionnelle par la juridiction constitutionnelle. Le contrôle de constitutionnalité dit abstrait et par voie d'action est un procès fait à la loi directement.

À côté de la majorité gouvernante, toutes les Constitutions étudiées accordent le droit de saisine à la minorité parlementaire. En Tunisie, dans cet ordre d'idée, la Constitution tunisienne de 2014 accorde le droit de saisine à trente membres des représentants du peuple[3]. La Constitution roumaine de 1991 évoque cinquante députés ou vingt-cinq sénateurs au moins[4]. La Constitution polonaise de 1997 reconnaît la saisine de la justice constitutionnelle à cinquante députés et trente sénateurs[5]. Cet élargissement du droit de saisine à la minorité parlementaire permet à l'opposition d'être active et d'avoir le droit de soulever l'inconstitutionnalité d'un texte. Parfois, exceptionnellement, l'opposition parlementaire peut rallier à sa cause la majorité parlementaire. Cette situation s'est produite en France. Comme le rappellent Jean-Éric Gicquel et Jean Gicquel, « exceptionnellement, la

---

[1] Dominique Rousseau, *Droit du contentieux constitutionnel*, Paris, LGDJ, 10e éd., 2013, p. 17.
[2] Christine Maugüe et Jacques-Henri Stahl, *op. cit.*, p. 4.
[3] Article 120 de la Constitution tunisienne de 2014.
[4] Article 144 de la Constitution roumaine de 1991.
[5] Article 191 de la Constitution polonaise de 1997.

minorité de la majorité a fait cause commune avec l'opposition (28 décembre 1976, *Loi de finances pour 1977*)[1] ». Si cette hypothèse est très peu probable et exceptionnelle, le droit de saisine reconnu à la minorité parlementaire permet d'instaurer l'équilibre des pouvoirs au sein du pouvoir législatif et de faire primer le droit sur les intérêts politiques ou la connivence politique. D'abord, l'équilibre au sein du pouvoir législatif parce que les députés de l'opposition peuvent saisir le juge constitutionnel contre un texte au même titre que la majorité parlementaire. Le droit de saisine de la minorité parlementaire fait primer le droit parce que, même si la majorité décide de ne pas saisir le juge constitutionnel, pour des raisons politiques, la minorité pourra faire primer le droit sur les intérêts politiques en saisissant le juge constitutionnel. En tout cas, c'est le droit qui en sort renforcé. Ainsi, cela permet de protéger la Constitution contre des lois inconstitutionnelles qui risquent d'échapper au contrôle du juge constitutionnel pour des raisons de connivence politique. Cette saisine de la minorité parlementaire aboutit à un renforcement de l'équilibre des pouvoirs et à l'amélioration de la protection des droits et libertés individuels.

Mais, comme la majorité parlementaire, il faut que la minorité parlementaire décide de saisir le juge constitutionnel, dans la mesure où elle n'y est pas contrainte. C'est un droit qu'elle exerce librement et, par conséquent, elle peut décider de ne pas saisir le juge constitutionnel contre un arrangement politique. Pour éviter que les intérêts politiques prennent en otage la primauté du droit et empêchent le contrôle de constitutionnalité des lois, il faut accorder, en plus du droit de saisine aux individus, l'autosaisine au juge constitutionnel.

L'autosaisine des juges constitutionnels

Pour Carré de Malberg[2], l'État souverain ne peut être soumis à une volonté supérieure à la sienne. C'est l'idée de la théorie de « l'État légal ». Mais aujourd'hui, avec la nouvelle théorie de « l'État constitutionnel », les pouvoirs de l'État sont limités et répartis par la Constitution. C'est le juge constitutionnel qui est chargé de garantir le respect effectif de la Constitution.

Certes, le droit de saisine accordé aux citoyens permet de protéger les droits fondamentaux, mais il ne garantit pas la séparation des pouvoirs dans la mesure où ils soulèvent la question d'inconstitutionnalité devant une juridiction lors d'un procès. Les individus, grâce au droit de saisine, pourront protéger leurs droits et libertés fondamentaux que la Constitution énonce, mais ne permettent pas de résoudre le conflit des compétences entre les

[1] Jean Gicquel et Jean-Éric Gicquel, *Droit constitutionnel et institutions politiques*, Paris, Montchrestien, 23e éd., 2009 p. 721.

[2] Voir Henri Carré de Malberg, *Contribution à la théorie de l'Etat*, Paris, 1920.

pouvoirs politiques. Il est vrai également que, comme le souligne Henry Roussillon, « l'autosaisine d'un organe juridictionnel est, en principe, impossible, car contraire à la logique de sa fonction qui est d'intervenir pour résoudre un litige sur la base du droit et à la demande de l'une ou l'autre des parties[1] ». Le contrôle de constitutionnalité *a posteriori* exercé dans le cadre d'une question prioritaire ou préjudicielle de constitutionnalité ne concerne pas véritablement le conflit des compétences entre les autorités publiques, mais il porte sur les droits fondamentaux des individus protégés par la Constitution. En principe, le juge résout un conflit que lorsqu'il est sollicité, mais cette idée se confronte au problème majeur du contrôle de constitutionnalité *a priori* des lois qui est que ce contrôle est facultatif. Par conséquent, les autorités politiques habilitées à saisir la juridiction constitutionnelle peuvent par connivence politique décider de ne pas exercer leur droit. Selon Jean Gicquel et Jean-Éric Gicquel, « compte tenu de la solidarité les unissant, en raison du fait majoritaire, il était à redouter que des lois transgressant la constitution bénéficiassent de l'impunité, à l'exemple de la loi dite anticasseurs de 1970[2] ». Il peut alors arriver que, pour des raisons et des tactiques partisanes, les autorités politiques s'abstiennent de saisir la juridiction constitutionnelle. Dans cette situation, le respect total de la constitution n'est pas garanti parce que le contrôle de constitutionnalité de lois ordinaires *a priori* est « un pouvoir discrétionnaire des auteurs de saisine[3] ». Notamment, en France, l'ouverture en 1974 de la saisine à la minorité parlementaire a atténué ce risque mais ne l'a pas éradiqué. L'ouverture du droit de la saisine à la minorité parlementaire peut briser la connivence avec la majorité parlementaire. L'opposition peut ainsi user de ce droit et le juge constitutionnel deviendra un allié objectif de l'opposition. Grâce à l'ouverture de la saisine à la minorité parlementaire, « le contrôle du Parlement s'est mué en contrôle du gouvernement[4] ». Mais le problème soulevé par le contrôle constitutionnel *a priori* n'est pas résolu avec l'ouverture de la saisine à la minorité parlementaire. Il est toujours facultatif et l'opposition parlementaire peut décider de ne pas saisir le juge constitutionnel contre une entente à des fins politiques avec la majorité ou pour de calcul électoral.

En définitive, le juge constitutionnel dépend des autorités de saisine pour exercer sa mission de garant de la séparation des pouvoirs. L'autosaisine reconnue au juge constitutionnel permettra de résoudre ce problème. Le juge

---

[1] Henry Roussillon, « la saisine du Conseil constitutionnel. Contribution à un débat », *RIDC*, n° 2, avril-juin 2002, p. 494.

[2] Jean Gicquel et Jean-Éric Gicquel, *Droit constitutionnel et institutions politiques*, Paris, Montchrestien, 23e éd., 2009, p. 720.

[3] Bruno Genevois, « Six constitutionnalistes répondent à six questions concernant le Conseil constitutionnel », *RDP*, 2002, p. 524.

[4] Jean Gicquel et Jean-Éric Gicquel, *ibid.*, p. 720.

constitutionnel sera un acteur majeur et actif du contrôle de constitutionnalité s'il en dispose l'initiative également. L'autosaisine accorde au juge constitutionnel l'initiative de sa mission. Ainsi, s'il obtient le droit de s'autosaisir, le juge constitutionnel pourra éviter une confusion de fait des pouvoirs qui peut se produire à cause du mode de scrutin majoritaire et de la nature du régime parlementaire. Si l'opposition bénéficie de l'alliance du juge constitutionnel pour lutter contre la confusion des pouvoirs, il est certain qu'elle n'aura « juridiquement pas tort parce qu'elle sera politiquement minoritaire[1] ». Le juge constitutionnel est ainsi par la même occasion le garant de la liberté politique de l'opposition parlementaire.

Il faudra encadrer le droit d'autosaisine accordé au juge constitutionnel. Il faut bien évidemment encadrer ce droit en lui imposant certaines limites. Il peut s'agir par exemple de l'obliger à motiver sa décision, de la fonder sur le droit, et d'imposer une certaine procédure de vote (par exemple voté à la majorité absolue quand il rend une décision après d'être saisi d'office). Il faudra limiter ce droit pour éviter ce qu'on appelle le « gouvernement des juges ». Mais ce reproche est vite apaisé parce que le dernier mot appartient toujours au pouvoir constituant. La justice constitutionnelle est une juridiction qui ne dépend pas d'un calendrier électoral. C'est en tant que juridiction qu'elle doit veiller sur la répartition des compétences instaurées dans la Constitution. On pourra donc accorder un mandat unique d'une durée déterminée pour les juges et en étant sûr de ne pas avoir un second mandat, il ne dépendra plus de l'autorité qui l'a nommé. Il échappe à l'influence de celle-ci. Les juges constitutionnels seront incités à donner une certaine régularité à leurs décisions pour qu'elles soient prévisibles et crédibles. Il devra se prononcer plus en légalité qu'en opportunité. Parfois, l'opportunité et la légalité s'entremêlent. Mais pour accorder au juge constitutionnel un rôle de « contre-pouvoir », il faudra revoir l'organisation et le fonctionnement de la cour constitutionnelle. Il faudra qu'elle rende sa décision en droit plutôt qu'en opportunité. Alors que les politiques se prononcent en opportunité, le juge constitutionnel doit répondre en droit aux questions qui lui sont soumises. Dans un système de partis, les membres de la justice constitutionnelle doivent, non seulement échapper à l'influence des hommes politiques qui le nomment, mais également jouer le rôle d'un contre-pouvoir. L'idée classique de la séparation des pouvoirs se trouve inadaptée et inefficace dans un système de parti. Selon l'allégorie de James Harrington, on donne un gâteau à deux petites filles, l'une devra faire deux parts et c'est l'autre qui choisira la part qu'elle désire. Ainsi, on peut être

---

[1] La citation exacte qu'on attribue au député français Jean Foyer est : « vous avez juridiquement tort parce que vous êtes politiquement minoritaires. »

certain qu'elle fera deux parts égales[1]. Selon Michel Troper, pour ceux qui soutiennent que les juges peuvent devenir un contre-pouvoir, son pouvoir « peut être analysé dans des termes semblables[2] ». Le parlement anticipera l'action du juge constitutionnel qui est en mesure d'annuler une loi et d'empêcher sa promulgation. Les députés vont agir en conséquence, c'est-à-dire qu'ils ne vont pas voter une loi contraire à la Constitution en sachant pertinemment que la justice constitutionnelle va l'annuler et qu'elle n'a pas besoin d'eux pour se prononcer sur le texte en question.

Parmi les pays qui font l'objet de notre étude, seule la Roumanie accorde au juge constitutionnel le droit d'autosaisine. La Constitution roumaine de 1991 énonce que la Cour constitutionnelle se prononce « d'office sur les initiatives de révision de la Constitution[3] ». Donc, ce droit d'autosaisine reconnu au juge constitutionnel roumain concerne uniquement la révision constitutionnelle et son initiative plus précisément. Ainsi, on peut limiter le droit d'autosaisine à certains champs de compétences ou encore imposer d'autres limites. En tant que garant du respect de la Constitution bénéficiant du droit d'autosaisine, le juge constitutionnel, en plus d'être un élément du jeu de la séparation des pouvoirs, en devient le garant. Si le juge constitutionnel polonais avait le droit de s'autosaisir, le gouvernement du Premier ministre Beata Szydło n'aurait pu s'attaquer, ni à son fonctionnement, ni à son organisation. Le juge constitutionnel polonais aurait eu l'occasion d'empêcher la polémique en effectuant une autosaisine de la loi remettant en cause son indépendance.

Le droit d'autosaisine accordé au juge constitutionnel a le mérite de le rendre complètement indépendant vis-à-vis des politiques et de lui permettre d'exercer sa mission en toutes circonstances.

Les garanties constitutionnelles de l'indépendance du juge constitutionnel

Pour que le juge constitutionnel accomplisse efficacement sa mission de garant de la séparation des pouvoirs, il doit être effectivement indépendant des pouvoirs politiques qu'il contrôle. Les Constitutions des pays qui font l'objet de notre étude ont garanti l'indépendance de la justice constitutionnelle en définissant le statut de ses membres et en insistant sur les incompatibilités avec leurs fonctions.

---

[1] James Harrington, *The Commonwealth of Oceana and A System of Politics*, Cambridge, Cambridge University Press, 1992, trad. française par P.-F. Henry : Paris, Belin, Océana, 1995.

[2] Michel Troper, *Le gouvernement des juges, mode d'emploi*, Québec, Presses de l'Université Laval, 2007, p. 44.

[3] Article 146 de la Constitution roumaine de 1991.

Les conditions de nominations et durée des mandats comme outil de garantie de l'indépendance des juges constitutionnels

L'autorité et la crédibilité de la justice constitutionnelle, comme pour toute autre institution publique importante, dépendent du statut de ses membres :

> C'est le statut de l'institution et de ses membres qui permet de déterminer si l'institution considérée est une véritable juridiction constitutionnelle, car elle ne doit pas être considérée comme telle que si son indépendance est véritable assurée tant à l'égard des pouvoirs publics qu'elle contrôle que des forces extérieures susceptibles de faire pression sur elle[1].

Les conditions de nomination de ses membres et de sa composition donnent à la justice constitutionnelle une autorité certaine et crédible. Concernant la justice constitutionnelle française, Bernard Poullain, estime que pour qu'elle exerce « ses compétences avec une autorité qui s'impose non seulement en droit (art. 62 de la Constitution), mais également en fait aux plus hautes autorités politiques de l'État, il fallait prévoir une composition et un mode de nomination qui lui assurent à la fois l'indépendance et la crédibilité[2] ». Lauréline Fontaine et Alain Supiot estiment que, dans le cadre de la moralisation de la vie publique française[3], il faut arrêter de nommer au sein du Conseil constitutionnel français, non seulement les anciens présidents de la République, comme prévu dans le projet de loi, mais également les anciens ministres et les anciens députés[4]. Les auteurs ne remettent pas en cause la nomination des membres de la justice constitutionnelle par les pouvoirs exécutifs et législatifs, mais ils pensent que la présence des politiques au sein du Conseil constitutionnel nourrit le manque de confiance dans la vie démocratique.

Les procédures de nomination, la durée des mandats et le renouvellement des membres varient d'un État à l'autre. Le trait commun entre les États étudiés est que, pour garantir l'indépendance et la crédibilité de leur juridiction constitutionnelle, ils adoptent un système qui exige l'expérience, la compétence ou encore le non-renouvellement des mandats des juges constitutionnels.

La Constitution polonaise de 1997 affirme que les membres de la justice constitutionnelle « sont indépendants dans l'exercice de leurs fonctions et ne

---

[1] Louis Favoreu et *al, Droit Constitutionnel*, Paris, Dalloz, 17e éd., 2015, p. 266.

[2] Bernard Poullain, *La pratique française de la justice constitutionnelle*, Paris, Economica, coll. « Droit public positif », 1990, p. 31.

[3] Un projet de loi intitulé « pour la confiance dans notre vie démocratique » est porté par la garde de Sceaux depuis la démission de Monsieur François Bayrou.

[4] Lauréline Fontaine et Alain Supiot, « Pour une vraie réforme du Conseil Constitutionnel », *Le Monde*, 15 juin 2017.

sont soumis qu'à la Constitution[1] ». En Pologne, tous les membres de la Cour constitutionnelle sont élus par les députés. Le Tribunal constitutionnel polonais

> se compose de quinze juges. Le nombre des juges composant le Tribunal a été augmenté de trois par rapport au nombre de juges du Tribunal qui fonctionnait sous l'empire de la loi de 1985. Ceci est justifié par l'augmentation des compétences du Tribunal et en particulier par l'afflux prévu des plaintes constitutionnelles individuelles, mécanisme introduit en 1997. À la différence de la législation précédente, le nombre des juges est défini dans la Constitution[2].

Pour devenir membre du Tribunal constitutionnel polonais, il faut d'abord satisfaire une condition de compétence, c'est-à-dire que « le candidat doit pouvoir se distinguer par sa connaissance du droit[3] ». Cette condition est posée par la Constitution de 1997. La loi sur le Tribunal constitutionnel polonais a rajouté plusieurs critères. Le futur membre de la justice constitutionnelle polonaise doit

> disposer de la citoyenneté polonaise et de tous ses droits civils et civiques, avoir un caractère irréprochable, avoir fini des études supérieures de droit et obtenu le titre de magister, se distinguer par un très haut niveau de connaissance du droit et son expérience professionnelle, disposer des qualifications légales prévues pour être juge, ainsi que pouvoir justifier d'une durée de travail de dix ans ou d'un emploi de juge, procureur, arbitre, conseiller juridique, avocat, ou encore d'un emploi sur un poste indépendant dans les organes de l'administration publique impliquant une pratique juridique associée à la prise de décision[4].

Certaines personnes telles que les professeurs de droit ou les docteurs en droit sont exemptées, pour devenir membre du Tribunal constitutionnel, de remplir notamment les conditions

> relatives aux qualifications pour la fonction de juge (juge stagiaire et assesseur) et, de plus, ne doivent pas justifier d'une période de travail de dix ans ou d'un emploi dans la fonction de juge, procureur, arbitre, conseiller juridique ou avocat ou encore d'un emploi dans une fonction indépendante au sein d'un organe de l'administration publique auquel est liée une pratique juridique associée à la prise de décision[5].

En Pologne, également, en vertu de la Constitution de 1997, la Cour constitutionnelle est « composée de quinze juges individuellement élus pour neuf ans parmi les personnes se distinguant par leur connaissance du droit.

---

[1] Article 195 de la Constitution polonaise de 1997.

[2] Miroslaw Wyrzykowski, *op. cit.*

[3] *Idem.*

[4] *Idem.*

[5] *Idem.*

Leur réélection à la Cour n'est pas autorisée[1] ». L'élection se fait individuellement et le mandat, de neuf ans, n'est pas renouvelable. Selon Miroslaw Wyrzykowski,

> Cela constitue un changement important par rapport au régime précédent selon lequel les membres du Tribunal étaient choisis pour huit ans avec renouvellement par moitié tous les quatre ans. C'est seulement par le biais de l'interprétation des dispositions de la loi sur le Tribunal qu'avait été apprécié le caractère individuel du mandat d'un membre du Tribunal, dont la durée devait être comptée à partir du moment de la nomination sur le poste vacant. Avec le nouveau texte, nous avons donc une prolongation d'une année de la cadence de renouvellement par rapport au régime précédent[2].

On peut simplement soutenir qu'il est utile qu'une juridiction constitutionnelle suprême soit composée de personnes compétentes et qualifiées en la matière, ne serait-ce qu'un tiers. La nomination de ses membres par les politiques brouille déjà son statut juridique réel. Pour Leszek Lech Garlicki,

> Selon le règlement de la Diète et les autres prescriptions parlementaires, le droit de proposer des candidats au Tribunal appartient à tout groupe d'au moins quinze députés, ainsi qu'au bureau de la Diète. Le vote se déroule conjointement, à moins que la Diète n'en décide autrement. Pour être nommé, le candidat doit recueillir la majorité absolue des voix, en présence de la moitié au moins du nombre total des députés. La majorité qualifiée n'est donc pas requise. De ce fait, la nomination des juges au Tribunal appartient à la majorité au pouvoir au moment de cette nomination. La pratique de la désignation selon la représentation proportionnelle des groupes politiques parlementaires n'a pas été retenue[3].

Cette nomination par compétence permet d'atténuer le risque de politisation des membres de la justice constitutionnelle parce qu'elle est éminemment juridique en raison de sa matière (la norme constitutionnelle), de ses décisions et elle est composée de juristes expérimentés.

Selon la Constitution roumaine de 1991,

> La Cour constitutionnelle se compose de neuf juges, nommés pour un mandat de neuf ans qui ne peut pas être prolongé ou renouvelé. Trois juges sont nommés par la Chambre des députés, trois par le Sénat et trois par le Président de la Roumanie. Les juges de la Cour constitutionnelle élisent, au scrutin secret, le Président de celle-ci pour une durée de trois ans. La Cour

---

[1] Article 194 de la Constitution polonaise de 1997.

[2] Miroslaw Wyrzykowski, *op. cit.*

[3] Leszek Lech Garlicki, « La justice constitutionnelle en Pologne », *in La justice constitutionnelle en Europe centrale*, Bruylant Bruxelles, 1997, p. 90.

> constitutionnelle est renouvelée par tiers, tous les trois ans, dans les conditions déterminées par la loi organique relative à la Cour[1].

En Roumanie, l'indépendance des juges constitutionnels est garantie par la Constitution de 1991 qui énonce que « les juges de la Cour constitutionnelle sont indépendants dans l'exercice de leur mandat et inamovibles pour sa durée[2] ».

Les membres du Tribunal constitutionnel roumain jouissent de l'inamovibilité et de l'indépendance garantie par la Constitution. Cette dernière et la loi sur l'organisation et le fonctionnement de la Cour constitutionnelle[3]

> édictent des principes et des garanties importants d'indépendance et de neutralité des juges de la Cour, afin de leur permettre l'exercice objectif du jugement, la Cour même étant, conformément à la loi n° 47/1992, « indépendante à l'égard de toute autre autorité publique » et se soumettant seulement à la Constitution et aux dispositions de la loi relative à son organisation et à son fonctionnement[4].

En Roumanie, la Constitution de 1991 impose aux membres de la juridiction constitutionnelle d'avoir « une formation juridique supérieure, une haute compétence professionnelle et une ancienneté de dix-huit ans au moins dans l'activité juridique ou dans l'enseignement juridique supérieur[5] ». En Allemagne, en Espagne et en Italie, les membres de la juridiction constitutionnelle doivent posséder une certaine expérience ou qualification juridique en général. La Belgique exige, pour être membre du Tribunal constitutionnel, au moins cinq ans d'expérience dans le domaine juridique ou d'avoir été parlementaire. Parmi les Constitutions étudiées, seule la Constitution égyptienne de 2014 ne définit aucune exigence des compétences et aucune expérience particulière pour devenir membres de la Haute Cour constitutionnelle.

En Égypte, la Constitution de 2014 affirme que « les présidents et les vice-présidents de la Haute Cour constitutionnelle, le président et les membres du corps des commissaires sont indépendants et inamovibles. Ils n'obéissent dans l'exécution de leur travail qu'à la loi[6] ». En Égypte, c'est le président de la République qui nomme les membres de la Haute Cour constitutionnelle par décret présidentiel. C'est cette dernière qui choisit elle-

---

[1] Article 140 de la Constitution roumaine de 1991.
[2] Article 143 de la Constitution roumaine de 1991.
[3] La loi n° 47/1992 sur l'organisation et le fonctionnement de la Cour constitutionnelle adoptée le 18 mai 1992.
[4] Augustin Zegrean et Tudorel Toader, « la cour constitutionnelle de Roumanie », *Nouveaux Cahiers du Conseil constitutionnel*, n° 38, janvier 2013.
[5] Article 141 de la Constitution roumaine de 1991.
[6] Article 194 de la Constitution égyptienne de 2014.

même son président et ses vice-présidents. Selon l'article 193 de la Constitution égyptienne de 2014,

> La Haute Cour est constituée d'un président et d'un nombre suffisant de vice-présidents. Le corps des commissaires de la Haute Cour est constitué d'un président, d'un nombre suffisant de présidents issus du corps, de conseillers et de conseillers adjoints. L'Assemblée générale de la Haute Cour choisit le président parmi les trois plus anciens vice-présidents de la Haute Cour, choisit les vice-présidents et les membres du corps des commissaires. Ils sont nommés par décret du président de la République. L'ensemble de ces dispositions est prévu par la loi[1].

En Tunisie, la Constitution de 2014 énonce que « la Cour constitutionnelle est une instance juridictionnelle indépendante composée de douze membres[2] ». Les membres de la Cour constitutionnelle tunisienne sont nommés pour un mandat unique de neuf ans par le président de la République, l'Assemblée des représentants du peuple et le Conseil supérieur de la magistrature. Selon la Constitution tunisienne de 2014,

> Le renouvellement du mandat des membres de la Cour se fait par tiers tous les trois ans. Pour combler une vacance dans la composition de la Cour, il est procédé au remplacement suivant le même mode utilisé lors de sa formation, en tenant compte de l'organe qui propose la candidature et de la spécialité. Les membres de la Cour élisent un président et un vice-président parmi eux, spécialisés en droit[3].

La Constitution tunisienne de 2014 impose que les douze membres de la Cour constitutionnelle soient « des personnes compétentes, ayant une expérience de vingt années au moins et dont les deux tiers sont spécialisés en droit[4] ». Le président et le vice-président de la Cour constitutionnelle tunisienne sont obligatoirement des juristes. Comme en Roumanie et en Pologne, le mandat des membres de la Cour constitutionnelle tunisienne qui est de neuf ans n'est pas renouvelable.

L'élection des membres de la Cour constitutionnelle, comme c'est le cas en Pologne, risque de politiser encore davantage une institution qui a pourtant une ambition juridique. Comme l'a rappellé Miroslaw Wyrzykowski, lors du débat sur le projet constitutionnel, l'élection des juges constitutionnels par les députés a suscité un débat intéressant et contre cette mesure « l'argument était la volonté d'augmenter le niveau d'indépendance des juges et en particulier d'empêcher qu'une majorité parlementaire soit transposée dans celle des juges… l'argument de l'inopportunité de l'élection des juges par l'organe dont les actes sont précisément contrôlés par le

---

[1] Article 193 de la Constitution égyptienne de 2014.
[2] Article 118 de la Constitution tunisienne 2014.
[3] *Idem..*
[4] *Idem..*

Tribunal » et, au final, « le contrôlé ne devrait pas choisir lui-même ses contrôleurs[1] ». Le risque majeur est que la composition de la Cour correspondrait à la couleur politique dominante à l'Assemblée parlementaire. Or, si le Parlement et l'exécutif sont issus d'un même bord politique, avec l'élection des magistrats constitutionnels par ces derniers, on aboutirait à une concentration, de fait, de tous les pouvoirs, c'est-à-dire pouvoirs et contre-pouvoirs. La Pologne a décidé d'adopter un mandat qui va au-delà de l'échéance électorale des parlementaires qui les élisent. Le mandat d'un juge constitutionnel polonais dure neuf ans alors que celui d'un député est de quatre ans. Dans ce cas, un juge constitutionnel, dont le mandat n'est pas renouvelable, exerce sa fonction pendant deux législatures. Comme le souligne Miroslaw Wyrzykowski, le mandat des juges constitutionnels qui dure neuf ans se dissocie de celle, qui dure quatre ans, des députés qui les élisent et la limitation du mandat des juges constitutionnels « est considérée comme une garantie pour l'indépendance des juges[2] ». Le professeur Lauréline Fontaine explique que la nomination par les politiques des juges constitutionnels en soi ne pose pas de problème, mais en revanche, elle estime que c'est la compétence des nominés qu'il faut interroger. L'auteure rappelle que, de toute façon,

> Toute nomination est politique, et il n'existe pas de raisons qu'elle ne le soit pas ni de raisons de s'en émouvoir. Les nominations des membres de la Cour suprême américaine ou de la Cour constitutionnelle allemande, peu ou prou équivalents de notre Conseil constitutionnel, sont toujours elles aussi politiques. Mais la différence avec le système français, c'est que, pour politiques que soient les nominations, elles ne sont pas moins fondées sur des compétences professionnelles incontestables : aucun Président américain et nulle chambre législative allemande ne songeraient à nommer dans leurs cours suprêmes et/ou constitutionnelles d'autres personnalités que des « grands » professionnels du droit, qu'ils soient magistrats, avocats ou professeurs de droit (et qui ont effectivement exercé ces professions pendant de très nombreuses années)[3].

Dans les États qui font l'objet de notre étude, l'élection des juges constitutionnels par les députés, avec un droit de veto présidentiel, combinée à l'exigence d'une compétence ou d'une expérience dans le domaine juridique et le non-renouvellement de mandat pourrait permettre aux juridictions constitutionnelles d'exercer pleinement leurs attributions. Elles auraient gagné davantage en crédibilité et en efficacité si la révocation de ses membres est admise uniquement pour des raisons disciplinaires et qu'elle soit seulement l'œuvre des magistrats constitutionnels eux-mêmes.

---

[1] Miroslaw Wyrzykowski, *op. cit.*

[2] *Idem.*

[3] Lauréline Fontaine, « En être ou pas », *in* Sommaire *LDLF*, été 2016, *ledroitdelafontaine.fr*, 2016.

Les incompatibilités et les protections juridictionnelles comme moyen de garantie de l'indépendance des juges constitutionnels

Selon Henry Roussillon et Pierre Esplugas-Labatut,

> Le régime des incompatibilités (art. 57 de la constitution et LO 7 nov. 1958) a été dans un premier temps manifestement insuffisamment rigoureux ; il faut donc se féliciter que la loi organique du 19 janvier 1958 soit venue ajouter aux incompatibilités traditionnelles avec les fonctions de ministre, membres du Parlement, national et européen, et du Conseil économique et social et environnemental, le principe général d'une « incompatibilité avec l'exercice de tout mandat électoral »[1].

En France, les fonctions des membres du Conseil constitutionnel sont incompatibles avec celles de membres du gouvernement ou du Conseil économique et social, ainsi qu'avec l'exercice de tout mandat électoral[2]. Par ailleurs, les membres du Conseil constitutionnel sont également soumis aux incompatibilités professionnelles applicables aux membres du Parlement. Selon le professeur Dominique Turpin,

> Alors qu'aucun texte n'évoque l'inéligibilité à une quelconque fonction que ce soit (c'est-à-dire l'interdiction d'y être candidat) des membres du Conseil constitutionnel, nommés ou de droit, l'article 57 de la Constitution et l'article 4 de l'ordonnance du 7 novembre 1958 stipulent que « les fonctions de membres du Conseil constitutionnel sont incompatibles avec celles de membre du gouvernement, du Parlement ou du Conseil économique et social », ce qui impose de choisir, explicitement ou non (les membres du gouvernement, du Parlement ou de ces nommés au Conseil constitutionnel étant réputés avoir opté pour cette dernière fonction faute de volonté contraire exprimée dans les huit jours et, à l'inverse, les membres du Conseil constitutionnel nommés ou élus à ces fonctions étant remplacés au Palais-Royal, c'est-à-dire considérés comme « démissionnaires d'office », ce qui est impossible pour un membre de droit à vie)[3].

L'indépendance des juges constitutionnels est indispensable pour sa légitimité. Mais, pour garantir l'indépendance des membres de la juridiction constitutionnelle, il n'est pas suffisant d'encadrer leurs accessions à la fonction et la durée de leurs mandats. Les Constitutions leur imposent un régime d'incompatibilité et elles assurent leurs protections dans le cadre de l'exercice de leurs missions.

Face à des pouvoirs politiques qui prétendent à une légitimité électorale, la juridiction constitutionnelle, pour s'imposer, a besoin d'un statut bien

---

[1] Henry Roussillon et Pierre Esplugas-Labatut, *Le Conseil Constitutionnel*, Paris, Dalloz, 8e éd., coll. « Connaissance du droit », 2015, p. 25.
[2] Article 57 de la Constitution française de 1958.
[3] Dominique Turpin, *Contentieux constitutionnel*, Paris, PUF, coll. « Droit fondamental », 1994, p. 316-317.

défini qui garantit son indépendance indispensable à sa légitimité. Pour cela, les Constitutions imposent aux juges constitutionnels un régime d'incompatibilité. L'enjeu du régime des incompatibilités concernant les juges constitutionnels est qu'il permet d'éviter le conflit d'intérêts qui risque de menacer l'indépendance de la justice constitutionnelle. Pendant la transition constitutionnelle et pour la suite, il est indispensable de mettre en place un régime d'incompatibilité, mais également des protections constitutionnelles pour les membres de la justice constitutionnelle afin de garantir l'efficacité de l'institution juridictionnelle dans un nouvel ordre constitutionnel en construction. La période de transition démocratique est souvent caractérisée par une confrontation permanente entre différentes forces politiques et c'est l'une des missions de la juridiction constitutionnelle que d'éviter qu'un pouvoir absorbe un autre. La débâcle ou l'inefficacité du juge constitutionnel aboutirait à un système où un pouvoir fort absorbe l'autre. On observe en Égypte, depuis le coup d'État de l'armée et l'arrivée au pouvoir du maréchal Al Sissi, que le Président domine le jeu politique et ne semble pas rencontrer un réel contre-pouvoir ni de la part du parlement ni de la part de la Haute Cour constitutionnelle égyptienne. Les premiers instants et les premières décisions de la Cour constitutionnelle sont déterminants pour sa crédibilité et sa légitimité. Les juges constitutionnels des pays[1] qui font l'objet de notre analyse sont soumis au régime des incompatibilités clairement définies dans leurs Constitutions respectives.

En Roumanie, les membres de la Cour constitutionnelle « sont indépendants dans l'exercice de leur mandat et inamovibles pour sa durée[2] ». Une explication plus détaillée et approfondie est apportée par une disposition législative. Selon Florin Bucur Vasilescu,

> Quant à l'immunité des membres de la Cour constitutionnelle, la loi spécifie que ceux-ci ne peuvent être arrêtés ou traduits en justice pénale ou contraventionnelle qu'à la demande du procureur général et sur approbation des autorités publiques qui les ont élus ou nommés. La réglementation est celle appliquée pour les membres du Parlement[3].

Les juges de la Cour constitutionnelle roumaine ne peuvent exercer aucune « fonction publique ou privée, à l'exception des fonctions pédagogiques de l'enseignement juridique supérieur[4] ». Selon la Constitution de 1991, les membres de la justice constitutionnelle roumaine ont l'interdiction, en dehors de l'enseignement, de travailler pour l'État ou pour des particuliers, même à leur propre compte (comme consultant par

---

[1] Pologne, Egypte, Roumanie et Tunisie.
[2] Article 143 de la Constitution roumaine de 1991.
[3] Florin Bucur Vasilescu, « La justice constitutionnelle en Roumanie », *in la justice constitutionnelle en Europe centrale*, Bruxelles, Bruylant, 1997, p. 130.
[4]Article 142 de la Constitution roumaine de 1991.

exemple) durant leurs mandats. Selon Florin Bucur Vasilecsu, « toutes ces mesures sont destinées à garantir la crédibilité de la Cour constitutionnelle et de ses juges, assurant ainsi la société civile que tous les neuf juges disposent de la formation et de l'indépendance nécessaires à l'exercice leurs attributions[1] ».

En matière d'incompatibilité, la Constitution polonaise de 1997 va plus loin que celle de la Roumanie de 1991. En Pologne,

> Les juges de la Cour constitutionnelle sont indépendants dans l'exercice de leurs fonctions et ne sont soumis qu'à la Constitution. Les juges ont des conditions d'emploi et de rémunération garanties correspondantes à la dignité des fonctions qu'ils remplissent et à leurs attributions. Les juges de la Cour constitutionnelle ne peuvent, pendant l'exercice de leurs fonctions, s'affilier à aucun parti politique, à aucun syndicat ou exercer une activité publique incompatible avec le principe d'indépendance des cours et des juges[2].

Les garanties d'indépendance des juges constitutionnels polonais sont principalement le non-renouvellement du mandat, le droit au retour sur le poste occupé antérieurement ou un poste équivalent, le niveau de rémunération, qui doit correspondre à la dignité de la fonction et au champ des devoirs du juge, le mécanisme de l'incompatibilité de la fonction avec l'exercice de fonctions publiques, l'immunité, l'inamovibilité que dans les cas exceptionnels tels que le renoncement par le juge à ses fonctions, la constatation par une décision de la commission médicale de son incapacité permanente à s'acquitter des devoirs de sa tâche en raison d'une maladie, d'un handicap ou d'une perte de force, la condamnation par un jugement définitif, une décision, rendue avec autorité de la chose jugée, de révocation de la fonction de juge[3]. La Constitution polonaise de 1997 interdit aux membres de la Cour constitutionnelle d'être membre d'un parti politique ou d'un syndicat. Ils peuvent exercer une activité publique que si elle ne remet pas en cause l'indépendance du juge ou de la juridiction. Mais elle reste moins claire quant à l'incompatibilité de mandat de juge constitutionnel avec une activité libérale, par exemple concernant le métier d'avocat. Quid notamment de l'avocat membre d'une juridiction constitutionnelle qui est amenée à se prononcer sur une loi qu'il a pu croiser lors d'un procès ou dans d'autres situations. Le silence de la Constitution polonaise de 1997 sur la compatibilité ou non entre le mandat de juge constitutionnel et une activité privée peut être interprété comme un rejet ou bien un accord tacite.

En Pologne, du fait de la spécificité de sa nomination, la révocation d'un juge constitutionnel, selon Leszeck Lech Garlicki, « est prononcée par la

---

[1] Florin Bucur Vasilescu, *op. cit.*, p. 128.
[2] Article 195 de la Constitution polonaise de 1997.
[3] Miroslaw Wyrzykowski, *op. cit.*

Diète selon une procédure analogue à celle de la nomination[1] ». Mais c'est le Tribunal constitutionnel qui assure la transmission au président de la Diète de la procédure de la révocation. Il est également important, dans le cadre de l'indépendance de l'institution, de noter que la procédure disciplinaire contre un juge constitutionnel, se déroule devant ses pairs qui statuent en première instance en collège de cinq juges et en seconde instance en assemblée plénière[2]. En outre, la Constitution polonaise de 1997 protège le juge constitutionnel dans l'exercice de ses fonctions. Elle affirme :

> Le juge de la Cour constitutionnelle ne peut encourir de responsabilité pénale ni être privé de liberté, qu'avec l'autorisation préalable de la Cour. Le juge ne peut être détenu ou arrêté, sauf si, en cas de flagrant délit, sa détention est indispensable au déroulement régulier de la procédure. Le président de la Cour constitutionnelle est informé sans délai de la détention et il peut ordonner la mise en liberté immédiate du détenu[3].

Le juge constitutionnel, comme un parlementaire, bénéficie de l'immunité judiciaire qui ne peut être révoquée que par la Cour constitutionnelle. C'est elle qui définit précisément les deux situations qui échappent à la règle de l'immunité : le flagrant délit ou une autorisation préalable accordée par la Cour elle-même.

En Tunisie, le constituant interdit clairement de cumuler le mandat de juge constitutionnel avec n'importe quelle autre fonction. La nouvelle Constitution tunisienne de 2014 souligne que « le cumul de la qualité de membre de la Cour constitutionnelle et de toute autre fonction ou mission est interdit[4] ». Mais, elle ne précise pas ce qu'elle entend par « toute autre fonction ou mission », à savoir si elles sont publiques ou privées. Cependant, elle reste sans équivoque sur l'interdiction qu'elle impose.

En revanche, la nouvelle Constitution égyptienne de 2014 reste ambiguë sur le statut des membres de la Haute Cour constitutionnelle. La Constitution de 2014, dans son article 194, énonce que les membres de la Haute Cour constitutionnelle « sont indépendants et inamovibles[5] » et que les procédures disciplinaires appliquées par la Haute Cour constitutionnelle sont définies par la loi. En outre, la Constitution égyptienne de 2014 précise que les juges constitutionnels « bénéficient de tous les droits, devoirs et garanties propres aux membres de la magistrature[6] ». Par conséquent, les régimes d'incompatibilités auxquels ils sont soumis et les protections dont ils bénéficient semblent être identiques à ceux des autres magistrats. La Constitution égyptienne de 2014 est, par rapport à toutes celles examinées, la

---

1 Leszek Lech Garlicki, *op. cit.*, 1997, p. 92.
2 Miroslaw Wyrzykowski, *op. cit.*
3 Article 196 de la Constitution polonaise de 1997.
4 Article 119 de la Constitution tunisienne de 2014.
5 Article 194 de la Constitution égyptienne de 2014.
6 *Idem..*

moins explicite sur l'organisation et le fonctionnement de sa Haute Cour constitutionnelle. Elle renvoie sur beaucoup de points à la loi ultérieure et à la Haute Cour elle-même. Cette ambiguïté désavantage la juridiction constitutionnelle par rapport aux autres pouvoirs publics, comme l'exécutif ou le législatif que la Constitution se charge de régir dans le détail. Dans cette situation d'imprécision, la place qu'elle occupera sur l'échiquier public et juridique dépendra de l'audace et de la volonté de ses membres. À l'instar du Conseil constitutionnel français qui a élargi ses normes de référence en 1971, la Haute Cour constitutionnelle égyptienne peut clarifier son statut, ses missions, ses domaines de compétence. Pour la Haute Cour constitutionnelle égyptienne mise en place par la Constitution de 2014, la seule limite sera, dans cette imprécision constitutionnelle, celle qu'elle s'imposera. Encore une fois, les exemples de juridictions constitutionnelles qui s'autolimitent ne manquent pas. Notamment, le Conseil constitutionnel français refuse de contrôler des lois référendaires depuis 1962 parce qu'il s'estime incompétent pour contrôler le peuple souverain, alors que les juges constitutionnels, en Inde et en Afrique du Sud, s'estiment compétents pour contrôler les lois référendaires.

CONCLUSION DU CHAPITRE II

Le contrôle de constitutionnalité sert à la limitation des pouvoirs de l'État car, dans un régime parlementaire, « il est soit un contrepoids à une majorité parlementaire trop puissante, soit un substitut à une majorité parlementaire inexistante. Dans les deux cas, sa légitimité n'est pas mise en doute[1] ». Il sert à garantir l'équilibre et la séparation entre les pouvoirs politiques. Pour le professeur Dominique Rousseau, il est simplement « l'institution de la mesure démocratique[2] ». Selon le doyen Louis Favoreu, « le contrôle juridictionnel des lois peut contribuer à mieux faire fonctionner des régimes démocratiques[3] ».

En Europe de l'Est, la justice constitutionnelle joue de plus en plus ce rôle d'aiguilleur vers la voie de la démocratisation. En Roumanie,

> Toute la jurisprudence récente de la Cour constitutionnelle de Roumanie, qu'elle vise le rôle et la place de la justice constitutionnelle, les rapports du droit interne avec le droit de l'Union européenne, la sauvegarde des droits et libertés fondamentaux, le fonctionnement des institutions de l'État, mènent à la conclusion, indépendamment de toute appréciation subjective, que la juridiction constitutionnelle roumaine a suivi une évolution considérable ; ces dernières années, sa position vise à renoncer à l'attitude de *self-restraint* qui l'a caractérisée au début de son activité, de sorte que, à présent, on observe un fort activisme judiciaire, la Cour constitutionnelle de Roumanie affirmant pleinement le statut d'institution de niveau européen[4].

En Tunisie et en Égypte, il faudra attendre encore quelque temps pour juger de l'efficacité ou non des juridictions constitutionnelles instaurées par les nouvelles Constitutions de 2014, mais nous pouvons espérer avec le professeur Philippe Ardant que, même si cela n'est pas suffisant, que la présence de la justice constitutionnelle serait « de nature à corriger ou à

---

[1] Louis Favoreu, « La légitimité du juge constitutionnel », *RIDC*, n° 2, avril-juin 1994. p. 560.
[2] Dominique Rousseau, « De quoi le Conseil constitutionnel est-il le nom ? », *Jus Politicum*, n° 7, http://juspoliticum.com/article/De-quoi-le-Conseil-constitutionnel-est-il-le-nom-446.html.
[3] Louis Favoreu, *op. cit.*, p. 567.
[4] Augustin Zegrean et Tudorel Toader, « la cour constitutionnelle de Roumanie », *Nouveaux Cahiers du Conseil constitutionnel*, n° 38, janvier 2013.

prévenir les dérives d'un législateur peu averti des contraintes constitutionnelles, ou tenté d'y passer outre[1] ».

[1] Philippe Ardant, « Comment les Cours constitutionnelles peuvent-elles, par les garanties données à la justice, contribuer à la démocratie ? », *Colloque : Justice et Démocratie*, Limoges, PULIM, 2003, p. 103.

CONCLUSION DU TITRE PREMIER

L'analyse des régimes politiques des pays étudiés confirme l'idée que « décidément, le régime parlementaire n'est pas celui dans lequel le Parlement fait tout[1] ». La métamorphose de l'État législatif à l'État constitutionnel conduit forcément à la mutation de la séparation des pouvoirs. Ce n'est plus le Parlement, mais le pouvoir exécutif qui est aujourd'hui conquérant et dangereux pour les libertés et les autres pouvoirs. La juridiction constitutionnelle ne doit plus donc être seulement « un canon braqué sur le Parlement », elle doit évoluer avec le rapport des forces politiques et protéger ainsi les plus faibles des pouvoirs. C'est précisément là aujourd'hui que réside l'intérêt d'un juge constitutionnel, surtout dans une période transitoire, pour construire et puis consolider l'État de droit.

Le contrôle de constitutionnalité des lois va offrir au juge la possibilité « de sanctionner les atteintes portées par le législateur aux droits constitutionnels[2] », mais également de garantir « la séparation des pouvoirs[3] ». Le juge constitutionnel est effectivement le garant des droits et libertés énoncés dans la Constitution et le garant de la séparation des pouvoirs, c'est-à-dire arbitre de champs des compétences des pouvoirs exécutif et législatif. À l'aide de la séparation des pouvoirs qu'elle garantit, la Constitution « empêche pratiquement une institution de confisquer tous les pouvoirs, produisant ainsi un équilibre institutionnel favorable à la liberté politique des citoyens[4] ».

---

[1] Michel Verpeaux, *Droit constitutionnel français*, Paris, PUF, coll. « Droit fondamental », 2e éd. 2013, p. 128.
[2] Dominique Rousseau, « Constitutionnalisme et Démocratie », *La Vie des idées*, 19 septembre 2008.
[3] Xavier Boissy, *La séparation des pouvoirs, œuvre jurisprudentielle : sur la construction de l'Etat de droit postcommuniste*, Bruxelles, Bruylant, 2003, p. 20.
[4] Dominique Rousseau, *op. cit.*

TITRE II

LES INSTRUMENTS CONSTITUTIONNELS DE L'ÉTAT DE DROIT : LES DÉCLARATIONS ET PROTECTIONS DES DROITS ET LIBERTÉS FONDAMENTAUX

Les révolutions est-européennes et plus récemment celles du monde arabe ont été motivées par un désir de libertés et de droits. Les populations de ces pays ont toutes réclamé davantage de respect de leurs droits et libertés. Naturellement, les constitutions garantissent des droits fondamentaux (elles comportent un titre sur les droits et libertés), elles énoncent « les droits dont les citoyens peuvent se prévaloir pour réclamer contre les agissements des pouvoirs publics[1] ». Celles issues des révolutions est-européennes et arabes ont tenté de garantir les droits fondamentaux. Pour cela, elles ont agi en deux phases.

D'abord, elles ont reconnu les droits et libertés des individus. Elles ont intégré des traités internationaux qui protègent les droits de l'homme. La particularité des Constitutions arabes[2] est qu'elles renvoient à la Chari'a islamique qui s'intéresse plus à la communauté islamique qu'à l'individu.

Ensuite, les Constitutions postrévolutionnaires ne se contentent pas de déclarer les droits fondamentaux des individus. Elles mettent en place des mécanismes chargés de garantir l'effectivité de la protection des droits fondamentaux. Ainsi, elles prévoient les mécanismes juridictionnels traditionnels et des institutions non juridictionnelles.

---

[1] *Idem.*

[2] Constitutions égyptienne et tunisienne de 2014.

CHAPITRE PREMIER

LES DÉCLARATIONS DES DROITS ET LIBERTÉS INDIVIDUELS EN EUROPE DE L'EST ET DANS LE MONDE ARABE

En Égypte, en Tunisie, en Pologne et en Roumaine, les constituants ont eu l'ambition d'instaurer la démocratie par la Constitution[1]. Pour cela, ils ont utilisé deux éléments, la séparation des pouvoirs[2] et la protection des droits fondamentaux des individus. L'intérêt ultime de la limitation des pouvoirs de l'État, surtout dans des États qui sortent des dictatures, est de protéger l'individu contre l'arbitraire de ces pouvoirs. La protection étatique de l'individu passe par la consécration expresse de ses droits qui doivent être proclamés. La source principale de ces droits individuels, dans le cadre étatique, est la Constitution. Les Constitutions des pays, qui font l'objet de notre étude, énoncent très clairement des droits individuels. L'autorité de la Constitution, norme la plus suprême dans un État, accorde à ces droits une portée fondamentale.

Mais les droits individuels sont également proclamés et protégés par des organisations régionales auxquelles ces pays adhèrent. Ces organisations constituent une source non négligeable des droits individuels. Ces pays adhèrent à des organisations régionales qui ont pour objectif de proclamer et protéger les droits des individus. Si certaines de ces organisations adoptent seulement des déclarations des droits sans prévoir un mécanisme juridique pour sanctionner leurs violations[3], d'autres adoptent des textes et des institutions juridictionnelles pour sanctionner des manquements[4].

La consécration nationale des droits fondamentaux

Au niveau national, incontestablement, la Constitution reste une source majeure et principale des droits fondamentaux. Cependant, on observe une similitude et une différence non négligeables entre les Constitutions arabes de 2014 égyptienne et tunisienne d'un côté et celles de l'Europe de l'Est, polonaise et roumaine de l'autre. Toutes ces Constitutions consacrent les

---

[1] La Constitution égyptienne et tunisienne de 2014 et les Constitutions roumaine de 1991 et polonaise de 1997.
[2] Voir le titre premier de la seconde partie de notre ouvrage.
[3] C'est le cas de la Ligue Arabe et l'Organisation de la Conférence islamique.
[4] Le Conseil de l'Europe avec la Cour européenne des droits de l'homme et l'Union européenne avec la CJCE.

droits et libertés fondamentaux, qu'on va qualifier de droits et libertés fondamentaux positifs, en opposition aux droits et libertés qui peuvent découler de la Charia divine que les Constitutions arabes déclarent comme étant une source, parfois même principale, de la législation. En effet, contrairement aux Constitutions polonaise et roumaine, les Constitutions tunisienne et égyptienne, soit définissent la Charia comme source du droit positif[1], soit déclarent l'islam religion officielle[2].

Les sources constitutionnelles des droits et libertés fondamentaux positifs

Les sources nationales importantes des droits et libertés fondamentaux sont les sources constitutionnelles nationales et les droits internationaux intégrés dans les Constitutions. Comme le souligne Xavier Dupré De Boulois,

> Les droits et libertés fondamentaux se reconnaissent notamment par leur aptitude à prévaloir, quel que soit le contexte dans lequel ils sont invoqués. Il est donc logique que les normes qui en sont les supports soient celles qui disposent de l'autorité formelle la plus élevée au sein du système juridique. La Constitution et les conventions internationales, en tant qu'elles ont une valeur supralégislative, sont donc les sources privilégiées des droits et libertés fondamentaux[3].

La constitution et les traités internationaux restent deux supports majeurs des droits et libertés fondamentaux au niveau national.

Les sources constitutionnelles nationales des droits et libertés fondamentaux en Europe de l'Est et en Afrique du Nord

Nous allons nous intéresser exclusivement aux dispositions constitutionnelles exemptes de l'influence du droit international comme la Déclaration universelle des droits de l'homme de l'ONU.

Dans la Constitution roumaine de 1991, un chapitre intitulé « les droits fondamentaux et les libertés fondamentales » leur consacre vingt-sept articles. La Constitution roumaine de 1991 déclare ainsi que « le droit à la vie, ainsi que le droit à l'intégrité physique et psychique de la personne sont garantis. Nul ne peut être soumis à la torture ni à aucune punition ou traitement inhumain ou dégradant. La peine de mort est interdite[4] ». Elle rappelle également :

---

[1] Article 2 et 3 de la Constitution égyptienne de 2014.
[2] Article Premier et Trois de la Constitution tunisienne de 2014.
[3] Xavier Dupres de Boulois, *Droits et libertés fondamentaux*, Paris, PUF, coll. « Licence », 2010, p. 83.
[4] Article 22 de la Constitution roumaine de 1991.

> La liberté individuelle et la sécurité de la personne sont inviolables. La perquisition, la garde à vue ou la détention d'une personne ne sont permises que dans les cas et selon la procédure prévue par la loi. La garde à vue ne peut être supérieure à vingt-quatre heures. La détention se fait en vertu d'un mandat émis par un magistrat, pour une durée maximum de trente jours. La personne détenue peut porter plainte au sujet de la légalité du mandat devant le juge, qui est obligé de se prononcer par un arrêt motivé. Seule l'autorité judiciaire peut décider de la prolongation de la détention. La personne gardée à vue ou détenue est informée immédiatement, dans une langue qu'elle comprend, des motifs de sa garde à vue ou de sa détention, et dans le plus bref délai, de l'accusation portée contre elle ; l'accusation est portée à sa connaissance uniquement en présence d'un avocat, de son choix ou nommé d'office. La mise en liberté de la personne gardée à vue ou détenue est obligatoire, si les motifs ayant déterminé ces mesures ont cessé. La personne en situation de détention provisoire a le droit de demander sa mise en liberté provisoire, sous contrôle judiciaire ou sous caution. Jusqu'à ce que l'arrêt du tribunal la condamnant devienne définitif, toute personne est présumée innocente. Aucune peine ne peut être établie ou appliquée que dans les conditions et en vertu de la loi[1].

Parmi ces droits et libertés fondamentaux proclamés par la Constitution roumaine de 1991, trois libertés fondamentales semblent particulièrement intéressantes dans le cadre de notre étude comparée avec le monde arabe. Ces mêmes libertés peuvent également nous aider à déterminer la nature du régime politique postrévolutionnaire dans ce pays. La Constitution tunisienne de 2014 reconnaît également ces différentes libertés fondamentales. Il s'agit de la liberté de conscience, de la liberté d'expression et de la liberté d'information. L'analyse de ses trois libertés est particulièrement intéressante dans ces pays où l'on prétend instaurer un système démocratique après avoir mis fin à des régimes dictatoriaux. Elle permet de mesurer le degré de la libéralisation que souhaite adopter le constituant à la suite de leurs révolutions respectives.

En Pologne, selon la Constitution de 1997, « toute personne a droit à la liberté d'expression et à la liberté de recevoir et de diffuser des informations. La censure préventive des médias et la concession de la presse sont interdites. L'obligation d'obtenir une concession en vue de gérer une station de radiodiffusion ou de télévision peut être introduite par la loi[2] ». La Constitution polonaise garantit la liberté d'expression et d'information à tout individu et interdit « la censure préventive ». La Constitution polonaise de 1997 définit précisément les conditions d'exercice de la liberté de religion. Il était en effet nécessaire de bien éclaircir l'exercice de cette liberté dans un pays où il existe des minorités ethniques et religieuses. En vertu de l'article 53 de la Constitution polonaise de 1997,

[1] Article 23 de la Constitution roumaine de 1991.
[2] Article 54 de la Constitution polonaise de 1997.

> Toute personne a droit à la liberté de conscience et de religion. La liberté de religion implique la liberté d'avoir ou d'adopter la religion de son choix et la liberté de manifester sa religion, individuellement ou en commun, en public ou en privé, par le culte, la prière, l'accomplissement des rites, les pratiques et l'enseignement. La liberté de religion implique aussi la possession de sanctuaires et autres lieux de culte suivant les besoins des croyants et le droit de toute personne de bénéficier de l'assistance religieuse dans le lieu où elle se trouve[1].

La Constitution polonaise accorde aux parents d'inscrire librement leurs enfants dans des écoles religieuses qui leur conviennent. Elle affirme par ailleurs :

> La liberté de manifester sa religion ne peut faire l'objet que des seules restrictions prévues par la loi et qui sont nécessaires à la protection de la sécurité de l'État, de l'ordre public et de la santé, de la morale ou des libertés et des droits d'autrui. Nul ne peut être contraint à participer ou à ne pas participer à des pratiques religieuses. Nul ne peut être obligé par les pouvoirs publics à révéler sa conception du monde, ses convictions religieuses ou sa confession[2].

En Pologne, la Constitution permet une manifestation publique de la religion, comme dans le monde arabe. Elle peut être enseignée à l'école et la Constitution polonaise interdit aux pouvoirs publics d'obliger une personne à déclarer sa religion. Les seules limites à la liberté religieuse sont celles établies par la Constitution. Si l'État polonais n'a pas de religion officielle, comme dans le monde arabe, il garantit à chacun le droit d'exercer librement et dans des conditions appropriées sa religion, comme en Roumanie. En Égypte, la liberté de religion est « absolue ». La Constitution égyptienne de 2014 affirme que « la liberté de croyance est absolue. La liberté de la pratique religieuse et l'édification des lieux de culte pour les fidèles des religions célestes sont un droit organisé par la loi[3] ». Comme en Pologne, l'Égypte garantit constitutionnellement un lieu de culte aux croyants.

En Roumanie, l'article 29 de la Constitution roumaine de 1991, qui évoque la liberté de conscience, dispose :

> La liberté de pensée et d'opinion, ainsi que la liberté de religion ne peuvent être limitées sous aucune forme. Nul ne peut être contraint à adopter une opinion ou à adhérer à une religion qui soit contraire à ses convictions. La liberté de conscience est garantie ; elle doit se manifester dans un esprit de tolérance et de respect réciproque. Les cultes religieux sont libres et ils s'organisent conformément à leurs propres statuts, dans les conditions fixées par la loi. Dans les relations entre les cultes, toutes formes, tous moyens, actes ou actions de discorde religieuse sont interdits. Les cultes religieux sont

---

[1] Article 53 de la Constitution polonaise de 1997.
[2] *Idem*..
[3] Article 64 de la Constitution égyptienne de 2014.

autonomes par rapport à l'État et jouissent de son soutien, y compris par les facilités accordées pour donner une assistance religieuse dans l'armée, dans les hôpitaux, dans les établissements pénitentiaires, dans les asiles et dans les orphelinats. Les parents ou les tuteurs ont le droit d'assurer, en accord avec leurs propres convictions, l'éducation des enfants mineurs dont la responsabilité leur incombe.

La Constitution roumaine affirme que les cultes s'organisent librement au sein de l'État dans le respect des conditions fixées par la loi. Les religions sont autonomes vis-à-vis de l'État, tout en bénéficiant de son soutien. La liberté de conscience, selon l'article 29 de la Constitution roumaine, s'exerce « dans un esprit de tolérance et de respect réciproque ». La Constitution tunisienne est moins claire quant à la séparation de l'État et de la religion. En Tunisie, en vertu l'article 6 de la Constitution de 2014,

> L'État est gardien de la religion. Il garantit la liberté de croyance et de conscience et le libre exercice des cultes ; il est le garant de la neutralité des mosquées et lieux de culte par rapport à toute instrumentalisation partisane. L'État s'engage à diffuser les valeurs de modération et de tolérance, à protéger le sacré et à interdire d'y porter atteinte. Il s'engage à interdire les campagnes d'accusation d'apostasie [*Takfir*] et l'incitation à la haine et à la violence. Il s'engage également à s'y opposer.

La Constitution autorise et garantit la liberté de conscience dans la tolérance et l'absence de toute forme de politique au sein des lieux de cultes.

Quant aux libertés d'expression et d'information, elles sont énoncées dans les articles 31 et 32 de la Constitution tunisienne de 2014. Selon la Constitution tunisienne, ces libertés ne sont soumises à aucune autorisation préalable. Selon l'article 31 de la Constitution tunisienne, « les libertés d'opinion, de pensée, d'expression, d'information et de publication sont garanties. Ces libertés ne sauraient être soumises à un contrôle préalable ». En Égypte, la Constitution précise également, dans son article 65, que « la liberté de pensée et d'opinion est garantie. Toute personne a le droit d'exprimer une opinion oralement, par écrit, ou par l'image et autres moyens d'expression et d'édition ». Selon l'article 32 de la Constitution tunisienne, « l'État garantit le droit à l'information et le droit d'accès à l'information. L'État veille à garantir le droit d'accès aux réseaux de communication ». Contrairement à la Constitution tunisienne de 2014 qui évoque en quelques lignes la liberté d'expression et la liberté d'information, la Constitution roumaine de 1991 dessine plus précisément le contour et les limites de ces libertés. Selon l'article 30 de la Constitution roumaine de 1991,

> La liberté d'expression, des pensées, des opinions ou des croyances et la liberté des créations de tout type, par voie orale, par écrit, par image, par son, ou par d'autres moyens de communication en public, sont inviolables. La censure de tout type est interdite. La liberté de la presse implique aussi la liberté d'éditer des publications. Aucune publication ne peut être supprimée.

> La loi peut imposer aux médias l'obligation de rendre publique leur source de financement. La liberté d'expression ne peut pas porter préjudice à la dignité, à l'honneur, à la vie privée de la personne, ni au droit à sa propre image. Sont interdites, par la loi, la diffamation du pays et de la nation, l'exhortation à la guerre d'agression, à la haine nationale, raciale, de classe ou religieuse, l'incitation à la discrimination, au séparatisme territorial ou à la violence publique, ainsi que les manifestations obscènes, contraires aux bonnes mœurs. La responsabilité civile pour l'information ou pour la création publique incombe à l'éditeur ou au réalisateur, à l'auteur, à l'organisateur de la manifestation artistique, au propriétaire du moyen de reproduction, de la station de radio ou de télévision, dans les conditions fixées par la loi. Les délits de presse sont établis par la loi.

En Roumanie, la liberté d'expression et d'information est « inviolable » à condition de respecter les limites définies par la Constitution roumaine dans son article 30. La Constitution tunisienne de 2014 affirme seulement, sans donner davantage des précisions concernant les limites ou l'étendue des libertés d'information et d'expression, que ces libertés sont « garanties » et qu'elles échappent « à un contrôle préalable ». La Constitution roumaine de 1991 définit davantage le régime juridique de ces libertés vitales pour la démocratie. Selon l'article 31 de la Constitution roumaine de 1991, portant sur le droit à l'information,

> Le droit de la personne à avoir accès à toute information d'intérêt public ne peut être limité. Les autorités publiques, conformément aux compétences qui leur incombent, sont tenues d'assurer l'information correcte des citoyens au sujet des affaires publiques et des affaires d'intérêt personnel. Le droit à l'information ne doit pas porter préjudice aux mesures de protection des jeunes gens ou à la sécurité nationale. Les médias, publics et privés, sont tenus d'assurer l'information correcte de l'opinion publique. Les services publics de radio et de télévision sont autonomes. Ils doivent garantir aux groupes sociaux et politiques importants l'exercice du droit à l'antenne. L'organisation desdits services et le contrôle parlementaire de leur activité sont réglementés par une loi organique.

Ces trois libertés peuvent être complétées par trois autres libertés politiques et collectives, lesquelles leur sont souvent associées. Il s'agit de la liberté de réunion, de la liberté d'association et du droit de vote. Selon l'article 35 de la Constitution roumaine de 1991,

> Ont le droit d'être élus, les citoyens ayant le droit de vote, qui remplissent les conditions prévues à l'article 16, alinéa 3, s'il ne leur est pas interdit d'appartenir à des partis politiques conformément à l'article 37, alinéa 3. Les candidats doivent être âgés d'au moins vingt-trois ans, révolus jusqu'à la date des élections comprise, pour être élus à la Chambre des députés ou aux organes locaux et d'au moins trente-cinq ans, pour être élus au Sénat ou à la fonction de président de la Roumanie.

Pour être éligible à une élection nationale ou locale, la Constitution roumaine fixe deux âges. Selon la Constitution, il faut avoir au moins vingt-trois ans pour prétendre à un mandat de député ou à un mandat local. En revanche, en Roumanie, pour être candidat à l'élection présidentielle ou à un mandat de sénateur, il faut avoir au moins trente-cinq ans. La Constitution tunisienne ne détermine pas d'âge précis pour être candidat à une quelconque élection. L'article 34 de la Constitution tunisienne de 2014 déclare : « Les droits d'élection, de vote et de se porter candidat sont garantis, conformément aux dispositions de la loi. L'État veille à garantir la représentation des femmes dans les assemblées élues. » La Constitution polonaise de 1997 dispose, dans son article 62 :

> Tout citoyen polonais ayant dix-huit ans accomplis au plus tard le jour du vote a le droit de participer au référendum et le droit d'élire le président de la République, les députés, les sénateurs et les représentants des collectivités territoriales. Sont privées du droit de participer au référendum et du droit de vote, les personnes déclarées incapables en vertu d'une décision judiciaire passée en force de chose jugée ainsi que les personnes déchues de leurs droits civiques ou électoraux.

La Pologne fixe à dix-huit ans la limite d'âge pour pouvoir voter. La Constitution polonaise reconnaît deux limites au droit de vote. La première incapacité découle d'une décision de justice bénéficiant de la « force de chose jugée ». La deuxième limite concerne les citoyens polonais ne bénéficiant plus de « leurs droits civiques ou électoraux ».

Le droit de vote est une mascarade si la Constitution ne garantit pas la liberté de réunion, afin que les citoyens puissent choisir entre différents candidats. La Constitution roumaine proclame la liberté de réunion dans l'article 36 qu'elle a intitulé « liberté de réunion ». Selon l'article 36 de la Constitution roumaine de 1991, « les meetings, les manifestations, les processions ou toute autre réunion sont libres et ne peuvent s'organiser et se dérouler que de manière pacifique et sans aucune arme ». En Tunisie, cette liberté de réunion est également garantie par la Constitution de 2014 dans les mêmes conditions que dans la Constitution roumaine. Selon l'article 37 de la Constitution tunisienne de 2014, « la liberté de rassemblement et de manifestation pacifique est garantie ». En Tunisie, en Pologne et en Roumanie, les citoyens sont libres d'exercer leur liberté de réunion à condition qu'elle soit « pacifique ». Selon l'article 57 de la Constitution polonaise de 1997, « la liberté d'organiser des réunions pacifiques et d'y participer est garantie à chacun. Elle peut faire l'objet de restrictions prévues par la loi ». En Pologne, la loi peut restreindre la liberté de réunion. En Égypte, la Constitution encadre strictement la liberté de réunion. Selon l'article 73 de la Constitution égyptienne,

> Sous réserve d'un préavis et comme le détermine la loi, les citoyens ont le droit d'organiser des réunions publiques, des cortèges et des manifestations et

toutes les formes de protestation pacifique, sans port d'armes d'aucune sorte. Le droit de réunion privée pacifique est garanti sans préavis, les agents de sécurité ne sont pas autorisés à y participer, à la surveiller, ou l'écouter.

La situation en Égypte est différente de celle des autres États, car il n'est pas seulement exigé que la réunion soit pacifique, mais également que les citoyens déposent un préavis. La dernière phrase laisse supposer qu'au contraire, la réunion publique pacifique peut-être surveillée et écoutée par les agents de la sécurité. Si elle est effectuée, puisqu'elle n'est pas interdite par le texte de la Constitution, une telle intrusion de l'État risque de limiter la liberté de réunion et les dirigeants peuvent utiliser ces manœuvres contre un parti de l'opposition. Car la Constitution égyptienne de 2014 interdit aux agents de la sécurité « de participer, de surveiller ou d'écouter » des réunions privées et non publiques.

La troisième liberté, qui permet d'organiser les deux autres, est bien la liberté de s'associer politiquement, c'est-à-dire de pouvoir créer ou adhérer à un parti politique. En vertu de l'article 37 de la Constitution roumaine de 1991,

> Les citoyens peuvent s'associer librement en partis politiques, en syndicats et en d'autres formes d'association. Les partis ou les organisations, qui par leurs objectifs ou par leurs activités, militent contre le pluralisme politique, les principes de l'État de droit ou la souveraineté, l'intégrité ou l'indépendance de la Roumanie, sont inconstitutionnels. Les juges de la Cour constitutionnelle, les Avocats du Peuple, les magistrats, les membres actifs de l'armée, les policiers et d'autres catégories de fonctionnaires publics, déterminées par une loi organique, ne peuvent pas appartenir à des partis politiques. Les associations à caractère secret sont interdites.

La Constitution roumaine de 1991 soumet la liberté d'association politique à deux limites que l'article 37 énumère clairement. La première limite est matérielle, elle concerne l'objectif même de l'association politique. Sous peine d'être déclaré inconstitutionnel, le parti politique ne doit pas militer contre le pluralisme politique ou encore contre l'indépendance du pays. La seconde limite concerne les personnes qui ne peuvent adhérer à une organisation politique ou syndicale. Il s'agit par exemple des membres de la Cour constitutionnelle, des policiers ou encore « d'autres catégories de fonctionnaires publics déterminées par une loi organique ». En Tunisie, l'article 35 de la Constitution de 2014 énonce que « la liberté de constituer des partis politiques, des syndicats et des associations est garantie. Les partis politiques, les syndicats et les associations s'engagent dans leurs statuts et leurs activités à respecter les dispositions de la Constitution et de la loi, à la transparence financière et au rejet de la violence[1] ». La Constitution polonaise de 1997 énonce dans son article 11 que

> La République de Pologne garantit la liberté de fonder des partis politiques et la liberté de leurs activités. Les partis politiques regroupent, dans le respect des principes de la libre participation et d'égalité, des citoyens polonais en vue d'exercer, par des méthodes démocratiques, une influence sur la politique nationale. Le financement des partis politiques est public.

Si la Constitution polonaise garantit à tous ses citoyens la liberté de créer ou d'adhérer à un groupement politique, elle pose en revanche quelques limites précises. L'article 13 de la Constitution polonaise de 1997 affirme expressément :

> Les partis politiques et organisations qui ont recours dans leurs programmes aux méthodes et pratiques totalitaires du nazisme, du fascisme et du communisme sont interdits, ainsi que ceux dont le programme ou les activités admettent ou autorisent la manifestation de la haine raciale ou ethnique, le recours à la violence en vue de s'emparer du pouvoir ou d'exercer une influence sur la politique nationale ou encore prévoient des structures ou une participation secrète.

La Constitution polonaise de 1997 associe le communisme aux idéologies xénophobes telles que le nazisme et le fascisme, avec lesquelles il n'a en principe rien à voir. Cela peut en partie s'expliquer en raison de la politique autoritaire et liberticide que le communisme soviétique a exercé au cours du XXe siècle – bien que dans ses principes, l'idéologie communiste est loin d'être raciste et xénophobe. Si les citoyens polonais sont libres de fonder un parti politique, l'existence d'un parti communiste est strictement interdite par la Constitution. En Égypte, la Constitution de 2014 accorde aux citoyens le droit de créer un parti politique sous réserve d'un préavis, comme cela est exigé pour les réunions publiques. Selon l'article 74 de la Constitution égyptienne de 2014,

> Les citoyens ont le droit de former des partis politiques sur préavis, comme prévu par la loi. Il est interdit de se livrer à des activités politiques ou d'établir des partis politiques fondés sur des bases religieuses, ou sur une discrimination fondée sur le sexe, l'origine, ou sur la base d'une appartenance confessionnelle ou géographique, ou l'exercice d'activités hostiles aux principes de la démocratie, des activités secrètes, ou ayant un caractère militaire ou paramilitaire. Les partis ne peuvent être dissous que par un arrêt judiciaire.

La Constitution égyptienne de 2014 interdit les partis fondés sur la religion ou toutes autres distinctions sexuelles ou ethniques. Pourtant, il existe toujours en Égypte un parti politique tenu par les confréries

[1] Article 35 de la Constitution tunisienne de 2014.

musulmanes. Également, la Constitution elle-même déclare que la religion de l'État est l'islam.

Les sources internationales des droits et libertés fondamentaux

Depuis le XXe siècle, il existe un consensus international à propos des valeurs à protéger. Ces valeurs sont décrites dans les *corpus* internationaux garantissant les droits et libertés. Les instruments internationaux se sont multipliés et il est difficile de recenser toutes les conventions qui visent la protection des droits et libertés fondamentaux. Nous allons nous attacher, tantôt à l'analyse des conventions à vocation générale, tantôt à celle des conventions à objet particulier qui sont ratifiées et transposées dans le droit des États qui nous intéressent ici.

Depuis la fin de la Seconde Guerre mondiale, il existe un mouvement d'internationalisation des droits de l'homme. Les nouvelles Constitutions égyptienne et tunisienne de 2014 s'inscrivent bien dans ce mouvement. L'article 93 de la Constitution égyptienne de 2014 déclare que « l'État s'engage à respecter les traités, les accords, les pactes internationaux relatifs aux droits de l'homme ratifiés par l'Égypte et ayant, dès leur publication, force de loi conformément aux conditions prescrites ». Selon le professeur Xavier Bioy,

> L'internationalisation des droits de l'homme a aussi modifié en profondeur la perception même du droit international public. Évoluant du statut de règle d'intérêt étatique, servant les intérêts réciproques des États, vers la reconnaissance de valeurs universellement admises et la multiplication des instruments conférant des droits directs aux ressortissants des États, le droit international a institué la perception de valeurs communes à protéger[1].

Pour protéger les droits et libertés fondamentaux des individus, les États signent un certain nombre de conventions au sein des organisations internationales ou régionales, telles que les Nations unies ou encore le Conseil de l'Europe. Comme le souligne le professeur Xavier Bioy,

> Certains de ces instruments disposent de mécanismes de contrôle, voire de sanctions, notamment par la mise en place de comité *ad hoc* capable de recueillir les rapports fournis par les États membres sur leurs pratiques et leurs objectifs en vue d'améliorer la protection des bénéficiaires des droits. Plus spectaculaire est la politique menée par un certain nombre de juridictions internationales à vocation généraliste ou pénale[2].

En Tunisie, l'article 49 de la Constitution de 2014 précise que « les instances judiciaires veillent à la protection des droits et des libertés contre

---

[1] Xavier Bioy, *Droits fondamentaux et libertés publiques*, Paris, LGDJ, 2014, p. 93.
[2] *Ibid.*, p. 92.

toute violation. Aucun amendement ne peut porter atteinte aux droits de l'homme et aux libertés garantis par la présente Constitution ».

Dans le cadre de l'Organisation des Nations unies (ONU), les États ont signé plusieurs textes. Il s'agit principalement de la Déclaration universelle des droits de l'homme du 10 décembre 1948 et des deux pactes de 1966. Selon le professeur Xavier Dupré De Boulois,

> Le texte fondateur du système des Nations Unies en matière de libertés fondamentales est la Déclaration universelle des Droits de l'Homme (DUDH) adoptée par l'Assemblée générale des Nations Unies le 10 décembre 1948. Elle est dépourvue de valeur juridique (ex : CE, 26 septembre 2005, *Association Collectif contre l'handiphobie*, *Rec.*, p. 391), mais elle a été concrétisée par deux conventions signées le 16 décembre 1966 : le Pacte international relatif aux droits civils et politiques (PIDCP) et le Pacte international relatif aux droits économiques, sociaux et culturels (PIDESC). La France a ratifié ces deux traités en 1980. Deux protocoles ont mis en place des mécanismes de garantie accessibles aux titulaires des droits consacrés par ces deux pactes (protocole du 16 décembre 1966 pour le PIDCP ; protocole du 10 décembre 2008 pour le PIDCP)[1].

Dans le cadre du Conseil de l'Europe également, les États européens ont signé différentes normes protégeant les droits fondamentaux. Il s'agit principalement de la Convention européenne des droits de l'homme du 4 novembre 1950 de Rome (CEDH) et ses protocoles additionnels de Paris signés le 20 mars 1952.

Selon le professeur Xavier Bioy,

> Les accords entre États, sans effet direct, n'engageaient qu'eux dans la protection de leurs ressortissants. Peu à peu, et la création des Nations unies et du Conseil de l'Europe a profondément engagé ce processus, les États se sont ancrés dans des systèmes multilatéraux où l'individu, habituellement "objet" de droit international est devenu un acteur bénéficiaire des droits proclamés au niveau international sans devenir pour autant plein sujet de droit international au sens où il serait auteur de ces normes[2].

En France, dans son arrêt du 11 avril 2012 *Gisti et Fapil,* le Conseil d'État se prononce sur l'absence d'effets directs des normes internationales. La plus haute juridiction administrative française estime qu'une stipulation internationale est d'effet direct lorsqu'elle n'a pas pour objet exclusif de régir les relations entre États et ne requiert pas l'intervention d'un autre acte pour produire des effets à l'égard du particulier[3]. En Roumanie, l'article 20 de la Constitution de 1991 énonce :

---

[1] Xavier Dupre de Boulois, *op. cit.*, p. 90.
[2] Xavier Bioy, *op. cit.*, p. 92.
[3] Voir Conseil d'État, Assemblée, 11 avril 2012, *Gisti et Fapil,* n° 322326.

> Les dispositions constitutionnelles relatives aux droits et libertés des citoyens seront interprétées et appliquées en concordance avec la Déclaration universelle des droits de l'homme et avec les pactes et les autres traités auxquels la Roumanie est partie. En cas de non-concordance entre les pactes et les traités portant sur les droits fondamentaux de l'homme, auxquels la Roumanie est partie, et les lois internes, les règles internationales ont la primauté.

De par sa participation à des organisations internationales, l'État se trouve obligé d'intégrer les droits de l'homme dans ses législations, mais d'une manière pragmatique. La France a ratifié en 1980 les deux pactes internationaux qui ont concrétisé la DUDH du 10 décembre 1948, l'un relatif aux droits civils et politiques et l'autre relatif aux droits économiques, sociaux et culturels. Selon le professeur Xavier Dupré De Boulois, « de très nombreuses conventions à objet particulier ont été adoptées dans le cadre de Nations Unies. Leur objectif est de décliner la DUDH et les deux pactes de 1966 à l'égard de certains droits fondamentaux ou au bénéfice de groupes caractérisés par leur vulnérabilité, en vue de préciser les obligations des États[1] ». Les États qui font l'objet de notre étude reprennent dans leurs constitutions les bases de ces différentes conventions internationales à objet particulier. Au-delà des conventions internationales ratifiées par ces États, certains articles de leurs constitutions transposent directement les contenus de ces conventions particulières.

Parmi ces conventions à objet particulier figure d'abord la convention relative aux droits de l'enfant du 20 novembre 1989 et ses deux protocoles additionnés signés le 25 mai 2000, l'un relatif à l'implication des enfants dans les conflits armés et l'autre relatif à la vente d'enfant, à la prostitution des enfants et à la pornographie mettant en scène des enfants. En Roumanie, l'article 45 de la Constitution roumaine de 1991 intitulé « la protection des enfants et des jeunes » transpose la convention relative aux droits de l'enfant. Selon ce dernier,

> Les enfants et les jeunes jouissent d'un régime spécial de protection et d'assistance dans la mise en œuvre de leurs droits. L'État accorde des allocations d'État pour les enfants et une assistance pour soigner l'enfant malade ou handicapé. D'autres formes de protection sociale des enfants et des jeunes sont établies par la loi. Il est interdit d'exploiter les mineurs, de les employer pour des activités susceptibles de nuire à leur santé, à leur moralité ou de mettre en danger leur vie et leur développement normal. On ne peut pas employer comme salariés les mineurs n'ayant pas accompli l'âge de quinze ans.

La Constitution roumaine de 1991 interdit l'exploitation des enfants. Elle interdit également aux enfants des activités qui nuisent à « leur santé, leur

---

[1] Xavier Dupre de Boulois, *op. cit.*, p. 91.

moralité » ou d'autres qui mettent « en danger leur vie et développement normaux ». La Constitution roumaine de 1991 ne reprend pas exactement les mots de la convention relative aux droits des enfants et ses deux protocoles, mais elle définit le régime juridique des droits des enfants et impose à l'État d'assurer la protection des droits des enfants. En Tunisie, c'est l'article 47 de la nouvelle Constitution de 2014 qui protège les droits des enfants. L'article 47 de la Constitution tunisienne déclare que « les droits à la dignité, à la santé, aux soins, à l'éducation et à l'enseignement sont garantis à l'enfant vis-à-vis de ses parents et de l'État. L'État doit garantir toute forme de protection à tous les enfants, sans discrimination et en fonction de leur intérêt supérieur ». La Constitution tunisienne de 2014 charge les parents et l'État de protéger les enfants. Contrairement à la Constitution roumaine de 1991, la nouvelle Constitution tunisienne de 2014 ne précise pas les activités interdites aux enfants ni les raisons pour lesquelles elles leur sont interdites. Elle reste générale et se contente d'évoquer que « l'État doit garantir toute forme de protection à tous les enfants, sans discrimination et fonction de leur intérêt supérieur ». En Pologne, la Constitution de 1997, dans son article 72, énonce :

> La République de Pologne garantit la protection des droits de l'enfant. Chacun a le droit d'exiger des pouvoirs publics la protection de l'enfant contre la violence, la cruauté, l'exploitation et l'immoralité. L'enfant privé de l'assistance parentale a le droit à l'assistance et à l'aide des pouvoirs publics. Les pouvoirs publics et les personnes responsables de l'enfant sont tenus, pour déterminer les droits de celui-ci, d'entendre l'enfant et de prendre en considération, si possible, son opinion. La loi définit les compétences et les modalités de nomination du Défenseur des droits de l'enfant.

La Constitution polonaise de 1997, comme la Constitution roumaine de 1991, explique en détail ce contre quoi les enfants doivent être protégés. Ainsi, elle exige une protection des enfants contre « la violence, la cruauté, l'exploitation et l'immoralité ». Elle se pose en défenseur des droits de l'enfant. Ni la Constitution roumaine de 1991 ni la Constitution tunisienne de 2014 n'ont mis en place une telle protection, spécifique aux enfants. La Constitution égyptienne de 2014, dans son article 80, déclare :

> Sont considérés comme des enfants les moins de dix-huit ans. Tout enfant a droit à un nom et des papiers d'identité, une vaccination obligatoire gratuite, des soins médicaux, familiaux, ou dispensés par une famille de remplacement, une nutrition de base, un logement sécurisé, une éducation religieuse et un développement spirituel et cognitif. L'État garantit les droits des enfants handicapés, leur réhabilitation et leur insertion dans la société. L'État veille sur les enfants et leur protection contre toutes les formes de violence, d'abus et de mauvais traitements, d'exploitation sexuelle et commerciale. Tout enfant a le droit à l'éducation dans un centre d'enfance jusqu'à l'âge de six ans, et il est interdit de mettre l'enfant au travail, avant qu'il ne dépasse l'âge d'achèvement de l'éducation de base, il est également

interdit de l'employer dans un travail qui le met en danger. L'État est également engagé dans la mise en place d'un système judiciaire pour les enfants victimes ou témoins. Il est interdit d'interroger les enfants ou de les détenir, sauf en conformité avec la loi et pour la durée précisée par la loi. Une assistance juridique leur est fournie. Ils sont détenus dans des endroits adéquats et séparés des adultes. L'État s'emploie à obtenir le meilleur intérêt de l'enfant dans toutes les mesures prises à son égard.

La Constitution égyptienne de 2014, contrairement à la Constitution tunisienne de 2014, charge l'État de protéger les enfants « contre toutes les formes de violence, d'abus et de mauvais traitements, d'exploitation sexuelle et commerciale ». Si toutes ces Constitutions reprennent l'objet principal de la Convention relative aux droits de l'enfant du 20 novembre 1989, soit leur protection, elles diffèrent dans leur contenu, c'est-à-dire sur les conditions et les manières de les protéger.

La seconde convention à objet particulier est la Convention sur l'élimination de toutes les formes de discrimination raciale du 21 décembre 1965. Elle vise à combattre les discriminations fondées sur la race, la couleur, l'ascendance ou l'origine nationale ou ethnique, quelles qu'elles soient. Elle invite les États, dans son article 2 paragraphe 2, à prendre,

> si les circonstances l'exigent, dans les domaines sociaux, économiques, culturels et autres, des mesures spéciales et concrètes pour assurer comme il convient le développement ou la protection de certains groupes raciaux ou d'individus appartenant à ces groupes en vue de leur garantir, dans des conditions d'égalité, le plein exercice des droits de l'homme et des libertés fondamentales[1].

Dans ces différents États, les Constitutions combattent la discrimination raciale. La Constitution tunisienne de 2014 dispose, dans son article 21, que « les citoyens et les citoyennes sont égaux en droits et devoirs. Ils sont égaux devant la loi sans aucune discrimination ». La Constitution tunisienne de 2014 affirme l'égalité entre les hommes et les femmes « en droits et en devoirs » et, par conséquent, interdit la discrimination fondée sur le sexe. Quant à la Constitution égyptienne de 2014, elle déclare, dans son article 53 :

> Les citoyens sont égaux devant la loi : égaux en droits, en libertés et en devoirs publics, sans discrimination de religion, de croyance, de sexe, d'origine, de race, de couleur, de langue, d'invalidité, de niveau social, d'affiliation politique ou d'appartenance géographique, ou toute autre raison. La discrimination et l'incitation à la haine sont des crimes pénalisés par la loi. L'État assure les mesures nécessaires pour éliminer toutes formes de discrimination, et la loi prévoit la création d'un commissariat indépendant à cet effet.

---

[1] Xavier Dupre de Boulois, *op. cit.*, p. 91.

La Constitution égyptienne de 2014 est plus précise que la Constitution tunisienne de 2014, dans la mesure où elle interdit plusieurs types de discrimination, et non pas seulement celle fondée sur l'appartenance sexuelle. Elle proscrit en outre la discrimination fondée sur la religion, l'origine, la race, l'affiliation, etc. En Égypte, l'interdiction de toute discrimination religieuse par la Constitution était nécessaire pour protéger les minorités religieuses, comme celle des Coptes chrétiens par exemple. La Constitution polonaise de 1997 affirme, dans son article 32, que « tous sont égaux devant la loi. Tous ont droit à un traitement égal par les pouvoirs publics. Nul ne peut être discriminé dans la vie politique, sociale ou économique pour une raison quelconque ». Comme dans les deux constitutions arabes, la Constitution polonaise interdit la discrimination « pour une raison quelconque ».

Également, la Convention sur l'élimination de toutes formes de discrimination à l'égard des femmes du 18 décembre 1979 est transposée dans les constitutions de ces États pour protéger les droits des femmes. La Constitution roumaine de 1991 énonce dans son article 38 : « Pour un travail égal, les femmes reçoivent un salaire égal à celui des hommes. » Entre les hommes et les femmes, la Constitution roumaine de 1991 reconnaît un traitement salarial égal « pour un travail égal ». La Constitution tunisienne de 2014 dispose, dans son article 46 :

> L'État s'engage à protéger les droits acquis de la femme, les soutient et œuvre à les améliorer. L'État garantit l'égalité des chances entre la femme et l'homme pour assumer les différentes responsabilités et dans tous les domaines. L'État œuvre à réaliser la parité entre la femme et l'homme dans les conseils élus. L'État prend les mesures nécessaires afin d'éradiquer la violence contre les femmes.

La Constitution tunisienne de 2014 entend d'abord protéger « les droits acquis de la femme ». Comme la Constitution égyptienne de 2014, la nouvelle Constitution tunisienne de 2014 énonce un traitement égal entre ses citoyens, homme ou femme. L'article 40 de la Constitution tunisienne de 2014 dispose que « tout citoyen et toute citoyenne ont le droit au travail dans des conditions décentes et avec un salaire équitable ». Selon la Constitution tunisienne de 2014, en vertu de l'article 46, il incombe à l'État tunisien d'éradiquer la violence faite aux femmes. En Pologne, la Constitution de 1997 protège aussi les droits des femmes. L'article 33 précise :

> Dans la République de Pologne, la femme et l'homme ont des droits égaux dans la vie familiale, politique, sociale et économique. La femme et l'homme ont notamment des droits égaux dans le domaine de la formation, de l'emploi et de l'avancement ; ils ont droit à une rémunération égale pour un travail de valeur égale, à la sécurité sociale et à l'accès aux emplois, aux fonctions, aux dignités et aux distinctions.

La Pologne, comme l'Égypte et la Tunisie, reconnaît l'égalité entre les hommes et les femmes. Elle reconnaît également, en vertu de l'article 33 de sa Constitution, « une rémunération égale pour un travail de valeur égale » entre les femmes et les hommes. La question des droits des femmes reste sensible en Égypte et en Tunisie, où les partis politiques dits « islamistes » gagnent des élections. Les débats postrévolutionnaire ont prouvé l'importance de cette question. Les deux Constitutions issues du printemps arabe reconnaissent effectivement les droits des femmes et interdisent toute forme de discrimination à leur égard.

Une autre convention à objet particulier très importante est la Convention sur la torture et autres peines ou traitements cruels, inhumains ou dégradants du 10 décembre 1984. La Pologne, l'Égypte, la Tunisie et la Roumanie interdisent sans équivoque la torture. L'article 3 du protocole additionnel du 18 décembre 2002 a prévu la mise en place par chaque État d'un organe de visite des lieux de détention. La Constitution tunisienne de 2014 énonce dans son article 22 que « le droit à la vie est sacré, il ne peut lui être porté atteinte que dans des cas extrêmes fixés par la loi ». Elle énonce également, dans son article 23, que « l'État protège la dignité de la personne et son intégrité physique, et il interdit la torture morale et physique. Le crime de torture est imprescriptible ». La Constitution tunisienne de 2014 interdit la torture sous toutes ses formes et estime que ce crime est « imprescriptible ». Il incombe à l'État tunisien, en vertu de sa Constitution, de protéger la dignité et l'intégrité de toute personne humaine, même lorsque celle-ci est détenue. À cet égard, l'article 30 de la Constitution tunisienne de 2014 énonce que « tout détenu a droit à un traitement humain qui préserve sa dignité. Lors de l'exécution des peines privatives de liberté, l'État doit considérer l'intérêt de la famille et veiller à la réhabilitation du détenu et à sa réinsertion dans la société ». La République de la Pologne protège, dans sa Constitution, la dignité humaine. C'est l'article 40 qui reprend mot pour mot la Convention sur la torture du 10 décembre 1984. Il proclame que « nul ne peut être soumis à la torture ni à des traitements ou des peines cruelles, inhumaines ou dégradantes. Il est interdit d'infliger des peines corporelles ». La Constitution polonaise de 1997, dans son article 40, interdit formellement la torture, les traitements et les peines cruels qui sont inhumains ou dégradants. De toutes les Constitutions analysées, la Constitution polonaise est la plus précise et reprend explicitement les mots de la Convention sur la torture et d'autres peines ou traitements cruels, inhumains ou dégradants du 10 décembre 1984. Elle défend également la dignité humaine qu'elle définit comme inhérente à l'Homme. En effet, l'article 30 de la Constitution polonaise de 1997 précise que « la dignité inhérente et inaliénable de l'homme constitue la source des libertés et des droits de l'homme et du citoyen. Elle est inviolable, son respect et sa protection sont le devoir des pouvoirs publics ». Il est du devoir de l'État polonais, selon la Constitution de 1997, de protéger la dignité de l'homme parce qu'elle est « la source des libertés et des droits de l'homme et du citoyen ». On trouve dans la Constitution polonaise une distinction entre l'homme et le citoyen qui ne figure pas dans les Constitutions tunisienne et égyptienne de 2014. La Constitution tunisienne de 2014 préfère par ailleurs employer le terme de « personne » qui permet d'inclure à la fois l'étranger et le citoyen. En Égypte, la Constitution de 2014 protège la dignité humaine et interdit la torture. Dans son article 55, elle proclame :

> Toute personne arrêtée, détenue ou privée de sa liberté, est traitée d'une manière qui préserve sa dignité et ne peut être torturée, intimidée, contrainte, ni atteinte physiquement ou moralement. La détention ou l'emprisonnement n'ont lieu que dans les endroits conçus à cet effet, décents en termes humain et sanitaire, et l'État s'engage à fournir les équipements nécessaires aux personnes handicapées. La violation de ces dispositions est un crime sanctionné par la loi. Le détenu a le droit de garder le silence. Tout propos dont il s'avère qu'il a été obtenu sous la menace ou dans l'une des conditions précitées est nul et non avenu.

La Constitution égyptienne de 2014 protège toute personne détenue contre tout traitement qui porte atteinte à sa dignité humaine. Elle interdit également la torture et toute atteinte physique ou morale contre le détenu. L'article 56 de la Constitution égyptienne de 2014 interdit dans les lieux de détention « tout ce qui s'oppose à la dignité humaine ou met en danger la santé ». L'article 51 de la Constitution égyptienne de 2014 impose à l'État de respecter et de protéger la dignité de l'être humain. Elle déclare également, dans son article 52, que « la torture sous toutes ses formes et manifestations est un crime imprescriptible ». Comme la Constitution tunisienne de 2014, la Constitution égyptienne de 2014 qualifie la torture de « crime imprescriptible ».

Enfin, la dernière convention à objet particulier est la Convention relative aux droits des personnes handicapées adoptée le 13 décembre 2006. Les Constitutions tunisienne, égyptienne, polonaise et roumaine protègent les droits des personnes handicapées. D'ailleurs, les Constitutions de Pologne et de Roumanie sont antérieures à la Convention relative aux droits des personnes handicapées du 13 décembre 2006. En vertu de l'article 48 de la Constitution tunisienne de 2014, « l'État protège les personnes handicapées de toute discrimination. Tout citoyen handicapé a le droit de bénéficier, selon la nature de son handicap, de toutes les mesures qui lui garantissent une pleine intégration dans la société. L'État doit prendre toutes les mesures nécessaires à cet effet ». Selon la Constitution tunisienne de 2014, l'État doit protéger les personnes handicapées et il doit prendre « toutes les mesures nécessaires » permettant l'intégration de la personne handicapée dans la société tunisienne. En Roumanie, la Constitution de 1991 protège les personnes handicapées dans son article 46 qui déclare que « les personnes handicapées jouissent d'une protection spéciale. L'État assure la mise en œuvre d'une politique nationale de prévention, de traitement, de réadaptation, d'enseignement, d'instruction et d'intégration sociale des personnes handicapées, respectant les droits et les devoirs qui incombent aux parents et aux tuteurs ». Comme la Constitution tunisienne de 2014, la Constitution roumaine de 1991 charge l'État, notamment par le biais d'une politique nationale de prévention et de traitement, de protéger et d'intégrer les personnes handicapées dans la société. L'Égypte protège également les droits des personnes handicapées. L'article 81 de la Constitution égyptienne de 2014 précise :

> L'État s'engage à garantir les droits des personnes handicapées et des nains, sur les plans médical, économique, social, culturel, sportif et éducatif, et sur le plan des loisirs, à assurer des possibilités d'emploi et leur attribuer un quota, aménager les équipements publics et les espaces de proximité, assurer l'exercice de leurs droits politiques, leur intégration à l'ensemble des citoyens, en conformité avec les principes d'égalité, de justice et d'équité des chances.

En Pologne, l'article 68 de la Constitution polonaise de 1997 énonce que « les pouvoirs publics doivent assurer l'assistance médicale particulière aux enfants, aux femmes enceintes, aux personnes handicapées et aux personnes âgées ». En plus de l'assistance médicale, la Constitution polonaise, dans son article 69, impose aux pouvoirs publics d'octroyer « une aide aux personnes handicapées en matière de moyens d'existence, de formation professionnelle et de communication sociale ».

En outre des conventions à objet particulier signées dans le cadre de l'ONU, certains des États qui nous intéressent ont également signé des traités concernant les droits de l'homme dans le cadre du Conseil de l'Europe. Créé par le traité de Londres du 5 mai 1949, le Conseil de l'Europe comprend quarante-sept États membres. Selon le professeur Xavier Dupré De Boulois,

> La Convention la plus importante adoptée dans le cadre du Conseil de l'Europe est la Conv. EDH, de son vrai nom la Convention de sauvegarde des droits de l'homme et des libertés fondamentales, signée à Rome le 4 novembre 1950. Elle l'est de par son caractère général et de par son système de garantie juridictionnelle des droits dont elle dispose avec la CEDH. La liste des droits et libertés garantis par la Conv. EDH a été complétée par plusieurs protocoles (n° 1, 4, 6, 7, 12 et 13). Le dernier d'entre eux, relatif à l'abolition de la peine de mort, a été ratifié par la France le 10 octobre 2007[1].

La Convention européenne des droits de l'homme (CEDH) protège certains droits et libertés tels que le droit à la vie, la prohibition de la torture, des traitements inhumains ou dégradants, la liberté d'opinion, d'expression, de communication, la liberté religieuse, les droits politiques, le droit au

---

[1] Xavier Dupre de Boulois, *op. cit.*, p. 93.

procès équitable, le droit à la non-discrimination, etc. Ces États, certainement influencés par le contexte international et les travaux des organisations internationales au sein desquelles ils siègent, protègent et garantissent les droits et libertés fondamentaux des individus.

La charia et les libertés individuelles dans les constitutions en Afrique du nord : le cas de l'Égypte et la Tunisie

Outre le droit positif constitutionnel, les Constitutions arabes de 2014 affirment que la charia islamique est une source de droit. Ainsi, la Charia comme source de droit devient une norme à valeur constitutionnelle. Par conséquent, il est intéressant d'analyser le rapport entre les droits fondamentaux du droit positif et la Charia islamique, c'est-à-dire, d'abord, les valeurs juridiques de ces deux normes, puis la différence entre elles, c'est-à-dire notamment la différence de destinataires.

La charia et les droits fondamentaux : deux normes à valeur constitutionnelle

Entre le principe de la charia, que les nouvelles Constitutions arabes de 2014 déclarent comme étant « la source de la législation », et les autres normes, existe-t-il une conciliation, une prévalence ou simplement de l'ignorance ? Cette même déclaration est-elle sans effet sur les autres articles et droits constitutionnels ? Telles sont les interrogations que nous soulevons dans cette partie. Au-delà des hypothèses de compatibilité ou d'incompatibilité entre ces différentes normes constitutionnelles qui impliquent une confrontation ou, du moins, une comparaison, on peut également envisager une autre hypothèse. Celle-ci refuse le conflit et permet ainsi d'éviter l'affrontement en soutenant que les unes ne sont pas dans le champ des autres. Mais elle reste difficilement soutenable dans la mesure où la charia traite de tous les domaines de la vie privée des individus, comme nous l'avons vu avec les droits de la famille par exemple. De plus, l'hypothèse de la conciliation des droits cache mal l'essence même du combat entre les règles constitutionnelles issues de la charia islamique et les autres. Bien évidemment, la confrontation entre la charia islamique et les autres normes de droit est nécessaire afin de trouver une solution définitive et durable. Nous nous proposons d'étudier à présent les effets juridiques d'une telle référence à la loi islamique dans les nouvelles constitutions arabes de 2014.

Selon le professeur Sélim Jahel, « dans l'acception classique du terme, la Charia désigne l'ensemble des valeurs et des normes religieuses, morales, et juridiques sur lesquelles le croyant doit conformer sa conduite et ordonner tous les actes de sa vie courante[1] ». L'article 2 de la Constitution égyptienne de 2014 reconnaît le principe de la charia islamique comme « la source principale de la législation ». La Constitution égyptienne de 2014 déclare également plusieurs droits et libertés fondamentaux qui ne sont pas issus de la charia islamique. Les États des pays musulmans, dans le cadre de l'Organisation de la Conférence islamique, ont adopté plusieurs Déclarations islamiques des droits de l'homme, notamment la Déclaration de Decca sur les droits de l'homme en Islam de 1983 et la Déclaration du Caire sur les droits de l'homme en Islam de 1991. Selon le professeur Sélim Jahel, en plus des droits issus de la charia islamique,

> les Déclarations islamiques ajoutent une foule de droits fondamentaux, la plupart inspirés de la Déclaration universelle de 1948 ou d'autres documents internationaux qui ne sont pas incompatibles avec les premiers. Ces textes affirment à leur tour le droit à la liberté, le droit à l'asile, le droit de participer à la conduite et à la gestion des affaires publiques, le droit de chacun à la protection de sa vie privée, les droits et devoirs de travailleurs, etc. Mais, et c'est là que réside toute la différence avec la conception occidentale, chacun de ces droits est soigneusement défini par référence aux prescriptions de la Charia, Loi de Dieu et son exercice limité au cadre qu'elle lui assigne[2].

Le monde musulman adhère ainsi à la conception occidentale des droits et libertés fondamentaux à condition qu'ils ne soient pas incompatibles avec la charia islamique. Le souci majeur réside dans le fait que

> Les Constitutions qui accordent un rôle normatif à la charia, aux principes de la charia ou au *fiqh* ne précisent toutefois pas de quels principes il s'agit ni à quelle école juridique il convient de se référer pour les identifier, même si la Constitution afghane (article 130) précise que dans le silence de la loi, les tribunaux doivent se référer aux principes de l'école hanafite pour trancher le conflit qui leur est soumis. La plupart des Constitutions ne précisent pas non plus à qui doit revenir la tâche d'apprécier la conformité des lois aux principes de la charia[3].

L'Égypte se démarque des autres États musulmans en reconnaissant à la Haute Cour constitutionnelle le pouvoir de veiller la conformité des lois aux principes de la charia. « Si, dans la plupart des États consacrant la normativité de la charia il n'est pas fait mention d'un organe qui serait chargé de veiller à la conformité des lois aux principes de la charia, en Égypte ce rôle a été dévolu à la Haute Cour constitutionnelle, chargée du

---

[1] Sélim Jahel, *La Place de la Charia dans les systèmes juridiques des pays arabes*, Paris, LGDJ, Éditions Panthéon Assas, coll. « Introuvables », 2012, p. 7.
[2] *Ibid.*, p. 39.
[3] Nathalie Bernard-Maugiron, « La place de la charia dans la hiérarchie des normes », *in* B. Dupret (éd.), *La charia aujourd'hui. Usages de la référence au droit islamique*, Paris, La découverte, 2012, p. 57.

contrôle de constitutionnalité des lois et des règlements », remarque Nathalie Bernard-Maugiron[1].

La différence entre les républiques dites islamiques et les autres pays du monde arabe est que

> l'ordre juridique de l'État islamique est entièrement soumis aux prescriptions de la Charia. Celle-ci constitue la loi fondamentale de l'État et le système juridique de droit commun. Ainsi, suivant les dispositions de l'article 7 du Statut organique de l'Arabie Saoudite, le Coran et le Sunna sont déclarés être les critères (*al-hakamayn*, littéralement les deux juges) du Statut organique lui-même et de tout autre texte établi par le pouvoir séculier[2].

En revanche, les Républiques non islamiques du monde musulman (la Tunisie et l'Égypte notamment) sont caractérisées par une séparation plus ou moins claire entre le religieux et le politique. Comme le souligne Nathalie Bernard-Maugiron,

> Les conséquences pratiques de la consécration de l'islam comme religion de l'État ou de l'affirmation de l'identité islamique de l'État différent d'un pays à l'autre. Dans la plupart des cas, elles n'ont pas d'effets concrets sur l'organisation du pouvoir ou des institutions, qui fonctionnent sur le modèle d'une séparation plus ou moins absolue des domaines religieux et étatiques. Il est rare qu'elles se traduisent par un régime théocratique et par l'association à l'exercice du pouvoir d'autorités religieuses ou de spécialistes du droit musulman. On ne trouve guère que l'Arabie saoudite pour affirmer que le roi tire son pouvoir du Coran et de la Sunna, qui s'imposent à lui (1992, art. 7) et un comité de grands *ulémas* (art. 45) participe à l'exercice du pouvoir, ou que l'Iran, pour avoir instauré une République islamique où le pouvoir politique est exercé par le clergé chiite[3].

La conception que ces États ont des institutions publiques diffère nettement de celle qu'en ont les Républiques islamiques. Leurs systèmes juridictionnels sont calqués sur les systèmes européens et ils sont détachés du droit pénal coranique. Mais tous ces pays proclament dans leur Constitution que l'islam est la religion de l'État. Pour Nathalie Bernard-Maugiron,

> Très souvent, l'effet pratique de ces dispositions reste cependant de l'ordre du symbolique ou est confiné à certains domaines, comme le droit de la famille. Ces références religieuses peuvent toutefois produire un effet juridique lorsqu'elles sont invoquées devant les tribunaux, ou un effet politique, quand elles s'immiscent dans les discours et les pratiques institutionnelles[4].

---

[1] *Ibid.*
[2] Sélim Jahel, *op. cit.*, p. 11.
[3] Nathalie Bernard-Maugiron, *op. cit.*, p. 53.
[4] *Ibid.*, p. 51.

Si la Constitution égyptienne de 2014 reconnaît les principes de la charia comme « la source principale de la législation », l'ordre juridique égyptien n'est pas exclusivement soumis à la charia islamique. Contrairement à l'Arabie Saoudite qui fonde son ordre juridique uniquement sur le Coran et la Sunna, l'Égypte adopte, dans sa Constitution, des articles qui encadrent et organisent l'État, qui reconnaissent les droits et libertés individuels qui n'existent pas dans le Coran. Conformément à sa Constitution de 2014, l'Égypte est loin d'être une République islamique qui s'octroie comme mission d'appliquer et de promouvoir la charia. Pourtant, comme le rappelle Nathalie Bernard-Maugiron,

> La consécration de l'islam comme religion de l'État entraîne également des contradictions internes à la Constitution, lorsque cette dernière consacre aussi la liberté religieuse ou le principe d'égalité. La fondation de partis politiques sur une base religieuse est parfois interdite. C'était le cas en Égypte après l'amendement, en 2007, de l'article 5 de la Constitution (cette interdiction figurait auparavant dans une simple loi, comme c'est toujours le cas au Maroc), ainsi qu'en Algérie (art. 42) et en Tunisie (art. 8)[1].

Pour souligner la difficile conciliation de la charia islamique avec la conception européenne des droits de l'homme, la Cour européenne des droits de l'homme, dans une décision rendue le 13 février 2003 dans l'affaire qui opposait le Refah Partisi à la Turquie, affirme :

> Il est difficile de se déclarer respectueux de la démocratie et des droits de l'homme et de soutenir un régime fondé sur la charia, qui se démarque nettement des valeurs de la Convention, notamment, eut égard à ses règles de droit pénal et de procédure pénale, à la place qu'elle réserve aux femmes dans l'ordre juridique, et à son intervention dans tous les domaines de la vie privée et publique conformément aux normes religieuses[2].

Les États arabes qui possèdent un gouvernement civil rencontrent de sérieuses difficultés à concilier le droit de la famille inspiré de la charia islamique avec les principes issus des conventions internationales, notamment ceux prohibant toute forme de discrimination. Comme le souligne le professeur Sélim Jahel,

> Les seules difficultés qu'éprouvent les États musulmans de type moderne à accorder leur système juridique aux principes établis pour les droits de l'homme par la Charte et par les pactes de 1966 se ramènent aux règles discriminatoires que comporte leur droit de la famille reproduisant le système de la Charia : inégalité entre l'homme et la femme en matière successorale et dans une mesure, aujourd'hui plus limitée, relativement à l'autorité parentale, polygamie et répudiation ; discrimination entre musulmans et non-

---

[1] *Ibid.*, p. 54.

[2] Cour européenne des droits de l'homme, 13 février 2003, *Refah Partisi et a. c/Turquie*, § 123.

> musulmans concernant l'interdiction faite à ces derniers d'épouser une musulmane, d'hériter d'un musulman, d'exercer la tutelle ou d'administrer les biens d'un musulman frappé d'incapacité[1].

Pour résoudre ce problème d'incompatibilité, la Tunisie d'Habib Bourguiba a adopté un Code du statut personnel adapté à la conception laïque de l'État et de la société[2]. En Égypte, la Haute Cour constitutionnelle distingue les principes islamiques absolus des règles relatives. Les principes islamiques absolus sont des sources fondamentales incontestables et immuables tels que le Coran et la Sunna. Ils ne peuvent donc évoluer avec le temps. Les règles relatives sont les dérivés des sources fondamentales. Elles sont évolutives avec le temps et avec la société. Elles sont sujettes à interprétation. Selon Nathalie Bernard-Maugiron, la Haute Cour constitutionnelle ne reconnaît pas

> la valeur supra constitutionnelle aux principes de la charia, affirmant que la Constitution est un ensemble cohérent de principes homogènes et non contradictoires et que l'article 2 doit être interprété à la lumière des autres dispositions constitutionnelles. Il reste que, malgré toute son habileté, la Cour risque de ne pas pouvoir toujours échapper à une prise de position en faveur de l'une ou l'autre des dispositions, notamment en cas de conflit avec le principe d'égalité ou la liberté religieuse[3].

La divergence des destinataires entre la charia islamique et les droits et libertés individuels étatiques

La charia islamique se distingue du droit positif de l'État dont elle est parfois, dans les pays musulmans, la source ou, du moins, une des sources de la législation. Par essence, la charia a des visées supranationales. Mais la colonisation occidentale et la modernisation des États du monde arabe depuis la décolonisation ont réduit la charia islamique au statut personnel. En Égypte et en Tunisie notamment, le droit pénal musulman a complètement été délaissé. L'occidentalisation croissante du droit est davantage marquée concernant le droit public en général et le droit constitutionnel en particulier, même si les constitutions font allusion à l'islam. L'analyse des différences entre la charia et les droits de l'homme permet d'expliquer et de comprendre les contradictions et les incohérences. La concurrence entre la charia et les autres règles ne date pas d'aujourd'hui. Selon Nathalie Bernard-Maugiron,

> Dès la fin du XIXe siècle, la plupart des branches du droit égyptien avaient sécularisé, avec l'importation de Codes français en 1876 et 1883 pour les

[1] Sélim Jahel, *op. cit.*, p. 17.
[2] Le code tunisien du Statut personnel a été promulgué le 13 août 1956. Ce Statut était inédit dans le monde musulman en ce qu'il permettait de séculariser le droit de la famille.
[3] Nathalie Bernard-Maugiron, *op. cit.*, p. 61.

nouvelles juridictions mixtes et nationales alors mises en place. Dès avant ce processus de codification des normes, la place de la charia dans le droit égyptien avait subi la concurrence de la coutume et des règlements et l'Empire ottoman avait promulgué un grand nombre de décrets, voire de Codes, inspirés ou non de la loi islamique. Les normes religieuses n'avaient alors guère subsisté que dans le droit pénal et le droit de la famille, qui releva jusqu'en 1955 des tribunaux religieux[1].

Cette question peut aujourd'hui être envisagée d'un autre point de vue. En Occident, les musulmans vivent dans des pays au sein desquels ils représentent une minorité et où ils sont soumis, au même titre que les autres citoyens, aux lois de l'État. Les Constitutions des pays occidentaux ne reconnaissent aucune religion et n'autorisent pas l'application d'une quelconque règle juridique religieuse. Tout est régi par le droit positif de l'État. La possibilité de régir autrement l'espace public que par des règles religieuses est alors envisagée par les musulmans, puisque les lois occidentales s'appliquent identiquement à tous ses citoyens, sans distinction de religion. Par conséquent, la charia y est réduite à la sphère privée, en dépit de ses prétentions supranationales. Elle ne régit plus la relation des musulmans avec d'autres citoyens de l'État. Elle est forcée à respecter les limites tracées par le droit positif de l'État. Les musulmans ne sont pas traités par l'État occidental comme une communauté à part, mais sont bel et bien absorbés dans la masse appelée population. Ils ne sont pas reconnus par l'État comme musulman, mais comme citoyen du pays.

La charia s'adresse à une communauté alors que les droits individuels positifs s'adressent à l'individu sans distinction de race, de sexe ou de religion. Les sujets, les finalités et la légitimité du pouvoir dans la charia sont différents de ceux du droit positif de l'État. Les déclarations concernant les droits et les libertés fondamentaux proclamés dans les constitutions des États occidentaux ainsi que dans les conventions internationales étudiées ci-dessus s'adressent à l'individu, à l'homme sans distinction de race, de sexe ou de religion. En revanche, la charia islamique s'adresse d'abord et avant tout à la communauté musulmane. Elle ne traite que secondairement « [des] autres personnes vivant avec les musulmans », c'est-à-dire toutes celles qui sont en dehors de la *Oumma*. Elle s'adresse aux hommes musulmans et rend ces derniers responsables des femmes et des enfants. Elle place la femme et l'enfant sous le tutorat de l'homme alors que les droits fondamentaux exigent de traiter de façon égale tous les individus et prohibent la discrimination pour des motifs de religion, de sexe, de race. Ainsi, en vertu des droits fondamentaux de l'État, contrairement à la charia, les femmes, les non-musulmans ou musulmanes et les enfants bénéficient de la même protection juridique que les hommes musulmans.

[1] *Ibid.*, p. 95.

Si les droits positifs des États n'excluent pas les musulmans, la charia islamique opère une distinction fondamentale entre les musulmans et les non-musulmans. Cette distinction remet en cause l'égalité entre les citoyens d'un État multiconfessionnel, c'est-à-dire entre les croyants et les non-croyants. Le respect de cette distinction remet en cause les caractéristiques de l'État moderne, à savoir un territoire limité, une population ou une nation identifiée sur une base non religieuse, et une autorité gouvernementale choisie par le peuple. Une autre divergence majeure réside dans le fait que la charia islamique ne reconnaît pas la frontière étatique parce qu'elle entend s'appliquer à la communauté musulmane partout dans le monde. Elle ne reconnaît pas la population ou la nation liée par l'histoire, le vécu ou la géographie puisqu'elle ne reconnaît qu'une seule et unique communauté de religion musulmane. Elle ne reconnaît pas non plus la légitimité d'un pouvoir choisi par le peuple puisqu'il n'y a que Dieu qui choisit ses représentants sur terre. Elle accepte le calife et les oulémas. Contrairement à la religion chrétienne, la religion musulmane ne reconnaît pas une autorité centrale incontestable comme le pape. Cela complique davantage la situation puisque la charia est sujette à diverses interprétations. Or, chaque courant de la pensée islamique possède sa propre interprétation de la charia. Le fondement du pouvoir, sa légitimité et sa finalité politique sont bien différents entre la charia et les droits de l'homme.

L'analyse de cette distinction est fondamentale parce qu'elle permet de comprendre les divergences entre la charia islamique et la conception occidentale du droit positif en général et des droits de l'homme en particulier. La charia est plus restrictive que les Déclarations des droits de l'homme. Elle est communautaire et elle s'adresse principalement aux hommes : elle ne vise que très rarement la femme et l'enfant. La femme est jugée faillible et est ainsi mise sous tutelle du mari ou du père. La charia islamique envisage les musulmans, non pas comme les citoyens d'un État, mais comme une collectivité religieuse indivisible. Contrairement au droit positif étatique, la charia réserve un traitement différent, pour ne pas dire injuste, entre les musulmans d'un côté et les non-musulmans de l'autre. En Égypte, selon Nathalie Bernard-Maugiron, « la loi islamique continue à influencer le droit de la famille des musulmans égyptiens et a même vocation, en tant que droit général, à s'appliquer aux non musulmans appartenant à des communautés religieuses ou à des confessions différentes[1] ». De même, la charia traite de façon inégalitaire les hommes et les femmes musulmans. La charia est alors incompatible avec deux principes fondamentaux des États modernes que sont la liberté et l'égalité entre les citoyens sans distinction de sexe ou de religion. Pour la charia, le croyant est soumis à Dieu et, en tant que tel, il est privilégié par rapport aux non-

[1] *Ibid.*, p. 96.

croyants. Un homme est responsable de sa femme, de ses filles et de ses sœurs célibataires si ces dernières sont orphelines. Même pour effectuer le pèlerinage, qui est un devoir pour chaque musulman, une femme doit être accompagnée de son mari, de son père, de son frère ou de son fils. Elle n'a pas le droit d'effectuer seule ce cinquième pilier de l'islam. Même dans l'accomplissement des obligations fondamentales divines, la femme est obligée d'être accompagnée d'un homme. L'égalité et la liberté sur lesquelles se fondent les États modernes ne sont pas reconnues en tant que telles par la charia. La charia ne s'applique qu'aux musulmans, croyants soumis à Dieu. Par conséquent, ils ne sont pas libres ou ne le sont que dans la limite de leur soumission à Dieu. Ils ne sont pas non plus égaux vis-à-vis des non-musulmans ou des femmes musulmanes. Les non-musulmans sont soumis au régime juridique de la *dhimma*, c'est-à-dire de la protection tutélaire des musulmans. Selon Nathalie Bernard-Maugiron, « si le droit égyptien autorise à titre exceptionnel les non-musulmans à être soumis à la loi du statut personnel de leur communauté, il précise que le droit des musulmans s'applique lorsque les conditions d'application du droit spécial ne seront pas remplies, en tant que droit général de la famille[1] ».

Aujourd'hui, pour atténuer la contradiction entre la charia et le droit positif, de nombreux pays arabes essayent de diluer la charia dans leur ordre juridique. Ce sont les Constitutions des États arabes qui décident de la place de la charia dans le droit positif. L'article 2 de la Constitution égyptienne de 2014 annonce, par exemple, que « les principes de la charia sont la source principale de la législation ». Selon Baudoin Dupret et Léon Buskens,

> si la charia et le *fiqh,* dans leur forme classique, ont disparu de l'univers juridique, le droit référé à l'islam, c'est-à-dire un droit positif s'inscrivant, dans le jeu des sources et de la référence, sous l'égide de la charia, s'est, en revanche, très largement imposé. L'immense majorité des Constitutions des pays dont la population est majoritairement musulmane accordent une place au droit musulman, sous une appellation ou une autre, ce qui impose un travail de mise en conformité, non pas tant à des dispositions substantielles qu'à un référentiel éthique[2].

En Égypte, comme ailleurs dans le monde arabe, la dilution de la charia dans l'ordre constitutionnel moderne se caractérise, notamment au niveau institutionnel, « avec la mise en place d'architectures constitutionnelles consacrant la séparation des pouvoirs, la hiérarchie des juridictions, le principe législatif, la représentation populaire, et les droits et libertés fondamentaux[3] ». En Égypte, la charia est cantonnée au domaine du statut

---

[1] *Ibid.*, p. 99.

[2] Baudoin Dupret et Léon Buskens, « De l'invention du droit musulman à la pratique juridique contemporaine », *in* Baudouin Dupret (éd.), *La charia aujourd'hui. Usages de la référence au droit islamique*, Paris, La découverte, 2012, p. 15.

[3] *Idem..*

personnel et elle est « de plus toujours médiatisée par le recours aux sources premières du droit positif égyptien d'aujourd'hui : la loi et la jurisprudence[1] ».

Si elle semble être mise sous tutelle étatique, la charia continue d'influencer largement les sociétés arabes musulmanes. Comme le rappelle Nathalie Bernard-Maugiron,

> Si le processus de modernisation institutionnelle et juridique a conduit à une marginalisation du référent religieux dans le droit positif égyptien actuel, il n'a cependant pas entraîné sa disparition. D'une part, la charia continue à être la source directe de normes législatives et, d'autre part, elle participe à la définition de la notion de référent suprême dans l'ordre juridique égyptien[2].

L'intégration de la charia dans l'ordre positif de l'État sert aux gouvernements des pays arabes comme moyen pour affirmer son contrôle sur la société et leur permet également de retirer une partie des pouvoirs à l'élite religieuse. Ainsi, l'État se pose comme centre unique de décision et seul habilité à dire le droit. Il appartiendra donc à l'État de résoudre les contradictions ou les incohérences entre les règles issues de la charia et les règles issues des droits de l'homme et contenues dans les conventions internationales ratifiées et celles issues de son propre droit positif. Ainsi, il existe un exemple à propos de la liberté de religion garantie par l'article 9 de la Convention européenne des droits de l'homme, sur lequel la CEDH a choisi de se reposer pour émettre son jugement concernant un événement arrivé en Turquie. Dans la célèbre affaire *Leyla Sahin c. Turquie* du 10 novembre 2005 relative à la liberté de religion en Turquie, une étudiante en médecine contestait l'interdiction de porter le foulard islamique à l'Université et la Cour a conclu à l'unanimité à la non-violation de l'article 9 de la Convention en précisant « que la sauvegarde de ce principe, assurément l'un des principes fondateurs de l'État turc qui cadrent avec la prééminence du droit et le respect des droits de l'homme et de la démocratie, peut être considérée comme nécessaire à la protection du système démocratique en Turquie[3] ». En s'appuyant sur la jurisprudence de la Cour constitutionnelle turque, elle note que la laïcité est au confluent de la liberté et de l'égalité. Les États doivent s'interdire, au nom du principe de laïcité, de témoigner une préférence pour une religion ou une conviction. Selon Nathalie Bernard-Maugiron,

> Alors que l'État moderne, libéral, repose sur la différenciation du politique et du religieux, c'est leur imbrication qu'on observe dans la majorité des pays musulmans. Mais cet attachement à la religion est souvent confiné au symbolique et se traduit peu sur le plan juridique ou politique, les

---

[1] *Ibid.*, p. 14.
[2] Nathalie Bernard-Maugiron, *op. cit.*, p. 96.
[3] Affaire *Leyla Shahin c. Turquie*, requête n° 44774/98, 10 novembre 2005, § 114.

mécanismes institutionnels restant modernes. Les références constitutionnelles visent souvent à se réapproprier le référent religieux pour renforcer la légitimité du régime, en affirmant son autorité et sa prépondérance. De même que la proclamation du caractère islamique de l'État n'entraîne pas l'application d'un « modèle islamique » d'organisation du pouvoir, il est rare que la référence à la valeur normative de la charia entraîne une influence réelle de cette dernière sur le droit positif national, hormis le droit de la famille[1].

À cette vision universelle des droits de l'homme, le monde arabe oppose ses sources islamiques du droit. Selon Sélim Jahel,

> La Déclaration islamique du 19 septembre de 1981 prend soin de le souligner dans son préambule : « Nous musulmans qui croyons qu'aux termes de notre alliance avec Dieu, nos devoirs et obligations ont priorité sur nos droits. » Ainsi, les droits fondamentaux sont-ils, dans le système musulman toujours, contrebalancés par l'idée de devoirs envers Dieu qui a des droits sur l'homme (*huquq Allah*) : ils n'apparaissent en définitive, que comme un reliquat. C'est pour cela que certains droits fondamentaux reconnus dans la Charia, la Loi islamique, vont, par l'effet de ses dispositions qui fixent les limites de leur exercice, être largement vidés de leur contenu[2].

Il est difficile de transposer la conception européenne des droits fondamentaux au monde arabe qui fait une large part dans son ordre juridique à des concepts, des normes et des valeurs d'essence religieuse. Selon Nathalie Bernard-Maugiron, il faut relativiser l'impact concret de la charia sur les droits des individus :

> De même que les dispositions constitutionnelles consacrant la séparation des pouvoirs restent souvent lettre morte dans le monde musulman, celles affirmant la place de l'islam et de la charia ont rarement de réels effets juridiques ou politiques. Elles gardent toutefois une valeur symbolique très forte, qui se retrouve dans les discours et parfois même dans des décisions de justice, se retournant alors contre le pouvoir qui voulait instrumentaliser la religion à des fins de légitimation[3].

Les sources régionales des droits et libertés fondamentaux dans le monde arabe et en Europe de l'Est

À la vision occidentale universelle des droits de l'homme, le monde arabe oppose ses sources islamiques des droits qui sont différentes, mais parfois correspondent aux sources européennes des droits fondamentaux.

---

[1] Nathalie Bernard-Maugiron, *op. cit.*, p. 62.
[2] Sélim Jahel, *op. cit.*, 2012, p. 40.
[3] Nathalie Bernard-Maugiron, *op. cit.*, p. 63.

Les sources islamiques des droits et libertés fondamentaux pour l'Égypte et la Tunisie

Les sources islamiques des droits individuels régionales sont les déclarations des droits de l'homme adoptées dans le cadre de l'Organisation de la Conférence islamique, qui est une organisation gouvernementale, et la Déclaration islamique universelle des Droits de l'Homme du 19 décembre 1981, adoptée à Paris, au siège de l'UNESCO, par une Organisation non gouvernementale. Nous avons délibérément écarté la Charte africaine des droits de l'homme et du peuple pour deux raisons : d'abord, elle ne présente pas le même intérêt que les déclarations islamiques qui font l'objet de notre étude parce que ces dernières, aux yeux des pays musulmans les ayant adoptées, véhiculent une idéologie religieuse qui s'oppose au monde occidental auquel appartiennent la Pologne et la Roumanie. La Charte de l'Union africaine s'inscrit plutôt dans la démarche de la Déclaration universelle des droits de l'homme de l'ONU. Ensuite, la Charte africaine des droits de l'homme n'est pas citée dans les Constitutions de ces pays qui se réfèrent au droit international et la Charia islamique. Par conséquent, l'analyse des déclarations islamiques nous informe plus sur l'une des sources qui est la Charia.

Les sources islamiques étatiques des droits de l'homme

Selon Sélim Jahel,

> Aujourd'hui, pour mieux comprendre le sens que recouvre la notion de droits fondamentaux dans le système musulman, il faut se référer principalement aux diverses Déclarations islamiques des droits de l'homme qui se sont succédé au cours de ces dernières décennies pour tenter de faire contrepoids à la Déclaration universelle des Droits de l'Homme de 1948[1].

Dans le monde musulman, les droits fondamentaux sont confondus avec les droits de l'homme. Dès lors, nous nous appuierons sur ces deux déclarations adoptées par certains États musulmans, afin d'analyser la teneur et la place des droits fondamentaux dans ces pays. Plusieurs déclarations et résolutions concernant les droits de l'homme dans ces pays ont été adoptées, par exemple la Déclaration de 1983, celle de 1981 et celle du Caire de 1990, ou encore les résolutions adoptées lors de deux sommets islamiques en 2005 en Arabie Saoudite et en 2008 au Sénégal. Les sources principales étatiques des droits et libertés dans le monde musulman sont deux déclarations adoptées, l'une à Dacca (Bangladesh), l'autre au Caire (Égypte) par les Conférences des ministres des Affaires étrangères de l'Organisation de la Conférence islamique (OCI).

---

[1] Sélim Jahel, « Les droits fondamentaux en pays arabo-musulmans », *RIDC*, n° 4, 2004, p. 790.

La Déclaration de Dacca sur les droits de l'homme en Islam a été adoptée en 1983 par la quatrième Conférence des ministres des Affaires étrangères de l'OCI. Cette déclaration est composée de neuf paragraphes. Dans cette déclaration de Dacca,

> Les États membres de l'OCI affirment et réaffirment leur foi en Dieu, en son unicité, en son Prophète Muhammad, dans la place « d'honneur » réservée à l'homme et le rôle culturel et historique de l'*Umma* islamique qui doit contribuer aux efforts déployés par l'humanité pour affirmer les Droits de l'Homme et le protéger contre l'exploitation et la persécution, et lui assurer la liberté et le droit de vivre dans la dignité, conformément à la *Chari'a* islamique[1].

Cette déclaration compte sur la responsabilité de l'*Umma* islamique pour affirmer et assurer les droits fondamentaux de l'individu « conformément à la *Chari'a* islamique ». Pour les États musulmans, « les libertés et droits fondamentaux, conformément à la charia, sont partie intégrante de l'Islam » et personne n'a alors le droit de les abolir partiellement ou entièrement ou de les violer ou de les ignorer, car « il s'agit d'injonctions divines, énoncées dans ses Livres Révélés[2] ». Les droits des individus sont reconnus par les États du monde musulman « conformément à la *Chari'a* » et ils « sont partie intégrante de l'Islam » parce qu'ils sont proclamés par exemple dans le Coran. La Déclaration de Dacca sur les droits de l'homme en Islam de 1983 ne présente pas la même conception que l'Occident en matière de droits fondamentaux. Elle affirme cependant l'égalité entre les hommes « sans distinction aucune de race, de couleur, de langue, de religion, de sexe, d'opinion politique, de statut social ou toute autre considération ».

La Déclaration du Caire sur les droits de l'homme en Islam, quant à elle, a été adoptée par la Conférence des ministres des Affaires étrangères de l'Organisation de la Conférence islamique en 1990. Dans son Préambule, elle affirme :

> Les États membres de l'OCI sont convaincus que les droits fondamentaux et les libertés publiques en Islam font partie « de la Foi islamique », car ce sont les droits et les libertés dictés par Dieu « dans ses Livres révélés » et qu'ils font l'objet du message du dernier Prophète Muhammad. Ainsi, cette Déclaration confirme le caractère divin et à la fois sacré des droits de l'homme qui trouvent leurs sources d'inspiration dans tous les livres révélés aux prophètes[3].

L'article 1er de cette Déclaration mentionne :

---

[1] Mohammed Amin Al-Midani, « La Déclaration universelle des Droits de l'Homme et le droit musulman », *in* Franck Frégosi (dir.), *Lectures contemporaines du droit islamique : Europe et Monde arabe*, Strasbourg, Presses Universitaires de Strasbourg, 2004, p. 169.

[2] *Idem.*.

[3] *Ibid.*, p. 170.

> Tous les hommes, sans distinction de race, de couleur, de langue, de religion, de sexe, d'appartenance politique, de situation sociale ou de toute autre considération, sont égaux en dignité et en responsabilité. La vraie foi, qui permet à l'homme de s'accomplir, est la garantie de la consolidation de cette dignité. Les hommes sont tous sujets de Dieu, le plus digne de sa bénédiction étant celui qui se rend le plus utile à son prochain. Nul n'a de mérite sur un autre que par la piété et la bonne action[1].

Cet article n'évoque pas l'égalité entre les hommes sans distinction de religion. Comme nous l'avons mentionné ci-dessus, la Déclaration du Caire, comme toutes autres déclarations islamiques des droits s'inspirant de la charia, ne s'adresse qu'à la communauté musulmane. Interdire une discrimination fondée sur la religion est donc vain, dans la mesure où tous les sujets de cette Déclaration n'ont qu'une religion qui est l'islam. Or, les musulmans ne sont pas seuls à vivre en « terre d'islam ». En vérité, une telle déclaration nie aux personnes de confessions différentes et vivant sur le même territoire une quelconque existence juridique au sein de l'État.

Selon l'article 5 de la même déclaration, « la famille est le fondement de l'édification de la société. Elle est basée sur le mariage. Les hommes et les femmes ont le droit de se marier. Aucune entrave relevant de la race, de la couleur ou de la nationalité ne doit les empêcher de jouir de ce droit[2] ». Cet article ne mentionne pas si la différence de religion constitue oui ou non une entrave au mariage. Cette question, avec celle de la reconversion et de l'homosexualité, est sensible dans l'Islam. Si un homme a le droit d'épouser une femme de confession différente, la femme n'a pas le droit d'épouser un homme d'une autre religion. Seul l'article 6 rappelle dans des termes équivoques que « la femme est l'égale de l'homme sur le plan de la dignité humaine. Elle a autant de droits que de devoirs ». C'est en dignité que la femme est l'égale de l'homme. L'article dit que la femme a « autant de droit que de devoirs », sans préciser une quelconque comparaison à l'homme.

L'article 10 de la Déclaration du Caire de 1990 rappelle que « l'Islam est la religion de l'innéité. Aucune forme de contrainte ne doit être exercée sur l'homme pour l'obliger à renoncer à sa religion pour une autre ou pour l'athéisme ». Il n'évoque pas l'apostasie qui, conformément à la charia, est passible de mise à mort. Selon l'article 19 de la même déclaration, « tous individus, gouvernants et gouvernés, sont égaux devant la loi. Le droit de recours à la justice est garanti pour tous. La responsabilité est, par essence, personnelle. Il ne peut y avoir ni délit ni peine, en l'absence de dispositions prévues par la Charia ». Ne sont donc reconnus dans cette Déclaration du Caire que les délits et les peines énoncés par la charia islamique.

---

[1] Annexe II, « Déclaration du Caire sur les droits de l'homme en islam », *in* Franck Frégosi (dir.), *op. cit.*, p. 181.
[2] *Ibid.*, p. 182.

L'article 11 de la Déclaration du Caire sur les Droits de l'Homme en Islam de 1990 résume parfaitement la relation entre le monde musulman, les droits et libertés fondamentaux et les droits de l'homme. Selon l'article 11, « l'homme naît libre. Nul n'a le droit de l'asservir, de l'humilier, de l'opprimer, ou de l'exploiter. Il n'est de servitude qu'à l'égard de Dieu ». Tous ces droits et libertés sont reconnus à l'homme, mais Dieu passe avant lui. L'homme est libre, mais à condition d'être soumis à Dieu, il a des droits et libertés à condition qu'ils n'entrent pas en contradiction avec la volonté de Dieu et qu'ils soient acceptés par ce dernier. Toutes les déclarations islamiques des droits de l'homme sont valides à condition d'être en conformité avec la charia islamique. Les articles 24 et 25 de la Déclaration du Caire de 1990 sont catégoriques sur ce point. Selon l'article 24, « tous les droits et libertés énoncés dans la présente Déclaration sont soumis aux dispositions de la Charia ». Et l'article 25 précise clairement que « la Charia est l'unique référence pour l'explication ou l'interprétation de l'un quelconque des articles contenus dans la présente Déclaration ». En somme, la Déclaration du Caire sur les droits de l'homme en Islam de 1990 « regroupe les droits civils et politiques, les droits économiques, sociaux et culturels, et quelques principes du droit international humanitaire[1] ». Les articles 22 et 23 expriment la reconnaissance des droits politiques mais, comme tout droit reconnu par cette déclaration, ils sont soumis à la charia islamique. Selon l'article 22,

> Tout homme a le droit d'exprimer librement son opinion pourvu qu'elle ne soit pas en contradiction avec les principes de la Charia. Tout homme a le droit d'ordonner le bien et de proscrire le mal, conformément aux préceptes de la Charia. L'information est un impératif vital pour la société. Il est prohibé de l'utiliser ou de l'exploiter pour porter atteinte au sacré et à la dignité des prophètes ou à des fins pouvant nuire aux valeurs morales et susceptibles d'exposer la société à la désunion, à la désintégration ou à l'affaiblissement de la foi. Il est interdit d'inciter à la haine ethnique ou sectaire ou de se livrer à un quelconque acte de nature à inciter à la discrimination raciale, sous toutes ses formes[2].

L'article 23 de la même déclaration reconnaît à l'homme « le droit de participer directement ou indirectement à la gestion des affaires publiques de son pays » et « le droit d'assumer des fonctions publiques conformément aux dispositions de la Charia[3] ».

---

[1] Mohammed Amin Al-Midani, *op. cit.*, 2004, p. 170.
[2] Annexe II, « Déclaration du Caire sur les droits de l'homme en islam », *in* Franck Frégosi (dir.), *op. cit.*, p. 185.
[3] *Ibid.*, p. 186.

La source islamique non gouvernementale des droits de l'homme

La Déclaration islamique universelle des droits de l'homme du 19 décembre 1981 est la plus importante source islamique des droits de l'homme adoptée par une Organisation non gouvernementale (ONG). Elle a été proclamée à Paris au siège de l'UNESCO par le Secrétaire général du Conseil islamique d'Europe qui est une ONG basée à Londres. Selon Sélim Sahel, dans son Préambule, la Déclaration islamique du 19 septembre 1981 annonce :

> Nous musulmans qui croyons qu'aux termes de notre alliance avec Dieu, nos devoirs et obligations ont priorité sur nos droits. Ainsi, l'auteur estime que les droits fondamentaux sont-ils dans le système musulman toujours contrebalancés par l'idée de devoirs envers Dieu qui a des droits sur l'homme (huquq Allah) : ils n'apparaissent en définitive, que comme un reliquat. C'est pour cela que certains droits fondamentaux reconnus dans la Charia, la Loi islamique, vont, par l'effet de ses dispositions qui fixent les limites de leur exercice, être largement vidés de leur contenu[1].

Selon cette déclaration, en vertu de l'alliance de Dieu avec ses croyants, les devoirs et obligations des musulmans envers Dieu priment sur leurs droits. En d'autres termes, les droits de l'homme musulman passent après ses devoirs et obligations envers Dieu.

Le préambule de la Déclaration islamique universelle des Droits de l'Homme de 1981 adoptée à Paris évoque

> en premier lieu de la croyance des musulmans et établie, deuxièmement, un ordre islamique basé sur quelques principes fondamentaux : liberté et égalité de tous les êtres humains, interdiction de la discrimination quant à la race, à la couleur, au sexe, à l'origine ou à la langue, proscription de l'esclavage et des travaux forcés, respect de la famille et de son honneur, égalité des gouvernants et des gouvernés devant la loi[2].

La Déclaration islamique universelle des droits de l'homme emprunte beaucoup de dispositions et de notions à la DUDH du 10 décembre 1948. Cette Déclaration islamique universelle de 1981 s'adresse non seulement aux musulmans, mais aussi aux Occidentaux pour montrer la compatibilité des lois islamiques avec la conception occidentale des droits de l'homme. Malgré la tentative de conciliation doctrinale, toutes les déclarations islamiques des droits de l'homme admettent que les droits de l'homme qu'elles déclarent sont accordés par Dieu, ou du moins qu'ils sont soumis au respect de la charia islamique. Elles soumettent les droits de l'homme à une exigence religieuse et morale qui n'est pas compatible avec la conception

---

[1] Sélim Jahel, *op. cit.*, p. 40.

[2] Mohammed Amin Al-Midani, « La Déclaration universelle des Droits de l'Homme et le droit musulman », *in* Franck Frégosi (dir.), *Lectures contemporaines du droit islamique : Europe et Monde arabe*, Strasbourg, Presses Universitaires de Strasbourg, 2004, p. 175.

occidentale des droits de l'homme de 1948 qui est plus kantienne que chrétienne. La DUDH du 10 décembre 1948 est kantienne dans le sens où la raison humaine constitue son fondement majeur et dans la mesure où elle écarte explicitement Dieu. Comme le rappelle le professeur Yadh Ben Achour à propos du droit musulman, « tout d'abord, il relève (on a trop tendance à l'oublier) de l'ordre de la conviction, et qu'ensuite il s'inscrit dans les logiques et les stratégies politiques, identitaires, idéologiques, au niveau international et au niveau particulier de chaque société[1] ».

La religion musulmane englobe plus que le simple aspect juridique. La Déclaration islamique universelle des droits de l'homme de 1981 souligne dans son Préambule que « Allah a donné à l'humanité, par ses révélations dans le saint Coran et la Sunnah de son saint prophète Mahomet, un cadre juridique et moral durable permettant d'établir et de réglementer les institutions et les rapports humains ». La loi islamique inclut « les règles du rite, de la morale et de ce que nous appelons le droit, notamment le droit civil de la famille et des successions, celui des échanges, et le droit pénal[2] ». Par ailleurs, cette Déclaration islamique universelle de 1981 utilise, certes, des expressions identiques à celles employées par la DUDH de 10 décembre 1948, telles que liberté, égalité, dignité, mais ces notions risquent d'être interprétées différemment parce que toute énonciation d'un droit s'appuie sur l'anthropologie propre de la culture qui l'énonce. De la culture occidentale à la culture arabo-musulmane, une même notion peut avoir différentes interprétations et de fait différents sens. Mohamed Arkoun souligne parfaitement cette contradiction en affirmant que « la perception des droits de l'homme dans la pensée occidentale réduite au seul rationalisme positif renforce son malentendu avec l'Islam qui a pensé ces droits de l'homme dans le cadre plus large des droits de Dieu, définis par la métaphore de l'olivier[3] ». Même si les valeurs énoncées sont les mêmes, nous avons fait remarquer que le fondement de tous les droits de l'homme énoncés par les diverses Déclarations islamiques est la charia.

Contrairement aux déclarations étatiques étudiées ci-dessus, la Déclaration islamique universelle de 1981 émane d'un organisme privé non gouvernemental et ne bénéficie pas de la même légitimité que les autres déclarations. La charia islamique, et par conséquent toutes les déclarations des droits qui se fondent sur elle, dépasse le seul cadre juridique de l'homme. Le dialogue entre le droit et l'idéologie politique, dans le monde musulman,

---

[1] Yadh Ben Achour, « L'articulation du droit musulman et du droit étatique dans le monde arabe actuel », *in* Franck Frégosi (dir.), *op. cit.*, p. 102.

[2] *Ibid.* p. 104.

[3] Mohamed Arkoun, cité par Sélim Jahel, *op. cit*, p. 38.

n'est plus, comme tout dialogue juridique, entre l'interprète, les événements et la loi. Il est un attachement unilatéral exacerbé à la norme, dans sa formulation primaire, une crispation du point de vue des sujets autour de la norme qui n'est plus vraiment du droit, mais un symbole, une identité, une arme de combat et de rassemblement dans la vaste guerre idéologique que le reste du monde, le monde musulman en tête, livre à l'Occident[1].

Une contradiction poussée au paroxysme apparaît dans l'intitulé même de cette Déclaration de 1981 qui se déclare universelle, mais en Islam. L'expression « islam » souligne clairement une particularité qui écarte la revendication universelle de cette déclaration. La vocation universelle de la Déclaration islamique de 1981 semble constituer un moyen d'éviter d'apparaître comme une déclaration culturelle et religieuse réservée à une communauté particulière. Une déclaration chrétienne ou juive serait tout aussi particulière parce qu'elle s'adresse à une communauté religieuse plus qu'à l'individu. Elle vise l'homme dans sa collectivité, dans ce qui l'attache au reste de la communauté particulière plus que dans son aspect humain c'est-à-dire dans ce qu'il a de commun avec tout homme ôté de toute croyance et conviction. Les déclarations fondées sur la religion mettent l'homme au service de Dieu et restent dans l'ordre de la croyance. En ce sens, la principale déclaration islamique des droits de l'homme est le Coran. Contrairement à la conception occidentale des droits de l'homme qui les jugent inhérents à l'homme, en Islam les droits de l'homme sont un don de Dieu. Comme le souligne Sélim Jahel, « dans le système islamique, les droits fondamentaux ne sont pas conçus comme étant inhérents à la nature de l'homme, être raisonnable et libre, à même de connaître ses droits, de les saisir, de les organiser à sa convenance, ils sont perçus comme pur don de Dieu émanant de sa volonté souveraine, octroyés à l'homme en pure gratuité[2] ».

Une déclaration des droits doit défendre l'égalité des humains sans aucune distinction d'origine, de croyance ou encore de sexe pour prétendre à l'universalité. Une déclaration des droits qui reconnaît des droits à l'homme à condition qu'ils soient conformes à une religion exclut *de facto* toutes personnes ayant une autre religion voire aucune. La Déclaration islamique des droits de l'homme de 1981 qui énonce que les droits de l'homme se fondent sur la volonté divine s'interdit elle-même l'universalité à laquelle elle prétend. Elle affirme dans son Préambule que « les droits de l'homme, dans l'islam, sont fortement enracinés dans la conviction de Dieu, et Dieu seul, est l'auteur de la Loi et la source de tous les droits de l'homme ». Selon Joseph Maïla, « le fondement des droits de l'homme en Islam repose sur le

---

[1] Yadh Ben Achour, *op. cit.*, p. 107.
[2] Sélim Jahel, *op. cit.*, p. 39.

texte de la Révélation. Le socle des droits est la loi religieuse. Les droits de l'homme ne sont pensables que dans le sillage de la Loi[1] ».

Il convient de rappeler que les pays arabo-musulmans font l'effort d'intégrer dans leur ordre juridique interne les droits de l'homme dans l'acception occidentale. Selon Sélim Jahel,

> Tous ces droits que consacrent ces documents (s'agissant des déclarations islamiques des droits de l'homme) sont intégrés dans l'ordre juridique des pays arabo-musulmans contemporains. Cependant, estime l'auteur, la plupart de ces pays sont aujourd'hui ouverts à l'idéologie des droits de l'homme dans l'acception qui lui est donnée dans le monde occidental du fait de leur adhésion aux instruments internationaux qui les consacrent[2].

Ces pays admettent toutes ces déclarations islamiques dans leurs systèmes juridiques, mais reconnaissent également les droits de l'homme tels que définis par l'ONU.

Seule l'Arabie saoudite s'est abstenue de voter le texte de la Déclaration universelle des droits de l'homme du 10 décembre 1948. Les autres États arabo-musulmans y ont tous adhéré même s'ils

> ne sont pas parvenus à accorder leur système juridique aux principes établis dans ces documents. L'obstacle poursuit l'auteur, tient pour ces États, toujours rattachés par leur constitution à la religion islamique, à la nécessité de rester en étroite symbiose avec le système juridico-religieux de la Charia, ce qui les conduit à maintenir dans des codifications toutes récentes les règles discriminatoires que comporte ce système en matière du statut personnel[3].

Dans le Préambule de la Constitution égyptienne de 2014, les constituants précisent écrire une Constitution « qui confirme que les principes de la charia islamique sont la source principale de la législation » d'un côté, mais ils entendent également adopter une Constitution « conforme à la Déclaration universelle des droits de l'homme de 1948 ».

L'influence des sources européennes des droits et libertés fondamentaux en Pologne et en Roumanie

Les organisations régionales européennes auxquelles ont adhéré la Pologne et la Roumanie influencent leurs législations et leurs jurisprudences. Il s'agira ici d'analyser d'abord l'influence du Conseil de l'Europe et la Convention européenne des droits de l'homme (CEDH) et d'examiner ensuite l'Union européenne et la Charte des droits fondamentaux de l'Union européenne. Nous allons donc, par la même occasion, examiner les respects de ces dispositions juridiques dans ces deux États parce que ces deux textes

---

[1] Jospeh Maila, cité par Sélim Jahel, *op. cit.*, p. 39.
[2] Sélim Jahel, *op. cit.*, p. 40.
[3] *Ibid.*, p. 41.

juridiques sont les textes de référence pour le droit positif de ses États membres en matière des droits et libertés fondamentaux. Il s'agit de deux sources majeures et non négligeables en la matière et sur lesquelles reposent la protection des droits fondamentaux de leurs États membres, en dehors de leurs droits internes. En tant que membres du Conseil de l'Europe et de l'Union européenne, la Pologne et la Roumanie ont alors deux sources européennes principales des droits de l'homme et des libertés fondamentales.

L'influence du Conseil de l'Europe et de la Cour européenne des droits de l'homme en Pologne et en Roumanie en matière de sauvegarde des droits individuels

L'influence du Conseil de l'Europe s'est d'abord illustrée par le fait que, pour adhérer à cette organisation, les États de l'Europe de l'Est étaient obligés d'instaurer une justice constitutionnelle. Après la chute de l'Union soviétique, la mise en place d'une juridiction constitutionnelle était l'une des conditions essentielles « pour pouvoir prétendre être admis au sein du Conseil de l'Europe, *a fortiori* de l'Union européenne[1] ». Plusieurs États estimés démocratiques et libéraux ont intégré le Conseil de l'Europe soit après le rejet des régimes autoritaires[2], soit après le rejet du communisme[3] et de l'autoritarisme, comme la plupart des États de l'Europe de l'Est. Le Conseil de l'Europe regroupe théoriquement des États de droit démocratiques. La qualité démocratique constitue « une condition d'acceptation des nouveaux membres et des missions d'enquêtes, des négociations, d'engagements ont jalonné les procédures d'admission. Il n'est pourtant pas acquis que l'État de droit soit encore solidement implanté partout[4] ».

Mais l'influence majeure du Conseil de l'Europe est l'effet de l'adoption de la Convention européenne des droits et la sanction de son non-respect par une juridiction crée pour cela. La Pologne et la Roumanie sont membres du Conseil de l'Europe, et « il existe normalement une liaison étroite entre l'appartenance au Conseil de l'Europe et l'adhésion à la Convention[5] ». Par conséquent, comme tous les États membres du Conseil de l'Europe, la Pologne et la Roumanie ont logiquement adopté la Convention européenne des droits de l'homme. Ils ont parfois intégré certains droits de la

---

[1] Jacques Robert et Jean Duffar, *Droits de l'homme et libertés fondamentales*, Paris, Montchrestien, 8e éd., 2009, p. 148.

[2] Espagne et Portugal par exemple.

[3] C'est le cas de la Pologne et la Roumanie qui font l'objet de notre étude.

[4] Jean Morange, *Manuel des droits de l'homme et libertés publiques*, Paris, PUF, coll. « Droit Fondamental », 2007, p. 97.

[5] Henri Oberdorff, *Droits de l'Homme et libertés fondamentales*, Paris, LGDJ, 4e éd., 2013, p. 130.

Convention dans leurs Constitutions nationales. Notamment, en Roumanie, en 2003,

> En ce qui concerne les droits et libertés, la révision affirme l'égalité de l'homme et de la femme pour accéder aux fonctions ou responsabilités publiques. Elle garantit le droit à un procès équitable et impartial dans un délai raisonnable. Elle n'autorise la détention préventive que si elle est autorisée par le juge. Cette détention ne peut excéder trente jours, mais peut être prolongée au maximum cinq fois pour trente jours en ne pouvant excéder 180 jours. Elle établit la responsabilité pécuniaire de l'État en cas de négligence ou de manque de sincérité de la justice. Elle transfère l'instruction pénale au procureur. Elle prévoit la prise en charge par l'État des frais de scolarité des enfants issus de familles déshéritées ou élevés dans un orphelinat. Elle consacre le droit à un environnement sain. Elle met fin au service militaire obligatoire[1].

La Convention européenne des droits de l'homme, dans le cadre du Conseil de l'Europe, est incontestablement l'un des textes le plus fondamentaux pour la sauvegarde des droits et libertés des individus « de par son caractère général et de par son système de garantie juridictionnelle des droits dont elle dispose[2] ». La Convention européenne des droits de l'homme protège des droits et des libertés notamment le droit à la vie, la prohibition de la torture, des traitements inhumains ou dégradants, la liberté d'opinion, d'expression, de communication, la liberté religieuse, les droits politiques, le droit au procès équitable, le droit à la non-discrimination, etc. Justement pour le professeur Henri Oberdorff, l'objectif du Conseil de l'Europe est « la défense et la promotion des valeurs démocratiques dont les plus fondamentales de ces valeurs concernent justement les droits de l'homme[3] ». La Pologne et la Roumanie, influencées certainement par le texte et les travaux du Conseil de l'Europe dont elles sont membres, protègent et garantissent, du moins formellement, les droits et libertés fondamentaux des individus. Dans tout le cas, l'ensemble des droits proclamés par ladite Convention, intégrés ou non dans les textes juridiques nationaux, sont protégés par un mécanisme juridique et politique : la Cour européenne des droits de l'homme et le Comité des ministres.

Le respect de la Convention est assuré, au niveau des États membres, par la Cour européenne des droits de l'homme, car « l'autorité des arrêts de la

---

[1] Patrice Gelard, « L'actualité constitutionnelle en Russie, dans les États de la CEI et de l'Europe centrale et orientale et dans les États toujours ou anciennement communistes (juin-décembre 2003) », *RFDC*, 2004, p. 204.
[2] Xavier Dupres de Boulois, *Droits et libertés fondamentaux*, Paris, PUF, coll. « Thémis droit », 2010, p. 93.
[3] Henri Oberdorff, *op. cit.*, p. 129.

Cour influence le droit national[1] ». Cette influence est, soit textuelle (c'est-à-dire un changement de la législation nationale), soit jurisprudentielle (l'influence sur les juridictions nationales). Si la Convention européenne des droits de l'homme proclame des droits, elle a instauré surtout une juridiction qui sanctionne sa violation et qui protège ainsi les personnes lésées dans ses droits. Ce mécanisme juridique a été prévu « afin d'assurer le respect des engagements résultant pour les Hautes Parties contractantes de la présente Convention et des protocoles[2] ». Selon Jacques Robert et Jean Duffar, la Convention européenne des droits de l'homme

> présente, par rapport à la Déclaration universelle des droits de l'homme, une double originalité : elle ne proclame que les libertés individuelles traditionnelles (il n'est point fait mention de droits sociaux et économiques) ; elle organise une garantie juridictionnelle des droits. À vrai dire, l'intérêt de la Convention réside beaucoup moins dans l'énoncé que l'on y trouve des droits de l'homme que dans l'effort fait pour mettre sur pied un contrôle efficace de ces droits[3].

En effet, la DUDH du 10 décembre 1948 proclame des droits de l'homme sans prévoir de mécanisme juridique de protection et de sanction en cas de violation de ces droits. Mais l'idée des fondateurs du Conseil de l'Europe n'était pas « de concurrencer le système international des Nations unies, mais d'assurer, sur le continent européen qui avait été le théâtre principal de la Seconde Guerre mondiale, la mise en œuvre effective des principes proclamés dans la Déclaration universelle de 1948[4] ». Également, pour le professeur Henri Oberdorff, tout l'intérêt de la Convention européenne des droits de l'homme réside dans le fait qu'elle prévoit un organe juridique chargé de sanctionner sa violation. Il rappelle qu'au-delà des droits non négligeables qu'elle proclame, l'importance de la Convention européenne des droits de l'homme réside « surtout dans le mécanisme de protection européenne de ces droits et [...] que cette convention est à la fois, une codification européenne des droits et une défense européenne de ces droits[5] ». La Convention a prévu deux modalités de saisines : d'une part les requêtes individuelles, d'autre part les requêtes étatiques. Concernant, les plaintes individuelles, elle indique :

---

[1] Joël Andriantsimbazovina, « Broniowski c/Pologne, 22 juin 2004 (Grande Chambre) », *in* Frédéric Sudre et alii., *Les Grands Arrêts de la Cour européenne des droits de l'homme*, Paris, PUF, coll. « Thémis droit », 7e éd., 2015, p. 865.

[2] Henri Oberdorff et Jacques Robert, *Libertés fondamentales et droits de l'homme : Textes français et internationaux*, Paris, LGDJ, 12e éd., 2014, p. 37.

[3] Jacques Robert et Jean Duffar, *op. cit.*, p. 83.

[4] Jean Morange, *Manuel des droits de l'homme et libertés publiques*, Paris, PUF, coll. « Droit Fondamental », 2007, p. 96.

[5] Henri Oberdorff, *Droits de l'Homme et libertés fondamentales*, Paris, LGDJ, 4e éd., 2013, p. 129.

> La Cour peut être saisie d'une requête par toute personne physique, toute organisation non gouvernementale ou tout groupe de particuliers qui se prétend victime d'une violation par l'une des Hautes Parties contractantes des droits reconnus dans la Convention ou ses protocoles. Les Hautes Parties contractantes s'engagent à n'entraver par aucune mesure l'exercice efficace de ce droit[1].

Pour ce qui est des requêtes étatiques, la Convention dispose que « toute Haute Partie contractante peut saisir la Cour de tout manquement aux dispositions de la Convention et des protocoles qu'elle croira pouvoir être imputé à une autre Haute Partie contractante[2] ». Par conséquent, les individus et les États membres qui s'estiment lésés dans leurs droits, peuvent saisir la Cour européenne des droits de l'homme. Les plaintes individuelles et étatiques permettent à la Cour d'assurer le respect effectif de la Convention européenne des droits de l'homme dans les pays signataires.

Les États signataires de la Convention ont l'obligation de la respecter. Si un État membre du Conseil de l'Europe, en l'espèce la Pologne ou la Roumanie, viole un droit proclamé par la Convention, il sera sanctionné par la Cour européenne des droits de l'homme. Concernant le droit au procès équitable énoncé dans la Convention européenne des droits de l'homme, dans l'arrêt *Kudla*, la Pologne a été condamnée par la Cour européenne des droits de l'homme « pour n'avoir pas prévu un recours qui eût permis au requérant d'obtenir la sanction de son droit à un procès dans un délai raisonnable. Cela alors même qu'elle avait déjà retenu une violation du droit à un procès dans un délai raisonnable garanti par l'article 6, §1 de la Convention[3] ». Dans le même arrêt, la Cour « affirme, pour la première fois, que l'article 3 de la Convention garantit le droit de tout prisonnier à être "détenu dans des conditions qui sont compatibles avec le respect de la dignité humaine" (§ 94)[4] ». Dans un autre arrêt, la Cour protège le droit de se marier d'un détenu et, « en condamnant l'interdiction faite à un détenu de se marier en prison, l'arrêt *Frasik c/Pologne*, comme l'arrêt *Jaremowicz c/Pologne* rendu le même jour, est révélateur du contrôle opéré par la Cour européenne des droits de l'homme sur la mise en œuvre par les États du droit de se marier consacré par l'article 12 de la Convention[5] ».

Le non-respect des droits énoncés dans la Convention européenne des droits de l'homme est sanctionné par la Cour européenne des droits de

---

[1] Article 34 de la Convention européenne des droits de l'homme.

[2] Article 33 de la Convention européenne des droits de l'homme.

[3] Joël Andriantsimbazovina, *op. cit.*, p. 461.

[4] Frédéric Sudre, « Arrêt Kudla c/ Pologne, 26 octobre 2000 (Granche chambre) », *in* Frédéric Sudre et alii., *Les Grands Arrêts de la Cour européenne des droits de l'homme*, *op. cit.*, p. 169.

[5] Adeline Gouttenoire, « Frasik c/Pologne, 5 janvier 2010, JCP G », *in* Frédéric Sudre et alii., *op. cit.*, p. 564.

l'homme. Mais l'exécution des arrêts de la Cour dépend au final des gouvernements des États membres du Conseil de l'Europe. C'est dans l'arrêt *Broniowski* que la Cour européenne des droits de l'homme « crée une nouvelle technique, celle de l'"arrêt pilote", arrêt constatant une violation de la CEDH ou/et de ses protocoles qui révèle un problème structurel ou systémique sous-jacent susceptible d'être à l'origine de nombreuses requêtes (plus de 80 000 personnes en l'espèce). Cette technique est définie à l'article 61-1[1] du règlement de la Cour[2] ». Dans ce cas, l'autorité de la Cour est affaiblie et cette dernière consciente de cela tente de réagir notamment dans l'arrêt *Broniowski* dans lequel elle tente « d'enrichir sa compétence de surveillance de ses arrêts à l'occasion du règlement amiable[3] ». Dans un autre arrêt[4], elle va plus loin, car elle estime que « dans la mesure où elle remet en question ce caractère définitif des arrêts de la Cour, la possibilité d'une révision doit être considérée comme exceptionnelle. Aussi les demandes en révision appellent-elles un examen rigoureux[5] ». Également, en dehors des parties concernées par le conflit devant la Cour européenne des droits de l'homme, « l'arrêt de la Cour n'est pas dépourvu d'effet à l'égard des autres États adhérents. La jurisprudence de la Cour a des effets juridiques. La notion d'arrêt "pilote" rejoint celle du précédent susceptible de s'imposer dans plusieurs autres affaires[6] ». Concernant la Roumanie, la Cour européenne des droits de l'homme s'est prononcée sur le cas de ses arrêts qui sanctionnaient les confiscations des biens personnels pendant la période communiste en Roumanie et qui ne sont pas encore entièrement respectés. Elle a estimé que

> L'accumulation de dysfonctionnements et de défauts structurels qui entravent l'indemnisation ou la restitution de biens confisqués pendant la période communiste et qui retardent l'exécution des arrêts de la Cour permet à cette dernière d'exiger de l'État l'adoption urgente de mesures générales dont certaines sont suggérées dans l'arrêt pilote (*Maria Atanasiu e. a c/Roumanie*, 12 oct. 2010)[7].

Donc, la Cour peut exiger de l'État concerné, rappelant que l'arrêt de la Cour produit des effets à l'égard des autres États, de mettre en place des mécanismes qui garantissent le respect des décisions qu'elle prononce.

---

[1] Article 61-1 du règlement de la CEDH : « La Cour peut décider d'appliquer la procédure de l'arrêt pilote et adopter un arrêt pilote lorsque les faits à l'origine d'une requête introduite devant-elle révèlent l'existence, dans la Partie contractante concernée, d'un problème structurel ou systémique ou d'un autre dysfonctionnement similaire qui a donné lieu ou qui est susceptible de donner lieu à l'introduction d'autres requêtes analogues. »
[2] Joël Andriantsimbazovina, *op. cit.*, p. 858.
[3] *Ibid.*, p. 873.
[4] L'arrêt *Stoicescu c/Roumanie* du 21 septembre 2004, § 33.
[5] Joël Andriantsimbazovina, *op. cit.*, p. 860.
[6] *Ibid.* 861.
[7] *Ibid.* p. 872.

À côté d'un mécanisme juridique de protection des droits qu'elle énonce, la Convention européenne des droits de l'homme a également prévu une solution politique. Selon Jacques Robert et Jean Duffar,

> Le nombre relativement faible de requêtes étatiques témoigne du souci qu'ont les États signataires de ne point multiplier entre eux les occasions de contentieux. Quant aux requêtes individuelles, 90 % d'entre elles ont été déclarées irrecevables et 5 % rejetés après observations du gouvernement en cause. La plupart des affaires déclarées recevables ont donné lieu, avant décision du Comité des ministres ou de la Cour européenne des Droits de l'homme, à des règlements amiables. Dans quelques cas, les États accusés de violations ont modifié leur législation en conséquence[1].

Pour régler à l'amiable et de façon politique et diplomatique les différends entre États, le Comité des ministres est institué à côté de la Cour. Dans le cas d'un règlement politique du conflit, « ce sera au Comité des ministres de tenter de faire prévaloir une solution acceptable par les intéressés[2] ». Dans ce cas, même si le non-respect des droits énoncés dans la Convention européenne des droits de l'homme est sanctionné par la Cour européenne des droits de l'homme, l'exécution des arrêts de cette dernière dépend en définitive des gouvernements des États membres du Conseil de l'Europe. De ce fait, l'autorité de la Cour s'affaiblit. Consciente de cela, elle a essayé de réagir. Ainsi, dans l'arrêt *Broniowski*, elle a tenté « d'enrichir sa compétence de surveillance de ses arrêts à l'occasion du règlement amiable[3] ». Dans un autre arrêt[4], elle va plus loin, car elle estime que « dans la mesure où elle remet en question ce caractère définitif des arrêts de la Cour, la possibilité d'une révision doit être considérée comme exceptionnelle. Aussi les demandes en révision appellent-elles un examen rigoureux[5] ». En dehors des parties concernées par le conflit devant la Cour européenne des droits de l'homme, « l'arrêt de la Cour n'est pas dépourvu d'effet à l'égard des autres États adhérents. La jurisprudence de la Cour a des effets juridiques. La notion d'arrêt “pilote” rejoint celle du précédent susceptible de s'imposer dans plusieurs autres affaires[6] ».

Pour renforcer le mécanisme juridique européen des droits individuels, il faut reconnaître à la Cour européenne des droits de l'homme, comme la CJUE, un pouvoir d'astreint parce que seule « une telle solution étant la plus

---

[1] Jacques Robert et Jean Duffar, *Droits de l'homme et libertés fondamentales*, Paris, Montchrestien, 8e éd., 2009, p. 86.
[2] *Ibid.*, p. 83
[3] Joël Andriantsimbazovina, *op. cit.*, p. 873.
[4] L'arrêt *Stoicescu c/Roumanie*, du 21 septembre 2004, § 33.
[5] Joël Andriantsimbazovina, *op. cit.*, p. 860.
[6] *Ibid.*, p. 861.

fiable et la plus adaptée pour résoudre les difficultés d'exécution des arrêts[1] ».

La Charte européenne des droits fondamentaux : une source régionale des droits fondamentaux en Pologne et en Roumanie

L'Union européenne (UE) a pendant longtemps été une construction principalement économique. La mission de l'Union était alors d'accompagner une intégration économique afin d'éviter une nouvelle guerre entre les États européens. Concernant les droits fondamentaux dans le cadre européen, le texte de la Convention européenne des droits de l'homme et la jurisprudence de la Cour européenne des droits étaient alors les seules sources. Selon Jean Morange, « l'Union européenne est régie principalement par une norme, la Convention européenne des droits de l'homme, dont elle n'est pas l'auteure et dont l'interprète officiel est la Cour européenne des droits de l'homme[2] ». Paradoxalement, les États membres de l'Union européenne sont soumis à une Convention, qu'ils n'ont pas créé et qu'ils ne peuvent ni interpréter ni amender et pour remédier à cela,

> Il a été décidé, à la réunion de Cologne (4 juin 1999) d'élaborer une Charte des droits fondamentaux de l'Union européenne. Préparée par une Convention comprenant des représentants issus des parlements nationaux, d'une part, par des représentants des chefs d'État et de gouvernements et du Parlement européen, d'autre part, elle a été adoptée lors de la signature du traité de Nice, le 7 décembre 2000[3].

Si le traité de 1957 a établi la Communauté économique européenne (CEE), le traité de Lisbonne de 2007 constitue une étape tout aussi importante pour la protection des droits fondamentaux par l'Union européenne. Pour être démocratique, l'intégration politique de l'Union européenne devait être accompagnée de la protection des droits fondamentaux. C'est l'intégration politique poussée de l'Union européenne qui a rendu indispensable la préservation des droits fondamentaux parce que

> pendant longtemps, il ne semblait ni utile ni indispensable de reconnaître ce type de droit dans les traités communautaires dans la mesure où la démarche d'intégration européenne était plus économique que directement politique [...] Ainsi, poursuit l'auteur, plus on passe à une dimension politique de la construction européenne, plus la reconnaissance des droits fondamentaux devient indispensable[4].

---

[1] *Ibid.*, p. 874.
[2] Jean Morange, *Manuel des droits de l'homme et libertés publiques*, Paris, PUF, coll. « Droit Fondamental », 2007, p. 103.
[3] *Idem.*.
[4] Henri Oberdorff, *Droits de l'Homme et libertés fondamentales*, Paris, LGDJ, 4e éd., 2013, p. 139.

Le sommet de Nice en 2000 a permis d'adopter la Charte des droits fondamentaux de l'Union européenne, mais c'est à la suite de l'entrée en vigueur du traité de Lisbonne de 2007 que « la Charte a acquis une valeur juridique comparable au droit de l'Union européenne depuis le 1er septembre 2009[1] ». Le paragraphe premier de l'article 6 du traité sur l'Union européenne stipule que « l'Union reconnaît les droits, les libertés et les principes énoncés dans la Charte des droits fondamentaux de l'Union européenne du 7 décembre 2000, telle qu'adoptée le 12 décembre 2007 à Strasbourg, laquelle a la même valeur juridique que les traités[2] ». La Charte s'applique aux institutions européennes dans le respect du principe de subsidiarité. Elle s'applique également aux pays membres de l'Union européenne lorsqu'ils appliquent et transposent la législation de l'UE.

La Pologne (2005) et la Roumanie (2007), en tant que membres de l'Union européenne, sont soumises à la Charte européenne des droits fondamentaux. Dans plusieurs États, comme en Pologne et en Roumanie, les droits fondamentaux résultent aujourd'hui tantôt des normes internes, tantôt des normes européennes. La Charte européenne des droits fondamentaux constitue alors dans ces États européens, dont la Roumanie et la Pologne, une source régionale des droits fondamentaux. La Constitution polonaise de 1997 précise clairement dans son article 9 que « la République de Pologne respecte le droit international par lequel elle est liée ». Mais c'est l'article 91 de la Constitution polonaise de 1997 qui apporte plus de détail. Il déclare :

> Le traité ratifié, après sa publication au Journal des lois de la République de Pologne, constitue une partie intégrante de l'ordre juridique national et il est directement applicable, sauf si son application dépend de la promulgation d'une loi. Le traité ratifié en vertu d'une loi d'autorisation a une autorité supérieure à celle de la loi lorsque celle-ci est incompatible avec le traité. Si cela résulte du traité ratifié par la République de Pologne instituant une organisation internationale, le droit qu'elle crée est directement applicable et a une autorité supérieure en cas d'incompatibilité avec les lois.

En cas de conflit, la Constitution polonaise de 1997 précise clairement que le traité est supérieur à la loi polonaise.

En Roumanie, l'article 11 de la Constitution de 1991 énonce que « l'État roumain s'engage à accomplir exactement et de bonne foi les obligations qui lui incombent en raison des traités auxquels il est parti. Les traités ratifiés par le Parlement conformément à la loi font partie du droit interne ». Concernant les traités internationaux portant sur les droits de l'homme, l'article 20 de la Constitution roumaine de 1991 dispose :

> Les dispositions constitutionnelles relatives aux droits et libertés des citoyens seront interprétées et appliquées en concordance avec la Déclaration

---

[1] *Idem.*

[2] Article 6 paragraphe premier.

universelle des droits de l'homme et avec les pactes et les autres traités auxquels la Roumanie est partie. En cas de non-concordance entre les pactes et les traités portant sur les droits fondamentaux de l'homme, auxquels la Roumanie est partie, et les lois internes, les règles internationales ont la primauté.

De ce fait, la Charte des droits fondamentaux de l'Union européenne prime le droit interne roumain et « les décisions de la Cour constitutionnelle tiennent compte de la jurisprudence et de la pratique des juridictions similaires, appelées aussi à appliquer les règles juridiques des deux systèmes de référence : leur droit national et le droit de l'Union européenne[1] ». En Roumanie, la révision constitutionnelle de 2003 « établit enfin la supériorité des normes européennes sur le droit interne[2] ».

En Europe, en général, la Charte, en tant que source des droits fondamentaux, coexiste en harmonie avec la CEDH. Selon Romain Tinière, au sein de la communauté européenne a été adoptée

> une voie médiane permettant la coexistence harmonieuse entre les deux catalogues européens. Cette voie médiane s'exprime, selon l'auteur, d'abord par plusieurs références appuyées à la Convention dans le texte de la Charte. Ainsi, le Préambule rappelle que le contenu de la Charte s'inspire en partie de la Convention et de la jurisprudence de la Cour européenne[3].

Si la Communauté européenne reconnaît « la coexistence harmonieuse » de la Charte et de la CEDH, la Charte résout d'emblée toutes situations des conflits entre les dispositions de la Charte des droits fondamentaux de l'Union européenne et les autres conventions internationales protégeant les mêmes droits. En l'occurrence, l'article 55 de la Charte énonce que les dispositions de cette dernière ne peuvent porter atteinte

> aux droits de l'homme et libertés fondamentales reconnus, dans leur champ d'application respectif, par le droit de l'Union, le droit international et les conventions internationales auxquelles sont parties l'Union, la Communauté ou tous les États membres, et notamment la Convention européenne de Sauvegarde des Droits de l'homme et des libertés fondamentales, ainsi que par les constitutions des États membres[4].

---

[1] Augustin Zegrean et Tudorel Toader, « La cour constitutionnelle de Roumanie », *Nouveaux Cahiers du Conseil constitutionnel*, n° 38, janvier 2013.

[2] Patrice Gelard, « L'actualité constitutionnelle en Russie, dans les États de la CEI et de l'Europe centrale et orientale et dans les États toujours ou anciennement communistes (juin-décembre 2003) », *RFDC*, n° 57, 2004, p. 204.

[3] Romain Tiniere, « le principe d'alignement sur le standard conventionnel pour les droits correspondants », *in* Caroline Picheral et Laurent Coutron (dir.), *Charte des droits fondamentaux de l'Union européenne et Convention européenne des droits de l'homme*, Bruxelles Bruylant, coll. « Droit de la Convention européenne des droits de l'homme », 2012, p. 6.

[4] Article 55 de la Charte des droits fondamentaux de l'Union Européenne.

Le traité sur l'Union européenne énonce expressément que « l'Union adhère à la Convention européenne de sauvegarde des droits de l'homme et des libertés fondamentales. Cette adhésion ne modifie pas les compétences de l'Union telles qu'elles sont définies dans les traités[1] ». Dans tout le cas, le traité sur l'Union européenne assure que « les droits fondamentaux, tels qu'ils sont garantis par la Convention européenne de sauvegarde des droits de l'homme et des libertés fondamentales et tels qu'ils résultent des traditions constitutionnelles communes aux États membres, font partie du droit de l'Union en tant que principes généraux[2] ».

Dans le cadre de l'application du droit communautaire, la Cour de justice de l'Union européenne s'est aussi intéressée au respect des droits fondamentaux. Elle s'est déclarée « compétente pour protéger les droits fondamentaux en tant que principes généraux du droit communautaire[3] ». Contrairement à la Convention européenne des droits l'homme, l'intervention juridictionnelle renforce la Charte et rend ainsi réelle l'effectivité des droits fondamentaux dans toutes les actions de la communauté européenne. De ce fait, les droits fondamentaux ne s'apparentent pas à un simple catalogue des droits et libertés, mais plutôt à un ensemble bénéficiant des garanties concrètes importantes sanctionnées par un juge. À l'instar de la juridiction constitutionnelle qui se fonde sur la Constitution pour protéger les droits fondamentaux, la Cour de justice de l'Union européenne peut désormais s'appuyer sur la Charte et ainsi devenir un protecteur des droits fondamentaux dans le cadre de l'Union européenne. Les droits fondamentaux sont énoncés de manière concrète et sont destinés à servir de moyen dans le procès. Même si « tous les pays européens accordent ainsi à leur manière un statut prééminent aux droits fondamentaux[4] », l'adoption d'un texte protégeant des droits fondamentaux au niveau de l'Union européenne était nécessaire pour remettre l'individu au cœur de sa mission. La question de la protection des droits fondamentaux semble désormais constituer un volet aussi indispensable que l'intégration économique au sein de l'Union européenne. Henri Oberdorff estime que « sur le fond, cette Charte est aussi d'un apport important, même si elle reste sous un mode déclaratoire, comme les grands textes qui l'ont précédée, par exemple la Déclaration des droits de l'homme de 1948[5] ». Depuis l'entrée en vigueur du traité de Lisbonne en 2009, la Charte européenne des droits

---

[1] Article 6 paragraphe 2.

[2] Article 6 paragraphe 3.

[3] Jean Morange, *Manuel des droits de l'homme et libertés publiques*, Paris, PUF, coll. « Droit Fondamental », 2007, p. 102.

[4] Constance Grewe et Hélène Ruiz-Fabri, *Droits constitutionnels européens*, Paris, PUF, Coll. « Droit fondamental », 1995, p. 139.

[5] Henri Oberdorff, *Droits de l'Homme et libertés fondamentales*, Paris, LGDJ, 4e éd., 2013, p. 145.

fondamentaux peut être invoquée par les juridictions nationales des pays de l'UE et la Cour de Justice dans le cadre de la protection des droits fondamentaux et lors de l'interprétation et l'application des droits de l'UE.

Dans le cadre national, notamment en Roumanie, la justice constitutionnelle s'est déclarée incompétente pour « analyser la conformité d'une disposition de droit national avec le texte du traité sur le fonctionnement de l'Union européenne conformément à l'article 148 de la Constitution[1] ». Cette compétence de contrôle de conventionalité appartient « à l'instance de jugement, qui, pour arriver à une conclusion correcte et légale, d'office ou sur demande de l'une des parties, peut formuler une question préliminaire[2] ». En revanche, dans le cadre du contrôle de constitutionnalité, la Cour constitutionnelle roumaine a affirmé qu'il lui revenait de décider si elle appliquait ou non les décisions de la CJUE[3]. Pour appliquer le droit européen dans le cadre du contrôle de constitutionnalité, la justice constitutionnelle roumaine exige

> que soient réunies plusieurs conditions : d'un côté, la norme du droit de l'Union européenne doit être elle-même suffisamment claire, précise et sans équivoque ou alors son sens doit être établi de manière claire, précise et sans équivoque par la CJUE ; de l'autre côté, une telle norme doit avoir un contenu équivalent à ce que l'on pourrait trouver dans la Constitution afin qu'elle puisse régler une éventuelle contradiction entre la loi et la Constitution, seule norme directe de référence dans le cadre du contrôle de constitutionnalité[4].

Les juges constitutionnels roumains ont été amenés à traiter, indirectement, le droit de l'Union européenne par le biais des lois de transposition. Dans cette situation,

> [elle] a toujours exercé le rôle de garant des dispositions de la Loi fondamentale nationale qui consacre les droits et libertés fondamentaux. Un exemple en ce sens est représenté par la décision par laquelle on a constaté l'inconstitutionnalité des dispositions de la loi n° 298/2008 sur la conservation des données générées ou traitées par les fournisseurs de services de communications électroniques destinés au public ou de réseaux publics de communications électroniques, ainsi que sur la vie privée dans le domaine des communications électroniques, acte par lequel on transposait dans la législation nationale la directive n° 2006/24/CE du Parlement européen et du Conseil sur la conservation de données générées ou traitées dans le cadre de la fourniture de service de communications électroniques accessibles au

---

[1] Augustin Zegrean et Tudorel Toader, « La cour constitutionnelle de Roumanie », *Nouveaux Cahiers du Conseil constitutionnel*, n° 38, janvier 2013.

[2] Décision n° 1249 du 7 octobre 2010, *JOR*, Parie I, n° 764 du 16 novembre 2010.

[3] Voir décision n° 668 du 18 mai 2011, *JOR*, Partie I, n° 487 du 8 juillet 2011.

[4] Augustin Zegrean et Tudorel Toader, *ibid.*.

public ou de réseaux publics de communications, et modifiant la directive n° 2002/58/CE[1].

En constatant que la loi n° 298/2008 transposant une directive européenne porte atteinte aux droits fondamentaux protégés par la Constitution, tels que le droit à la vie intime, à la privée et familiale, au secret de la correspondance et à la liberté d'expression, la Cour constitutionnelle a prononcé son inconstitutionnalité[2]. En Pologne, la Constitution du 2 avril 1997[3] a reconnu la compétence du Tribunal constitutionnel « sur les questions de conformité des lois aux traités ratifiés dont la ratification exige l'autorisation préalable d'une loi[4] ». Le rapport entre la Pologne et l'Union européenne est plus problématique[5] et, en 2007 déjà, la Pologne avait annoncé qu'elle souhaitait « se soustraire à la Charte européenne des droits fondamentaux comme la Grande-Bretagne[6] ».

Selon Hélène Ruiz Fabri et Constance Grewe, en Europe, la finalité de l'État est de valoriser la personne en se mettant à son service, car

> en droit européen, l'État est au service de l'individu ; c'est à la fois sa finalité, son fondement et sa légitimité. Cette finalisation de l'État, à travers la valorisation de la personne, concourt à deux grands objectifs étroitement reliés. Le premier est celui du respect des droits fondamentaux de la personne [...]. Le second est de prolonger les droits de la personne dans la sphère publique par l'établissement d'un régime démocratique. Ainsi comme les droits fondamentaux gouvernent les relations entre l'État et l'individu, la démocratie régit celles entre l'État et la société politique qui évoque à la fois le citoyen, le peuple, la nation et la république[7].

---

[1] *Idem.*

[2] Décision n° 1258 du 8 octobre 2009, publiée au *Journal Officiel de Roumanie*, Partie I, n° 798 du 23 novembre 2009.

[3] Articles 9, 87, 89, 91.

[4] Miroslaw Wyrzykowski, « Présentation du Tribunal Constitutionnel », *Cahiers du Conseil constitutionnel*, n° 3 (Dossier : Pologne) – novembre 1997.

[5] Le rapport délicat entre l'Union européenne et la Pologne est illustré par les controverses autour des lois sur les médias et le tribunal constitutionnel. La relation entre le gouvernement conservateur polonais et l'Union européenne est délicate depuis ces lois controversées.

[6] Patrice Gelard, « L'actualité constitutionnelle en Russie, dans les États de la CEI et de l'Europe centrale et orientale et dans les pays toujours ou anciennement communistes (juillet 2006-juillet 2007) », *RFDC*, 2008, p. 177.

[7] Constance Grewe et Hélène Ruiz-Fabri, *op. cit.*, 1995, p. 139.

L'adoption de la Charte européenne des droits fondamentaux met clairement l'État au service de l'individu. On peut alors affirmer qu'au sein de l'UE, il s'agit désormais de « l'État pour la personne et non la personne pour l'État[8] ». La Charte européenne des droits fondamentaux semble constituer un patrimoine commun des États membres de l'Union.

[1] Cette expression est de Giorgio La Pira, cité par Constance Grewe et Hélène Ruiz-Fabri, *op. cit.*, p. 139.

CONCLUSION DU CHAPITRE PREMIER

L'influence et le respect réels des textes juridiques et des organisations qui les énoncent sont différents dans le monde arabe et en Europe de l'Est.

Dans le monde arabe, les textes juridiques islamiques ne sont pas souvent respectés et transposés. Cela peut s'expliquer par l'absence de mécanisme juridique et politique qui assure son respect au niveau des États membres. La Ligue arabe et l'OCI n'ont pas prévu de tels mécanismes et ils n'ont pas pour objectif, comme le Conseil de l'Europe, de promouvoir la protection des droits de l'homme.

En Europe de l'Est, la situation est différente. Le Conseil de l'Europe et l'Union européenne ont imposé aux nouveaux adhérents, comme la Pologne et la Roumanie, de se conformer aux standards de démocratisation qu'ils ont définis au préalable. Il s'agit par exemple d'adhérer à la Convention européenne des droits, à la Cour EDH, à la CJUE, d'adopter la Charte des droits fondamentaux. Non seulement ils ont imposé aux États membres de respecter les droits individuels proclamés, mais ils ont en parallèle mis en place un mécanisme juridique qui en garantit le respect. Ainsi, la Cour EDH et la CJUE sanctionnent des États qui violent les droits garantis par la Conv. EDH et la Charte des droits fondamentaux de l'UE.

Chapitre II

Les garanties des droits et libertés fondamentaux dans le monde arabe et en Europe de l'Est

La garantie juridictionnelle des droits fondamentaux exige la protection des juges chargés de sa mise en œuvre. Ainsi, les Constitutions étudiées assurent aux magistrats une protection indispensable à la meilleure protection juridictionnelle des droits fondamentaux des individus.

À côté des garanties juridictionnelles des droits fondamentaux, il existe des mécanismes non juridictionnels institués pour la protection des droits fondamentaux. Ces mécanismes sont complémentaires aux protections juridictionnelles. Ils ne sont pas négligeables dans le cadre de la protection des droits fondamentaux. Les garanties juridictionnelles des droits fondamentaux ne peuvent être utiles que si les individus bénéficient des droits de défense et d'un accès équitable devant les tribunaux.

Pour une protection efficace et permanente des droits fondamentaux, il est nécessaire d'associer les mécanismes non juridictionnels et les protections juridictionnelles.

Les protections institutionnelles et procédurales des droits et libertés fondamentaux

Il s'agit là de garantir aux individus un accès effectif au tribunal et des moyens non juridictionnels pour qu'ils puissent participer à la protection de leurs droits et libertés.

L'accès des individus aux tribunaux juridictionnels[1]

Selon Michel Levinet, parmi les conditions nécessaires pour parler de la plénitude de l'État de droit, il y a « le droit à un recours juridictionnel effectif qui trouve naturellement un fondement constitutionnel dans l'article 16 de la DDHC[2] ». L'accès au tribunal signifie d'abord de faciliter la

---

[1] Pologne, Egypte, Tunisie et Roumanie

[2] Michel Levinet, *Théorie générale des droits et libertés*, Paris, LGDJ, coll. « Droit et Justice », 4e éd., 2012, p. 759.

procédure de saisine devant le juge. Ce droit reste insuffisant s'il n'est pas accompagné des droits de défense et d'exécution des décisions de justice.

Le droit à l'accès au juge dans les Constitutions égyptienne[1], tunisienne[2], polonaise[3] et roumaine[4]

Le professeur Xavier Bioy souligne très clairement l'importance de l'accès au juge en général et de l'égalité devant la justice en particulier, lorsqu'il affirme que « puisque les droits fondamentaux substantiels dépendent des droits procéduraux, l'accès à ce droit devient lui aussi crucial[5] ». C'est pour cette raison que les dispositions internationales et nationales, en particulier la Constitution nationale qui est au sommet de la hiérarchie des normes, reconnaissent au justiciable ce droit vital pour l'État de droit.

Le droit de saisir la justice est indispensable pour la protection des droits des individus. Il est garanti par les instruments juridiques internationaux et nationaux. Notamment, la Déclaration universelle des droits de l'homme du 10 décembre de 1948 et la Convention européenne des droits de l'homme le consacrent. L'article 8 de la DUDH de 1948 affirme que « toute personne a droit à un recours effectif devant les juridictions nationales compétentes contre les actes violant les droits fondamentaux qui lui sont reconnus par la constitution ou par la loi ». De même, l'article 6 de la Conv. EDH énonce, dans son alinéa premier, que « toute personne a droit à ce que sa cause soit entendue équitablement, publiquement et dans un délai raisonnable, par un tribunal indépendant et impartial, établi par la loi ». Mais c'est dans son article 13 que la Convention européenne de sauvegarde des droits de l'homme reconnaît un droit de recours effectif au justiciable. Elle prévoit que « toute personne, dont les droits et libertés reconnus dans la présente Convention ont été violés, a droit à l'octroi d'un recours effectif devant une instance nationale, alors même que la violation aurait été commise par des personnes agissant dans l'exercice de leurs fonctions officielles ».

Dans les Constitutions des pays étudiés, le droit de saisir un juge est reconnu à toute personne qui estime être lésée dans ses droits. En effet, l'article 108 de la Constitution tunisienne de 2014 précise que « les justiciables sont égaux devant la justice. Le droit d'ester en justice et le droit de la défense sont des droits garantis. La loi facilite l'accès à la justice et assure aux plus démunis l'aide judiciaire… » La Constitution tunisienne de 2014 garantit le droit de saisir le juge et le principe du contradictoire devant

---

[1] Constitution égyptienne de 2014.

[2] *Idem*..

[3] Constitution polonaise de 1997.

[4] Constitution roumaine de 1991.

[5] Xavier Bioy, *Droits fondamentaux et Libertés publiques*, Paris, LGDJ, Coll. « Cours », 3e éd., 2014, p. 255.

le tribunal. De même, l'article 98 de la Constitution égyptienne de 2014 énonce que « le droit de se défendre soi-même ou par procuration est garanti. L'indépendance des avocats et la protection de leurs droits sont essentielles aux droits de la défense. La loi garantit aux insolvables les moyens de recourir à la justice et de défendre leurs droits ». Le législateur tunisien doit faciliter l'accès à la justice pour tout justiciable sans distinction de nationalité. L'aide judiciaire contribue à l'égalité devant la justice énoncée dans la nouvelle Constitution tunisienne de 2014.

En ce qui concerne la garantie du droit à l'accès au juge, les pays de l'Europe de l'Est ne sont pas en reste. En Pologne, selon l'article 79 de la Constitution polonaise de 1997,

> Toute personne dont les libertés ou les droits ont été violés, a le droit, conformément aux principes définis par la loi, de porter plainte devant la Cour constitutionnelle en matière de conformité à la Constitution de la loi ou d'un autre acte normatif en vertu duquel l'autorité judiciaire ou l'administration publique se sont définitivement prononcées sur les libertés ou les droits de cette personne ou sur ses devoirs définis par la Constitution.

La Constitution polonaise de 1997 reprend l'article 6 de la Conv. EDH qui reconnaît au justiciable le pouvoir de saisir un tribunal. Selon l'alinéa 1er de l'article 45, « toute personne a droit à ce que sa cause soit entendue équitablement et publiquement, sans retard excessif, par un tribunal compétent, indépendant et impartial ».

En Égypte, l'article 97 de la Constitution énonce très clairement :

> Le droit d'ester en justice est un droit protégé et garanti à tous. L'État doit réunir les parties au litige, et permettre un jugement rapide. Il est interdit de garantir par quelques actes ou décisions administratives que ce soient une immunité contre un contrôle judiciaire. Les individus ne peuvent être jugés que devant leur juge naturel. Les tribunaux spéciaux sont interdits.

De même, l'article 54 de la même Constitution affirme que « ceux qui subissent une atteinte à leurs libertés possèdent comme les autres un droit de recours devant la justice » et que si le tribunal ne rend pas une décision « une semaine après un tel recours », la victime « doit être immédiatement libérée ». En outre, à côté de la victime, le Conseil national des droits de l'homme a la possibilité de saisir la justice contre toute violation des droits et libertés garantis par la Constitution. Il s'agira d'un recours complémentaire dans le cadre de la protection des droits des individus. Selon l'article 99 de la Constitution égyptienne de 2014, « le Conseil national des droits de l'homme doit informer le ministère public de toute violation de ces droits, et peut intervenir dans une procédure civile secondaire aux côtés de la victime à sa demande ». L'intervention du Conseil national des droits de l'homme donne aux victimes un appui juridique et une confiance dans un procès. En Roumanie, l'article 21 de la Constitution de 1991 indique que « toute personne peut s'adresser à la justice pour la protection de ses droits, de ses libertés et de ses intérêts légitimes. Aucune loi ne peut limiter l'exercice de ce droit ». La Constitution polonaise de 1997 souligne que le droit de saisir le juge est illimité. L'article 77 de la Constitution polonaise de 1997 énonce que « la loi ne peut interdire à personne la voie judiciaire pour faire valoir ses libertés et ses droits violés ». En Roumanie et en Pologne, le droit d'accès au juge est un droit constitutionnel qui échappe au contrôle du législateur.

Le droit de saisir le juge est aussi garanti, à toute personne privée de sa liberté en dehors d'une décision de justice, par la Constitution polonaise. Selon l'alinéa 2 de l'article 41 de la Constitution polonaise de 1997, « quiconque se trouve privé de liberté hors décision judiciaire a le droit d'introduire un recours devant un tribunal afin que celui-ci statue sans délai sur la légalité de cette privation ». En Égypte, l'article 96 de la Constitution de 2014 dispose que « tout accusé est présumé innocent tant qu'il n'a pas été déclaré coupable devant un tribunal équitable qui lui a offert toutes les garanties nécessaires à sa défense. La loi réglemente l'appel des jugements pénaux. L'État doit assurer en tant que besoin la protection des victimes, des témoins, des accusés et des informateurs, conformément à la loi ». L'article 6 de la Conv. EDH prévoit que « toute personne accusée d'une infraction est présumée innocente jusqu'à ce que sa culpabilité ait été légalement établie ». L'article 41 de la Constitution polonaise de 1997 précise que « la personne détenue doit être mise en liberté si la décision du tribunal sur la détention provisoire et la formulation de l'allégation, portée contre elle, ne lui sont pas signifiées dans les vingt-quatre heures après sa mise à la disposition du tribunal ». Si le tribunal polonais estime que la détention était illégale, la victime « a droit à réparation[1] ». De même, en Égypte, la Constitution de 2014 souligne, dans son article 54, que la loi détermine « les cas qui donnent droit à une indemnisation, laquelle est une obligation pour l'État en cas de détention provisoire ou d'exécution d'une peine exécutée en vertu de décisions annulées par un jugement définitif ».

La justice est un service public et, à ce titre, elle reste soumise au principe d'égalité. Dans cet ordre d'idée, l'article 15 de la Constitution tunisienne de 2014 affirme que l'administration de l'État est « soumise aux principes de neutralité, d'égalité et de continuité du service public, conformément aux règles de transparence, d'intégrité, d'efficacité et de responsabilité ». En Pologne, la Constitution polonaise de 1997 garantit l'égal traitement devant l'administration pour ses citoyens, car elle énonce que tous ces citoyens « sont égaux devant la loi. Tous ont droit à un traitement égal par les pouvoirs publics. Nul ne peut être discriminé dans la vie politique, sociale ou économique pour une raison quelconque[2] ». La discrimination, selon la

---

[1] Alinéa 5 de l'article 41 de la Constitution polonaise de 1997.
[2] Article 32 de la Constitution polonaise de 1997.

Constitution polonaise de 1997, « pour une raison quelconque » est strictement interdite devant les pouvoirs publics dont font partie les tribunaux polonais. En Roumanie, la Constitution de 1991 dispose, dans son article 16, que « les citoyens sont égaux devant la loi et les autorités publiques, sans privilèges ni discriminations. Nul n'est au-dessus de la loi ». Elle énonce également, dans son article 47 :

> les citoyens ont le droit de s'adresser aux autorités publiques par des pétitions formulées uniquement au nom des signataires. Les organisations légalement constituées ont le droit d'adresser des pétitions exclusivement au nom des collectifs qu'elles représentent. L'exercice du droit de pétition est exempt de taxe. Les autorités publiques sont tenues de répondre aux pétitions dans les délais et les conditions établis conformément à la loi.

La Constitution roumaine de 1991 estime qu'un citoyen lésé, même par la lourdeur de l'administration, a le droit d'obtenir réparation. En ce sens, l'article 48 de la Constitution roumaine de 1991 dispose que

> Toute personne lésée dans un de ses droits par une autorité publique, par un acte administratif ou par le fait qu'on n'a pas répondu à sa requête dans le délai prévu par la loi, a le droit d'obtenir la reconnaissance du droit invoqué, l'annulation de l'acte et la réparation du dommage subi. Les conditions et les limites de l'exercice de ce droit sont établies par une loi organique. L'État est matériellement responsable, conformément à la loi, des préjudices causés par les erreurs judiciaires commises lors des procès pénaux.

Pour garantir l'égalité de tous devant la justice, la Constitution roumaine de 1991 accorde aux minorités le droit de recourir à un interprète. Dans son article 127, la Constitution roumaine de 1991 affirme :

> La procédure judiciaire se déroule en langue roumaine. Les citoyens appartenant aux minorités nationales ainsi que les personnes qui ne comprennent pas ou ne parlent pas la langue roumaine ont le droit de prendre connaissance de tous les actes et des documents du dossier, de parler lors de l'instance et de déposer des conclusions, par l'intermédiaire d'un interprète ; dans les affaires pénales, ce droit est assuré gratuitement.

Ainsi, elle se conforme à l'article 6 de la CEDH qui assure à tout accusé le droit de « se faire assister gratuitement d'un interprète, s'il ne comprend pas ou ne parle pas la langue employée à l'audience ». Cette question ne se pose pas dans le cadre de l'Égypte et de la Tunisie parce que les minorités dans ces pays sont soit arabes[1] soit parlent couramment cette langue.

En France, le juge constitutionnel a reconnu un caractère constitutionnel au droit de saisir le juge. Il l'a ensuite fait évoluer en l'adaptant à la QPC. D'abord, le juge constitutionnel a reconnu la valeur constitutionnelle à ce droit. Selon Xavier Bioy,

---

[1] C'est le cas des coptes d'Égypte.

La jurisprudence constitutionnelle relative au droit d'accéder au juge, se révèle fort nourrie. L'auteur rappelle que le Conseil avait ainsi évoqué, dès la décision du 2 décembre 1981, le "droit d'agir en justice" pour l'inscrire dans le domaine de la loi[1], avant de considérer le recours à un juge comme "la garantie effective des droits des intéressés"[2]. Enfin, la décision du 9 avril 1996[3] affirme le caractère constitutionnel du droit à un recours juridictionnel effectif, fondée sur l'article 16 de la DDHC[4].

Ensuite, le juge constitutionnel français a adapté le droit d'accéder au juge à la QPC. Comme le souligne Pascal Mbongo, « l'égalité devant la justice est garantie par les articles 6 et 16 de la DDHC de 1789, et peut être invoquée à l'appui d'une QPC (Cons. const., 23 juill. 2010, *Région Languedoc-Roussillon et d'autres*, n° 2010-15/23 QPC)[5] ». Dans sa décision du 21 janvier 1994, le Conseil constitutionnel français énonce que l'article 16 de la Déclaration des droits de l'homme et du citoyen de 1789 garantit « le droit des personnes intéressées à exercer un recours effectif, le droit à un procès équitable ainsi que le principe du contradictoire[6] ». Le juge constitutionnel français va reconnaître que le droit de saisir la justice « constitue un droit ou une liberté invocable à l'appui d'une question prioritaire de constitutionnalité[7] ». Xavier Bioy souligne également :

> Le Conseil constitutionnel entend appliquer à la procédure de QPC elle-même les règles du procès équitable. Dans sa décision du 3 décembre 2009 relative à l'examen de la loi organique chargée de mettre en œuvre les dispositions de l'article 61-1 de la Constitution[8], il précise qu' « en l'absence de dispositions procédurales spécifiques à l'examen par le Conseil d'État et la Cour de cassation, les dispositions des articles 23-3 à 23-7 (de la loi organique) doivent s'entendre comme prescrivant le respect d'une procédure juste et équitable (…) »[9].

Les droits de la défense et l'exécution des décisions de justice

Dans leur décision du 21 janvier 1994, les sages du Palais Royal énoncent :

> Aux termes de l'article 16 de la Déclaration des droits de l'homme et du citoyen de 1789 : « Toute société dans laquelle la garantie des droits n'est pas

---

[1] CC, déc. n° 80-119 L.
[2] CC, 28 juillet 1989, déc. n° 89-261 DC.
[3] CC, 9 avril 1996, déc. n° 96-373 DC.
[4] Xavier Bioy, *op. cit.*, p. 247.
[5] Pascal Mbongo, *Libertés et droits fondamentaux*, Paris, Berger-Levrault, 2015, p. 384.
[6] Déc. n° 2010-38 QPC du 29 septembre 2010, et déc. 2012-247 QPC du 16 mai 2012.
[7] Xavier Bioy, *op. cit.*, p. 247.
[8] Loi organique n° 2009-1523 du 10 déc. 2009.
[9] Xavier Bioy, *op. cit.*, p. 250.

assurée ni la séparation des pouvoirs déterminée n'a point de Constitution ». Sont garantis par cette disposition le droit des personnes intéressées à exercer un recours effectif, le droit à un procès équitable ainsi que le principe du contradictoire[1].

En France, selon Xavier Bioy, « d'abord consacrés par le Conseil constitutionnel sous la forme d'un principe fondamental reconnu par les lois de la République (...), les droits de la défense se fondent aujourd'hui sur l'article 16 de la DDHC[2] ». Pour Michel Levinet, un État de droit accompli suppose que certaines conditions soient réunies. Parmi celles-ci figure « l'exécution effective des décisions juridictionnelles[3] ». Cette condition est imposée par la Cour européenne des droits de l'homme qui estime que « l'exécution d'un jugement ou arrêt, de quelque juridiction que ce soit, doit donc être considérée comme faisant partie intégrante du "procès" au sens de l'article 6[4] ».

La Convention européenne des droits de l'homme garantit également le droit de la défense. Selon l'alinéa 3 de l'article 6 de la Conv. EDH :

> Tout accusé a droit notamment à être informé, dans le plus court délai, dans une langue qu'il comprend et d'une manière détaillée, de la nature et de la cause de l'accusation portée contre lui, disposer du temps et des facilités nécessaires à la préparation de sa défense, se défendre lui-même ou avoir l'assistance d'un défenseur de son choix et, s'il n'a pas les moyens de rémunérer un défenseur, pouvoir être assisté gratuitement par un avocat d'office, lorsque les intérêts de la justice l'exigent, interroger ou faire interroger les témoins à charge et obtenir la convocation et l'interrogation des témoins à décharge dans les mêmes conditions que les témoins à charge, se faire assister gratuitement d'un interprète, s'il ne comprend pas ou ne parle pas la langue employée à l'audience.

Chaque personne accusée peut donc assurer seule sa défense ou bénéficier de l'assistance d'un avocat. Selon Michel Levinet, « l'article 6 de la convention intéresse, en effet, et l'accès au juge, et le déroulement de l'instance, et l'exécution des sentences. L'État ne saurait s'y soustraire en arguant de difficultés financières[5] ». Il garantit non seulement les droits de la défense, mais aussi l'exécution des décisions des tribunaux. Les Constitutions des États étudiés garantissent également, peu ou prou, les droits de la défense et l'exécution des décisions de la justice. Cette exigence de l'article 6 de la Conv. EDH sera intégrée non seulement dans les

---

[1] Dec. 2012-247 QPC, 16 mai 2012.
[2] Xavier Bioy, *op. cit.*, p. 246.
[3] Michel Levinet, *Théorie générale des droits et libertés*, Paris, LGDJ, coll. « Droit et Justice », 4e éd., 2012, p. 759.
[4] CEDH, 19 mars 1997, *Hornsby c. Grèce*, § 40, *JCP G*, 1997, II, 22949, note Olivier Dugrip et Frédéric Sudre ; *GACEDH*, n° 32, cité par Michel Levinet, *op. cit.*, p. 763.
[5] Michel Levinet, *op. cit.*, p. 764.

Constitutions des États de l'Europe de l'Est, mais aussi dans celles de l'Égypte et de la Tunisie.

Concernant les droits de la défense, l'article 108 de la Constitution tunisienne de 2014 énonce que « le droit d'ester en justice et le droit de la défense sont des droits garantis. La loi facilite l'accès à la justice et assure aux plus démunis l'aide judiciaire ». La garantie de l'aide judiciaire au plus démuni équilibre le droit de défense. En Pologne, l'article 42 de la Constitution polonaise de 1997 énonce que « toute personne contre laquelle une procédure pénale est engagée dispose du droit de défense en tout état de la procédure. Elle a droit au défenseur de son choix ou à un défenseur commis d'office en vertu des dispositions de la loi ». La Constitution polonaise limite la garantie de droit de défense au seul procès pénal. Le risque d'un procès pénal pour les libertés fondamentales des individus peut expliquer cette situation. En Roumanie, selon l'article 24 de la Constitution roumaine de 1991, « le droit à la défense est garanti. Pendant la durée du procès, les parties ont droit à l'assistance d'un avocat, de leur choix ou nommé d'office ». La Constitution roumaine de 1991 et la Constitution tunisienne de 2014 reconnaissent l'assistance d'un avocat sans faire une distinction entre le procès pénal et les autres procès. Comme la Constitution tunisienne de 2014, la Constitution roumaine de 1991 garantit le droit de la défense devant tout tribunal. La Constitution roumaine de 1991 va plus loin dans le détail lorsqu'elle affirme, en vertu de l'article 23 que « la personne gardée à vue ou détenue est informée immédiatement, dans une langue qu'elle comprend, des motifs de sa garde à vue ou de sa détention, et dans le plus bref délai, de l'accusation portée contre elle ; l'accusation est portée à sa connaissance uniquement en présence d'un avocat, de son choix ou nommé d'office ». Contrairement à la Constitution roumaine de 1991, la Constitution polonaise de 1997 n'impose pas la présence de l'avocat lors de la lecture de l'accusation au détenu parce que l'article 41 affirme simplement :

> Toute personne retenue en détention doit être informée, sans délai et en termes explicites pour elle, des raisons de sa détention. Dans les quarante-huit heures suivant sa détention, elle doit être mise à la disposition du tribunal. La personne détenue doit être mise en liberté si la décision du tribunal sur la détention provisoire et la formulation de l'allégation portée contre elle ne lui sont pas signifiées dans les vingt-quatre heures après sa mise à la disposition du tribunal.

En Égypte, l'article 98 de la Constitution égyptienne de 2014 affirme que « le droit de se défendre soi-même ou par procuration est garant… La loi garantit aux insolvables les moyens de recourir à la justice et de défendre leurs droits ». Mais la Constitution égyptienne de 2014 énonce, dans une autre disposition, que tout justiciable a droit à un avocat et s'il n'a pas le moyen de s'en offrir un, un avocat sera commis d'office. L'article 54 de la Constitution égyptienne de 2014 dispose :

> Tous ceux qui subissent une atteinte à leurs libertés doivent s'en voir immédiatement notifier les raisons, être avertis par écrit de leurs droits, être immédiatement autorisés à contacter leur famille et leur avocat, et être présentés aux autorités chargées de l'enquête vingt-quatre heures après cette atteinte à leurs libertés. L'interrogatoire de la personne ne peut débuter qu'en présence de son avocat. S'il n'a pas d'avocat, un avocat sera commis d'office.

Contrairement à la Constitution polonaise de 1997, la Constitution égyptienne de 2014 insiste sur l'importance de l'avocat pour garantir les droits de la défense lors de toutes les procédures judiciaires. De plus, l'article 54 de la Constitution égyptienne de 2014 précise que « dans tous les cas, l'accusé ne peut être traduit devant le juge pénal pour les crimes au sujet desquels il est détenu qu'en présence d'un avocat agréé ou commis d'office ».

L'article 27 de la nouvelle Constitution tunisienne de 2014 rappelle que « tout prévenu est présumé innocent jusqu'à l'établissement de sa culpabilité dans le cadre d'un procès équitable, assurant toutes les garanties nécessaires à sa défense durant les phases de la poursuite et du procès ». Le tribunal tunisien doit garantir les droits de la défense à chaque individu poursuivi. L'article 29 de la Constitution tunisienne de 2014 déclare que le détenu « a le droit de se faire représenter par un avocat ». De même, en Égypte, selon l'article 96 de la Constitution de 2014, « tout accusé est présumé innocent tant qu'il n'a pas été déclaré coupable devant un tribunal équitable qui lui a offert toutes les garanties nécessaires à sa défense ». Le tribunal est tenu de garantir le droit de défense de chaque accusé.

L'élément essentiel, dans les garanties offertes au justiciable, est l'avocat. Dans cette circonstance, la protection des avocats est indispensable pour garantir à chacun un droit de défense irréprochable. Comme le souligne la Cour de cassation française, « l'assistance d'un avocat doit être qualifiée de "droit fondamental à caractère constitutionnel"[1]. Ce droit, reconnu constitutionnellement[2], se renforce dans le cas de procédures pénales telles que la garde à vue[3] ». La Constitution tunisienne de 2014, dans son article 105, assure une protection de la fonction de l'avocat qui contribue aux droits de la défense. Elle stipule que « la profession d'avocat est libre et indépendante ; elle participe à l'instauration de la justice et à la défense des droits et des libertés. L'avocat bénéficie des garanties légales le protégeant et lui permettant d'exercer ses fonctions ». Également, l'article 98 de la

---

[1] Cass. Ass. Plén. 30 juin 1995

[2] CC, 11 août 1993, déc. n° 93-326 DC.

[3] Xavier Bioy, p. 246.

Constitution égyptienne de 2014 énonce que « l'indépendance des avocats et la protection de leurs droits sont garanties comme essentielles aux droits de la défense ».

S'agissant de l'exécution des décisions de justice, les textes constitutionnels de quatre États analysés sont clairs. La Constitution égyptienne de 2014 affirme :

> Ne pas exécuter une décision de justice ou retarder son exécution est de la part des fonctionnaires compétents un crime puni par la loi. La partie gagnante a dans ce cas le droit d'engager une action pénale directement devant le tribunal compétent. À la demande de la partie gagnante, le ministère public doit engager une action pénale contre le fonctionnaire qui a refusé d'exécuter le jugement ou a gêné son exécution.

Elle accorde au justiciable des moyens pour faire respecter les décisions de justice. La non-exécution des décisions de justice est qualifiée de crime et une action pénale peut être engagée contre l'auteur de ce crime. En Tunisie, la Constitution de 2014, dans son article 111, indique que « les décisions sont rendues au nom du peuple et exécutées au nom du président de la République. Leur inexécution ou l'entrave à leur exécution sans motif légal sont interdites ». Sans aller aussi loin que la Constitution égyptienne, la Constitution tunisienne de 2014 mentionne que la non-exécution des décisions de la justice « est interdite » sauf si elle présente « un motif légal ». La Roumanie et la Pologne n'évoquent pas dans leurs Constitutions respectives l'exécution des décisions de la justice. En Roumanie, l'article 129 de la Constitution de 1991 souligne simplement que « les tribunaux judiciaires disposent de la police mise à leur service ». C'est un moyen important et indispensable pour faire respecter la loi et les décisions de justice. C'est également un outil de la prévention et de la dissuasion.

En France, concernant les droits de la défense, la jurisprudence du juge constitutionnel va plus loin que le texte de la Constitution de 1958 et des Constitutions des États étudiés. Selon Xavier Bioy, les droits de la défense « s'appliquent dans toute procédure où se trouvent en cause les droits substantiels d'un individu et où il s'agit d'apprécier le comportement d'un individu. Ils peuvent faire l'objet d'une question prioritaire[1] ». On souhaite que les tribunaux constitutionnels institués par les nouvelles Constitutions arabes de 2014 arrivent à la même conclusion en soumettant le procès constitutionnel aux exigences du procès équitable.

[1] Xavier Bioy, *op. cit.*, p. 246.

La protection non juridictionnelle ou non contentieuse des droits fondamentaux

À côté des mécanismes juridictionnels, les Constitutions de ces différents pays qui font l'objet de notre étude ont mis en place des autorités non juridictionnelles chargées de la protection des droits et libertés fondamentaux. Il conviendra ici d'étudier la nature de ces autorités non juridictionnelles avant d'analyser leurs missions et compétences.

La nature des autorités non juridictionnelles chargées de la protection et de la promotion des droits et libertés fondamentaux

Les autorités constitutionnelles indépendantes sont chargées, par les différentes constitutions de ces pays, de la promotion et de la protection des droits fondamentaux. Elles sont diverses par leurs organisations, mais l'objectif de leurs créations est identique. Elles répondent à un besoin de protection et de promotion des droits et libertés fondamentaux. Elles demeurent des collaboratrices importantes des mécanismes juridictionnels dans la protection des droits fondamentaux. Cette protection est indispensable parce que la protection juridictionnelle à elle seule reste insuffisante. Il est indéniable que le juge reste le gardien privilégié des droits fondamentaux, mais ces autorités constitutionnelles indépendantes constituent des relais importants dans la protection et la promotion des droits fondamentaux des individus. Si la protection juridictionnelle des droits fondamentaux surplombe les protections non juridictionnelles, celles-ci lui sont complémentaires et parallèles. Contrairement aux juridictions, elles sont chargées de la promotion, en plus de la protection, des droits fondamentaux. La promotion constitue un outil non négligeable dans la protection des droits fondamentaux dans un pays. Elle consolide et vulgarise les droits fondamentaux des individus au sein de la société.

Elles ont été mises en place, au niveau européen, par le droit communautaire tel que le droit de l'UE et au niveau national, par les Constitutions nationales. L'article 20 du TUE (ex-article 17, TCE) précise que « chaque citoyen européen a le droit, d) (…), de recourir au médiateur européen, ainsi que le droit de s'adresser aux institutions et aux organes consultatifs de l'Union dans l'une des langues des traités et de recevoir une réponse dans la même langue ».

En Tunisie, les autorités constitutionnelles indépendantes tunisiennes

œuvrent au renforcement de la démocratie. Toutes les institutions de l'État se doivent de faciliter leur travail. Elles sont dotées de la personnalité juridique et de l'autonomie financière et administrative. Elles sont élues par l'Assemblée du peuple à laquelle elles présentent leur rapport annuel et devant laquelle elles sont responsables. Leur élection se fait à une majorité renforcée. La loi fixe la composition de ces autorités, leur organisation, ainsi que les modalités de leur contrôle[1].

Notamment, la nouvelle Constitution de 2014 confie à la Commission des droits de l'homme la protection et la promotion des droits fondamentaux. Elle affirme que la Commission des droits de l'homme « se compose de personnalités indépendantes, neutres, compétentes et intègres, qui exercent leurs fonctions pendant un seul mandat de six ans[2] ».

En Égypte, la Constitution a mis en place les conseils nationaux indépendants. Selon l'article 214 de la Constitution égyptienne de 2014,

> La loi définit les conseils nationaux indépendants, dont font partie le Conseil national des droits de l'homme, le Conseil national des femmes, le Conseil national pour l'enfance et la maternité et le Conseil national pour les personnes handicapées. La loi définit les structures de chacun d'eux, les mandats et les garanties d'indépendance et de neutralité de leurs membres.

La Constitution égyptienne de 2014 confie au législateur le privilège de définir « les mandats et les garanties d'indépendances et de neutralité » de ces conseils nationaux indépendants. Les membres de ces conseils seront choisis soit par le législateur soit, ce dernier, après avoir défini leurs organisations et leurs cadres, pourra confier cette tâche au pouvoir exécutif qui s'en chargera par décret. C'est le cas en France. Le Défenseur des droits français « est nommé pour six ans par le président de la République après avis de la commission compétente de chaque assemblée. Le projet de loi organique définit un régime d'immunités et d'incompatibilités censé garantir son impartialité et son indépendance[3] ».

En Pologne, la Constitution de 1997 a mis en place le Défenseur des droits civiques, alors qu'en Roumanie, la Constitution de 1991 institue l'Avocat du peuple. Si le titre des institutions chargées de cette mission varie d'une Constitution à une autre, les tâches confiées à celles-ci sont similaires. Également, l'article 210 de la Constitution polonaise de 1997 énonce que « le Défenseur des droits civiques est indépendant, dans l'exercice de ses fonctions, des autres autorités de l'État et n'est responsable que devant la Diète, conformément aux principes définis par la loi ». Comme en Tunisie, en Pologne, selon l'article 209 de la Constitution de 1997,

> Le Défenseur des droits civiques est nommé par la Diète, avec l'accord du Sénat, pour une période de cinq ans. Le Défenseur des droits civiques ne peut exercer aucune autre fonction, à l'exception de professeur de l'enseignement supérieur, ni exercer aucune autre activité professionnelle. Le Défenseur des droits civiques ne peut appartenir à aucun parti politique, à aucun syndicat, ni

[1] Article 125 de la Constitution tunisienne de 2014.
[2] Article 128 de la Constitution tunisienne de 2014.
[3] Xavier Dupre de Boulois, *op. cit.*, p. 239.

exercer une activité publique incompatible avec la dignité des fonctions accomplies.

Comme pour les membres tunisiens de la Commission des droits de l'homme, le Défenseur des droits civiques polonais est élu pour un seul mandat. L'élection fonde leur légitimité et le mandat unique garantit leur indépendance indispensable pour exercer leurs missions très délicates. Comme ils n'ont pas un autre mandat à espérer, ils peuvent se consacrer en toute indépendance, surtout vis-à-vis des politiques qui les ont désigné, à leurs missions. De même, en Égypte, les conseils nationaux indépendants « ont la personnalité juridique et jouissent d'une indépendance technique, financière et administrative. Ils doivent être consultés sur les projets de lois et de règlement à leurs domaines d'activité[1] ». En Roumanie, l'Avocat du peuple est élu non pas par les députés, mais par les sénateurs. Selon l'article 55 de la Constitution roumaine de 1991, « l'Avocat du peuple est nommé par le Sénat, pour une durée de quatre ans, afin de défendre les droits et les libertés des citoyens. L'organisation et le fonctionnement de l'institution de l'Avocat du peuple sont déterminés par une loi organique. L'Avocat du peuple ne peut remplir aucune autre fonction publique ou privée ». Même si la Constitution roumaine de 1991 ne le précise pas, comme ses homologues polonais et tunisien, le mandat reconnu à l'Avocat du peuple semble être limité à un seul.

En Tunisie et en Pologne, ces autorités constitutionnelles ne sont responsables que devant les députés. L'article 125 de la Constitution tunisienne de 2014 affirme que les autorités constitutionnelles indépendantes, dont fait partie la Commission des droits de l'homme, « sont élues par l'Assemblée du peuple à laquelle elles présentent leur rapport annuel et devant laquelle elles sont responsables ». Le défenseur des droits civiques polonais bénéficie plus des protections que les membres de la Commission des droits de l'homme tunisienne. Selon l'article 211 de la Constitution polonaise de 1997, le défenseur des droits civiques

> ne peut encourir la responsabilité pénale ni être privé de liberté, qu'avec l'autorisation préalable de la Diète. Il ne peut être détenu ou arrêté, sauf si, en cas de flagrant délit, sa détention est indispensable au déroulement régulier de la procédure. Le président de la Diète est informé sans délai de la détention et il peut ordonner la mise en liberté immédiate du détenu.

En Pologne, le Défenseur des droits civiques bénéficie presque de la même protection qu'un membre de la Diète. Il ne peut être interpellé « qu'avec l'autorisation préalable » des députés et le président de la Diète « peut ordonner » sa mise en liberté immédiate.

---

[1] Article 214 de la Constitution égyptienne de 2014.

Les missions et compétences des autorités constitutionnelles chargées de la protection et de la promotion des droits et libertés fondamentaux

Les missions et les compétences de chacune de ces autorités ont été définies par les Constitutions qui les ont instituées. Leur indépendance a été constitutionnellement consacrée. Elles ont donc une reconnaissance et des compétences constitutionnelles précises. Elles sont spécialement aménagées pour la protection et la promotion des droits et libertés fondamentaux. Elles peuvent être saisies par tout individu s'estimant lésé dans son droit, mais également par les autorités politiques ou administratives pour conseils et avis. Elles ne sont pas juges de leurs domaines des compétences. Seul l'Avocat du peuple roumain peut s'autosaisir[1].

En Pologne, selon l'article 208 de la Constitution de 1997, « le Défenseur des droits civiques est le gardien des libertés et des droits de l'homme et du citoyen définis par la Constitution et par d'autres actes normatifs ». En vertu de la Constitution de 1997, le Défenseur des droits polonais est garant des droits et libertés fondamentaux inscrits dans la Constitution. En Roumanie, l'article 56 de la Constitution de 1991 dispose que « l'Avocat du peuple exerce ses attributions d'office ou sur requête des personnes lésées dans leurs droits et dans leurs libertés, dans les limites déterminées par la loi. Les autorités publiques sont tenues d'assurer à l'Avocat du peuple le soutien nécessaire dans l'exercice de ses attributions ». En Tunisie, l'article 125 de la Constitution de 2014 affirme que « les autorités constitutionnelles indépendantes œuvrent au renforcement de la démocratie. Toutes les institutions de l'État se doivent de faciliter leur travail. Elles sont dotées de la personnalité juridique et de l'autonomie financière et administrative ». En Égypte, selon l'article 217 de la Constitution de 2014, « les organismes indépendants et les organismes de contrôle informent les autorités chargées de l'enquête, de ce qui relèverait de l'infraction ou du crime, ces autorités devant prendre les mesures nécessaires concernant ces rapports dans une période déterminée, en conformité avec les dispositions de la loi ».

Comme nous l'avons déjà souligné, les institutions constitutionnelles chargées de la protection et de la promotion des droits de l'homme par les différentes Constitutions analysées ne concurrencent pas la protection juridictionnelle. Leur saisine n'empêche pas de faire un recours devant la justice. Certaines de ces autorités pourront même accompagner les victimes dans la démarche juridictionnelle. En Égypte, en vertu de l'article 214 de la Constitution de 2014, les organismes indépendants et les organismes de contrôle « ont le droit d'informer les autorités publiques de toutes les infractions constatées dans leurs domaines d'activité ». Notamment en France, comme l'explique Xavier Dupré De Boulois, parallèlement, le Défenseur des droits « doit saisir le procureur de la République des faits

---

[1] Article 56 de la Constitution roumaine de 1991.

laissant présumer un crime ou un délit et peut saisir l'autorité disciplinaire pour des faits susceptibles d'appeler des poursuites disciplinaires[1] ». Elles peuvent également exercer le rôle d'un conseil juridique auprès du gouvernement. ainsi, l'article 128 de la Constitution tunisienne de 2014 prévoit :

> La Commission des droits de l'homme veille au respect et à la promotion des libertés et des droits de l'homme et fait des propositions dans le sens du développement du système des droits de l'homme. Elle est obligatoirement consultée pour les projets de loi relatifs à son domaine de compétence. La Commission enquête sur les cas de violation des droits de l'homme en vue de les régler ou de les soumettre aux autorités compétentes.

La Commission des droits de l'homme tunisienne a le pouvoir de faire « des propositions » pour permettre le « développement du système des droits de l'homme ». Au sein de l'Union européenne, c'est le cas de l'agence européenne des droits fondamentaux[2]. Cette institution européenne est chargée de « fournir aux institutions et organes de l'Union européenne, ainsi qu'aux États membres de l'Union européenne, lorsqu'ils mettent en œuvre le droit de l'Union européenne, une assistance et une expertise sur les droits fondamentaux[3] ». En France, la Commission nationale consultative des droits de l'homme « assure, auprès du gouvernement, un rôle de conseil et de proposition dans le domaine des droits de l'homme, du droit et de l'action humanitaire et du respect des garanties fondamentales accordées aux citoyens pour l'exercice des libertés publiques[4] ». Le Défenseur des droits français « est susceptible de recommander les modifications législatives ou réglementaires qui lui apparaissent utiles[5] ». En Pologne, « le Défenseur des droits civiques informe chaque année la Diète et le Sénat sur ses activités et sur l'état du respect des libertés et des droits de l'homme et du citoyen[6] ». Il peut ainsi saisir l'occasion d'inscrire dans son rapport devant les parlementaires des recommandations et des suggestions pour faire évoluer la situation des droits de l'homme dans son pays. En Roumanie, les rapports que l'Avocat du peuple est tenu de présenter devant les parlementaires « peuvent contenir des recommandations portant sur la législation ou des mesures d'une autre nature, ayant pour but la protection des droits et des

---

[1] Xavier Dupre de Boulois, *op. cit.*, p. 241

[2] Voir l'article de Hannes Kraemer, « Les nouveaux acteurs dans le domaine de la protection des droits fondamentaux dans le droit de l'Union européenne », *in* R. Tinière et C. Vial (dir.), *La protection des droits fondamentaux dans l'Union européenne. Entre évolution et permanence*, Bruxelles, Bruylant, Coll. Droit de l'Union européenne – Colloques, 2015, p. 321-355.

[3] Xavier Bioy, *op. cit.*, p. 231.

[4] *Ibid.*, p. 230.

[5] *Idem.*

[6] Article 212 de la Constitution polonaise de 1997.

libertés des citoyens[1] ». Contrairement à la Constitution polonaise de 1997, la Constitution roumaine de 1991 offre expressément à l'Avocat du peuple la possibilité de faire des recommandations. En Égypte, l'article 217 de la Constitution de 2014 souligne :

> Les organismes indépendants et les organismes de contrôle soumettent des rapports annuels au président de la République, à la Chambre des représentants et au Premier ministre dès leur parution. La Chambre des représentants examine ces rapports et prend les mesures appropriées dans un délai de quatre mois à compter de la date de remise des rapports. Ils sont rendus publics.

En Tunisie, la Constitution de 2014 énonce que les autorités constitutionnelles indépendantes présentent un rapport annuel devant les députés[2].

Ainsi les deux protections, juridictionnelle et non juridictionnelle, se complètent et se renforcent. La seconde pourrait combler le vide ou pallier les lacunes de la première. Selon Xavier Bioy,

> La protection des droits fondamentaux n'est optimale que lorsqu'elle s'exerce par le prisme d'une institution de contre-pouvoir, de défiance ou de méfiance vis-à-vis du pouvoir. Les libertés devraient donc être prises en charge par des instances qui se distinguent du pouvoir législatif et du pouvoir exécutif. Si les juridictions incarnent cet idéal, les conditions dans lesquelles elles sont saisies, en particulier le fait qu'elles ne se prononcent que sur des questions de droit, limitent leur rôle et manquent de souplesse. Le recours à des instances plus spécialisées, capables de recevoir des arguments d'équité ou de « bonne administration » et de vérifier la correcte application de la loi, apporte une autre solution, à la condition de trouver les conditions de leur indépendance[3].

Le rôle de ces autorités reste limité d'abord dans leurs champs d'intervention. Ces autorités administratives ont chacune, soit un secteur de compétence précis, soit une compétence générale pour étudier les requêtes des particuliers. Les différentes constitutions analysées prévoient des modalités d'interventions qui varient d'une institution à l'autre. Leurs domaines d'intervention concernent un nombre important de droits et libertés des individus et leurs protections ne couvrent pas l'ensemble des droits fondamentaux. Selon Xavier Bioy, « certaines autorités administratives interviennent spécifiquement dans le champ privilégié des droits fondamentaux. De nombreuses commissions, n'ayant pas le statut d'autorités indépendantes, se chargent d'une activité spécialisée pour

---

[1] Article 57 de la Constitution roumaine de 1991.
[2] Article 125 de la Constitution tunisienne de 2014.
[3] Xavier Bioy, *op. cit.*, p. 232.

laquelle l'adjonction de compétences particulières nécessite d'autonomiser et spécialiser la structure[1] ». C'est une protection sectorielle et fragmentée.

Elles sont également limitées en ce qui concerne la sanction apportée, qui est toujours relative. Elles sont dépourvues de pouvoirs contraignants. C'est une limite qui est expliquée par le fait qu'elles sont adoptées pour être complémentaires aux mécanismes juridiques de protection des droits fondamentaux. Il ne s'agit donc pas de concurrencer le mécanisme juridictionnel, mais de palier son insuffisance ou son impuissance. Pourtant, plusieurs facteurs peuvent entraver l'accès ou la saisine de la justice par les individus (le coût, le délai ou la violence du procès, le manque de confiance ou d'information sur la justice, sa lenteur, etc.). De ce fait, la protection non juridictionnelle reste plus simple et plus rapide à mettre en œuvre. Ces autorités chargées de la protection et de la promotion des droits fondamentaux doivent bénéficier d'un pouvoir de sanction qui peut être soumis à l'article 6 de la CEDH. Comme l'affirme Xavier Bioy, « sous l'influence du droit européen[2], le Conseil d'État[3] a tenu compte de la dualité du rôle coercitif des AAI qui disposent d'un pouvoir de sanction en appliquant des exigences dignes du droit au procès équitable[4] ». En France, le Défenseur des droits a plus qu'un simple pouvoir de conseil et de promotion des droits fondamentaux :

> [Il] peut auditionner toute personne et solliciter la communication de toutes informations et pièces utiles à l'exercice de sa mission sans que leur caractère secret ou confidentiel ne puisse lui être opposé (sauf les informations couvertes par le secret de l'instruction ou le secret concernant la défense nationale, la sûreté de l'État ou la politique extérieure)[5].

À côté des mécanismes juridictionnels incontournables dans cette mission, ces autorités, pour assurer efficacement leurs missions dans des États nouvellement instaurés, doivent disposer de plus des moyens et des pouvoirs.

Les garanties juridictionnelles de la protection des droits fondamentaux

La protection efficace des droits fondamentaux des individus ne peut être assurée que par un organe bénéficiant d'une protection juridique effective. Toutes les Constitutions analysées énoncent des garanties importantes aux juges.

---

[1] *Ibid.* p. 229.
[2] CEDH, 27 août 2002, *Didier c. France*.
[3] Voir CE, Ass., 3 déc. 1999, *Didier*.
[4] Xavier Bioy, *op. cit.*, p. 234.
[5] Xavier Dupre de Boulois, *Droits et libertés fondamentaux*, Paris, PUF, coll. « Thémis Droit », 2010, p. 240.

La protection constitutionnelle des juges : la protection de la fonction juridictionnelle par la Constitution

Pour permettre aux juges d'assurer pleinement leurs missions, il faut garantir leurs indépendances et exiger l'impartialité. Impartialité et indépendance, « très proches dans leur mise en œuvre, ces deux notions ne se confondent pas sur le plan conceptuel : l'indépendance est une condition préalable à l'impartialité ; on ne peut être impartial si, déjà, on n'est pas indépendant ; mais, à l'inverse, un juge indépendant de tout pouvoir peut devenir partial dans un dossier particulier[1] ». Parce que l'indépendance précède l'impartialité, nous allons d'abord étudier l'indépendance des juges avant d'analyser les conditions de leurs impartialités.

La garantie de l'indépendance de la justice par la Constitution

Pour instaurer un lien de confiance nécessaire entre les justiciables et la justice, il est indispensable de garantir l'indépendance des magistrats qui l'exercent, car l'indépendance de la justice « se mesure cependant véritablement à l'indépendance de ses membres[2] ». Elle est un principe cardinal de l'État de droit. L'indépendance de la justice est « un droit constitutionnel, reconnu aux citoyens comme aux justiciables, qui garantit l'égalité de tous devant la loi par l'accès à une magistrature impartiale. Elle est la condition première d'un procès équitable[3] ». Ce droit est consacré par les textes juridiques internationaux et nationaux.

Au niveau international, la DUDH de l'ONU et la CEDH du Conseil de l'Europe évoquent un tribunal « indépendant et impartial ». L'article 10 de la DUDH du 10 décembre 1948 prévoit que « toute personne a droit, en pleine égalité, à ce que sa cause soit entendue équitablement et publiquement par un tribunal indépendant et impartial, qui décidera, soit de ses droits et obligations, soit du bien-fondé de toute accusation en matière pénale dirigée contre elle ». De même, l'article 6-1 de la CEDH dispose que « toute personne a droit à ce que sa cause soit entendue équitablement, publiquement et dans un délai raisonnable, par un tribunal indépendant et impartial, établi par la loi ».

Outre le droit international et régional, les droits internes de chaque État garantissent aussi constitutionnellement l'indépendance des juges. Au niveau national, si le Conseil supérieur de la magistrature ou le législateur sont les

---

[1] Serge Guinchard, Gabriel Montagnier, André Varinard, Thierry Debard, *Institutions juridictionnelles*, Dalloz, 11e éd., 2011, p. 223.
[2] Dominique Rousseau, *Droit du Contentieux constitutionnel*, Paris, LGDJ, Domat Droit Public, 10e éd., 2013, p. 309.
[3] *Recueil des obligations déontologiques des magistrats*, cité par Julie Joly-Huard, *La déontologie du magistrat*, Paris, Dalloz, « Connaissance du droit », 3e éd., 2014, p. 118.

institutions chargées de veiller à l'indépendance du juge, les Constitutions définissent elles-mêmes le régime juridique de cette indépendance.

Les Constitutions étudiées protègent également l'indépendance de la justice. En Tunisie, l'article 102 de la Constitution de 2014 énonce que « le pouvoir judiciaire est indépendant et garantit l'instauration de la justice, la suprématie de la Constitution, la souveraineté de la loi et la protection des droits et libertés. Le magistrat est indépendant. Il n'est soumis dans l'exercice de ses fonctions qu'à l'autorité de la loi ». En Égypte, selon l'article 184 de la Constitution de 2014, « le pouvoir judiciaire est indépendant. Il est exercé par les tribunaux de différents types et degrés, qui rendent les arrêts conformément à la loi. La compétence des tribunaux est définie par la loi et toute ingérence dans les affaires de la justice ou les procès est un crime imprescriptible ». En Pologne, l'article 45 de la Constitution de 1997 indique très clairement que « toute personne a droit à ce que sa cause soit entendue équitablement et publiquement, sans retard excessif, par un tribunal compétent, indépendant et impartial ». L'article 173 de la Constitution polonaise de 1997 proclame l'indépendance de la justice en déclarant que « les cours et tribunaux exercent un pouvoir séparé et indépendant des autres pouvoirs[1] ». La Constitution polonaise reconnaît à la justice le droit de s'auto-administrer. Selon l'article 177 de la Constitution polonaise de 1997, « les juridictions de droit commun administrent la justice dans toutes les affaires à l'exception de celles réservées à la compétence d'autres juridictions ». Selon l'article 185 de la Constitution égyptienne de 2014,

> Chaque instance ou organisme judiciaire prend en charge ses propres affaires et dispose de son propre budget indépendant. Il est intégralement examiné par la Chambre des représentants et inséré après son approbation comme somme globale dans le budget de l'État. Les institutions judiciaires sont consultées sur les projets de loi qui régissent leurs affaires.

L'indépendance des juges s'analyse principalement sur trois points : le recrutement, l'avancement et l'inamovibilité. Selon quelques juristes français, « un moyen radical de garantir l'indépendance consisterait à assurer une séparation organique du juge et du gouvernement[2] ». Le Conseil supérieur de la magistrature est une institution constitutionnelle qui est principalement chargée de la nomination des juges. En Roumanie, selon l'article 132 de la Constitution de 1991, « le Conseil supérieur de la magistrature est composé de magistrats élus, pour une durée de quatre ans, par la Chambre des députés et par le Sénat, en séance commune ». Il a la charge de proposer au président de la Roumanie la nomination des juges et il

---

[1] Article 173 de la Constitution polonaise de 1991.

[2] Serge Guinchard, Gabriel Montagnier, André Varinard, Thierry Debard, *Institutions juridictionnelles*, Paris, Dalloz, 11e éd., 2011, p. 162.

« exerce le rôle de conseil de discipline des juges[1] ». En Pologne, l'article 179 de la Constitution de 1997 proclame que « les juges sont nommés par le président de la République, sur proposition du Conseil national de la magistrature, pour une durée indéterminée ». En 2007, pour la première fois, le président de la République polonais a refusé de nommer les juges proposés par le Conseil national de la magistrature conformément à la Constitution. Saisi par la Cour suprême pour trancher le conflit des compétences entre le chef de l'État et le Conseil national de la magistrature, le juge constitutionnel polonais a estimé que « les compétences relatives à la nomination des juges reviennent au président de la République, celui-ci par contre "ne doit pas exercer des actions consistant à donner son avis sur les juges, cette compétence-ci revenant au Conseil national de la magistrature". Le président "ne peut pas empiéter sur les compétences d'appréciation du Conseil"[2] ». Le Conseil national de la magistrature est alors exclusivement compétent pour donner son avis sur un juge. C'est également ce qui est exprimé dans la Constitution polonaise de 1997 lorsqu'elle affirme que « le Conseil national de la magistrature veille à l'indépendance des cours et des juges[3] » et que « le juge ne peut être révoqué, suspendu de ses fonctions, déplacé dans un autre ressort ou à une autre fonction contre sa volonté, qu'en vertu d'une décision de justice et uniquement dans les cas prévus par la loi[4] ».

Le Conseil supérieur de la magistrature protège concrètement l'indépendance des juges en participant à toutes les instances qui sanctionnent ou promettent ces derniers. En Roumanie, en vertu de la Constitution de 1991, seul le conseil supérieur de la magistrature a le pouvoir « de promouvoir, de transférer et de sanctionner les juges, dans les conditions fixées par la loi[5] ». En Tunisie, l'article 106 de la Constitution de 2014 souligne que « les magistrats sont nommés par décret présidentiel sur avis conforme du Conseil supérieur de la magistrature. Les hauts magistrats sont nommés par décret présidentiel après concertation avec le chef du gouvernement et sur proposition exclusive du Conseil supérieur de la magistrature. La haute magistrature est déterminée par la loi ». En vertu de la Constitution tunisienne de 2014, un magistrat tunisien « ne peut être muté sans son accord. Il ne peut être révoqué ni suspendu de ses fonctions et ne peut subir de sanction disciplinaire que dans les cas et avec les garanties

---

[1] Article 133 de la Constitution roumaine de 1991.
[2] Leszek Garlick, « Chronique de la jurisprudence de 2008 du Tribunal constitutionnel polonais », voir le site internet du Tribunal constitutionnel polonais.
[3] Article 186 de la Constitution polonaise de 1997.
[4] Article 180 de la Constitution polonaise de 1997.
[5] Article 124 de la Constitution roumaine de 1991.

formulées par la loi, et par décision motivée du Conseil supérieur de la magistrature[1] ».

La Constitution égyptienne de 2014 ne mentionne pas le Conseil supérieur de la magistrature. Elle accorde ce pouvoir au législateur. En Égypte, selon l'article 186 de la Constitution égyptienne de 2014,

> Les magistrats sont indépendants et inamovibles. Ils ne sont soumis dans leur travail qu'à la loi, et sont égaux en droits et en devoirs. La loi définit les conditions et les démarches relatives à leur nomination, leur détachement, leur retraite et les procédures disciplinaires qui les concernent. Ils ne peuvent être détachés intégralement ou partiellement, que dans les organismes et pour les travaux définis par la loi, de manière à préserver l'indépendance de la magistrature, des magistrats, leur neutralité et d'écarter les conflits d'intérêts. La loi définit leurs droits, leurs devoirs et les garanties qui leur sont fournies.

Elle mentionne simplement dans l'article 188 que la loi définit la composition et les compétences d'un Conseil supérieur qui gère les affaires du pouvoir judiciaire. Contrairement aux autres Constitutions, aucune autre précision n'est donnée par la Constitution égyptienne de 2014. Elle renvoie en définitive à la loi.

Pour protéger l'indépendance des juges, ces différentes Constitutions[2] reconnaissent aux juges l'immunité pénale. L'article 104 de la Constitution tunisienne souligne que « le magistrat bénéficie d'une immunité pénale ; il ne peut être poursuivi ou arrêté tant qu'elle n'a pas été levée. En cas de flagrant délit, il peut être arrêté et le Conseil de la magistrature dont il relève décide de la suite à donner à la demande de levée de l'immunité ». De même, en Pologne, l'article 181 de la Constitution précise :

> Le juge ne peut encourir de responsabilité pénale ou être privé de liberté, qu'avec l'autorisation préalable d'un tribunal défini par la loi. Le juge ne peut être détenu ou arrêté, sauf si, en cas de flagrant délit, sa détention est indispensable au déroulement régulier de la procédure. Le président de la juridiction compétente est informé sans délai de la détention et il peut ordonner la mise en liberté immédiate du détenu.

Concernant les tribunaux militaires, il leur est reconnu le droit de statuer sur les infractions militaires. En Tunisie, en vertu de l'article 110 de la Constitution de 2014, « les tribunaux militaires sont des tribunaux compétents pour les infractions militaires. Leur compétence, leur structure, leur fonctionnement, leurs procédures et le statut de leurs magistrats sont déterminés par la loi ». En Égypte, selon l'article 205 de la Constitution égyptienne de 2014, « la juridiction militaire est un organe judiciaire indépendant, il lui revient exclusivement d'arbitrer dans tous les crimes

---

[1] Article 107 de la Constitution tunisienne de 2014.

[2] Constitutions égyptienne et tunisienne de 2014, la Constitution roumaine de 1991 et la Constitution polonaise de 1997.

relatifs aux forces armées, leurs officiers, personnels et assimilés, ainsi que ceux commis par les membres du renseignement général à cause ou pendant le service ». Mais la juridiction militaire égyptienne peut juger des civils, selon l'article 205 de la Constitution de 2014 :

> Pour les crimes constituant une attaque directe contre les bâtiments ou camps militaires ou assimilés, de même que les zones définies comme militaires ou frontalières, les équipements, véhicules, armes et munitions, les archives et secrets militaires, les biens de l'armée, les industries militaires, de même que les crimes relatifs au service militaire et ceux perpétrés directement contre les officiers et membres des forces armées en raison de l'exercice de leurs fonctions. La loi définit ces crimes et les autres compétences de la juridiction militaire. Les membres de la juridiction militaire sont indépendants, inamovibles et jouissent des droits et garanties applicables à la magistrature et assument leurs devoirs.

La Cour européenne des droits de l'homme a eu l'occasion de se prononcer sur la compétence pénale des tribunaux militaires turcs à juger des civils. Elle a affirmé que « le fait que pareils tribunaux décident d'accusations en matière pénale dirigées contre des civils ne peut être jugé conforme à l'article que dans des circonstances exceptionnelles[1] ».

L'indépendance du juge est une condition indispensable à son impartialité et sa neutralité. Si l'indépendance du juge concerne d'abord son rapport avec le pouvoir politique, il concerne également son rapport avec les parties au procès. Il doit échapper « à toutes formes de pressions économiques, sociales ou idéologiques[2] ». L'impartialité est plus qu'un droit octroyé au juge c'est un devoir. Elle constitue une obligation déontologique des magistrats.

Le devoir d'impartialité des juges

Pour Julie Joly-Huard, « justification et contrepartie de l'indépendance des juges, l'impartialité constitue la première responsabilité des magistrats sans cependant être l'apanage exclusif du corps judiciaire[3] ». Ces deux principes sont complémentaires. L'indépendance constitue une condition nécessaire pour garantir l'impartialité des juges. Geneviève Gondouin et Sylvie Rouxel soulignent :

> L'indépendance et l'impartialité traduisent une même exigence de neutralité envisagée soit de façon externe soit de façon interne. Le juge indépendant n'est soumis à aucune pression extérieure. Le juge impartial se départ de ses propres sentiments ou convictions : il ne doit pas avoir de préjugés

---

[1] CEDH, 4 mai 2006, *ERGIN c/Turquie (n° 6)*, $44.

[2] Jean-Louis Bergel, « Introduction Générale », *Actes du Colloque- L'Office du Juge*, 2009, p. 23.

[3] *Recueil des obligations déontologiques des magistrats*, cité par Joly-Huard Julie, *op. cit.*, p. 119.

(impartialité subjective) ; il doit être dans une situation telle qu'on ne puisse le soupçonner d'en avoir (impartialité objective). Celle-ci est d'ailleurs étroitement liée à l'indépendance puisque sera systématiquement soupçonnée de partialité la juridiction qui apparaît, en raison de sa composition notamment, comme dépendante d'une autorité extérieure[1].

Si ces deux principes sont indiscutablement complémentaires, ils ne se confondent pas. La jurisprudence et la doctrine ont progressivement démontré la liaison entre l'indépendance du juge et son impartialité[2]. Selon le professeur Laure Milano,

> L'impartialité garantit le justiciable contre un risque de préjugement, elle vise en ce sens le processus décisionnel qui conduit au jugement. Elle se distingue de l'indépendance qui situe le juge dans son rapport au tiers et doit le protéger des influences extérieures. Les deux garanties sont néanmoins étroitement liées et… les deux notions ne se confondent pas, l'indépendance du juge étant l'une des conditions préalables de son impartialité[3].

L'indépendance et l'impartialité sont les deux principes fondamentaux de tout système judiciaire. Ils permettent de fonder la confiance des citoyens dans leurs justices, car « le justiciable attend de ses juges l'indépendance (qui est un statut) et l'impartialité (qui est une vertu)[4] ». La Convention européenne des droits de l'homme dispose, dans son article 6-1, que chaque individu a non seulement droit à un tribunal indépendant, mais également impartial. Ainsi, la Convention européenne des droits de l'homme fait de l'impartialité un facteur essentiel d'un procès équitable. Le principe d'impartialité interdit au juge d'avoir un « parti pris réel ou apparent dans la manière de juger, dans la manière d'interpréter la loi ou de s'adresser aux justiciables attraits devant lui[5] ».

Si l'indépendance est un droit des juges, l'impartialité est l'une des plus importantes obligations déontologiques qui s'imposent aux magistrats. Le professeur Laure Milano va plus loin en affirmant que « l'impartialité constitue la deuxième exigence inhérente à l'exercice d'une fonction juridictionnelle, elle est considérée comme le critère même de la justice[6] ». L'impartialité signifie l'absence des préjugés. L'importance de l'impartialité est rappelée par la Cour européenne des droits de l'homme qui affirme qu' « une interprétation restrictive de l'article 6-1, notamment quant au respect du principe fondamental de l'impartialité des tribunaux, ne serait pas

---

[1] Geneviève Gondouin et Sylvie Rouxel, *Les institutions juridictionnelles*, Grenoble, PUG, 2e éd., 2006, p. 109.
[2] Voir l'article 6-1 de la Convention européenne des droits de l'homme.
[3] Laure Milano, « Indépendance et impartialité du tribunal », *in* Frédéric Sudre (dir.) *Les grands arrêts de la Cour européenne des droits de l'homme*, Paris, PUF, 7e éd., 2015, p. 360.
[4] Serge Guinchard et alii., *op. cit.*, p. 162.
[5] Julie Joly-Hurard, *La déontologie des magistrats*, Paris, Dalloz, 2004, p. 122.
[6] Laure Milano, *op. cit.*, p. 366.

conforme à l'objet ni au but de cette disposition, si l'on songe à la place primordiale que le droit à un procès équitable occupe dans une société démocratique[1] ». Au même titre que l'indépendance, l'impartialité constitue un élément essentiel de la confiance des citoyens dans leurs justices. L'impartialité du juge « exclut tout militantisme, tout favoritisme de sa part et toute prétention idéologique[2] ». Dans le *Recueil des obligations déontologiques des magistrats,* le Conseil supérieur de la magistrature précise que « l'impartialité (...) ne s'entend pas seulement d'une absence apparente de préjugés, mais aussi, plus fondamentalement, de l'absence réelle de parti pris. Elle exige que le magistrat, quelles que soient ses opinions, soit libre d'accueillir et de prendre en compte tous les points de vue débattus devant lui[3] ». La Cour européenne des droits de l'homme va plus loin, car elle affirme, dans l'arrêt *Navalnyy et Ofitserov contre Russie*, que « l'apparence de partialité est suffisante si elle est subjectivement ou objectivement justifiée[4] ». Comme le souligne Olivier Pluen, l'impartialité renvoie à la « *"neutralité dynamique"* de celui qui rend la justice, par rapport à l'affaire qui est portée à sa connaissance[5] ». L'impartialité est un droit, mais également « un devoir absolu destiné à rendre effectif l'un des principes fondateurs de la République : l'égalité des citoyens devant la loi[6] ».

Elle est consacrée par les Constitutions des États[7] qui font l'objet de notre étude. En Pologne, l'article 178 de la Constitution de 1997 énonce que « les juges ne peuvent être affiliés à aucun parti politique ou syndicat ni exercer une activité publique incompatible avec le principe d'indépendance des tribunaux et des juges ». En Roumanie, l'article 37 de la Constitution de 1991 dispose que « les juges de la Cour constitutionnelle, les Avocats du peuple, les magistrats, les membres actifs de l'armée, les policiers et d'autres catégories de fonctionnaires publics, déterminées par une loi organique, ne peuvent pas appartenir à des partis politiques ». La Constitution polonaise de 1997 affirme expressément dans son article 45 que « toute personne a droit à ce que sa cause soit entendue équitablement et publiquement, sans retard excessif, par un tribunal compétent, indépendant et impartial ». En Tunisie,

---

[1] CEDH, 1er Mars 1990, JDI 1991, 773, obs. p. Tavernier.

[2] Jean-Louis Bergel, « Introduction Générale », *Actes du Colloque L'Office du Juge*, 2009, p. 23.

[3] Conseil Supérieur de la Magistrature, *Recueil des obligations déontologiques des magistrats*, Paris, Dalloz, 2010, p. 9.

[4] CEDH, 23 février 2016, arrêt *Navalnyy et Ofitserov contre Russie*, requête n° 46632/13 et 28671/14.

[5] Olivier Pluen, *L'inamovibilité des magistrats : un modèle* ?, Paris, LGDJ, Fondation Varenne, 2012, p. 24 et s.

[6] *Recueil des obligations déontologiques des magistrats* cité par Julie Joly-Huard, *op. cit.*, p. 118.

[7] Pologne, Egypte, Tunisie et Roumanie.

l'article 108 de la Constitution de 2014 affirme que « toute personne a droit à un procès équitable dans un délai raisonnable ».

Le doute sérieux sur l'impartialité peut peser sur le ministère public du fait du lien hiérarchique qui le lie au pouvoir exécutif. En Égypte, la Constitution de 2014 souligne, dans son article 18 :

> Le parquet est présidé par un procureur général choisi par le Conseil suprême de la magistrature, parmi les vice-présidents de la Cour de cassation, les présidents des cours d'appel, ou les procureurs adjoints. Il est nommé par décret du président de la République une seule fois pour quatre ans, ou jusqu'à l'âge de la retraite, selon la période la plus courte.

Ce mode de nomination limite le risque d'influence ou d'intimidation de la part du pouvoir exécutif. En Tunisie, la Constitution de 2014 lui reconnaît au ministère public la même protection que le juge du fond. Elle affirme, dans son article 115, que « le ministère public fait partie de la juridiction judiciaire et bénéficie des garanties que lui assure la Constitution. Les juges du ministère public exercent leurs fonctions dans le cadre de la politique pénale de l'État conformément aux procédures fixées par la loi ». En Roumanie, l'impartialité est une obligation clairement établie par la Constitution vis-à-vis du ministère public. Selon l'article 131 de la Constitution roumaine de 1991, « les procureurs exercent leur activité conformément aux principes de la légalité, de l'impartialité et du contrôle hiérarchique, sous l'autorité du ministre de la Justice ».

La Cour européenne des droits de l'homme a été interpellée sur la question de savoir comment concilier l'impartialité d'un tribunal et « le contrôle hiérarchique » exercé par le pouvoir exécutif sur le parquet. Dans l'affaire *Popescu contre Roumanie* du 2003, elle a répondu en affirmant que « si le recours en annulation a été déclenché par le procureur général, l'arrêt de la Cour suprême a été rendu par des juges[1] ». Même si le parquet déclenche la procédure, il revient en dernier ressort au juge du fond de trancher la question. Le droit processuel de chaque pays comporte des dispositions techniques pour garantir l'impartialité et l'indépendance du juge, parce que, comme le souligne la CEDH, « il y va de la confiance que les tribunaux dans une société démocratique se doivent d'inspirer aux justiciables, à commencer au pénal, aux prévenus[2] ».

L'indépendance et l'impartialité des magistrats du siège sont garanties principalement par la spécificité de leur statut. Contrairement au Parquet, les juges du fond ne sont pas soumis à l'autorité hiérarchique du gouvernement. Ils sont inamovibles et leurs décisions ne peuvent être contestées que dans le cadre de l'exercice des voies de recours. Garantir l'inamovibilité des juges, sous certaines conditions déterminées par la loi, est indispensable pour

[1] CEDH, 07 janvier 2003, *Popescu contre Roumanie*, requête 33355/96, § 44.

[2] *Hauschildt contre Danemark* du 24 mai 1989 ou encore *Pullar Contre RU* du 10 juin 1996.

protéger son indépendance et son impartialité. Comme l'a souligné, devant la Chambre des députés, sous la Monarchie de juillet, le Procureur général Dupin, « un juge qui craint pour sa place ne rend plus la justice[1] ».

La protection efficace des droits fondamentaux par les juges

La protection juridique des droits fondamentaux a toujours été assurée par les tribunaux ordinaires, mais avec l'avènement de la question prioritaire de constitutionnalité, le juge constitutionnel est devenu un acteur essentiel de la protection des droits fondamentaux énoncés dans la Constitution.

La protection des droits fondamentaux par le juge ordinaire

La définition des droits fondamentaux pose un sérieux problème en ce que c'est un droit dont les concepts sont souvent imprécis et indéterminés, car c'est un droit en perpétuelle construction et interrogation. Pour notre part, nous allons adopter la définition du doyen Favoreu qui précise l'essentiel des critères qui définissent les droits fondamentaux. Selon lui, les droits fondamentaux

> sont, en premier lieu, protégés contre le pouvoir exécutif, mais aussi contre le pouvoir législatif (...) En deuxième lieu, les droits fondamentaux sont garantis en vertu non seulement de la loi, mais surtout de la Constitution ou des textes internationaux ou supranationaux. En troisième lieu, la protection des droits fondamentaux nécessite, pour être assurée contre les pouvoirs, exécutif et législatif, en application des textes constitutionnels (ou internationaux) qui en sont chargés, non plus seulement les juges ordinaires, mais aussi les juges constitutionnels et même les juges internationaux[2].

Comme le rappelle Marie-Jöelle Redor, on observe « la multiplication des juges chargés de la protection des droits fondamentaux[3] ». Parmi ces juges, le juge ordinaire est celui qui est le plus sollicité dans le cadre de la protection des droits fondamentaux. Au quotidien, il a la charge d'assurer la défense des droits fondamentaux des individus. Également, le juge ordinaire est le garant des droits fondamentaux du fait des nombreuses dispositions constitutionnelles qui lui confient la protection des libertés individuelles. En Égypte, l'article 102 de la Constitution égyptienne de 2014 dispose que le juge judiciaire est garant de « la protection des droits et des libertés ». En

---

[1] Dupin, Séance du 26 novembre 1830, Chambre des députés, cité par Marcel Rousselet, *Histoire de la magistrature française des origines à nos jours*, t. 2, Paris, Plon, p. 174.

[2] Louis Favoreu, « Universalité des droits fondamentaux et diversité culturelle », *in L'effectivité des droits fondamentaux dans les pays de la communauté francophone*, colloque international de l'Ile Maurice, 29 septembre-1er octobre 1993, Ed. Aupelf-Uref, 1994, p. 48 ; Rémy Cabrillac, Marie-Anne Frison-Roche, Thierry Revet (dir.), *Libertés et droits fondamentaux*, Paris, Dalloz, 13e éd., 2007, p. 6.

[3] Marie-Joëlle Redor-Fichot, « Garantie juridictionnelle et droits fondamentaux », *CRDF*, n° 1, 2002, p. 98.

Égypte, l'article 55 de la Constitution de 2014 affirme que « ceux qui subissent une atteinte à leurs libertés possèdent comme les autres un droit de recours devant la justice ». En Roumanie, la Constitution de 1991 affirme que « les citoyens jouissent des droits et des libertés consacrés par la Constitution et par les autres lois et ils sont tenus par les obligations prévues par celles-ci[1] ». L'article 21 de la Constitution roumaine de 1991 énonce que « toute personne peut s'adresser à la justice pour la protection de ses droits, de ses libertés et de ses intérêts légitimes. Aucune loi ne peut limiter l'exercice de ce droit ».

Les deux États arabes et est européens ont intégré dans leurs Constitutions respectives les engagements internationaux relatifs aux droits et libertés des individus. Selon Jamil Sayah, en Égypte et en Tunisie, « pour encore mieux ancrer la constitution dans l'universel, le constituant a réservé une part importante à la reconnaissance constitutionnelle des droits fondamentaux[2] ». Selon l'article 93 de la Constitution égyptienne de 2014, « l'État s'engage à respecter les traités, accords et conventions internationales relatifs aux droits de l'homme ratifiés par l'Égypte ». En Pologne, l'article 9 de la Constitution polonaise de 1997 énonce que « la République de Pologne respecte le droit international par lequel elle est liée ». En vertu de l'article 87 de la Constitution de 1997, les traités « sont les sources du droit obligatoire *erga omnes* en République de Pologne ». En Roumanie, selon l'article 20 de la Constitution de 1991, relatif aux traités internationaux portant sur les droits de l'homme,

> Les dispositions constitutionnelles relatives aux droits et libertés des citoyens seront interprétées et appliquées en concordance avec la Déclaration universelle des droits de l'homme et avec les pactes et les autres traités auxquels la Roumanie est partie. En cas de non-concordance entre les pactes et les traités portant sur les droits fondamentaux de l'homme, auxquels la Roumanie est partie, et les lois internes, les règles internationales ont la primauté.

En appliquant les traités internationaux relatifs aux droits de l'homme, le juge ordinaire protège les droits fondamentaux. En Pologne et en Roumanie, le juge ordinaire peut appliquer les traités internationaux relatifs aux droits de l'homme pour protéger les droits fondamentaux. Dans cette situation, le juge ordinaire exerce un contrôle de conventionalité. Dans ces deux États, le juge ordinaire doit appliquer la Conv. EDH et le droit communautaire portant sur les droits fondamentaux. En Pologne, selon l'article 91 de la Constitution polonaise de 1997, « le traité ratifié, après sa publication au *Journal des lois de la République de Pologne*, constitue une partie intégrante

---

[1] Article 15 de la Constitution roumaine de 1991.
[2] Jamil Sayah, *L'acte II de la Révolution tunisienne : La Constitution*, Paris, L'Harmattan, 2015, p. 132.

de l'ordre juridique national et il est directement applicable ». En Roumanie, selon l'article 11 de la Constitution roumaine de 1991, « les traités ratifiés par le Parlement conformément à la loi font partie du droit interne ».

Également, le juge ordinaire invoque la Constitution dans le cadre de la protection des droits fondamentaux. Lorsqu'il se réfère à la Constitution, il exerce alors « un précontrôle de constitutionnalité[1] » notamment lorsqu'il apprécie le caractère « sérieux » ou « nouveau » de la question prioritaire de constitutionnalité. Julien Bonnet estime que « la solution la plus réaliste, logique et opportune, serait que le juge ordinaire revienne sur son choix de politique jurisprudentielle en contrôlant directement la constitutionnalité des lois[2] ». Les Constitutions reconnaissent au pouvoir judiciaire la mission de protéger les droits et libertés individuelles. En Pologne, l'alinéa 1er de l'article 31 de la Constitution de 1997 affirme que « la liberté de l'homme est juridiquement protégée ». Cette protection juridique peut être, par exemple, comme le souligne l'article 38 de la Constitution polonaise de 1997, « la protection juridique » de la vie de toute personne. L'article 47 de la Constitution polonaise de 1997 accorde à chacun « la protection juridique de la vie privée et familiale, de sa dignité et de sa réputation, et de décider de sa vie personnelle ». Également, l'alinéa 1er de l'article 41 de la Constitution polonaise de 1997 déclare que « l'inviolabilité et la liberté personnelles sont garanties à chacun. La privation et la limitation de la liberté ne peuvent intervenir que suivant les règles et conformément à la procédure prévue par la loi ». La Constitution polonaise assure, dans son article 41, que « quiconque se trouve privé de liberté hors décision judiciaire a le droit d'introduire un recours devant un tribunal afin que celui-ci statue sans délai sur la légalité de cette privation ». Seule une décision judiciaire peut priver un individu de sa liberté. En Roumanie, selon l'aliné 4 de l'article 23 de la Constitution de 1991, « la détention se fait en vertu d'un mandat émis par un magistrat, pour une durée maximum de 30 jours. La personne détenue peut porter plainte au sujet de la légalité du mandat devant le juge, qui est obligé de se prononcer par un arrêt motivé. Seule l'autorité judiciaire peut décider de la prolongation de la détention ». Et l'aliné 8 de l'article 23 de la Constitution roumaine de 1991 énonce très clairement que sans une condamnation définitive d'un tribunal « toute personne est présumée innocente[3] ». Cet article consacre constitutionnellement la présomption

---

[1] Philippe Blachèr, « Un an de politique jurisprudentielle de la Cour de cassation en matière QPC », *in* Arnaud Martinon et Franck Petit (dir.), *Le juge judiciaire et la Constitution*, Paris, Dalloz, p. 4.

[2] Julien Bonnet, *Le juge ordinaire français et le contrôle de constitutionnalité des lois : Analyse critique d'un refus*, Paris, Dalloz, coll. « Nouvelle Bibliothèque de Thèse », 2009, p. 596.

[3] L'alinéa 8 de l'article 23 de la Constitution roumaine de 1991 dispose que « jusqu'à ce que l'arrêt du tribunal la condamnant devienne définitif, toute personne est présumée innocente ».

d'innocence et dans la pratique c'est au pouvoir judiciaire de veiller au respect de ce droit constitutionnel. L'aliné 3 de l'article 27 de la Constitution roumaine de 1997 précise que « les perquisitions peuvent être ordonnées exclusivement par le magistrat et ne peuvent être opérées que dans les formes prévues par la loi ». Les perquisitions sont également effectuées sous le contrôle d'un juge, alors qu'en Pologne, l'article 50 de la Constitution de 1997 indique simplement qu'elle « ne peut intervenir que dans les conditions et suivant les modalités prévues par la loi ». En Égypte, l'article 99 de la Constitution de 2014 énonce que « toute atteinte contre les libertés individuelles ou l'inviolabilité de la vie privée des citoyens, ainsi que contre d'autres droits et libertés garantis par la Constitution et la loi, sont des crimes imprescriptibles tant au civil qu'au pénal. La victime peut engager directement une action devant le juge pénal ».

Si le juge ordinaire est un acteur juridique important de la protection des droits fondamentaux énoncés dans la Constitution, le juge constitutionnel est, avec la question prioritaire de constitutionnalité, incontournable dans le cadre de la protection des droits fondamentaux constitutionnels. Comme le rappellent certains auteurs, « la question du juge constitutionnel témoigne de l'émergence du pouvoir juridictionnel comme pivot de la protection des droits fondamentaux[1] ».

Le contrôle de constitutionnalité par voie d'exception

Le contrôle de constitutionnalité par voie d'exception a été, en Europe, une révolution pour la protection des droits et libertés des individus. Pour Marie-Joëlle Redor, « conçu avant tout comme le droit protégé contre le législateur, le droit fondamental est indissociable dans cette perspective du contrôle de constitutionnalité des lois[2] ». Avec ce contrôle par voie d'exception, les droits fondamentaux intègrent le champ du contentieux constitutionnel et certains auteurs évoquent « le contentieux constitutionnel des droits fondamentaux »[3]. Le contrôle de constitutionnalité par voie d'exception s'exerce après l'entrée en vigueur de la disposition législative. Le contrôle est qualifié de contrôle *a posteriori*. Selon le professeur Guillaume Drago,

> Le contrôle *a posteriori* s'exerce après l'entrée en vigueur de la norme. C'est donc dans son application que la norme voit sa constitutionnalité contestée. Dans ce type de contrôle, les possibilités de saisine sont en général ouvertes

---

[1] Bertrand Mathieu et Michel Verpeaux, *Contentieux constitutionnel des droits fondamentaux*, Paris, LGDJ, 2002, p. 24.
[2] Marie-Joëlle Redor-Fichot, « Garantie juridictionnelle et droits fondamentaux », *CRDF*, n° 1, 2002, p. 93.
[3] L'intitulé renvoie au titre de l'ouvrage de Bertrand Mathieu et Michel Verpeaux, *Contentieux constitutionnel des droits fondamentaux*, L.G.D.J, 2002, 765p.

aux particuliers, puisque c'est le plus souvent à l'occasion d'un litige devant un juge ordinaire que la question de constitutionnalité peut être soulevée[1].

Lorsqu'il est prévu par la Constitution, le justiciable peut utiliser le contrôle de constitutionnalité par voie d'exception s'il estime qu'une disposition législative porte atteinte à ses droits et libertés fondamentaux. C'est un droit reconnu à toute personne qui « peut l'utiliser devant n'importe quelle juridiction et à n'importe quel moyen de la procédure juridictionnelle en cours[2] ». En Tunisie, la Constitution de 2014 a donné au justiciable la possibilité de soulever devant les tribunaux tunisiens la question prioritaire de constitutionnalité. L'alinéa 4 de l'article 120 de la Constitution tunisienne de 2014 énonce que « la Cour constitutionnelle est exclusivement compétente pour contrôler la constitutionnalité [...] des lois que lui transmettent les tribunaux, dans le cadre de l'invocation d'une exception d'inconstitutionnalité à la demande de l'une des parties à un litige ». De même, en Pologne et en Roumanie, la procédure de la question prioritaire de constitutionnalité est prévue dans leurs Constitutions respectives. Selon l'article 193 de la Constitution polonaise de 1997, « toute juridiction peut adresser à la Cour constitutionnelle une question juridique portant sur la conformité de l'acte normatif à la Constitution, aux traités ratifiés ou à une loi, lorsque de la réponse à cette question dépend la solution de l'affaire en instance ». Selon Michel Fromont,

> Tout en ayant été influencé par le modèle allemand, notamment du fait que le recours doit être fondé sur la violation d'un droit fondamental du requérant et que les voies de recours juridictionnelles doivent avoir été épuisées préalablement, la Pologne s'en est tout de même éloignée en ce que le recours individuel peut être dirigé que contre un acte normatif, notamment une loi, et jamais contre un acte individuel[3].

L'article 79 alinéa premier de la Constitution polonaise de 1997 énonce :

> Toute personne dont les libertés ou les droits ont été violés, a le droit, conformément aux principes définis par la loi, de porter plainte devant la Cour constitutionnelle en matière de conformité à la Constitution de la loi ou d'un autre acte normatif en vertu duquel l'autorité judiciaire ou l'administration publique se sont définitivement prononcées sur les libertés ou les droits de cette personne ou sur ses devoirs définis par la Constitution.

Dans sa décision du 26 octobre 2004, la Cour constitutionnelle polonaise a expliqué :

---

[1] Guillaume Drago, *Contentieux constitutionnel français*, Paris, PUF, coll. « Thémis », 3e éd., 2011, p. 39.

[2] Dominique Rousseau, *Droit du contentieux constitutionnel*, LGDJ-Lextenso éditions, coll. « Domat droit public », 10ème éd., p. 244.

[3] Michel Fromont, Justice constitutionnelle comparée, Paris, Dalloz, 2013, p. 152.

Au sens de l'art. 188 point 3 de la Constitution, la compétence du Tribunal constitutionnel comprend l'examen de la constitutionnalité ou de la conformité des « actes réglementaires émanant des autorités centrales de l'État » aux lois ou aux traités ratifiés. Par « actes réglementaires » il convient d'entendre les actes normatifs ayant forme de Constitution, de lois, de traités internationaux ratifiés et de règlements (cf. art. 87 al. 1, art. 88 al. 2, art. 190 al. 2 et 3 et art. 191 al. 2). La reconnaissance de l'État d'acte réglementaire au fragment défini d'une loi ou d'un règlement est décidée selon qu'il contient une teneur normative, c'est-à-dire selon que l'on peut inférer une règle juridique de caractère général (adressée à une certaine classe de destinataires eu égard à une caractéristique commune) et abstrait (établissant un certain modèle de comportement)[1].

Rien qu'en 2008, le Tribunal constitutionnel polonais a été saisi 31 fois dans le cadre de la question préjudicielle[2]. Également en Roumanie, selon l'alinéa 3 de l'article 144 de la Constitution de 1991, la Cour constitutionnelle « décide des exceptions soulevées devant les tribunaux judiciaires portant sur l'inconstitutionnalité des lois et des ordonnances ».

Le contrôle de constitutionnalité par voie d'exception constitue une avancée importante dans la protection effective des droits et libertés des citoyens car, en principe[3], si le juge constitutionnel déclare inconstitutionnelle la loi litigieuse, « elle est abrogée avec effet *erga omnes* ; elle n'existe plus, elle sort de l'ordre juridique et ne peut plus à l'avenir produire d'effets juridiques[4] ». Lors de la procédure de ce contrôle de constitutionnalité, si la Cour estime que la disposition mise en cause est inconstitutionnelle, celle-ci ne peut plus être appliquée. Les décisions de la Cour constitutionnelle ont alors une autorité et un effet absolus. En Pologne, l'article 190 de la Constitution de 1997 le souligne en énonçant que « les décisions de la Cour constitutionnelle sont obligatoires *erga omnes* et définitives ». La Constitution tunisienne de 2014 rappelle, en vertu de l'article 121, que « la décision de la Cour énonce la constitutionnalité ou l'inconstitutionnalité des dispositions faisant l'objet du recours. La décision est motivée et s'impose à tous les pouvoirs ». Ensuite, l'article 123 de la Constitution tunisienne de 2014 dispose :

> Quand la Cour est saisie suite à une exception d'inconstitutionnalité, elle se limite à examiner les moyens invoqués, sur lesquels elle statut dans un délai de trois mois, renouvelable pour une même période une seule fois et sur la base d'une décision motivée de la Cour. Lorsque la Cour constitutionnelle

---

[1] Décision du 26 octobre 2004, enregistrée sous la côte U 5/02, *Acte réglementaire comme objet de l'examen du tribunal constitutionnel*, voir le site internet de la Cour constitutionnelle polonaise.

[2] Voir la chronique de la jurisprudence de 2008 du Tribunal constitutionnel polonais du Juge Leszek Garlicki sur le site internet du Tribunal constitutionnel Polonais.

[3] Nous allons voir plus loin que ce principe est a nuancé concernant le cas de la Roumanie.

[4] Dominique Rousseau, *op. cit.*, p. 268.

prononce l'inconstitutionnalité d'une loi, l'application de ladite loi est suspendue, dans les limites de ce qui a été décidé par la Cour.

Cela signifie que si la Cour estime que certaines dispositions peuvent être maintenues, c'est-à-dire conformes à la Constitution, ces dernières resteront appliquées. Mais si les dispositions « suspendues » ou « supprimées » de la loi constituaient l'objet principal de la loi que restera-t-il de cette loi ? En Roumanie, selon l'alinéa premier de l'article 145 de la Constitution de 1991,

> Dans les cas d'inconstitutionnalité constatés conformément à l'article 144 lettre a) et b), la loi ou le règlement est renvoyé pour être réexaminé. Si la loi est adoptée dans les mêmes termes à une majorité de deux tiers au moins du nombre des membres de chaque chambre, l'objection d'inconstitutionnalité est rejetée, et la promulgation devient obligatoire.

La disposition inconstitutionnelle n'est pas immédiatement abrogée, mais elle est renvoyée devant le législateur. À certaines conditions précitées,[1] la requête d'inconstitutionnalité sera rejetée.

En Pologne, contrairement à la Tunisie et à la Roumanie, la Constitution du 2 avril 1997, dans l'article 79[2] et dans l'alinéa premier point 3 de l'article 191, donne expressément l'opportunité au particulier de saisir directement le juge constitutionnel, en l'absence d'un procès devant un juge ordinaire. Le particulier peut directement saisir la Cour constitutionnelle polonaise pour examiner la conformité à la Constitution, en vertu de l'alinéa premier point 3 de l'article 188 de la Constitution, « des actes réglementaires émanant des autorités centrales de l'État à la Constitution, aux traités ratifiés et aux lois ». Le contrôle de constitutionnalité dépasse le seul cadre de la loi, il s'exerce sur tous les actes des pouvoirs publics. Également, comme le souligne Marie-Joëlle Redor-Fichot, en Espagne et en Allemagne, les juges constitutionnels se prononcent « sur les recours directs des particuliers victimes d'une atteinte inconstitutionnelle à leurs droits et libertés par un acte quelconque de la puissance publique, en particulier juridictionnelle[3] ». Selon l'alinéa 4 de l'article 190 de la Constitution polonaise de 1997,

> La décision de la Cour constitutionnelle déclarant la non-conformité à la Constitution, au traité ou à la loi de l'acte normatif en vertu duquel a été rendue une décision de justice définitive, une décision administrative

[1] Voir article 145 de la Constitution roumaine de 1991.

[2] L'article 79 de la Constitution polonaise de 1997 dispose que « toute personne dont les libertés ou les droits ont été violés, a le droit, conformément aux principes définis par la loi, de porter plainte devant la Cour constitutionnelle en matière de conformité à la Constitution de la loi ou d'un autre acte normatif en vertu duquel l'autorité judiciaire ou l'administration publique se sont définitivement prononcées sur les libertés ou les droits de cette personne ou sur ses devoirs définis par la Constitution ».

[3] Marie-Joëlle Redor-Fichot, *op. cit.*, p. 42.

définitive ou une décision portant sur une autre affaire, donne lieu à la reprise de la procédure, à l'annulation de la décision ou à une autre solution, suivant les principes et le mode prévus par les dispositions appropriées à la procédure engagée.

La décision de la Cour constitutionnelle polonaise conduit donc à l'annulation, non seulement de la loi ou tout autre acte normatif, mais également des décisions juridictionnelles ou administratives issues de cet acte inconstitutionnel. Le juge constitutionnel peut annuler les décisions d'un juge judiciaire ou administratif si le texte juridique qui les fond est inconstitutionnel. Il s'agit alors d'un contrôle de constitutionnalité des décisions judiciaires. Avec le professeur Dominique Rousseau, nous pensons que

> Dès lors, en effet, que le constituant a voulu qu'une QPC puisse être soulevée à l'encontre de lois promulguées et appliquées depuis longtemps, voire très longtemps, la contestation du requérant porte nécessairement non sur la disposition législative telle qu'adoptée par le législateur, mais sur la disposition législative telle qu'interprétée-appliquée par les juges. Ce déplacement de l'objet de la contestation est même très précisément ce qui distingue le contrôle de constitutionnalité *a priori* du contrôle *a posteriori*[1].

Dans sa décision du 6 octobre 2010, le Conseil constitutionnel français affirme qu'« en soulevant une QPC, tout justiciable a le droit de contester la constitutionnalité de la portée effective qu'une interprétation jurisprudentielle constante confère à cette disposition[2] ». C'est une jurisprudence que la Cour constitutionnelle italienne a développé que le Conseil a reprise à son compte. « Jurisprudence théorisée, selon Dominique Rousseau, par le Président de la Cour italienne, Gustavo Zagrebelski, sous l'appellation "doctrine du droit vivant"[3] ».

En Tunisie et en Roumanie, comme le souligne très justement Emmanuel Dupic et Luc Briand, « la question prioritaire de constitutionnalité, une révolution des droits fondamentaux, assurément ; mais une révolution à poursuivre[4] ». Car en Tunisie et en Roumanie, le juge constitutionnel exerce son rôle classique de juge de la loi et se contente donc d'annuler ou d'approuver la disposition législative litigieuse. La QPC n'est pas un recours direct, car « la constitutionnalité d'une loi ne peut être contestée qu'à l'occasion de son application contentieuse à un cas particulier[5] ». En Roumanie, les décisions de la Cour constitutionnelle ne valent que pour l'avenir. Selon l'aliné 2 de l'article 145 de la Constitution de 1991, « les

---

[1] Dominique Rousseau, *op. cit.*, p. 255.
[2] CC 2010-39 *QPC*, 6 octobre 2010, *JO* 8 octobre 2010, p. 9203.
[3] Dominique Rousseau, *op. cit.*, p. 255.
[4] Emmanuel Dupic et Luc Briand, *La question prioritaire de constitutionnalité, une révolution des droits fondamentaux*, Paris, PUF, 2013, p. 206.
[5] Dominique Rousseau, *op. cit.*, p. 243.

décisions de la Cour constitutionnelle sont obligatoires », mais elles « disposent uniquement pour l'avenir ». Donc, la décision de la Cour constitutionnelle roumaine n'aura pas un effet rétroactif.

Le contrôle de constitutionnalité par voie d'exception n'est pas prévu par toutes les Constitutions qui font l'objet de notre étude. En Égypte, cette révolution n'est pour l'instant pas prévue dans la nouvelle Constitution de 2014. Notamment, dans les compétences qu'elle accorde à la Haute Cour constitutionnelle, la Constitution égyptienne de 2014 n'évoque pas la question prioritaire de constitutionnalité. Selon l'article 192 de la Constitution égyptienne de 2014,

> La Haute Cour constitutionnelle a compétence exclusive pour statuer sur la constitutionnalité des lois et règlements, pour interpréter les textes législatifs, pour statuer sur les différends relatifs aux affaires de ses membres, sur les conflits de compétences entre les corps judiciaires et les entités qui se sont vu attribuer une compétence judiciaire, sur les litiges relatifs à la mise en œuvre de décisions contradictoires lorsque l'une vient d'une autorité judiciaire ou d'une entité s'étant vue attribuer une compétence judiciaire et l'autre d'un autre organe, et sur les litiges relatifs à la mise en œuvre de ses verdicts et décisions. La loi définit les autres compétences de la Cour et réglemente les procédures suivies devant elle.

CONCLUSION DU CHAPITRE II

L'intérêt des mécanismes non juridictionnels réside dans le fait qu'ils accompagnent la protection des droits fondamentaux. En outre, ils assurent une promotion des droits fondamentaux qui permet de sensibiliser les citoyens aux comportements susceptibles de léser les droits essentiels des individus. Les Constitutions analysées offrent des protections suffisantes aux organes chargés de la protection et de la promotion des droits fondamentaux. Plus particulièrement, la Constitution polonaise de 1997, avec l'octroi d'un droit de saisine direct du juge constitutionnel aux particuliers, offre une garantie supplémentaire importante dans le cadre de la garantie effective des droits fondamentaux. Contrairement à la Pologne, l'Égypte, la Tunisie et la Roumanie doivent encore améliorer la protection juridictionnelle des droits fondamentaux.

Concernant l'Égypte, elle doit intégrer dans sa Constitution le contrôle de constitutionnalité par voie d'exception pour permettre à ses citoyens d'empêcher le législateur d'empiéter sur leurs droits constitutionnels. La Tunisie et la Roumanie doivent améliorer la protection des droits fondamentaux en impliquant directement les particuliers en leur accordant une saisine directe de la justice constitutionnelle. Même si cette saisine risque d'encombrer le tribunal constitutionnel, elle a le mérite de rendre les particuliers maîtres de leurs droits fondamentaux constitutionnellement garantis.

Néanmoins, en Égypte et en Tunisie, les nouvelles Constitutions de 2014 ont prévu des moyens permettant de garantir les droits fondamentaux. Cependant, l'effectivité de la protection des droits fondamentaux dépend largement des acteurs chargés de cette mission. En plus des institutions fortes, il faut que les acteurs, juridiques ou non juridiques, soient conscients de l'importance de leurs rôles et disposent des moyens correspondants à leurs ambitions. L'efficacité de ces mécanismes de la protection des droits fondamentaux dépendra surtout des victimes dans la mesure où elles sont à l'origine du déclenchement des procédures. Le cas de la Pologne, ces dernières années[1], est très illustratif de ce qui attend la Tunisie et l'Égypte. La Cour constitutionnelle polonaise a été amenée à affronter le pouvoir exécutif sur plusieurs dispositions législatives[2] qui portaient atteinte aux

[1] 2015 et 2016.

[2] La loi sur l'avortement, celle sur les télévisions ou encore celle sur le statut du juge constitutionnel…

droits fondamentaux. La protection des droits fondamentaux est une lutte permanente face aux pouvoirs politiques dépendants des échéances électorales et des humeurs de la majorité des citoyens.

Plus généralement, les Constitutions analysées respectent les caractères universels, libéraux et individualistes des droits et libertés fondamentaux. D'abord, elles admettent que les droits fondamentaux appartiennent à tous les hommes, quels que soient leur religion, leur sexe et leur condition sociale. Ensuite, les droits fondamentaux, en dehors des périodes de crise qui sont exceptionnelles, restent fondamentalement opposables aux pouvoirs de l'État. Enfin, le caractère individuel des droits fondamentaux est respecté. Dans les pays arabes et en Europe de l'Est, les droits sont accordés à l'individu et non à la communauté. C'est une évolution notable dans les pays arabes, de confession musulmane, où l'Oumma[1] passe avant l'individu.

---

[1] « Oumma » signifie en français la communauté islamique.

CONCLUSION DU TITRE II

Les Constitutions des pays faisant l'objet de notre étude instaurent des mécanismes « de protection des droits fondamentaux contre l'exercice de pouvoir disposant de la légitimité électorale[1] ». Même si les Constitutions des États arabes[2] et des pays de l'Europe de l'Est[3] reconnaissent des droits fondamentaux et prévoient des institutions chargées de veiller au respect effectif de ces droits, il dépendra surtout des citoyens de s'approprier la mission de sentinelle de leurs droits. Pour cela, ils peuvent se référer à des institutions nationales et à des institutions régionales. Néanmoins, la saisine de ces organisations régionales pose parfois des problèmes en ce qu'elle n'est pas accordée aux individus sans l'accord de leurs États. Notamment, en Afrique, la Cour africaine des droits de l'homme et du peuple ne peut être saisie par les individus[4] que si auparavant leurs États ont accepté la compétence de la Cour[5] leur permettant un accès direct à la Cour. La Tunisie a signé, ratifié et déposé[6] la déclaration pour adhérer à la Cour africaine des droits de l'homme et des citoyens. En revanche, l'Égypte a seulement signé[7] et elle n'a toujours pas ratifié le protocole relatif à la Charte africaine des droits de l'homme et des peuples portant création de la Cour africaine des droits de l'homme et des peuples. Par conséquent, les Égyptiens ne pourront pas saisir directement la Cour africaine des droits de l'homme. En Afrique, nous pensons qu'il faut simplifier la procédure de saisine des tribunaux régionaux pour les individus, car souvent ils ne bénéficient pas dans leurs pays des conditions nécessaires pour un procès équitable. Elle doit être

---

[1] Dominique Rousseau, « Constitutionnalisme et Démocratie », *La Vie des idées*, 19 septembre 2008, http://www.laviedesidees.fr/Constitutionnalisme-et-democratie.html.

[2] L'Egypte et la Tunisie.

[3] La Pologne et la Roumanie.

[4] Voir l'article 5 du Protocole relatif à la Charte africaine des droits de l'homme et des peuples portant création de la Cour africaine des droits de l'homme et des peuples.

[5] En vertu de l'alinéa 6 de l'article 34 du protocole relatif à la Charte africaine des droits de l'homme et des peuples, un Etat doit fait une déclaration pour accepter la compétence de la Cour. C'est seulement à cette condition que la Cour peut permettre à un individu de la saisir directement.

[6] La Tunisie a ratifié le protocole relatif à la Charte africaine des droits de l'homme et des peuples portant création de la Cour africaine des droits de l'homme et des peuples le 21 octobre 2007. Elle a déposé la déclaration acceptant la compétence de la Cour le 5 octobre 2007.

[7] L'Égypte a signé le protocole relatif à la Charte africaine des droits de l'homme et des peuples le 17 février 1999.

simplifiée d'autant plus que ces tribunaux régionaux sont mis en place pour les individus afin de combler la défaillance du système juridique national.

Pour les ressortissants des États de l'Europe de l'Est, la situation est différente. Ils peuvent, sous certaines conditions[1], accéder au CJCE et à la CEDH. De même, contrairement à l'Union africaine, l'UE se prononce sur les violations des droits fondamentaux constatées dans ses États membres[2].

---

[1] Il peut s'agir par exemple de l'épuisement des voix de recours devant les juridictions nationales.

[2] Le bras de fer entre la Pologne et l'UE illustre parfaitement cette implication au nom des défenses des droits fondamentaux.

CONCLUSION DE LA SECONDE PARTIE

Les Constitutions des pays qui font l'objet de cette étude (Pologne, Roumanie, Tunisie et Égypte) organisent et garantissent la séparation des pouvoirs et les droits fondamentaux des individus. Elles énoncent ainsi des contraintes pour l'exercice du pouvoir. Le respect de ces limites est assuré par des acteurs juridictionnels et non juridictionnels. Ainsi, les différents juges et les autorités constitutionnels indépendants veillent ensemble au respect des droits fondamentaux. De même, le juge constitutionnel contrôle le respect de la répartition des compétences faite par la Constitution entre les différents pouvoirs. Il est ainsi garant de la séparation des pouvoirs. L'intervention de la justice constitutionnelle responsabilise le pouvoir politique. La mise en place des justices constitutionnelles est indispensable pour permettre à la démocratie de s'imposer.

Néanmoins, il ne suffit pas de décréter une démocratie pour l'instaurer. Malgré les textes constitutionnels prometteurs, le combat pour la démocratisation des régimes politiques dans ces pays doit être permanent. En effet, en Égypte, le retour de l'armée au pouvoir inquiète et interroge sur l'avenir de la séparation des pouvoirs et des droits fondamentaux des individus. Déjà, sous l'ère de Moubarak, le pouvoir de l'armée n'a pas été favorable au respect des droits et libertés individuels et politiques[1]. En revanche, en Tunisie, la démocratisation du régime politique semble suivre son chemin. Elle connaît des étapes inhérentes au changement avec des débats houleux et longs.

En Europe de l'Est, la Pologne et la Roumanie semblent continuer leur démocratisation grâce au peuple[2] et aux institutions[3] qui résistent à la volonté politique de certains gouvernements. De même, les récentes crises autour de la réforme de la justice constitutionnelle et les médias polonais et les manifestations contre les lois sur la corruption en Roumanie ont démontré que la démocratisation de ces pays a encore du chemin à faire.

En dépit d'un texte constitutionnel qui instaure tous les éléments nécessaires à la démocratisation d'un régime politique d'un pays, cette

---

[1] Le président déchu Hosni Moubarak était issu de l'armée égyptienne.

[2] On pense notamment à la manifestation du peuple roumain février 2017 contre un décret présidentiel portant sur la corruption qui permettait à certains membres du gouvernement d'échapper à la justice.

[3] Notamment, en 2016, la Cour constitutionnelle polonaise qui a affronté le gouvernement conservateur du parti Droit et Justice sur les lois concernant la justice constitutionnelle et l'avortement.

dernière dépend en définitive de la pratique et du courage des hommes qui sont en charge de la gestion de la cité. La Constitution fixe des règles de conduite dont le respect dépend des personnes au pouvoir, en charge des institutions garde-fou ou qu'elles soient simplement membres de la société civile[1]. En Pologne, le Tribunal constitutionnel a défini la société civile comme « une société des citoyens libres, conscients, actifs et engagés dans les affaires publiques[2] ».

Après une révolution, la mutation d'un pays ne se fait pas rapidement. Le changement souhaité par la Constitution a besoin d'affermir ses fondations. En Égypte et en Tunisie, il faudra attendre encore quelques années pour évaluer l'ampleur des changements souhaités. L'expérience de deux États de l'Europe de l'Est montre que la démocratie est un « horizon » qui est loin d'être un long fleuve tranquille.

---

[1] Pour plus d'explication sur cette expression, voir Emmanuel Decaux, » L'Onu et la société civile », *Projet*, n° 6, 2009, p. 35-41.

[2] Arrêt du 27 mai 2003 (n° de réf. : K 11/03) du Tribunal constitutionnel polonais. Voir le site internet du Tribunal constitutionnel polonais pour un résumé en français de l'arrêt en question.

CONCLUSION GÉNÉRALE

Le but de cette étude était d'analyser le constitutionnalisme à travers les révolutions est-européennes de 1989 et celles du monde arabe de 2011. Il s'agissait aussi d'examiner à cette occasion la question de l'internationalisation et du singularisme du droit constitutionnel en tenant compte de la situation particulière des États qui font l'objet de notre étude, c'est-à-dire de leur situation postrévolutionnaire et des transitions constitutionnelles.

Le constitutionnalisme a été pour ces États un moyen de réaliser les objectifs de la révolution c'est-à-dire la démocratisation de leurs régimes politiques. Le but ultime de ces révolutions et le moyen utilisé pour y arriver ont été identiques. Le constitutionnalisme qui prône l'idée de la suprématie de la Constitution implique d'abord l'existence de celle-ci. Le point commun essentiel entre ces pays a été d'utiliser le droit pour mettre fin à la révolution. Pour réaliser une démocratisation d'un régime politique, il fallait un édifice normatif, c'est-à-dire une Constitution, qui organise la séparation des pouvoirs et reconnaît les droits et libertés fondamentaux des individus.

Nous croyons que le droit, plus précisément la Constitution, peut réaliser la démocratie à condition d'avoir un juge constitutionnel indépendant et un contrôle de constitutionnalité effectif. À défaut d'une justice constitutionnelle, il faut avoir un organe qui assure en effet le respect effectif de la norme fondamentale. Il faut un contrôle de constitutionnalité qui régule le fonctionnement des institutions, mais aussi qui protège les droits et libertés fondamentaux énoncés dans le texte constitutionnel. Cette garantie juridictionnelle dans les nouvelles Constitutions postrévolutionnaires est d'autant plus nécessaire que dans ces États, les Constitutions ont longtemps été un instrument du pouvoir plus qu'un réel contre-pouvoir. Dans ce cadre-là, la justice constitutionnelle est essentielle au moment de la reconstruction et de la consolidation de l'État. Elle incarne un contre-pouvoir, tantôt vis-à-vis de l'exécutif, tantôt vis-à-vis du législatif. Elle régule et modère le débordement de chacun des pouvoirs. Le rééquilibrage des pouvoirs dans l'État passe par la justice constitutionnelle.

En Europe de l'Est et dans le monde arabe, le chemin de la démocratisation a été emprunté à l'aide du droit. En effet, la séparation des pouvoirs de l'État nécessaire pour la protection de l'individu a été effectuée par le droit. Le droit a été un outil de transition de la révolution à un État soumis au Droit. De ce point de vue, le constitutionnalisme a été l'élément commun entre le monde arabe et l'Europe de l'Est. L'objet de ce constitutionnalisme est de limiter les pouvoirs afin de garantir les libertés individuelles et politiques.

Toutefois, de la Constitution à la démocratie, le chemin est long et il est parsemé de beaucoup d'embûches tant nationales que régionales. Il est plus compliqué pour des États qui sont en période de transition démocratique. L'analyse simultanée des deux mouvements nous a montré que la période transitoire, peu importe les pays et la culture concernés, est toujours fragile, cahotante, déstabilisante et incertaine. Ces États se sont précipités pour adopter des Constitutions pour stabiliser leurs situations politiques. Ils sont conscients qu'une démocratie ne se décrète pas. La Constitution n'est pas synonyme de démocratie, c'est son application effective qui permettra la démocratisation des nouveaux régimes politiques instaurés. En effet, comme le rappelle Jean-Pierre Massias, « la vertu démocratisante de ce droit constitutionnel nouveau ne vient pas uniquement de son caractère normatif. Elle repose simplement sur l'appui que cette normativité procure aux effets démocratisants du texte constitutionnel[1] ». S'agissant des pays arabes, nous pensons, avec Nathalie Bernard-Maugiron, que « l'interprétation de la Constitution sera plus déterminante que sa simple lettre. Beaucoup de Constitutions en vigueur avant les "printemps arabes" protégeaient sur le papier les droits de l'homme qui en pratique étaient entravés par des lois liberticides et étaient violés au quotidien[2] ». C'est également la conclusion du professeur Rafâa Ben Achour, lorsqu'il affirme que « la pratique institutionnelle d'une part, les jurisprudences des différents tribunaux et cours de l'ordre judiciaire et administratif et de la Cour constitutionnelle d'autre part, en détermineront l'avenir et surtout la tendance résolument moderniste et ouverte ou au contraire en limiteront les effets par une interprétation régressive et fermée[3] ». Concernant l'Europe de l'Est, Patrice Gélard estime que vingt-cinq ans après la chute du Mur de Berlin, « le fonctionnement démocratique des institutions s'est facilement intégré dans la vie politique des PECO[4] ». Par ailleurs, il est important de souligner, avec le professeur Slobodan Milacic, qu'en démocratie, « la norme formelle et la pratique réelle sont dans une relation convergente de perpétuel réajustement. Et c'est précisément ce rapport, à la fois inévitable et tolérable, qui rend le

---

[1] Jean-Pierre Massias, « Pacification sociale et transition constitutionnelle. Réflexions sur les limites de l'autosatisfaction positiviste », *in Mélanges offerts au professeur Slobodan Milacic. Démocratie et liberté : tension, dialogue, confrontation*, Bruxelles, Bruylant, 2007, p. 167.

[2] Nathalie Bernard-Maugiron, « Les réformes constitutionnelles dans les pays arabes en transition », *Annuaire IEMed de la méditerranée*, 2013, p. 57.

[3] Rafâa Ben Achour, « La Constitution tunisienne du 27 janvier 2014 », *RFDC*, n° 100, 2014, p. 801.

[4] Patrice Gelard, « Vingt-cinq ans depuis la chute du Mur », *RFDC*, n° 100, 2014, p. 950.

système légitime[1] ». Il faudra donc que les discours juridiques soient suivis des actes juridiques et politiques qui s'y conforment.

L'adhésion à l'idée du constitutionnalisme est le point commun entre les différents pays qui font l'objet de notre étude. Le constitutionnalisme est un vecteur important de l'internationalisation du droit constitutionnel.

Outre cette démarche commune, l'analyse simultanée des deux révolutions a montré que chaque région, mais également chaque pays, dispose d'une singularité due au contexte national et à la culture locale. Les éléments du contexte sont l'histoire du pays, sa trajectoire constitutionnelle, le fait générateur des mouvements révolutionnaires, et les forces politiques et sociétales en présence.

Si, en Europe de l'Est et dans le monde arabe, la volonté de se doter d'une Constitution pour instaurer de nouveaux régimes politiques a été commune et éminente, quelles Constitutions ces pays allaient-ils mettre en place ? Quels seront les contenus de ces nouvelles Constitutions postrévolutionnaires ? Existe-t-il des « principes » universels de droit constitutionnel ? Comment chaque État réussit-il à concilier sa singularité avec ces « principes » universels de droit constitutionnel ?

Contrairement aux États issus des « révolutions arabes », qui ont cherché à repenser leur modèle démocratique par rapport aux spécificités des cultures juridiques locales, les États postsoviétiques ont eu un modèle de référence unique, qui s'oppose à celui de l'ex-URSS, la démocratie constitutionnelle libérale, qui est celle de l'Occident. Du fait de la même culture politique, sociale et religieuse, les États d'Europe de l'Est ont facilement intégré la culture juridique de l'Union européenne. Patrice Gélard affirmait que « la page du soviétisme est cependant définitivement tournée et l'ensemble des pays de l'Europe de l'Est, membres ou futurs membres de l'Union européenne, a donné la preuve de leur appartenance à l'espace européen tant sur le plan des institutions que sur celui du droit[2] ». En revanche, la culture politique, sociale et religieuse du monde arabe est totalement différente de celle de l'Europe de l'Est et de l'Union européenne. De ce fait, le « mimétisme constitutionnel » aveugle, c'est-à-dire sans compréhension et adaptation, serait un frein et un risque à la réussite de la transition de la démocratie constitutionnelle dans le monde arabe. Comme l'affirme le professeur Slobodan Milacic, « la construction démocratique crédible, c'est-à-dire efficace, exige un équilibre entre les ambitions et les possibilités. Or, le niveau déterminant de cette rencontre nous semble se situer entre le droit et la culture : le droit constitutionnel comme semence institutionnelle et la

---

[1] Slobodan Milacic, « Vers l'Europe par la démocratisation interne », *in la Démocratie constitutionnelle en Europe centrale et orientale. Bilans et Perspectives, sous la direction de Slobodan Milacic*, Bruxelles, Bruylant, 1998, p19.

[2] Patrice Gelard, « Vingt-cinq ans depuis la chute du Mur », *RFDC*, n° 100, 2014, p. 950.

culture politique comme terrain d'implantation[1] ». Il faut que le nouveau droit constitutionnel reflète la singularité du peuple qu'elle entend régir et dont il est issu. Pour réussir, il doit exprimer son identité.

La spécificité du système constitutionnel des deux États arabes se manifeste par « l'idéal religieux qu'il revendique poursuivre et les impératifs séculiers conditionnant son inscription tangible dans des structures terrestres[2] ». Concernant la nouvelle Constitution tunisienne de 2014, Rafaâ Ben Achour affirme qu'elle est « sans conteste une Constitution qui épouse son temps tout en s'adaptant à un contexte tunisien particulier dans un monde arabe et musulman en pleine effervescence[3] ». La singularité de ces Constitutions arabes due à l'affirmation religieuse n'est pas incompatible avec les « principes » universels du droit constitutionnel, ayant une portée plus vaste, tels que la séparation des pouvoirs de l'État et la protection des droits fondamentaux des individus. Ces « principes » universels sont le ciment commun à toutes les Constitutions modernes. Dans le monde arabe, la compatibilité entre l'universalisme et le singularisme constitutionnel est en partie possible parce que, concernant l'Islam, « nous sommes passés d'un État de religion à une religion d'État[4] ». Par conséquent, la Constitution qui organise l'État détermine par la même occasion la place et l'impact de la religion au sein de cet État. Dans ce cas, il revient en définitive aux hommes d'encadrer l'influence de la religion sur leurs droits et libertés.

Au-delà des spécificités observées par les pays qui font l'objet de notre étude, leurs droits constitutionnels restent confrontés à « des problématiques aussi inépuisables que celle de l'origine du pouvoir ou du fondement du droit[5] » qui sont similaires à toutes les Constitutions.

En Europe de l'Est et dans le monde arabe, le but recherché par l'intermédiaire de l'adoption des nouvelles Constitutions est clairement la mise en place des nouveaux régimes politiques démocratiques. L'adoption des Constitutions qui instaurent de nouveaux régimes politiques ne suffit pas pour installer une démocratie. Il faut instituer des mécanismes de contrôle par l'intermédiaire du contrôle de constitutionnalité des lois. Par ailleurs, il faut encore toute la vigilance et la résistance des citoyens pour que ces textes constitutionnels ne soient pas contournés ou ne demeurent pas formels.

On pourrait dès lors conclure notre recherche en soulignant que le constitutionnalisme est un vecteur important de l'internationalisation du

---

[1] Slobodan Milacic, *op. cit.*, p. 19.

[2] Marie Claret de Fleurieu, *L'Etat musulman, entre l'idéal islamique et les contraintes du monde temporel*, Paris, LGDJ, 2010, p. 267.

[3] Rafâa Ben Achour, « La Constitution tunisienne du 27 janvier 2014 », *RFDC*, n° 100, 2014, p. 801.

[4] Yadh Ben Achour, « Conclusions générales », *in Les Constitutions des pays arabes, Colloque de Beyrouth de 1998*, Bruxelles, Bruylant, 1999, p. 308.

[5] Marie Claret de Fleurieu, *L'État*, *ibid.*

droit constitutionnel qui n'empêche pas son singularisme dû aux particularités locales. L'adhésion commune au constitutionnalisme permet d'internationaliser les différents principes du droit constitutionnel tels que la limitation des pouvoirs, la souveraineté du peuple, la protection des droits des individus et la mise en place d'une garantie juridictionnelle de ces principes. On retrouve tous ces principes dans les Constitutions des États qui font l'objet de notre étude. Les conditions sociales de l'émergence d'une Constitution sont un élément essentiel qui démontre sa singularité. La Constitution demeure un produit de l'histoire nationale d'une population qui décide de structurer le vivre-ensemble : le contrat social. Pour assurer une légitimité à ces Constitutions, il ne faut pas négliger la singularité de la société qu'elles sont amenées à régir. Il est alors indispensable de penser ces Constitutions dans leur environnement historique, social et culturel. Le droit constitutionnel d'un État ne doit pas ignorer la particularité de la société qui le concerne. S'il existe des principes qui forment une base commune à toutes ces Constitutions analysées, nous avons également observé qu'il existe à côté des éléments propres à chaque région et à chaque société. En effet, dans le monde arabe et en Europe de l'Est, les contextes politiques, sociaux et l'environnement dans lequel les Constitutions postrévolutionnaires sont adoptées sont différents. Malgré cette singularité inévitable dans une constitution qui ressemble à la culture du peuple qu'elle régit, il existe dans ces Constitutions analysées des éléments communs tels que l'origine et la séparation des pouvoirs et la garantie de la protection des droits des individus.

L'adhésion commune au constitutionnalisme, c'est-à-dire à la limitation du pouvoir par le droit, n'empêche pas le texte constitutionnel de ressembler à ceux à qui il doit s'appliquer. Une constitution importée par mimétisme restera un document formel sans grande réalité. La constitution doit correspondre à la réalité du peuple qu'elle entend régir et, pour cela, ce dernier doit être à l'origine de son élaboration. Le respect d'une norme dépend de la légitimité de son auteur. Un texte constitutionnel importé n'a aucune légitimité pour s'imposer à un peuple dont il remet en cause, dans le fait, la souveraineté. L'internationalisation du droit constitutionnel qui risque d'exclure la singularité d'un peuple remet en cause la souveraineté du peuple. Elle condamne ainsi le texte constitutionnel à un rejet certain de la part de la société dont il nie l'identité.

L'internationalisation ne doit pas gommer ou nier les différences qui existent entre les droits constitutionnels de ces différents pays. Les singularismes du droit constitutionnel sont l'expression des différences historiques et culturelles réelles de chaque société. L'état actuel du droit constitutionnel des États qui font l'objet de notre recherche permet d'observer l'existence des éléments communs et différents dans leurs Constitutions respectives. L'analyse de ces Constitutions arabes et est-européenne a montré un mélange de convergence et de divergence. Les éléments de convergence sont principalement le résultat de l'adhésion au constitutionnalisme et, en ce qui concerne les droits et libertés, aux grands textes du droit international des droits de l'homme. Ces différents États assignent le même objectif à la Constitution : la limitation des pouvoirs et la protection des droits fondamentaux. Certains principes fondamentaux que l'on trouve dans les Constitutions des démocraties occidentales tels que le principe de la souveraineté, la séparation des pouvoirs, la protection des droits fondamentaux sont inscrits dans toutes ces Constitutions. Les éléments de divergence sont dus à l'histoire et à la culture singulières de chaque société. Cette différence s'observe non seulement entre deux régions, en l'occurrence le monde arabe et l'Europe de l'Est, mais également, à un degré moins important, entre deux États de la même région. Nous avons observé cela entre la Tunisie et l'Égypte concernant leur rapport à la place de la religion qui était plus importante dans la nouvelle Constitution égyptienne de 2014. Plus généralement, le droit constitutionnel de chaque pays est marqué par le contexte de son élaboration et de son entrée en vigueur. En ce qui concerne les États qui font l'objet de notre étude, ce contexte particulier est la Révolution et la période transitoire.

L'internationalisation de certains principes du droit constitutionnel est une réalité dans les Constitutions que nous avons étudiées. Son respect ne sera réel dans la société que si elle laisse exprimer la particularité de cette société qui est également affirmée dans toutes ces Constitutions. Cette question de compatibilité entre les deux versants du droit constitutionnel, son versant international et son versant national, reste ouverte et elle ne pourra être évaluée que lorsque les textes constitutionnels nouveaux seront effectivement appliqués pendant à un certain temps.

BIBLIOGRAPHIE GÉNÉRALE

Ouvrages généraux

ARENDT Hannah, *Le système totalitaire*, Paris, Seuil, 2005.

ARON Raymond, *Machiavel et les tyrannies modernes*, Paris, De Fallois, 1993.

CABANNE J.-C., *Écrit politique et constitutionnel*, toulouse, Presses Universitaires de Toulouse, 2002.

CABRILLAC Rémy (dir.), *Dictionnaire du vocabulaire juridique 2017*, Paris, Lexis Nexis, 8e éd., 2016.

CARBONNIER Jean, *Sociologie juridique*, Paris, PUF, 1978.

CARRÉ DE MALBERG René, *Contribution à la théorie de l'État*, Paris, 1920.

CORNU Gérard (dir.), *Vocabulaire juridique*, Paris, PUF, coll. « Quadrige », 11e éd., 2015.

COLLIARD J.-C., « Séparation des pouvoirs », *in* DUHAMEL Olivier et MENY Yves (dir.), *Dictionnaire constitutionnel*, Paris, PUF, 1992.

DUVERGER Maurice, *La République des citoyens*, Paris, Ramsay, 1982.

Encyclopaedia Universalis, édition 2004.

HÄBERLE Peter, *L'État constitutionnel*, trad. ROFFI Marielle, éd. GREWE Constance, Pairs, Economica, coll. « Droit public positif », 2004.

DUROSELLE Jean-Baptiste et KASPI André, *Histoire des relations internationales de 1945 à nos jours*, t. 2, Paris, Armand Colin, 15e éd., 2009.

GICQUEL Jean et GICQUEL Jean-Éric, *Droit constitutionnel et institutions politiques*, Paris, LGDJ, 28e éd., 2014.

Le Grand Robert de la langue française, Paris, Dictionnaire Le Robert, 2e éd., 2001.

DE VILLIERS Michel, LE DIVELLEC Armel, *Dictionnaire du droit constitutionnel*, Paris, Sirey, 9e éd., 2013.

MONTESQUIEU, *De l'esprit des lois*, 1748, livre XI, chap IV.

OLIVA Éric, *Droit constitutionnel*, Paris, Dalloz, 4e éd., 2004.

PACTET Pierre, *Institutions politiques et droit constitutionnel*, Paris, Armand Colin, coll. « U », 21e éd., 2002.

PIERRE-CAPS Stéphane, *Droits constitutionnels étrangers*, Paris, PUF, 2010.

RAYNAUD Philippe, et RIALS Stéphane (dir.), *Dictionnaire de philosophie politique*, Paris, PUF, 1996.

TURPIN Dominique, *Droit constitutionnel*, Paris, PUF, coll. « Quadrige », 2e éd. 2007.
VEDEL Georges, *Manuel élémentaires de droit constitutionnel* [1949], Paris, Dalloz, 2002.
VERPAUX Michel, *Droit constitutionnel français*, Paris, PUF, coll. « Droit fondamental », 2e éd. 2013.
ZOLLER Élizabeth, *Droit Constitutionnel*, Paris, PUF, coll. « Droit fondamental », 2e éd., 1999.

Ouvrages spécialisés

BONNET Julien, *Le juge ordinaire français et le contrôle de constitutionnalité des lois : analyse critique d'un refus*, Paris, Dalloz, coll. « Nouvelle Bibliothèque de Thèse », 2009.
BIOY Xavier, *Droits fondamentaux et Libertés publiques*, Paris, LGDJ-Lextenso,, 3e éd., 2014.
BOISSY Xavier, *La séparation des pouvoirs, œuvre jurisprudentielle : sur la construction de l'État de droit postcommuniste*, Bruxelles, Bruylant, 2003.
CHARNAY Jean-Paul, *Esprit du droit musulman*, Paris, Dalloz, 2008.
MAUGÜE Christine et STAHL Jacques-Henri, *La question prioritaire de constitutionnalité*, Paris, Dalloz, coll. « Connaissance du droit », 2011.
CLARET DE FLEURIEU Marie, *L'État musulman, entre l'idéal islamique et les contraintes du monde temporel*, Paris, LGDJ, 2010.
Conseil Supérieur de la Magistrature, *Recueil des obligations déontologiques des magistrats*, Paris, Dalloz, 2010.
DANELCIUC-COLODROVSCHI Natasa, *La justice constitutionnelle dans les pays de la CEI : évolutions et perspectives*, Clermont-Ferrand, Fondation Varenne, 2012.
DUPRE DE BOULOIS Xavier, *Droits et libertés fondamentaux*, Paris, PUF, coll. « Thémis », 2010.
DURANDIN Catherine, *La mort des Ceausescu : la vérité sur un coup d'État communiste*, Paris, Bourin, 2009.
DRAGO Guillaume, *Contentieux constitutionnel français*, Paris, PUF, coll. « Thémis », 3e éd., 2011.
DUPIC Emmanuel et BRIAND Luc, *La question prioritaire de constitutionnalité, une révolution des droits fondamentaux*, Paris, PUF, 2013.
EISENMANN Charles, *La justice constitutionnelle et la Haute cour constitutionnelle d'Autriche* [1928], Paris, Economica, 1986.
FAVOREU Louis, MASTOR Wanda, *Les cours constitutionnelles*, Paris, Dalloz, coll. « Connaissance du droit », 2011.
FAVOREU Louis et *alii.*, *Droit Constitutionnel*, Paris, Dalloz, 17e éd., 2015.
FROMONT Michel, *La justice constitutionnelle comparée*, Paris, Dalloz, 2013.

GAUCHET Marcel, *La religion dans la démocratie : Parcours de la laïcité*, Paris, Gallimard, 2001.

GELEDAN Alain, *Transitions à l'Est*, Paris, Le Monde-Editions, 1995.

GONDOUIN Geneviève, ROUXEL Sylvie, *Les institutions juridictionnelles*, Grenoble, PUG, 2e éd., 2006.

GREWE Constance, RUIZ-FABRI Hélène, *Droits constitutionnels européens*, Paris, PUF, coll. « Droit fondamental », 1995.

GUINCHARD Serge, MONTAGNIER Gabriel, VARINARD André, DEBARD Thierry, *Institutions juridictionnelles*, Paris, Dalloz, 11e éd., 2011.

HAMON Hamon et WIENER Céline, *La justice constitutionnelle en France et à l'étranger*, Paris, LGDJ, 2011.

HIBOU Béatrice, *La force de l'obéissance. Economie politique de la répression en Tunisie*, Paris, La Découverte, 2006.

JAHEL Selim, *La place de la charia dans les systèmes juridiques des pays arabes*, Paris, LGDJ, Éditions Panthéon Assas, coll. « Introuvables », 2012.

JOLY-HUARD Julie, *La déontologie du magistrat*, Paris, Dalloz, 3e éd., 2014.

KLEIN Claude, *Théorie et pratique du pouvoir constituant*, Paris, PUF, coll. « Les voies du Droit », 1996.

LAVOREL Sabine, *Les Constitutions arabes et l'islam. Les enjeux du pluralisme juridique*, Sainte-Foy (Québec), Presses de l'Université du Québec, 2005.

LEVINET, Michel, *Théorie générale des droits et libertés*, Paris, LGDJ, coll. « Droit et Justice », 4e éd., 2012.

Les Constitutions des pays arabes. Actes du colloque de Beyrouth de 1998, Bruxelles, Bruylant, 1999.

MASSIAS Jean-Pierre, *Droit constitutionnel des États d'Europe de l'Est*, Paris, PUF, coll. « Droit fondamental », 2e éd. 2008.

MATHIEU Bertrand et VERPEAUX Michel, *Contentieux constitutionnel des droits fondamentaux*, Paris, LGDJ, 2002.

MBONGO Pascal, *Libertés et droits fondamentaux*, Paris, Berger-Levrault, 2015.

MILACIC Slobodan, *De l'âge idéologique à l'âge politique : l'Europe post-communiste vers la démocratie pluraliste*, Bruxelles, Bruylant, 2010.

MILANO Laure, « Indépendance et impartialité du tribunal », *in* SUDRE Frédéric (dir.), *Les grands arrêts de la Cour européenne des Droits de l'Homme,* Paris, PUF, 7e éd., 2015, p. 366.

MOLNAR Miklos, *La démocratie se lève à l'Est. Société civile et communisme en Europe de l'Est : Pologne et Hongrie*, Paris, PUF, 1990.

MORANGE Jean, *Manuel des droits de l'homme et libertés publiques*, Paris, PUF, coll. « Droit Fondamental », 2007.

OBERDORFF Henri, *Droits de l'Homme et libertés fondamentales*, Paris, LGDJ, 4e éd., 2013.

PLUEN Olivier, *L'inamovibilité des magistrats : un modèle* ?, Paris, LGDJ, Fondation Varenne, 2012.
POULLAIN Bernard, *La pratique française de la justice constitutionnelle*, Paris, Economica, coll. « Droit public positif », 1990.
ROUSSEAU Dominique, *La justice constitutionnelle en Europe*, Paris, Montchrestien, coll. « Clefs politiques », 2e éd., 1996.
ROUSSEAU Dominique, *Droit du contentieux constitutionnel*, Paris, LGDJ, 10e éd., 2013.
OBERDORFF Henri, ROBERT Jacques, *Libertés fondamentales et droits de l'homme : Textes français et internationaux*, Paris, LGDJ, 12e éd., 2014.
ROUSSILLON Henry et ESPLUGAS-LABATUT Pierre, *Le Conseil Constitutionnel*, Paris, Dalloz, coll. « Connaissance du droit », 8e éd., 2015.
ROBERT Jacques, DUFFAR Jean, *Droits de l'homme et libertés fondamentales*, Paris, Montchrestien, 8e éd., 2009.
ROUSSELET Marcel, *Histoire de la magistrature française des origines à nos jours*, t. 2, Paris, Plon, 1957.
SAYAH Jamil, *L'act II de la Révolution tunisienne : La Constitution*, Paris, L'Harmattan, 2015.
STECKEL Marie-Christine, *Le Conseil constitutionnel et l'alternance*, Paris, LGDJ, 2002.
SUDRE Frédéric et alii., *Les Grands Arrêts de la Cour européenne des droits de l'homme*, Paris, PUF, coll. « Thémis droit », 7e éd., 2015.
TROPER Michel, *Le gouvernement des juges, mode d'emploi*, Québec, PUL, 2007.
TURPIN Dominique, *Contentieux constitutionnel*, Paris, PUF, coll. « Droit fondamental », 1994.

Articles

AL MIDANI Mohamed Amin, « La Déclaration universelle des Droits de l'Homme et le droit musulman », *in Franck Frégosi (dir.), Lectures contemporaines du droit islamique : Europe et Monde arabe*, Strasbourg, Presses Universitaires de Strasbourg, 2004, p. 175.
ALLAL Amin, « Trajectoires « révolutionnaires » en Tunisie. Processus de radicalisations politique 2007-2011 », *RFSP*, 62 (5) 2012, p. 821.
ALLAL Amin, « Retour vers le futur. Les origines économiques de la révolution tunisienne », *Pouvoirs : la Tunisie*, n° 156, 2016, p. 23.
AN-NAIM Abdullahi, « État laïc pour sociétés religieuses : rôle de l'Islam dans les nouvelles constitutions arabes et quête de la démocratie », Girona, IEMed, 2014, p. 119.
ARDANT Philippe, « Comment les Cours constitutionnelles peuvent-elles, par les garanties données à la justice, contribuer à la démocratie ? », *Colloque : Justice et Démocratie*, Limoges, PULIM, 2003, p.103.

ARDANT Philippe, « Comment les Cours constitutionnelles peuvent-elles, par les garanties données à la justice, contribuer à la démocratie ? », *Colloque : Justice et Démocratie, PULIM*, 2003, p.115.
ASTIE Pierre, BREILLAT Dominique, LAGEOT Céline, « Repères étrangers (1er octobre-31 décembre 2011) », *Pouvoirs*, 141 (2), 2012, p. 159.
ASTIE Pierre, BREILLAT Dominique, LAGEOT Céline, « Repères étrangers (1er avril-30 juin 2013) », *Pouvoir*, 147 (4), 2013, p. 157.
ASTIE Pierre, BREILLAT Dominique, LAGEOT Céline, « Repères étrangers (1er avril-30 juin 2014) », *Pouvoir*, 151 (4), 2014, p. 146.
ASTIE Pierre, BREILLAT Dominique et LAGEOT Céline, « Repères étrangers (1er octobre-31 décembre 2015) », *Pouvoirs*, avril 2016, p. 139.
ASTIE Pierre, BREILLAT Dominique et LAGEOT Céline, « Repères étrangers (1er octobre- 31 décembre 2016) », *Pouvoirs*, avril 2017, p. 170.
BAUDOIN Marie-Élisabeth, « La liberté de manifestation en Hongrie, en Pologne et en Russie, à l'aune de l'histoire », *Jus Politicum*, n° 17, [http://juspoliticum.com/article/La-liberte-de-manifestation-en-Hongrie-en-Pologne-et-en-Russie-a-l-aune-de-l-histoire-1136.html].
BAUDOIN Marie-Élisabeth, « Le droit constitutionnel et la Démocratie à l'épreuve du temps », *in* DU BOIS DE GAUDUSSON Jean, CLARET Philippe, SADRAN Pierre, VINCENT Brigitte (dir.), *Mélanges en l'honneur de Slobodan Milacic : Démocratie et liberté : tension, dialogue, confrontation*, Bruxelles, Bruylant, 2008, p. 46.
BEAUD Olivier, « La Constitution et droit constitutionnel », *in* ALLAND Denis et RIALS Stéphane (dir.), *Dictionnaire de la culture juridique,* Paris, PUF, coll. « Quadrige-Lamy », 2010, p. 261.
BEN ACHOUR Yadh, « Conclusions générales », *in Les Constitutions des pays arabes, Colloque de Beyrouth de 1998*, Bruxelles, Bruylant, 1999, p. 308.
BEN ACHOUR Yadh, « L'articulation du droit musulman et du droit étatique dans le monde arabe actuel », *in* FREGOSI Franck (dir.), *Lectures contemporaines du droit islamique : Europe et Monde arabe*, Strasbourg, Presses Universitaires de Strasbourg, 2004, p. 107.
BEN ACHOUR Rafaâ, « La Constitution tunisienne du 27 janvier 2014 », *RFDC*, n° 100, 2014, p. 796.
BERGEL Jean-Louis, « Introduction Générale », *Actes du Colloque-L'Office du Juge*, Palais du Luxembourg, 29 et 30 septembre 2006, p. 23.
BERNARD-MAUGIRON Nathalie, « La place de la charia dans la hiérarchie des normes », *in* DUPRET Baudoin (éd.), *La Charia aujourd'hui. Usages de la référence au droit islamique*, Paris, La Découverte, 2012, p. 63.
BERNARD-MAUGIRON Nathalie, « Droit national et référence à la charia en Égypte », *in* DUPRET Baudoin (éd.), *La Charia aujourd'hui. Usages de la référence au droit islamique*, Paris, La Découverte, 2012, p. 99.

BERNARD-MAUGIRON Nathalie, « Les réformes constitutionnelles dans les pays arabes en transition », *Annuaire IEMed. De la Méditerranée : transitions dans le monde arabe*, 2013, p. 52.
BERNARD-MAUGIRON Nathalie, « La Constitution égyptienne de 2014 est-elle révolutionnaire ? », *in* CHAMPEIL-DESPLATS Véronique (dir.), *Révolutions et droits de l'homme, Aspects politiques : le cas des révolutions arabes et moyen-orientales*, Paris, Institut Universitaire Varenne, coll. « Transition et Justice », 2015, p. 205.
BERNARD-MAUGIRON Nathalie, « La Constitution égyptienne de 2014 : Quelle réforme constitutionnelle pour l'Égypte ? », *RFDC*, n° 103, 2015, p. 537.
BLACHER Philippe, « Un an de politique jurisprudentielle de la Cour de cassation en matière QPC », *in* MARTINON Arnaud, PETIT Franck (dir.), *Le juge judiciaire et la Constitution*, Paris, Dalloz, p. 4.
BOUILLON Pierre, « Roumanie, décembre 1989 : Révolution démocratique ou coup d'État communiste ? », *Bulletin de l'Institut Pierre Renouvin*, 33 (1) 2011, p. 66.
BOUMEDIENE Malik, « Révolutions arabes et renouveau constitutionnel : une démocratisation inachevée », *La Revue des droits de l'homme*, n° 6, 2014.
BOURGI Albert, « L'évolution du constitutionnalisme en Afrique : du formalisme à l'effectivité », *RFDC*, 52 (4), 2002, p. 724.
BRAS Jean-Philippe, « Tunisie-Chronologie constitutionnelle d'une révolution », *Revue juridique et politique des États francophones*, « Spécial printemps arabe », n° 3-4, 2011, p. 301.
BRAS, Jean-Philippe, « le peuple est-il soluble dans la constitution ? Leçon tunisienne », *L'Année du Maghreb*, « Un printemps arabe ? », n° VIII, 2012, p. 109.
BRAS Philippe, « Un État "civil" peut être religieux ? Débats tunisiens », *Pouvoirs*, n° 156, 2016, p. 64.
BURDEAU Georges, « Une survivance : la notion de Constitution », *Sirey*, 1956, p. 54.
CAHIN Gérard, « Limitation du pouvoir constituant : le point de vue de l'internationaliste », *Civitas Europa*, 32 (1), 2014, p. 58.
CAMAU Michel, « Articulation d'une culture constitutionnelle nationale et d'un héritage bureaucratique : la désarticulation du constitutionnalisme au Maghreb aujourd'hui », *in* SEURIN Jean-louis (dir.), *Le constitutionnalisme aujourd'hui*, Paris, Economica, coll. « Politique comparée », 1984, p. 139.
CHEVALLIER Jacques, « Pour une sociologie du droit constitutionnel », *in L'architecture du droit. Mélanges en l'honneur de Michel Troper*, DE BECHILLON Denys, BRUNET Pierre, CHAMPEIL-DESPLATS Véronique et MILLARD Eric (coord.), Paris, Editions Economica, 2006, p. 296.

BEN ACHOUR Rafaâ et BEN ACHOUR Sana, « La transition démocratique en Tunisie : entre légalité constitutionnelle et légitimité révolutionnaire », *RFDC*, 2012, p. 722.

CIOCÂRLIE Livius, « L'État roumain actuel », *in* MILACIC Slobodan (dir.), *La réinvention de l'État : démocratie politique et ordre juridique en Europe centrale et orientale*, Bruxelles, Bruylant, 2003, p. 275.

CLARET Philippe, « Les illusions perdues du post-communisme. Sur le désenchantement démocratique en Europe centrale et orientale », *in* DU BOIS DE GAUDUSSON et alii. (dir.), *Mélanges en l'honneur de Slobodan Milacic : Démocratie et liberté : tension, dialogue, confrontation*, Bruxelles, Bruylant, 2008, p. 382.

« Constitution », *in* CORNU Gérard (dir.), *Vocabulaire juridique*, Paris, PUF, coll. « Quadrige », Paris, 11e éd., 2016, p. 251.

COOREBYTER Vincent de, « Théocratie et démocratie », *La Revue nouvelle*, n° 11, 1990, p. 67.

COSTELIAN Irène, « Roumanie 2015 : chronique politique et constitutionnelle des pays postcommunistes de l'espace balkanique », *Revue Est-Europa*, 2015.

DAUCE Françoise et ROUSSLETKathy, « Avant-propos », *Revue d'études comparatives Est-Ouest*, 42 (3), 2011, p. 7.

DECAUX Emmanuel, « L'Onu et la société civile », *Projet*, n° 6, 2009, p. 35-41.

DENQUIN Jean-Marie, « Que veut-on dire par « démocratie » ? L'essence, la démocratie et la justice constitutionnelle », *Jus Politicum*, n° 2, 2009, p. 9.

DUPRET Baudoin, « La shari'a comme référent législatif. Du droit positif à l'anthropologie du droit », *Revue Interdisciplinaire d'Etudes Juridiques*, n° 34, 1995, p. 148.

DUPRET Baudoin et FERRIE Jean-Noël, « Introduction », *in* DUPRET Baudoin, FEERIE Jean-Noël, et BOËTSCH Gilles (dir.), *Droit et sociétés dans le monde arabe*, Aix-en-Provence, Presses universitaires d'Aix-Marseille, 1997, p. 15.

DURANDIN Catherine, « À la poursuite de l'histoire en Roumanie depuis 1989 », *Vingtième Siècle*, n° 36, 1992, p. 61.

EL CHAZLI Youssef, « Sur les sentiers de la révolution. Comment des Égyptiens "dépolitisés" sont-ils devenus révolutionnaires ? », *RFSP*, 2012, p. 850.

FAVOREU Louis, « La légitimité du juge constitutionnel », *RIDC*, 1994, p. 558.

FAVOREU Louis, « Universalité des droits fondamentaux et diversité culturelle », *in L'effectivité des droits fondamentaux dans les pays de la communauté francophone*, colloque international de l'Ile Maurice, 29 septembre-1er octobre 1993, Paris, Edicef-Aupelf, 1998, p. 48.

FELDMAN Jean-Philippe, « La séparation des pouvoirs et le constitutionnalisme. Mythes et réalités d'une doctrine et de ses critiques », *RFDC*, 2010, p. 496.
FONTAINE Lauréline, « La violation de la Constitution : autopsie d'un crime qui n'a jamais été commis », *RDP*, 2014, p. 1619.
FLORIN BUCUR Vasilescu, « La justice constitutionnelle en Roumanie », *in La justice constitutionnelle en Europe centrale*, Bruxelles, Bruylant, 1997, p. 128.
FRISON-ROCHE François, « Les chefs d'État dans les PECO. Pouvoirs constitutionnels et poids politique », *Le Courrier des pays de l'Est*, n° 3, 2004, p. 63.
FRISON-ROCHE François, « Les pouvoirs « périphériques » des présidents d'Europe post-communistes : symboles ou pouvoirs réels », *Revue d'études comparatives Est-Ouest*, 39 (2), 2008, p. 29.
GARLCKI Leszek Lech, « La justice constitutionnelle en Pologne », *in La justice constitutionnelle en Europe centrale*, Bruylant Bruxelles, 1997, p. 89.
GATE Juliette, « Droits des femmes et révolutions arabes », *La Revue des droits de l'homme*, n° 6, 2014.
GAZIER Anne, « Une démocratie parlementaire à l'européenne ? », *Pouvoirs*, 106 (3) 2003, p. 74.
GAZIER Anne et RAVIOT Jean-Robert, « Avant-propos », *Revue d'études comparatives Est-Ouest*, 39 (2), 2008, p. 8.
GELARD Patrice, « La victoire du parlementarisme », *RFDC*, 2000, p. 880.
GELARD Patrice, « L'actualité constitutionnelle en Russie, dans les États de la CEI et de l'Europe de l'Est et dans les États toujours ou anciennement communistes (août-octobre 2001) », *RFDC*, 2001, p. 878.
GELARD Patrice, « L'actualité constitutionnelle en Russie, dans les États de la CEI et de l'Europe centrale et orientale et dans les États toujours ou anciennement communistes (janvier-mai 2003) », *RFDC*, 2003, p. 653.
GELARD Patrice, « L'actualité constitutionnelle en Russie, dans les États de la CEI et de l'Europe centrale et orientale et dans les États toujours ou anciennement communistes (juin-décembre 2003) », *RFDC*, 2004, p. 203.
GELARD Patrice, « L'actualité constitutionnelle en Russie, dans les États de la CEI et de l'Europe centrale et orientale et dans les États toujours ou anciennement communistes (avril-décembre 2004) », *RFDC*, 2005, p. 438.
GELARD Patrice, « L'actualité constitutionnelle en Russie, dans les États de la CEI et de l'Europe centrale et orientale et dans les États toujours ou anciennement communistes (janvier-juillet 2005) », *RFDC*, 2005, p. 841.
GELARD Patrice, « L'actualité constitutionnelle en Russie, dans les États de la CEI et de l'Europe centrale et orientale et dans les pays toujours ou anciennement communistes (juillet-octobre 2005) », *RFDC*, 2006, p. 215.
GELARD Patrice, « L'actualité constitutionnelle en Russie, dans les États de la CEI et de l'Europe centrale et orientale et dans les pays toujours ou anciennement communistes (juillet-octobre 2005) », *RFDC*, 2006, p. 216.

GELARD Patrice, « L'actualité constitutionnelle en Russie, dans les États de la CEI et de l'Europe centrale et orientale et dans les pays toujours ou anciennement communistes (2005-2006) », *RFDC*, 2007, p. 207.
GELARD Patrice, « L'actualité constitutionnelle en Russie, dans les États de la CEI et de l'Europe centrale et orientale et dans les pays toujours ou anciennement communistes (juillet 2006-juillet 2007) », *RFDC*, 2008, p. 176.
GELARD Patrice, « L'actualité constitutionnelle en Russie, dans les États de la CEI et de l'Europe centrale et orientale et dans les pays toujours ou anciennement communistes (juillet 2006-juillet 2007) », *RFDC*, 2008, p. 177.
GELARD Patrice, « L'actualité constitutionnelle en Russie, dans les États de la CEI et de l'Europe centrale et orientale et dans les pays toujours ou anciennement communistes (Russie juillet 2006-décembre 2008 - Autres pays juillet 2007-décembre 2008) », *RFDC*, 2009, p. 413.
GELARD Patrice, « L'actualité constitutionnelle en Russie, dans les États de la CEI et de l'Europe centrale et orientale et dans les pays toujours ou anciennement communistes (Russie juillet 2006-décembre 2008 - Autres pays juillet 2007-décembre 2008) », *RFDC*, 2009, p. 418.
GELARD Patrice, « L'actualité constitutionnelle en Russie, dans les États de la CEI et de l'Europe centrale et orientale et dans les pays toujours ou anciennement communistes (janvier-octobre 2009) », *RFDC*, 2010, p. 203.
GELARD Patrice, « Vingt-cinq ans depuis la chute du Mur », *RFDC*, 2014, p. 950.
GENEVOIS Bruno, « Six constitutionnalistes répondent à six questions concernant le Conseil constitutionnel », *RDP*, 2002, p. 524.
GOBE Éric, « Système électoral et révolution : la voie tunisienne », *Pouvoirs*, n° 156, janvier 2016, p. 77.
GOUTTENOIRE Adeline, « Frasik c/Pologne, 5 janvier 2010, JCP G », *in* SUDRE Frédéric et alii (dir.), *Les Grands Arrêts de la Cour européenne des droits de l'homme*, Paris, PUF, coll. « Thémis droit », 7e éd., 2015, p. 564.
GRANAT Miroslaw, « La réception de la justice constitutionnelle dans les pays d'Europe centrale et orientale », *in L'État et le Droit d'Est en Ouest, Mélanges offerts à Michel Lesage*, Paris, Société de Législation Comparée, 2006, p. 141.
GUSSI Alexandru, « Que reste-t-il de la "Révolution roumaine" ? Usages politiques d'un symbole », *Revue Est-Europa*, Numéro Spécial, 2016, p. 148.
HEURTAUX Jérôme, « Démocratisation en Pologne : la première loi sur les partis (1989-1990) », *Critique internationale*, 30 (1), 2006, p. 161-175.
HMED Choukri, « Réseaux dormants, contingence et structures. Genèses de la révolution tunisienne », *RFSP*, 62 (5), 2012, p. 817.

HMED Choukri, « Au-delà de l'exception tunisienne : les failles et les risques du processus révolutionnaire », *Pouvoirs : la Tunisie*, n° 156, 2016, p. 140.

IATU Corneliu, « Transition démocratique en Roumanie et implications spatiales », *L'Espace Politique*, n° 3, 2007.

IOAN Ceterchi, « Les problèmes institutionnels de la transition en Roumanie », *Revue d'études comparatives Est-Ouest*, 23 (4), 1992, p. 91.

JAHEL Sélim, « Les droits fondamentaux en pays arabo-musulmans », *in Revue internationale de droit comparé*, 56 (4), 2004, p. 790.

JAMROZ Adam, « Le rôle du Sénat de la République de Pologne dans la procédure législative. Quelques remarques », *in L'État et le Droit d'Est en Ouest : mélanges offerts au professeur Michel Lesage*, Paris, Société de Législation Comparée, 2006, p. 154.

MOISSERON Jean-Yves et BOURAS Naima, « La Constitution égyptienne : Continuité ou rupture », *Maghreb-Machrek, Constitutionnalisme*, n° 223, 2015, p. 95.

KELSEN Hans, « La garantie juridictionnelle de la Constitution (La justice constitutionnelle) », *RDP*, 1928, p. 197.

KHERAD Rahim, « Quelques observations sur la place des droits fondamentaux dans les nouvelles constitutions tunisienne et égyptienne », *La Revue des droits de l'homme*, n° 6, 2014.

KHOSROKHAVAR Farhad, « Les révolutions arabes et leur devenir. Les cas paradigmatiques de l'Égypte et de la Tunisie », *Maghreb-Machrek : Religion et État. Logique de la sécularisation et de la citoyenneté en Islam*, n° 224-225, 2016, p. 31.

KORNAI Janos, « La grande transformation de l'Europe centrale et orientale : succès et désillusions », *Revue d'études comparatives Est-Ouest*, 37 (1), 2006, p. 13-61.

KLEIN Claude, « Chapitre I : le pouvoir constituant », *in* TROPER Michel et CHAGNOLLAUD Dominique (dir.), *Traité international de droit constitutionnel : suprématie de la Constitution*, t. 3, Paris, Dalloz, 2012, p. 6.

KRAEMER Hannes, « Les nouveaux acteurs dans le domaine de la protection des droits fondamentaux dans le droit de l'Union européenne », *in* TINIÈRE Romain et VIAL Claire (dir.), *La protection des droits fondamentaux dans l'Union européenne. Entre évolution et permanence*, Bruxelles, Bruylant, Coll. Droit de l'Union européenne – Colloques, 2015, p. 321-355.

KRUK Maria, « Progrès et limites de l'État de droit », *Pouvoirs*, 118 (3), 2006, p. 73.

LAHRAOUI Addi, « Pluralisme politique et islam dans le monde arabe », *Pouvoirs*, n° 104, 2003, p. 86.

LAGHMANI Slim, « Constitution et Démocratie », *in L'Architecture du Droit, mélanges en l'honneur de Michel Troper*, Paris, Economica, 2006, p. 597.

LEONARDO Morlino, « Architectures constitutionnelles et politiques démocratiques en Europe de l'Est », *RFSP*, 2000. p. 686.
LESAGE Michel, « La Constitution russe du 12 décembr 1993 et les six premiers mois du système politique », *RDP*, 1994, p. 1746.
LHOMEL Edith, « » Le pluralisme politique. De l'émergence à la consolidation », *Le Courrier des Pays de l'Est*, n° 1013, mars 2001, p. 19.
MARODY Mira, « La question de la démocratie en Pologne », *Pouvoirs*, 118 (3), 2006, p. 67.
MARZOUKI Nadia, « La transition tunisienne : du compromis démocratique à la réconciliation forcée », *Pouvoirs*, n° 156, 2016, p. 89.
MASSIAS Jean-Pierre, « Chronique constitutionnelle des États d'Europe de l'Est (2003) », *RDP*, n° 6, 2004, p. 1703.
MASSIAS Jean-Pierre, « La complexité systémique du droit constitutionnel de la transition », *Revue d'Etudes politiques et constitutionnelles est-européennes*, numéro spécial Colloque, 2006, p. 37.
MASSIAS Jean-Pierre, « Le pluralisme, fondement de la transition démocratique », *Revue d'études politiques et constitutionnelles Est-européennes*, 2007, p. 9.
MASSIAS Jean-Pierre, « Pacification sociale et transition constitutionnelle. Réflexions sur les limites de l'autosatisfaction positiviste », *in* DU BOIS DE GAUDUSSON Jean et alii. (dir.), *Mélanges offerts au professeur Slobodan Milacic. Démocratie et liberté : tension, dialogue, confrontation*, Bruxelles Bruylant, 2008, p. 167.
MAUREL Mathilde, « Avant-propos », *Revue d'études comparatives Est-Ouest*, 37 (1), 2006, p. 5.
MAUS Didier, « L'évolution démocratique dans les pays d'Europe centrale orientale et balte et dans l'espace francophone (à l'exception de l'Afrique subsaharienne) », *in Actes de la deuxième réunion préparatoire au symposium international de Bamako : Les institutions de la démocratie et de l'État de droit*, mars 2000, p. 94, disponible sur le site de l'OIF.
MICHEL Patrick, « L'Eglise et le catholicisme polonais à l'épreuve du pluralisme », *Pouvoirs*, n° 118, 2006, p. 95.
MILACIC Sloboban, « A l'Est, l'État de droit pour induire la démocratie ? », *In : Revue d'études comparatives Est-Ouest*, 23 (4), 1992, p. 24.
MILACIC Slobodan, « Exposé d'ouverture : vers l'Europe par la démocratisation interne », *in* MILACIC Slobodan (dir.), *La démocratie constitutionnelle en Europe centrale et orientale : bilans et perspectives*, Bruxelles, Bruylant, 1998, p. 16.
MILACIC Slobodan, « Rapport introductif : l'État post-communiste entre l'histoire, le droit et le marché », *in* MILACIC Slobodan (dir.), *La réinvention de l'État : démocratie politique et ordre juridique en Europe centrale et orientale*, Bruxelles, Bruylant, 2003, p. 23.

Slobodan Milacic, « Sur quelques ambiguïtés du néocomparatisme », *Revue d'études politiques et constitutionnelles Est-européennes, Numéro Spécial*, 2006, p. 16.

Slobodan Milacic, « La nouvelle normalisation des pays ex-communistes. De la norme idéologique à la norme juridique par le « fondu-enchainé » culturel », *Revue d'études politiques et constitutionnelles Est-européennes, Numéro Spécial*, 2008, p. 12.

Slobodan Milacic, préface de l'ouvrage de KUTLESIC Vladan, *Les constitutions postcommunistes européennes : étude de droit comparé de neuf États*,Bruxelles, Bruylant, 2009, p. VIII.

MISCOIU Sergiu, « L'illusion du peuple et la réalité de la représentation indirecte. Comprendre les deux premières décennies de la transition post-communiste roumaine », *Revue Est-Europa*, numéro spécial, 2016, p. 201.

MIRKINE-GUETZEVITCH Boris, « Les méthodes d'étude du droit constitutionnel comparé », *Revue internationale de droit comparé*, 1949, p. 417.

MOHAMED-AFIFY Ayman, « La Constitution égyptienne de 2014 : entre traditions et révolutionnaires », *RFDC*, 2015, p. 132.

MONCIAUD Didier, « Révolution sur le Nil », *Histoire et Liberté*, n° 45, avril 2011, p.46.

PARZYMIES Stanislaw, « La Pologne et la Communauté européenne », *Politique étrangère*, 57 (2), 1992, p. 387.

PHILIPPE Xavier, « Le rôle du constitutionnalisme dans la construction des nouveaux États de droit », *in Constitution et finances publiques, Études en l'honneur de Loïc Philip*, Paris, Economica, 2005, p. 190.

PHILIPPE Xavier, « Les processus constituants après les révolutions du printemps arabe. L'exemple de la Tunisie : rupture ou continuité ? », *in Mélanges en l'honneur de Jean du Bois de Gaudusson : Espaces du service public*, t. I, études réunies par Ferdinand MÉLIN-SOUCRAMANIEN, Bordeaux, PUB, 2013, p. 547.

PIERRE-CAPS Stéphane, « Le peuple à l'interface du droit constitutionnel et du droit international », *Civitas Europa*, 32 (1), 2014, p. 9.

POIRAT Florence, « Révolution », *in* ALLAND Denis et RIALS Stéphane (dir.), *Dictionnaire de la culture juridique*, Paris, PUF, 2010, p. 1362.

PONTHOREAU Marie-Claire, « Le droit comparé en question(s). Entre pragmatisme et outil épistémologique », *Revue internationale de droit comparé*, n° 1, 2005, p. 14.

PONTHOREAU Marie-Claire, « La Constitution comme structure identitaire », *in* CHAGNOLLAUD Dominique (dir.), *Les 50 ans de la Constitution. 1959-2008*, Paris, LexisNexis, 2008, p. 32.

POPA Nicolae, « La révision de la Constitution roumaine », *Revue de justice constitutionnelle est-européenne*, n° 2, 2004, p. 131.

RAULIN Arnaud de, « Egypte-Révolution ou contre-révolution en Égypte », *Revue juridique et politique des États francophones. Spécial Printemps arabe*, n° 3-4, 2011, p. 290.
RAYNAUD Philippe, « Constitutionnalisme », *in* ALLAND Denis et RIALS Stéphane (dir.), *Dictionnaire de la culture juridique*, Paris, PUF, 2010, p. 266.
REDOR-FICHOT Marie-Joëlle, « Le Conseil constitutionnel, la question prioritaire de constitutionnalité et les « droits et libertés que la Constitution garantit » », *CRDF*, 2011, p. 42.
REDOR-FICHOT Marie-Joëlle, « Garantie juridictionnelle et droits fondamentaux », *CRDF*, 2002, p. 93.
RENOUX Thierry Serge, « Législation et Constitution en Roumanie : entre désordre, incertitude et ambiguïté », *in Mélanges en l'honneur de Slobodan Milacic : démocratie et liberté : tension, dialogue, confrontation*, Bruxelles, Bruylant, 2007, p. 636.
RIAHI Mouldi, « La Constitution : Elaboration et contenu », *Pouvoirs : La Tunisie*, n° 156, 2016, p. 48.
ROUGIER Bernard, « Élections et mobilisations dans l'Égypte post-Moubarak », *Politique étrangère*, n° 1, 2012, p. 87.
ROUSSEAU Dominique, « Une résurrection : la notion de Constitution », *RDP*, 1990, p. 8.
ROUSSEAU Dominique, « Constitutionnalisme et Démocratie », *La Vie des idées*, 19 septembre 2008.
ROUSSEAU Dominique, « De quoi le Conseil constitutionnel est-il le nom ? », *Jus Politicum*, n° 7, 2012.
ROUSSILLON Henry, « La saisine du Conseil constitutionnel. Contribution à un débat », *Revue internationale de droit comparé*, (54) 2, 2002, p. 494.
RYCX Jean-François et BLANCHI Gilles, « Références à l'Islam dans le droit public positif en pays arabes », *Pouvoirs*, n° 12, 1983, p. 59.
SAFJAN Marek, « La liberté de parole : les standards conventionnels et constitutionnels et la jurisprudence de la Cour suprême et du Tribunal constitutionnel de Pologne », *Revue de justice constitutionnelle Est-européenne*, numéro spécial Colloque, 2003, p. 213.
SMOLAR Aleksander, « Transition démocratique en Pologne », *Pouvoirs*, n° 52, 1990, p. 72.
SMOLAR Aleksander, « Les radicaux au pouvoir et la transformation de la Pologne », *Pouvoirs*, n° 118, 2006, p. 102.
SOKOLEWICZ Wojciech, « La Constitution polonaise à l'époque des grands changements », *Revue d'études comparatives Est-Ouest*, 23 (4), 1992, p. 68.
SOKOLEWICZ Wojciech, « La situation constitutionnelle de la Deuxième Chambre dans l'État postcommuniste : le Sénat polonais », *in* MILACIC Slobodan, *La réinvention de l'État : démocratie politique et ordre juridique en Europe centrale et orientale*, Bruxelles, Bruylant, 2003, p. 262.

STEUER Clément, « Des élections révolutionnaires ? », *Égypte/Monde arabe*, n° 10, 2013.
SUDRE Frédéric, « Arrêt Kudla c/ Pologne, 26 octobre 2000 (Granche chambre) », *in* SUDRE Frédéric et alii. (dir.), *Les Grands Arrêts de la Cour européenne des droits de l'homme*, Paris, PUF, coll. « Thémis droit », 7e éd., 2015, p. 169.
THIERS Éric, « La majorité contrôlée par l'opposition : pierre philosophale de la nouvelle répartition des pouvoirs ? », *Pouvoirs : La séparation des pouvoirs*, n° 143, 2012, p. 63.
TINIERE Romain, « Le principe d'alignement sur le standard conventionnel pour les droits correspondants », *in* PICHERAL Caroline et COUTRON Laurent (dir.), *Charte des droits fondamentaux de l'Union européenne et Convention européenne des droits de l'homme*, Bruxelles, Bruylant, 2012, p. 6.
TORCOL Sylvie, « L'internationalisation des constitutions nationales », 8e congrès de l'Association française de droit constitutionnel, atelier n° 3 : Europe et Constitution, p. 5.
TOUZEIL-DIVINA Mathieu, « Printemps et Révolutions arabes : un renouveau pour la séparation des pouvoirs ? », *Pouvoirs*, n° 143, 2012, p. 32.
TRAN VAN MINH, « Réflexion sur l'État de droit dans tiers monde », *in Mélanges Boutros Boutros-Ghali, Ami Corum discipulorum que liber : Paix, développement, démocratie*, Bruxelles, Bruylant, 1998, vol. II, p. 275.
TROPER Michel, « L'interprétation de la déclaration des droits. L'exemple de l'article 16 », *Droits*, n° 8, 1998, p. 121.
ULLA Malgorzata « le processus de lustration dix-huit ans après la chute du régime communiste en Pologne », *Revue d'études politiques et constitutionnelles Est-européennes*, numéro spécial, 2008, p. 45.
VASILESCU Florin Bucur, « Le bilan de la transition roumaine », *in* MILACIC Slobodan (dir.), *La démocratie constitutionnelle en Europe centrale et orientale : bilans et perspectives*, Bruxelles, Bruylant, 1998, p. 529.
VEDEL Georges, « Le Conseil constitutionnel, gardien du droit positif ou défenseur des droits de l'homme », *Pouvoirs*, n° 45, 1988, p. 149.
VEDEL Georges, « Le hasard et la nécessité », *Pouvoirs*, n° 50, 1989, p. 28.
VEDEL Georges, « Souveraineté et supraconstitutionnalité », *Pouvoirs*, n° 67, 1993.
VERDUSSEN Marc, « La justice constitutionnelle en Europe centrale. Essai de Synthèse », *in la justice constitutionnelle en Europe centrale*, Bruxelles, Bruylant, 1997, p. 230.
VERDUSSEN Marc, « Préface », *in* PHILIPPE Xavier, DANELCIUC-COLODROVSCHI Natasa (dir.) *Transitions constitutionnelles et Constitutions transitionnelles : quelles solutions pour une meilleure gestion des fins de conflit ?*, Paris, Institut Universitaire Varenne, coll. « Transition et Justice », 2014, p. 11.

VERGOTTINI Giuseppe de, « Transitions constitutionnelles et consolidation de la démocratie dans les ordonnancements d'Europe centre-orientale », *in* MILACIC Slobodan et alii. (dir.), *Mélanges en l'honneur de Slobodan Milacic : Démocratie et liberté : tension, dialogue, confrontation*, Bruxelles, Bruylant, 2008, p. 708.
VIDAL-NAQUET Ariane, « L'institutionnalisation de l'opposition », *RFDC*, 2009, p. 155.
WEICHSELBAUM Geoffrey et PHILIPPE Xavier, « Le processus constituant et la Constitution tunisienne du 27 janvier 2014 : un modèle à suivre », *Maghreb-Machrek, Constitutionnalisme*, n° 223, 2015, p. 66.
WYRZYKOWSKI Miroslaw, « Entretien avec Andrzej Zoll, le Président du tribunal constitutionnel polonais », *Cahiers du Conseil constitutionnel*, n° 3, novembre 1997.
WYRZYKOWSKI Miroslaw, « Présentation du Tribunal Constitutionnel », *Cahiers du Conseil constitutionnel*, n° 3, novembre 1997.
ZAKRZEWSKA Janina. « Pour une nouvelle Constitution de la République de Pologne », *Revue d'études comparatives Est-Ouest*, (23) 4, p. 88.
ZEGREAN Augustin et TOADER Tudorel, « la cour constitutionnelle de Roumanie », *Nouveaux Cahiers du Conseil constitutionnel*, n° 38, janvier 2013.

Presse

BEN ACHOUR Yadh, interview dans *Jeune Afrique*, n° 2930, du 5 au 11 mars 2017, p. 45.
FONTAINE Lauréline et SUPIOT Alain, « Pour une vraie réforme du Conseil constitutionnel », *Le Monde* du 15 juin 2017.
« Pologne : la nouvelle loi sur le Tribunal constitutionnel », *Lefigaro.fr* avec AFP, 7 juillet 2016.
« Pologne : le Tribunal constitutionnel entre en résistance », *L'Express*, 9 mars 2016.
MANDEVILLE Laure, « Echec pour la loi d'épuration polonaise », Journal le Figaro.fr du 14/10/2007.
SALLON Hélène, « Égypte : le Parlement dominé par les soutiens du président Sissi », *Le Monde.fr*, 8 décembre 2015.
SIMONART Damien, « Pologne : le Tribunal constitutionnel invalide une loi très controversée », *RFI*, 9 mars 2016.
ZOLTOWSKA Maja, « Pologne. Démissions en série au gouvernement après le scandale des écoutes », *Courrier International*, 11 juin 2015, http://www.courrierinternational.com/article/pologne-demissions-en-serie-au-gouvernement-apres-le-scandale-des-ecoutes (consulté le 9 janvier 2016).

TABLE DES MATIÈRES

Structures éditoriales du groupe L'Harmattan

L'Harmattan Italie
Via degli Artisti, 15
10124 Torino
harmattan.italia@gmail.com

L'Harmattan Hongrie
Kossuth l. u. 14-16.
1053 Budapest
harmattan@harmattan.hu

L'Harmattan Sénégal
10 VDN en face Mermoz
BP 45034 Dakar-Fann
senharmattan@gmail.com

L'Harmattan Cameroun
TSINGA/FECAFOOT
BP 11486 Yaoundé
inkoukam@gmail.com

L'Harmattan Burkina Faso
Achille Somé – tengnule@hotmail.fr

L'Harmattan Guinée
Almamya, rue KA 028 OKB Agency
BP 3470 Conakry
harmattanguinee@yahoo.fr

L'Harmattan RDC
185, avenue Nyangwe
Commune de Lingwala – Kinshasa
matangilamusadila@yahoo.fr

L'Harmattan Congo
67, boulevard Denis-Sassou-N'Guesso
BP 2874 Brazzaville
harmattan.congo@yahoo.fr

L'Harmattan Mali
Sirakoro-Meguetana V31
Bamako
syllaka@yahoo.fr

L'Harmattan Togo
Djidjole – Lomé
Maison Amela
face EPP BATOME
ddamela@aol.com

L'Harmattan Côte d'Ivoire
Résidence Karl – Cité des Arts
Abidjan-Cocody
03 BP 1588 Abidjan
espace_harmattan.ci@hotmail.fr

L'Harmattan Algérie
22, rue Moulay-Mohamed
31000 Oran
info2@harmattan-algerie.com

L'Harmattan Maroc
5, rue Ferrane-Kouicha, Talaâ-Elkbira
Chrableyine, Fès-Médine
30000 Fès
harmattan.maroc@gmail.com

Nos librairies en France

Librairie internationale
16, rue des Écoles – 75005 Paris
librairie.internationale@harmattan.fr
01 40 46 79 11
www.librairieharmattan.com

Librairie l'Espace Harmattan
21 bis, rue des Écoles – 75005 paris
librairie.espace@harmattan.fr
01 43 29 49 42

Lib. sciences humaines & histoire
21, rue des Écoles – 75005 paris
librairie.sh@harmattan.fr
01 46 34 13 71
www.librairieharmattansh.com

Lib. Méditerranée & Moyen-Orient
7, rue des Carmes – 75005 Paris
librairie.mediterranee@harmattan.fr
01 43 29 71 15

Librairie Le Lucernaire
53, rue Notre-Dame-des-Champs – 75006 Paris
librairie@lucernaire.fr
01 42 22 67 13